QICHE DIANLUTU **SHIDU**

汽车电路图识读

（大众·奥迪·斯柯达·西亚特）

姚科业　主编

化学工业出版社
·北京·

本书主要介绍了大众公司旗下的大众、奥迪、斯柯达、西亚特等品牌车型的电路的编排规律、电路图识读方法、具体的电路图识读示例。全书共分为四章，第一章主要介绍大众旗下品牌车型的电路图特点、识读方法和读图示例；第二～四章分别汇总了2013年款迈腾（B7L）、2013年款速腾和2014年款高尔夫（A7）的部分电路图，可供读者参考。

本书采用彩色编排，图文并茂，浅显易懂，所列举的电路资料新颖实用，很适合汽车维修技术人员、汽车改装人员、汽车驾驶员及汽车爱好者阅读使用。同时，也可供各汽车院校与汽车职业培训机构作为教辅书使用。

图书在版编目（CIP）数据

汽车电路图识读/姚科业主编. —北京：化学工业出版社，2016.6

ISBN 978-7-122-26841-9

Ⅰ.①汽… Ⅱ.①姚… Ⅲ.①汽车-电气设备-电路图-识别 Ⅳ.①U463.6

中国版本图书馆CIP数据核字（2016）第082356号

责任编辑：黄 滢　　文字编辑：陈 喆
责任校对：宋 玮　　装帧设计：王晓宇

出版发行：化学工业出版社(北京市东城区青年湖南街13号 邮政编码100011)
印　　装：北京画中画印刷有限公司
889mm×1194mm 1/16 印张13 字数364千字 2016年8月北京第1版第1次印刷

购书咨询：010-64518888 (传真：010-64519686) 售后服务：010-64518899
网　　址：http://www.cip.com.cn
凡购买本书，如有缺损质量问题，本社销售中心负责调换。

定　　价：98.00元

前　言

现代汽车是机电一体的产物，随着电子技术的发展，电器、电子控制系统在汽车上所占的比重越来越大，因此汽车上的电路就越来越复杂。这样一来，作为汽车维修技术人员、汽车改装技术人员必须熟知汽车电路。

汽车电路图是汽车实际电路用符号语言在书面上表达出来的，通过电路图可了解汽车电气元件工作原理、汽车电路中各器件之间的连接关系、汽车线束的布置与接口端子的连接等信息。

对于任何一款车型的电路，我们都可以通过回路原则去认识它，一个为工作回路，一个为控制回路，从电源（蓄电池、发电机）出发，到搭铁（接地）结束。在一个看似庞大繁杂的电路系统中，我们如果只取需要的部分（如起动机控制电路、某个车灯的控制电路等），忽略其他无关部分，这样看电路就非常简单了。

电路主要由电源（包括蓄电池和发电机等）、保护装置（包括熔丝、断电器和易熔丝等）、负载（电阻、传感器和执行器等）、控制元件（开关、继电器和电子控制单元等）、搭铁以及导线（线束、连接器等）等要素组成。

汽车电器及各系统的电子控制工作原理是大同小异的，这让我们了解和掌握汽车电路就有规律可循。而从电路图的表现形式上来看，因汽车品牌各自规范的不同，如线色的定义、接口端子的定义和电路图表现形式各成一体，又给电路图的识读带来一定的不便。

为了使读者详细了解不同品牌汽车厂家的电路，掌握电路图的读图方法，我们将陆续推出大众、丰田、铃木、本田、三菱、日产、通用、福特等各大中外汽车品牌系列。

本书第一章介绍了大众公司旗下的大众、奥迪、斯柯达、西亚特等品牌车型的电路册的编排规律、电路图识读方法、具体的电路图识读示例。第二～四章主要选取了近1～3年产车型的部分电路图，供读者在学习第一章后能够用于具体的实践和练习。

全书内容图文并茂，浅显易懂，所举实例数据新颖实用、准确可信，不仅是汽车维修人员熟悉了解大众旗下各品牌车型电路图的入门读物，同时也可以供各汽车院校、职业培训单位作为汽车电路图识读的辅助教材使用。

本书由姚科业任主编，李其龙、李春晖任副主编，参加编写的人员还有廖叶茂、郑跃伟、杨飞燕、叶发金、李善良、潘志光、杨汉珠、欧春英、杨水建、许晓嫦、宣承永和林伟康。在编写的过程中，我们参考了大量大众品牌汽车电路相关技术文献和资料，在此一并表示诚挚的谢意。

由于笔者水平有限，不足之处在所难免，请广大读者不吝批评指正。

编　者

目　录

第一章　大众、奥迪、斯柯达和西亚特汽车电路图的识读 …… 1

第一节　大众汽车接线图手册 …… 1

一、安装位置图 …… 2

二、电路图（接线图） …… 4

第二节　大众汽车接线图 …… 5

一、大众汽车接线图概述 …… 5

二、大众汽车接线图识读指南 …… 5

三、大众汽车接线图的组成 …… 6

第三节　大众汽车接线图阅读与使用 …… 21

一、简单电路 …… 21

二、复杂电路 …… 22

第二章　迈腾电路图识读 …… 38

第一节　基本装备 …… 38

第二节　发动机控制系统 …… 50

一、1.4L 汽油发动机（CFBA）控制系统（带自动启停系统） …… 50

二、1.8L 汽油发动机（CEAA、CGMA）控制系统 …… 58

三、3.0L 汽油发动机（CNGA）控制系统 …… 68

第三节　自动变速箱控制系统 …… 78

一、双离合器变速箱（02E） …… 78

二、双离合器变速箱（0AM） …… 80

第四节　空调系统 …… 82

一、Climatic 空调 …… 82

二、Climatic 自动空调 …… 84

第五节　ABS、EDS、ASR、ESP …… 88

第六节　安全气囊系统 …… 91

一、SRS（不带后排侧气囊） …… 91

二、SRS（带后排侧气囊） …… 93

第三章　速腾电路图识读 …… 96

第一节　基本装备 …… 96

一、低配（AW0） …… 96

二、高配（AW1） …… 109

第二节　发动机控制系统 …… 122

一、1.4L 汽油发动机（CBFA） …… 122
二、1.4L 汽油发动机（CFBA）控制系统 …… 131
三、1.6L 汽油发动机（CLRA）控制系统 …… 140
四、1.8L 汽油发动机（CEAA）控制系统 …… 148

第三节　自动变速箱控制系统 …… 157

一、6 挡自动变速箱 …… 157
二、7 挡双离合器变速箱 0AM（S tronic） …… 160

第四节　空调系统 …… 162

一、Climatic 空调 …… 162
二、Climatic 自动空调 …… 164

第五节　ABS 与 ESP …… 167

第六节　安全气囊系统（不带后排侧气囊） …… 170

第四章　高尔夫电路图识读 …… 173

第一节　基本装备 …… 173

第二节　发动机控制系统 …… 182

一、1.4L 汽油发动机（CFBA）控制系统 …… 182
二、1.6L 汽油发动机（CSRA）控制系统 …… 190

第三节　自动变速器 …… 198

一、6 挡双离合器变速箱，配置 CSRA 发动机 …… 198
二、7 挡双离合器变速箱 0CW（S tronic），配置 CSSA、CSTA 发动机 …… 201

第一章　大众、奥迪、斯柯达和西亚特汽车电路的识读

今天的汽车变得越来越复杂，特别是汽车电气电子技术的发展，它们在汽车上的应用比重越来越大，因此学习和掌握汽车电气电子维修技术至关重要。而识读汽车电气电子接线图（以下简称“接线图”）是汽车电气电子维修的基础，准确识读接线图是迅速、准确地诊断、维修和排除汽车电气电子故障的重要前提。

在现今世界上有上千个汽车品牌，而每个汽车品牌的接线图的绘制规格都不一样，因此在识读过程中要注意各个品牌汽车的接线图的差异，区别对待。该章介绍大众汽车集团旗下的汽车品牌的接线图的识读方法。

大众汽车集团旗下共有大众、奥迪、斯柯达和西亚特四个品牌的汽车（以下简称“大众汽车”）。这四个品牌所使用的接线图的绘制规格、识读方法是一样的。

第一节　大众汽车接线图手册

大众接线图手册（图1-1）主要由安装位置图和接线图（图1-2）两部分组成。

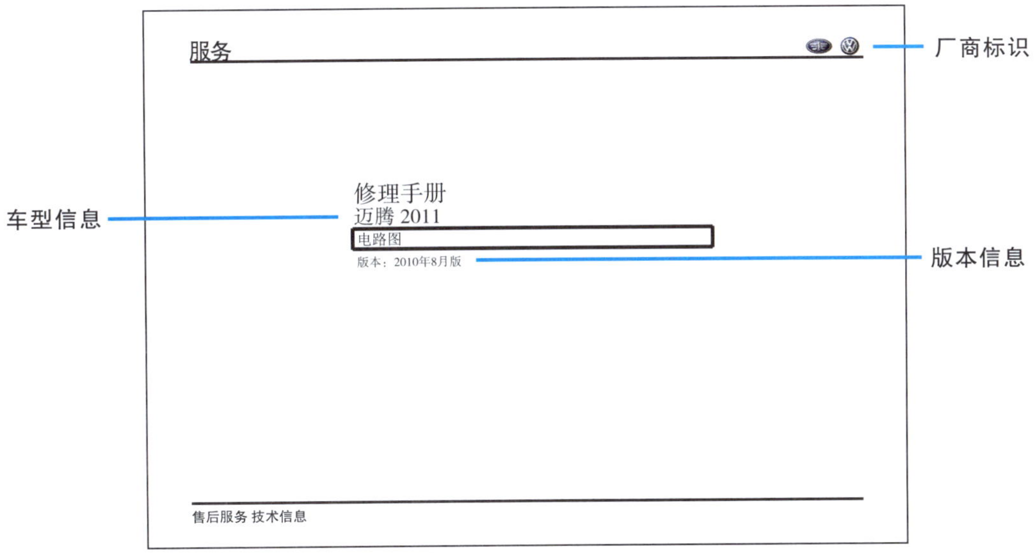

图1-1　大众接线图手册

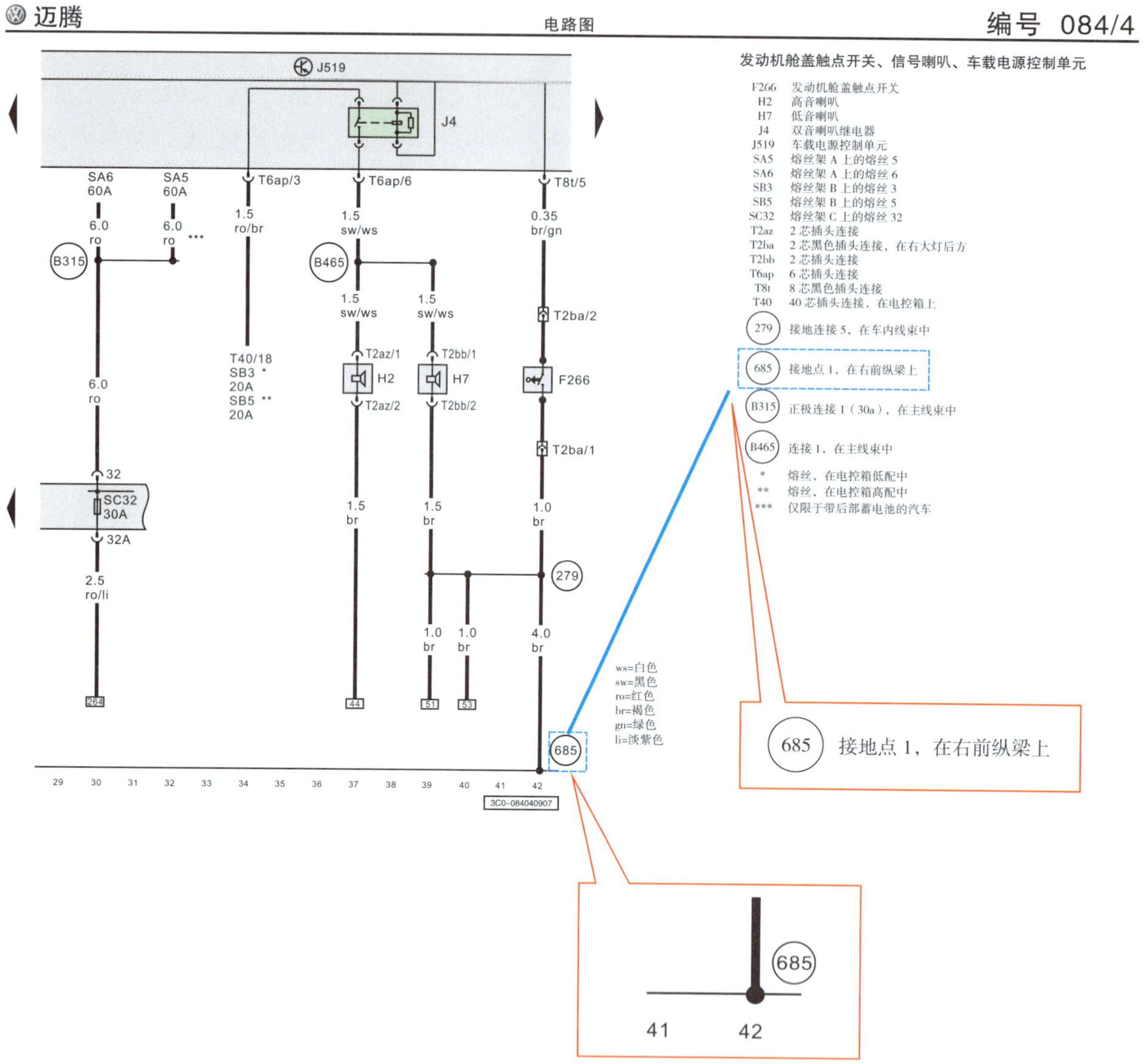

图1-2 大众接线图

一、安装位置图

大众汽车接线图中的“安装位置”部分主要描述接地点、熔丝和控制单元等电气元件的安装位置信息，方便技术员在故障诊断和维修时能及时查找。在此以查找接地点的具体安装位置为例介绍安装位置图的使用方法，见图1-3。

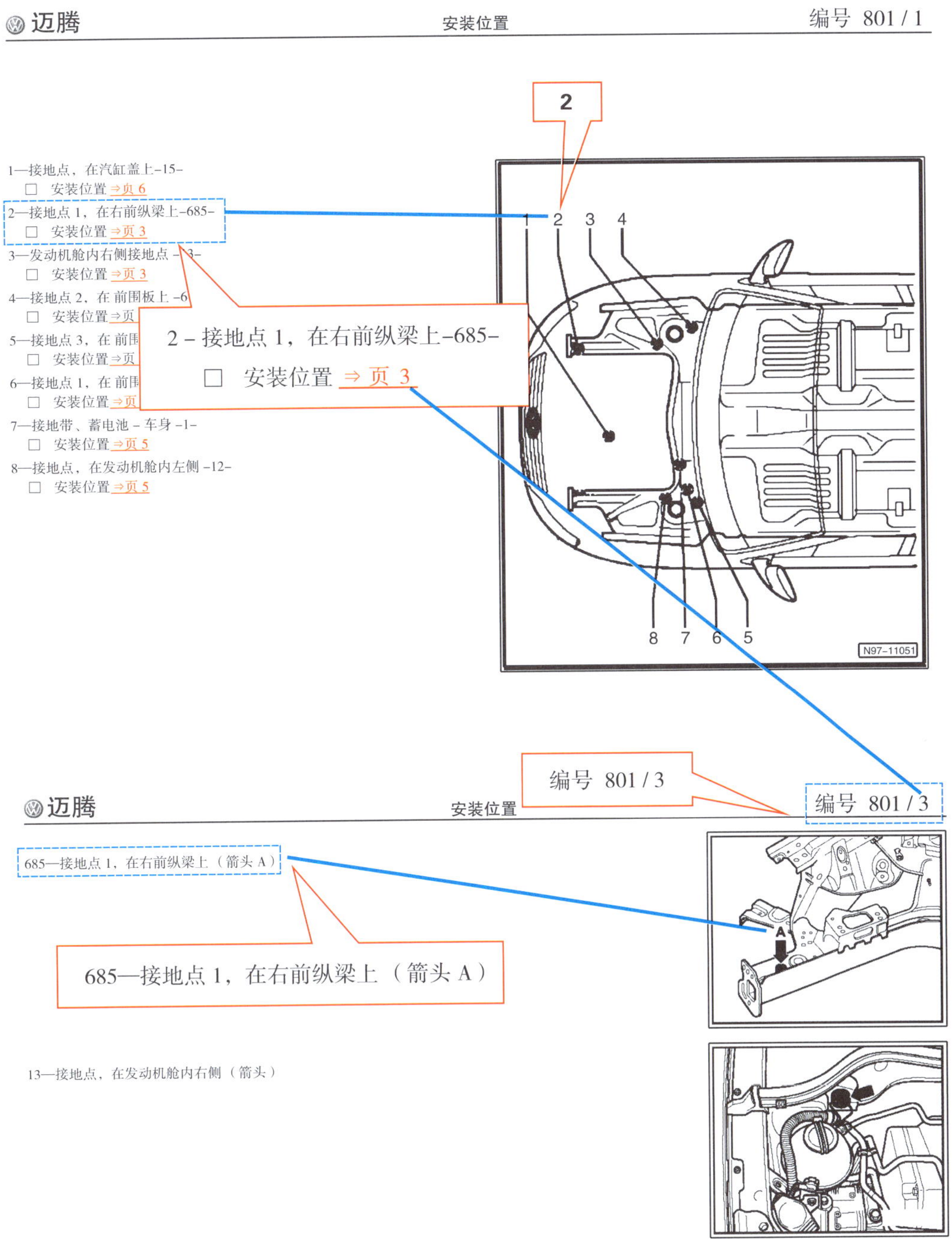

图1-3 大众接线图手册中的安装位置

二、电路图（接线图）

大众汽车接线图是以图形的方法说明电气电子元件和线路在实际车辆上的位置的图。维修技术员通过接线图不用拆车就能知道电气电子元件和线路的具体位置，同时为诊断电气电子线路故障提供便利，是维修技术人员不可或缺的维修工具。大众汽车接线图见图1-4。

迈腾　　电路图　　编号 108/2

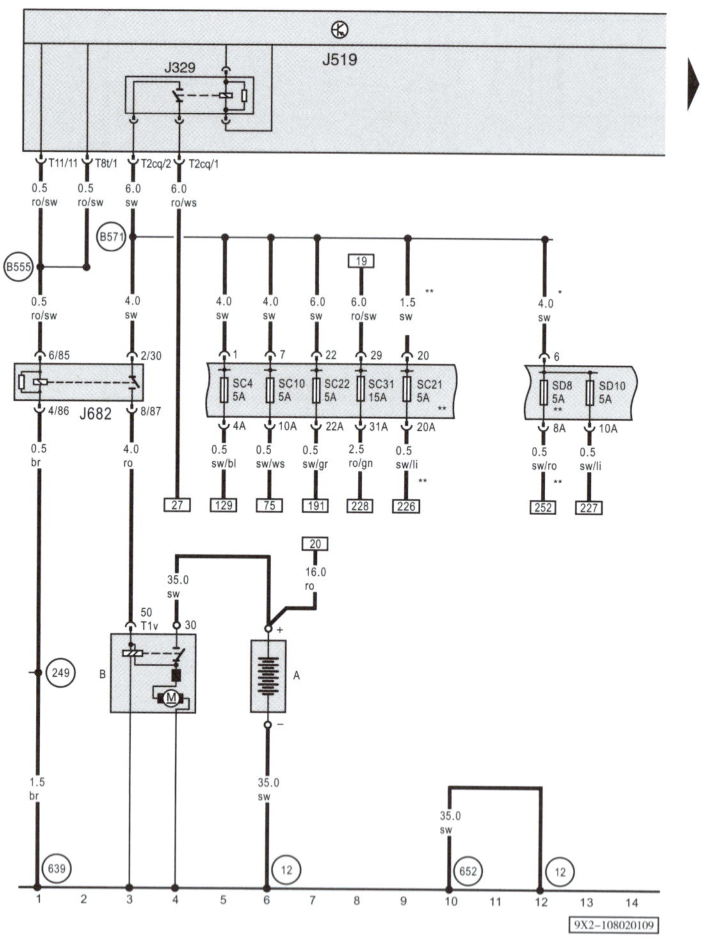

蓄电池，起动机，总线端15供电继电器，接线端50供电继电器，熔丝

A	蓄电池
B	起动机
J329	总线端 15 供电继电器，在车载电网控制单元继电器支架上
J519	车载电网控制单元
J682	接线端 50供电继电器，在仪表板下左侧的继电器板上5 号位（53 继电器）
SC4	熔丝架 C 上的熔丝 4
SC10	熔丝架 C 上的熔丝 10
SC21	熔丝架 C 上的熔丝 21
SC22	熔丝架 C 上的熔丝 22
SC31	熔丝架 C 上的熔丝 31
SD8	熔丝架 D 上的熔丝 8
SD10	熔丝架 D 上的熔丝 10
T1v	1 芯黑色插头连接
T2cq	2 芯黑色插头连接
T8t	8 芯黑色插头连接
T11	11 芯黑色插头连接
12	发动机舱内左侧接地点，在左前纵梁上
249	接地连接 2，在车身线束中
639	接地点，在左侧 A 柱上
652	变速箱和发动机接地的接地点
B555	正极连接 2（50），在车身线束中
B571	连接 38，在车身线束中
*	到 2009 年 01 月止
**	从 2009 年 01 月起

ws=白色
sw=黑色
ro=红色
br=褐色
gn=绿色
bl=蓝色
li=淡紫色
rs=粉红色

图1-4　大众汽车电路图

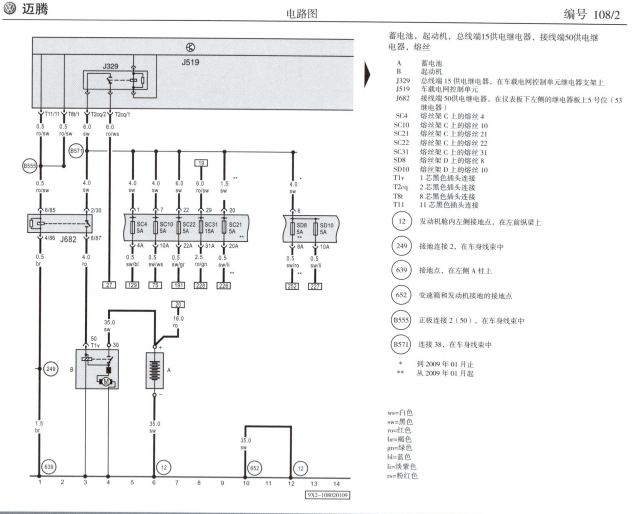

第二节　大众汽车接线图

一、大众汽车接线图概述

大众汽车接线图是一个用图形表示的实际车辆线路。它们的开发，被用来制造线束工程图。一组一致的符号用来表示实际的元件和导体。大众汽车电气系统及接线图，符合德国DIN（德国工业标准）。这些标准是在德国制造的标杆，类似SAE（美国汽车工程师协会）在美国。

大众汽车接线图（图1-5），电源（供电）部分一般显示在接线图顶部，搭铁部分一般显示在接线图的底部，总体的电流走线是从上到下，位于垂直电源和地之间的是电气元件和导体。

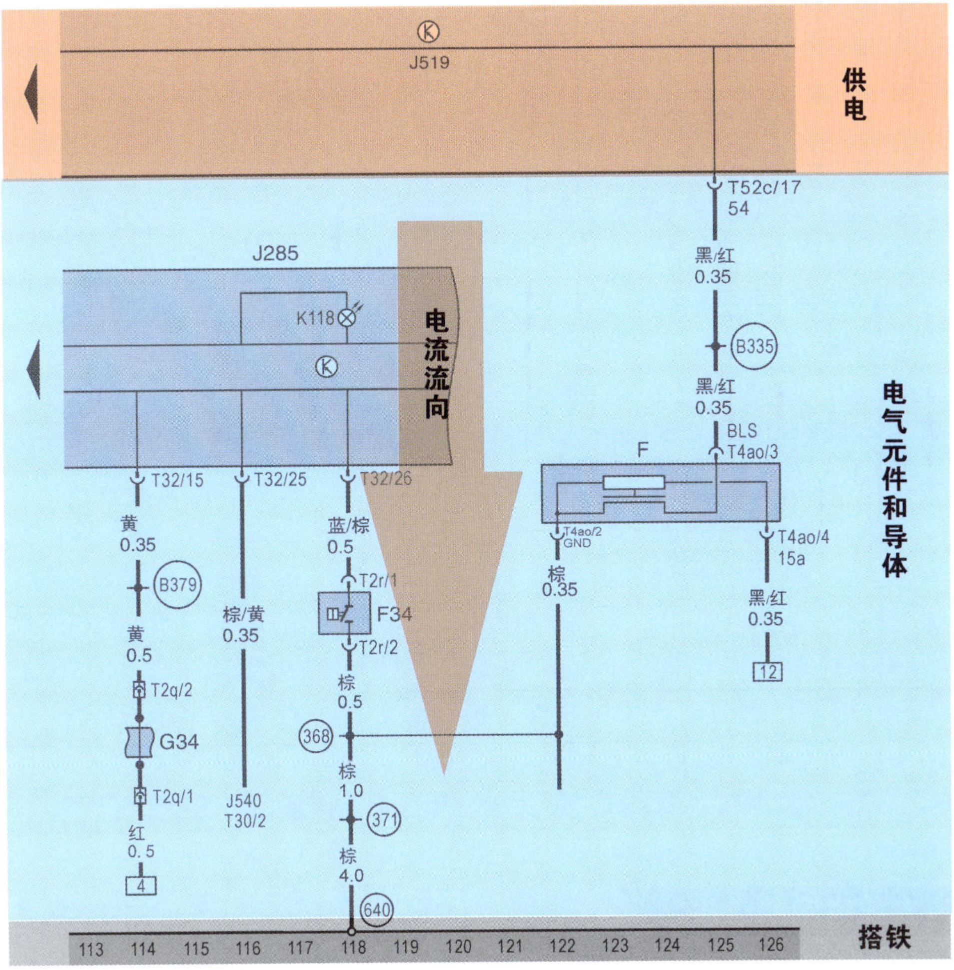

图1-5　大众汽车接线图

二、大众汽车接线图识读指南

大众汽车接线图的识读指南一般在每个车型的电路图手册的接线图的最前面。不十分熟悉大众汽车接线图的读者在阅读接线图前务必认真阅读识读指南，这样可扫除读图过程中的一些障碍。对于很熟悉大众汽车接线图的读者在使用接线图前也务必阅读识读指南（图1-6），因为新旧车型的识读指南可能会有差异，不同车型之间也可能有所不同。正所谓，磨刀不误砍柴工。

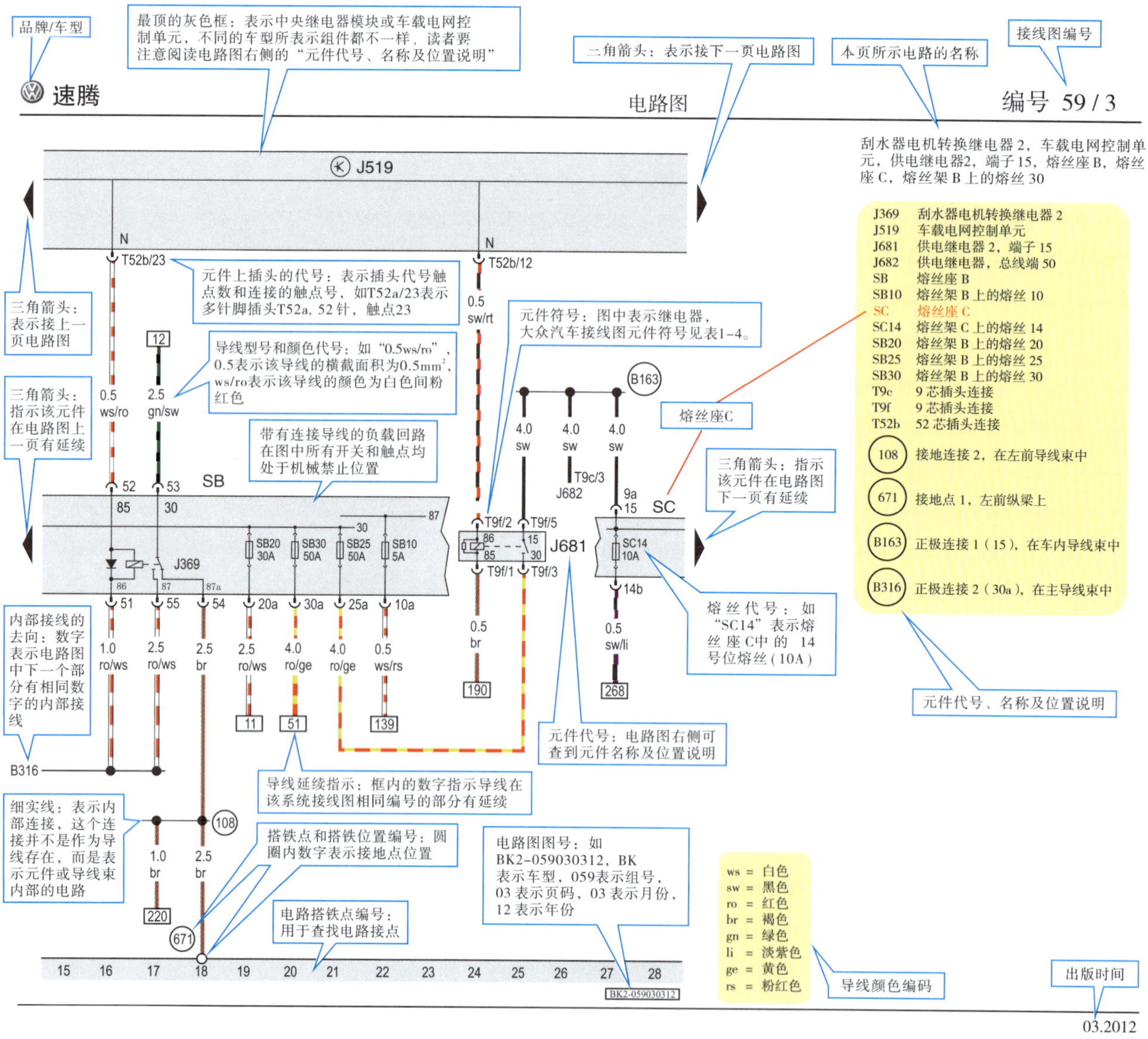

图1-6 大众汽车电路图识读指南

三、大众汽车接线图的组成

这里，我们将介绍大众汽车接线图的组成以及各种不同电路图符号所代表的车辆上的实际实物。

所有汽车的电路都至少需要包括电源、保护装置、控制装置、负载、导线（含连接器）及搭铁等部分。电路的某一部分出现故障都将影响负载的正常工作。

大众汽车接线图使用许多符号来表示实际车辆上的一个完整的电路，这些符号包括导线符号、连接器符号和电气元件符号等。这些组件符号共同构成了一个完整的、准确的接线图。

1. 终端代码

DIN标准适用于终端指定的电路。指定终端系统的目的是，使连接识别准确，这是电路诊断和维修所必要的。DIN标准终端标识见表1-1。

表1-1 DIN标准终端标识

DIN代码	含义
1	点火线圈，点火分电器–低电压
1a	至点火分电器，拥有两个独立的电路断路器Ⅰ（动连接）
1b	至点火分电器，拥有两个独立的电路断路器Ⅱ（动连接）
4	点火线圈，点火分电器–高电压
4a	点火线圈（点火分电器，拥有两个独立的电路）
4b	从点火线圈Ⅱ（点火分电器，拥有两个独立的电路）
15	蓄电池后受开关控制的正极（来自点火/行驶开关）
15a	输出镇流电阻，点火线圈和启动
17	预热塞及启动开关–启动
19	预热塞及启动开关–预热
30	电池（+）项，直接输入
12	24V串并联电池开关
30a	输入（+）终端的电池Ⅱ
31	电池负极端子，或地面，直接
31b	返回到电池的负极端子线，或地面通过开关或继电器（开关负）
31a	回路，电池Ⅱ，负（12/24V串并联电池开关）
31c	回路，电池Ⅰ，负（12/24V串并联电池开关）
电动机	
32	回流线
33	主接线
33a	终端切断
33b	并励绕组
33f	对于第二个较低的速度范围
33g	对于第三个较低的速度范围
33h	第四较低的速度范围
33l	逆时针旋转
33r	顺时针旋转
起动机	
45	独立启动继电器输出；启动器，输入（主电流）两挡起动机并联运行 –启动继电器，接触电流
45a	输出，起动机Ⅰ，输入，启动器Ⅰ和Ⅱ
45b	输出，启动Ⅱ
48	端子上启动和开始重复继电器用于监控启动

DIN代码	含义
转向信号闪光器（脉冲发生器）	
49	输入
49a	输出
49b	输出，第二电路
49c	输出，第三电路
起动机控制	
50	起动机控制（直接）
50a	串并联的电池开关–启动器控制输出
50b	启动控制、顺序控制的并联双启动端子
50c	输入启动继电器，启动器Ⅰ
50d	输入启动继电器，启动器Ⅱ
50e	启动锁继电器输入
50f	启动锁继电器输出
50g	开始重复继电器输入
50h	开始重复继电器输出
雨刮器电机	
53	雨刮电机，输入端（+）
53a	雨刮（+），自助停车开关
53b	雨刮器（分流绕组）
53c	电动挡风玻璃清洗泵
53e	雨刮器（制动线圈）
53l	雨刮电机，永磁体和第三刷（更高的速度）
照明	
55	雾灯
56	头灯
56a	远光灯，远光灯指示灯
56b	低光束
56d	头灯闪光动连接
57a	停车灯
57L	停车灯，左
57R	停车灯，右
58	侧标，尾，车牌，仪表板灯
58b	调光器
58d	调光器
58L	车牌灯，左
58R	车牌灯，右
交流发电机和稳压器	
61	交流发电机充电指示灯

DIN代码	含义
B+	蓄电池正极
B-	蓄电池负极
D+	发电机正极
D-	发电机负极
DF	发电机磁场绕组
DF1	发电机磁场绕组1
DF2	发电机磁场绕组2
U，V，W	交流发电机终端
75	收音机，点烟器
76	扬声器
开关	
常闭触点（NC）和转换开关	
81	输入
81A	输出1，NC侧
81B	输出2，NC侧
接触（NO）开关	
82	输入
82a	输出1
82b	输出2
82z	输入1
82y	输入2
多位置开关	
83	输入
83a	输出，位置1
83b	输出，位置2
83L	输出，左侧位置
83R	输出，右侧位置
继电器/电流继电器	
84	输入，执行器和继电器触点
84a	输出，驱动器
84a	输出，继电器触点
开关继电器	
85	供电（给绕组供电）
86	控制（控制单元控制）

DIN代码	含义
86a	启动的绕组或第一绕组
86b	绕组抽头或第二绕组
继电器触点中断（NC）和转换触点	
87	电流输出
87a	输出1（NC侧）
87b	输出2
87c	输出3
87z	输入1
87y	输入2
87x	输入3
继电器触点接触和转换触点（NO）	
88	输入
88a	输出1
88b	输出2
88c	输出3
88z	输入1
88y	输入2
88x	输入3
定向信号（转向信号闪光器）	
C	指示灯1
C0	指示灯主端子 （不与转向闪光器连接）
C2	指示灯2
C3	指示灯3（如牵引两辆拖车）
L	转向信号灯，左
R	转向信号灯，右
其他	
BLS	2 刹车开关信号
BTS	1 刹车开关信号
CAN-H，驱动系统 CAN-L，驱动系统	在驱动控制单元之间的数据总线（发动机、自动变速箱、ABS、数据总线诊断接口）
CAN-H，舒适系统 CAN-L，舒适系统	在舒适系统中央控制单元之间的舒适系统数据总线（车门控制单元、Climatic、车载电源控制单元、数据总线诊断接口）

续表

DIN代码	含义	DIN代码	含义
CANH-KI CANL-KI	组合仪表和数据总线诊断接口之间的数据总线	GND	接地
		GRA	定速巡航装置
CAN-H，信息娱乐系统 CAN-L，信息娱乐系统	数据总线接口和收音机、放大器之间的数据总线	LIN	局域互联网
		K	控制单元的诊断导线
		NL	后雾灯
		NSL	前雾灯

2. 组件代码前缀

在大众汽车接线图中，不同类的组件用不同的大写英文字母表示，放在组件代码最前端，如J220，前缀“J”就是该类组件的代码。常见的组件代码前缀见表1-2。

表1-2　常见的组件代码前缀

组件代码前缀	组件类别
A	蓄电池
B	起动机
C	交流发电机/发电机
D	点火/启动开关
E	复杂的开关，如A/C控制头、天窗器（这些通常是更复杂的开关）
F	开关-单刀开关
G	仪表和传感器
H	喇叭
J	控制模块、继电器、电子继电器
K	仪表指示
L	灯-警告灯
M	灯-前后大灯
N	电感器/线圈-喷油器、净化器、点火线圈、点火模块等
P	火花塞连接器
Q	火花塞
R	收音机、CD、电话、导航
S	熔丝、断路器、保护装置
T	连接器
V	电机-窗电机，真空泵等
W	灯-室内灯
X	灯-牌照灯
Z	加热元件，如氧传感器的加热器，加热座椅，加热后视镜等

3. 中央继电器板

中央继电器板（图1-7）的位置请读者阅读具体车型的接线图右侧的“元件代号、名称及位置说明”处。在中央继电器板上主要有继电器、熔丝和连接器等。

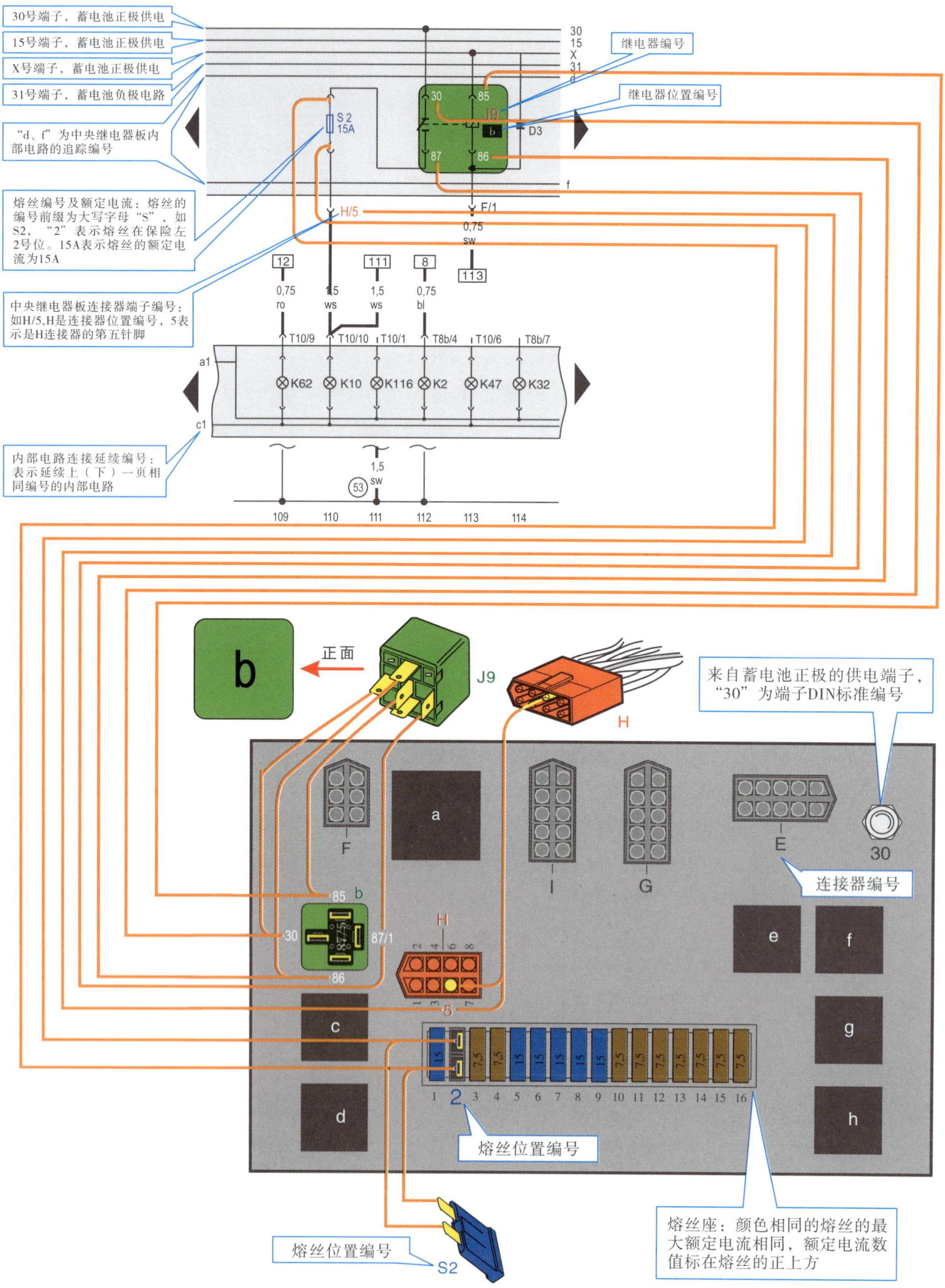
30号端子，蓄电池正极供电
15号端子，蓄电池正极供电
X号端子，蓄电池正极供电
31号端子，蓄电池负极电路
“d、f”为中央继电器板内部电路的追踪编号
熔丝编号及额定电流：熔丝的编号前缀为大写字母“S”，如S2，“2”表示熔丝在保险左2号位。15A表示熔丝的额定电流为15A
中央继电器板连接器端子编号：如H/5,H是连接器位置编号，5表示是H连接器的第五针脚
内部电路连接延续编号：表示延续上（下）一页相同编号的内部电路
继电器编号
继电器位置编号
正面
J9
H
来自蓄电池正极的供电端子，“30”为端子DIN标准编号
连接器编号
熔丝位置编号
熔丝座：颜色相同的熔丝的最大额定电流相同，额定电流数值标在熔丝的正上方
熔丝位置编号
S2

图1-7　中央继电器板

4. 导线

线束及相关部件可能包含许多不同类型的导体，包括电线、内部连接、螺纹连接、焊接连接、推入式连接器、多点连接器和接地。导线连接电气元件，导通电流的路径，在电路图中通常用实线表示。有些图中也会遇到虚线表示导线的，说明该导线并不适用于所有车辆，读者在阅读时应注意接线图的图例说明。

（1）导线颜色 大众汽车接线图中导线的颜色是用德语单词的缩写来代表的，见表1-3。在接线图中一些颜色使用于特定的电路。例如蓄电池的供电线路通常是红色，点火电路通常是绿色，搭铁电路通常用棕色，前大灯电路通常用黄色。

表1-3 大众接线图常用导线颜色代码

颜色代码	含义	颜色代码	含义	颜色代码	含义
bl	蓝色	li	紫色	hbl	淡蓝色
br	棕色	ws	白色	hgn	浅绿色
ge	黄色	el	乳白色	rbr	褐红色
gn	绿色	nf	中性	x	编织电缆
ro	红色	og	橙色	y	高压电缆
sw	黑色	rs	粉红色	z	非电缆

（2）导线规格 导线规格是指导线的横截面积的大小。不同横截面积的导线两端允许的最大电压降是不一样的，也就是允许流过的最大电流不一样，因此在维修电路时一定要按照厂家所要求的规格进行维修或更换。如果在进行导线维修或更换时，不知道导线的确切规格，应使用一个较大的尺寸。如果更换的导线横截面积过小，则会造成导线两端的电压降过高，可能会导致导线过热，严重的引起导线烧断，甚至起火。导线规格及其对电压降和电流大小的影响见图1-8。

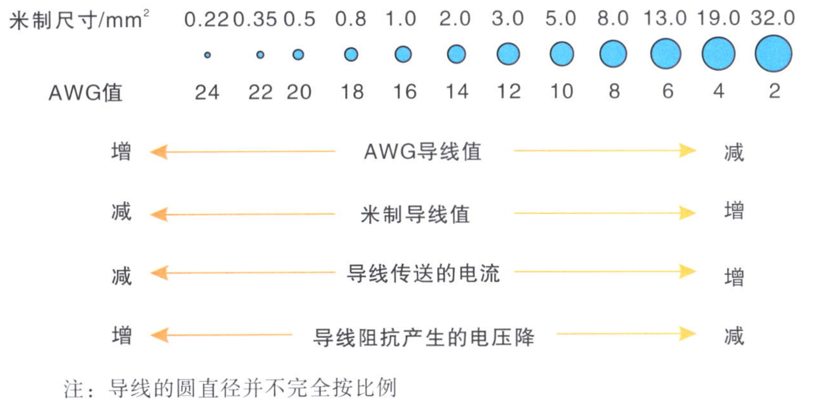

图1-8 导线尺寸的汇总及它们对电压降和电流大小的影响

（3）元件内部导体 元件内部导体存在于元件内，它所展示的是元件内部的线路情况，在大众汽车接线图中用黑色细实线来表示，见图1-9。

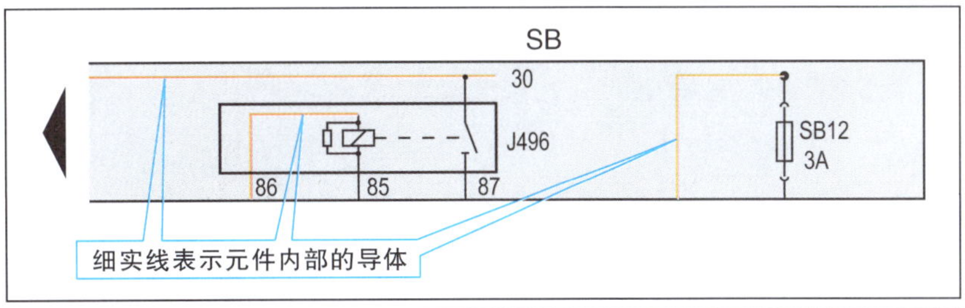

图1-9 元件内部导体

5. 保护装置

汽车电路上使用的保护装置的作用是防止过大的电流损坏电路中的其他组件。保护装置有多种类型，包括标准熔丝、温度熔丝（断路器）及带形熔丝，如图1-10所示。熔丝的组件标号的前缀是大写字母“S”，其符号见图1-9。

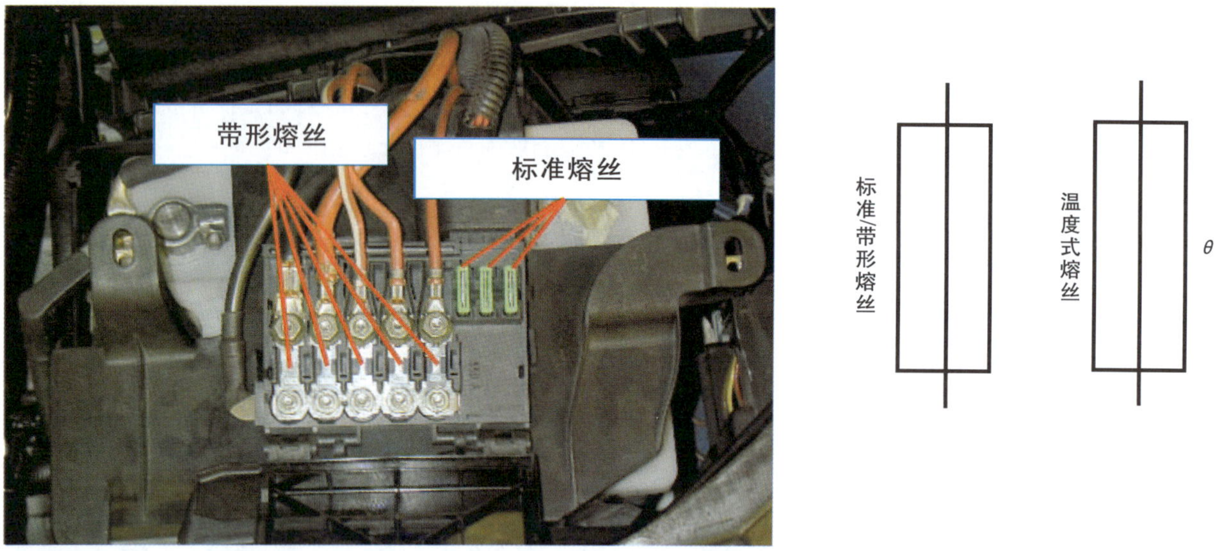

图1-10　保护装置

6. 连接器

在大众汽车接线图中连接器的表示方式主要有两种：一种是插头与插头之间的连接，暂且称为插头与插头式连接器；另一种则是插头与单元（元件）之间的连接，暂且称为单元插头式连接器。

（1）连接器在接线图中的表示方法　见图1-11。

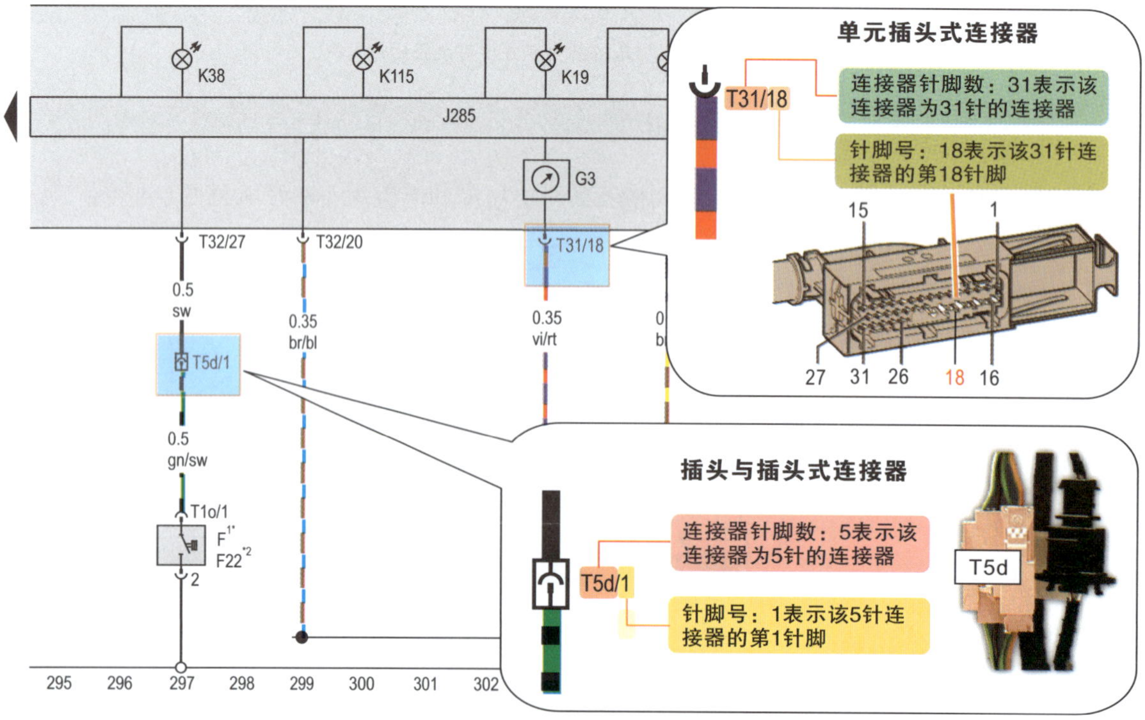

图1-11　连接器在接线图中的表示方法

（2）**连接器针脚的分配** 从接线图中读者可以了解单元插头式连接器的针脚数，及每个针脚的电路情况。但如何与在实际车辆上的单元插头式连接器对应起来呢？这个问题正是这里要解决的。解决了这个问题后，读者便可迅速查找到所要找的目标。

大众汽车的单元插头式连接器主要出现在：控制单元、多针脚组件和中央继电器板。

① **控制单元连接器针脚编号分配。** 控制单元连接器的编号用大写字母“T”作为前缀。例如，2012年款的速腾的左后门控制单元连接器T18aa，如图1-12所示。一般情况下，控制单元连接器上都会有分配标记。对于较大型的连接器引脚分配标记在每排针脚插孔两端的插孔旁，维修技术员可根据现有针脚标号规律找出其他未标号的针脚位置。例如，图中的左后门控制单元连接器T18aa。

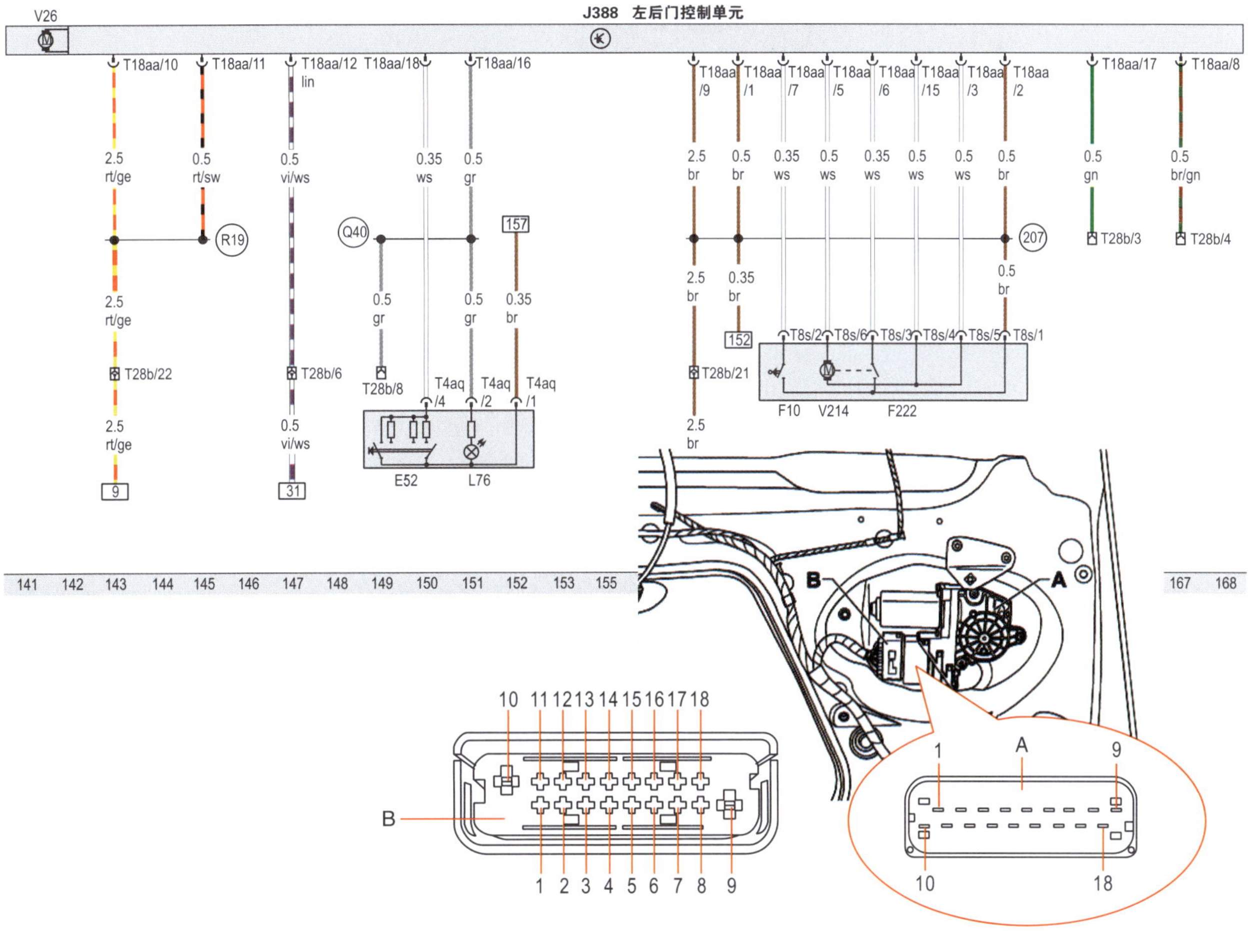

图1-12 左后门控制单元连接器

② **多针脚组件针脚编号分配。** 多针脚组件的连接器在接线图中的编号可能不会用大写字母“T”作为前缀。例如，点火开关，它用一个大写字母“D”作为编号前缀。有一些多针脚组件的连接器的针脚分配是按顺序编号的，一些是使用DIN标准终端标识来分配针脚标号的。如图1-13所示，两个都是点火开关，但它们的连接器针脚分配标号不一样。

③ **中央继电器板连接器针脚编号分配。** 中央继电器板连接器包含螺纹连接器和多针脚连接器两种，见图1-13。

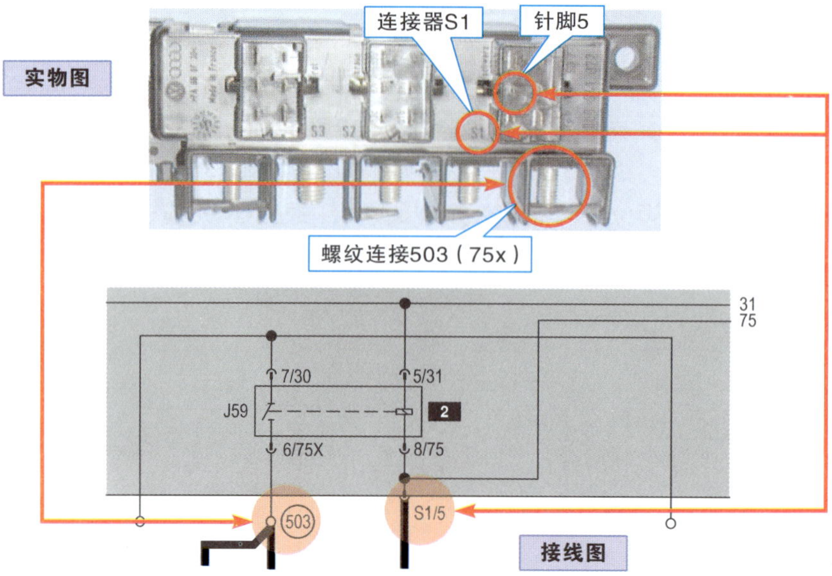

图1-13 中央继电器板连接器针脚分配

7. 继电器

在电路中使用继电器是为了用小电流控制大电流。一般地，电子电路中的电流都比较小，而汽车上的大部分电器工作时的电流都相对较大。为了实现对汽车电器的电子控制的目的，因此在电路中使用继电器。电子电路通过向继电器的绕组侧供电，绕组产生的电磁力使开关侧闭合或断开，从而控制开关侧电路的工作。

大众汽车接线图中继电器的表示法和查找方法如图1-14所示。大众汽车上所用的继电器基本上都是BOSCH生产的，实物继电器和接线图中的继电器符号上都有DIN标准终端标识，它们是一致的。老版接线图继电器符号上还有继电器插接孔的数字编号。在实物继电器的上方会标有编号，接线图中继电器的编号为“R1”，则实物继电器上的编号也为“R1”，这样查找起来非常方便。

8. 开关

在汽车电路中,开关是最常见、最基本的控制装置，如点火开关、制动灯开关、大灯控制组合开关等。在电路中，开关通常有两种控制方式：一是供电侧控制；另一个是接地（搭铁）端控制，如图1-15所示。

在汽车接线图中常见的开关符号如图1-16所示。在大众汽车接线图中，如果没有特别说明所有的开关和触点均处于机械禁止位置。简单的开关编号前缀为大写字母“F”，复杂的开关编号前缀为大写字母“E”，点火开关的编号前缀为“D”。

点火开关是一个多路开关。在汽车电路中，点火开关可以说是整车电路的一个总开关。点火开关在不同状态下的工作情况如图1-17所示。

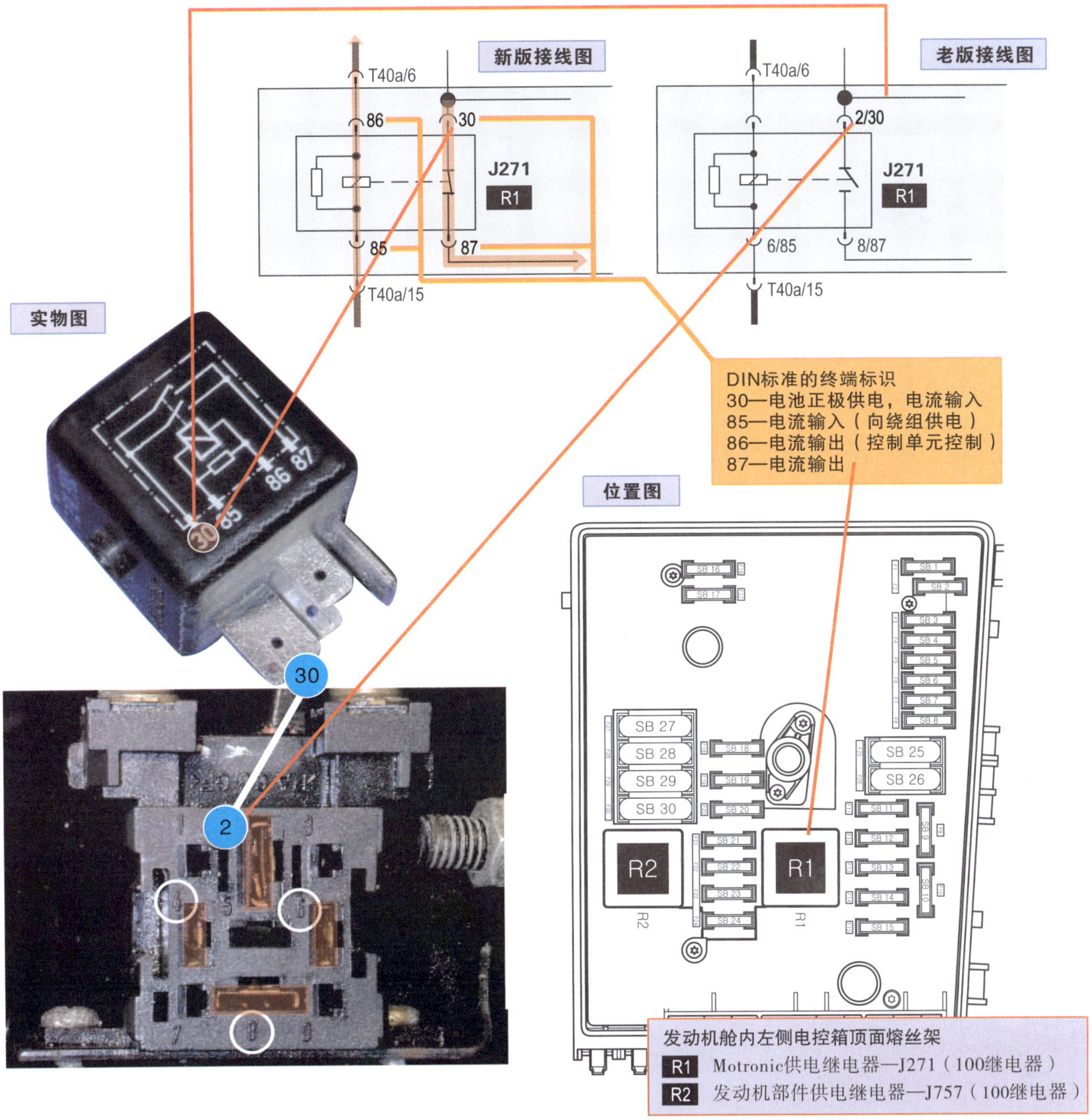

图1-14 大众汽车接线图中继电器的表示法和查找方法

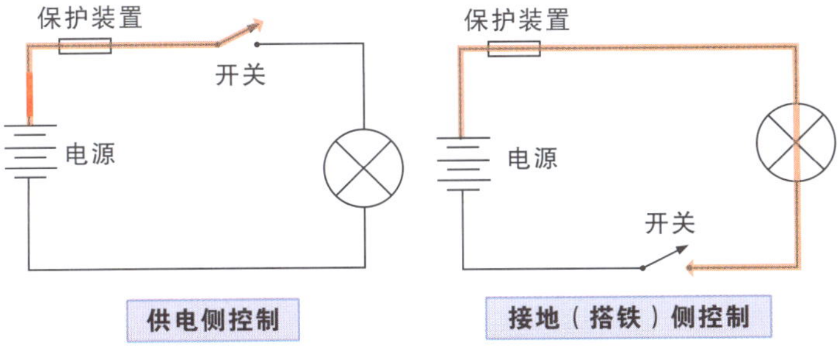

图1-15 开关在电路中的控制方式

图1-16 开关符号

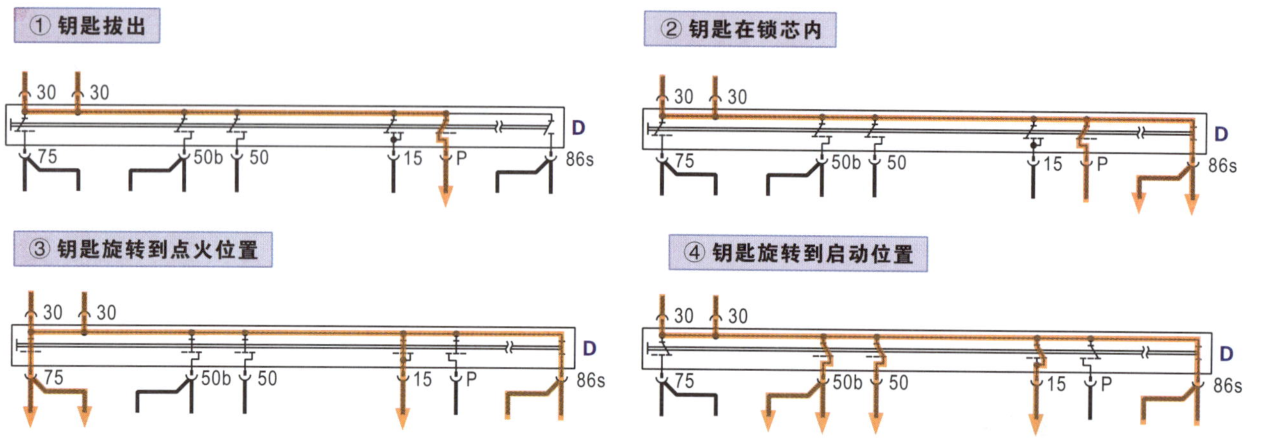

图1-17 点火开关在不同状态下的工作情况

9. 搭铁（接地）

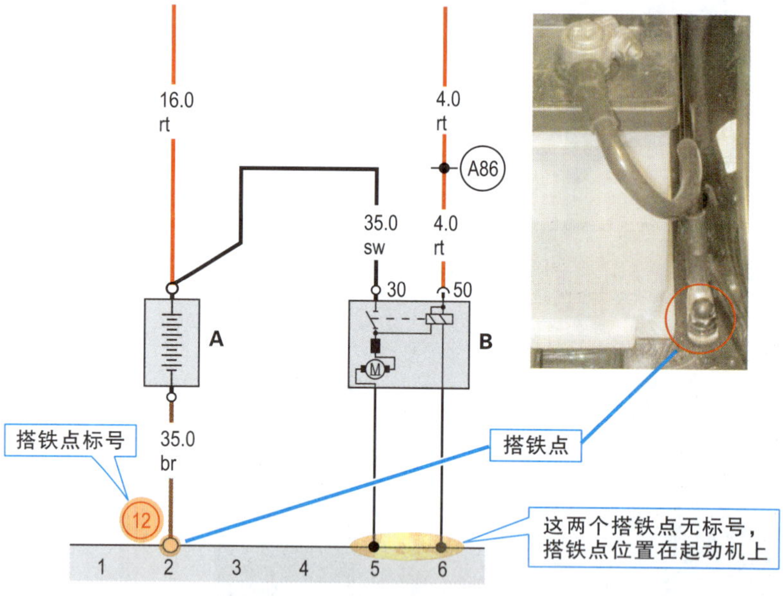

图1-18 螺栓连接的搭铁点

汽车上的搭铁点一般在车辆底盘（车架）上，通过底盘（车架）电流回到蓄电池负极。在大众汽车接线图中，读者可以通过电路节点编号找到搭铁点。通过搭铁点的编号查找到搭铁点的位置，在第一节中有介绍。一般地，有标号的搭铁点，可以在车辆上很容易找到，没有标号的搭铁点一般在组件上，见图1-18。

接线图中有些搭铁点之间是有联系的，它们是在不同总成上的搭铁点。在读图过程中，读者可能需要通过查找每个搭铁点连接，最后找到它们在底盘（车架）上的搭铁点，注意认真阅读接线图的元件代号及名称说明。如图1-19所示，这两个搭铁点分别在发动机和变速箱上。

在车辆的实际线路中，有些搭铁点是在线束内的，这些搭铁点在接线图中的表示见图1-20。

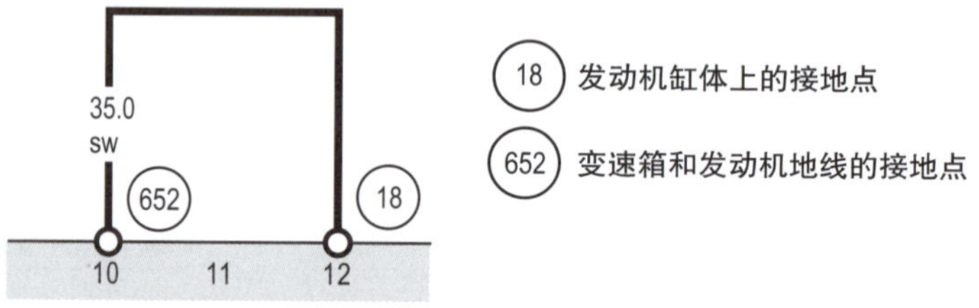

图1-19 搭铁点间的关系

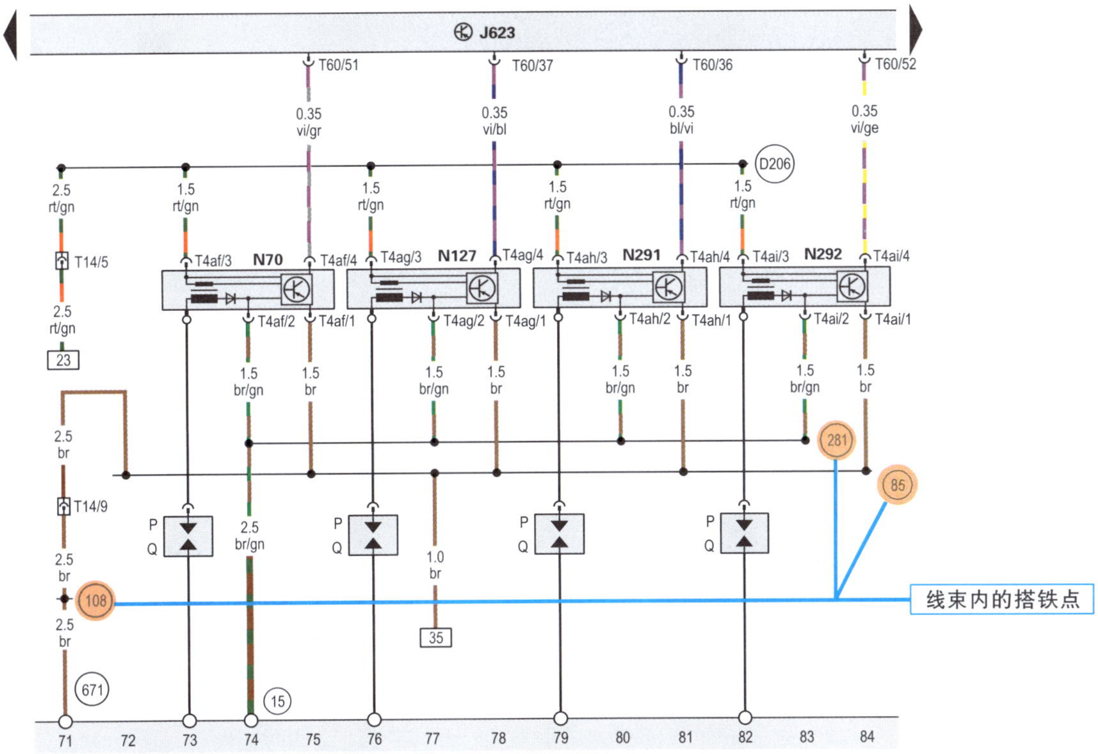

图1-20 搭铁点在接线图中的表示

10. 电磁阀

在汽车上很多电气组件都属于电磁阀，如喷油器、自动变速箱控制电磁阀、EGR阀等。电磁阀的结构和工作原理很简单。电磁阀主要由螺线管和铁芯构成，当电流通过螺线管时，铁芯在磁场力作用下运动，铁芯相当于管路的阀门，它的运动实际上是打开或关闭阀门。电磁阀在接线图中的组件编号前缀是大写字母“N”，其符号如图1-21所示。

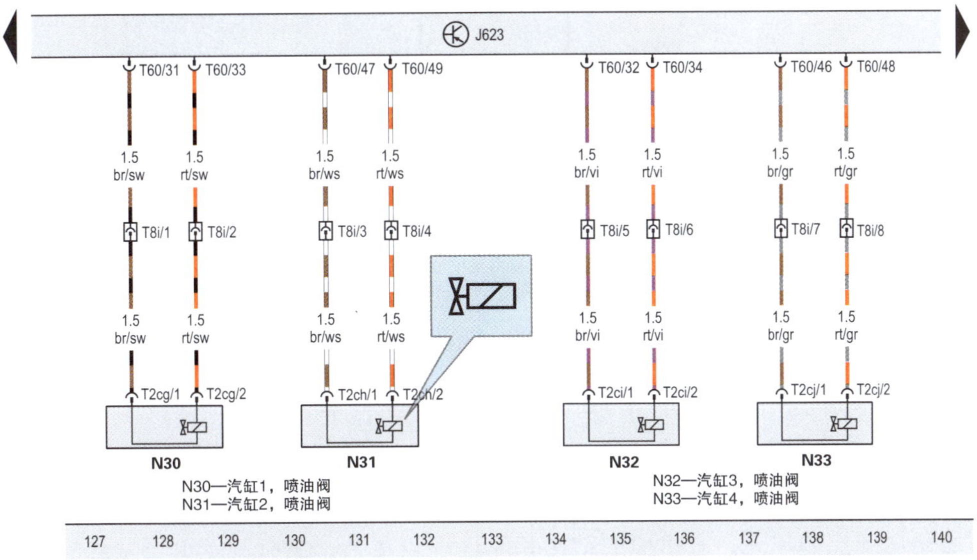

图1-21 电磁阀符号

11. 电机（电动马达）

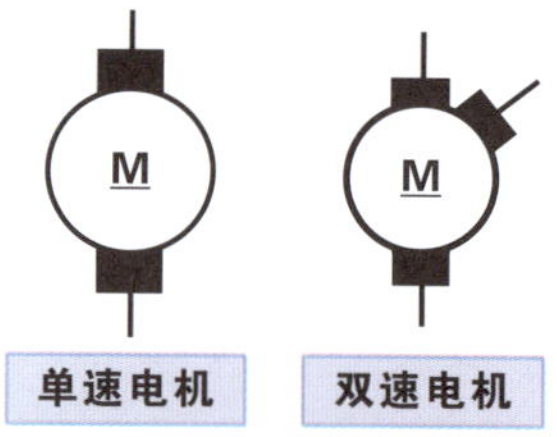

图1-22 电机符号

电机在整个车辆中的使用十分普遍，如起动机、雨刷电机、燃油泵、电动座椅调节电机等。电动机符号的顶部和底部有暗正方形，代表电动马达的电刷，如图1-22所示。如果电机只有两个电刷，则它是一个单速电机，如车辆上的后窗雨刮器电机，见图1-23。如果电机有3个电刷，则它是一个双速电机，具有两个速度，如前挡风玻璃雨刮电机，如图1-24所示。

图1-23 后窗雨刮器电机

图1-24 前挡风玻璃雨刮电机

在接线图中，电机标号的前缀是大写字母“V”，如图1-25所示。

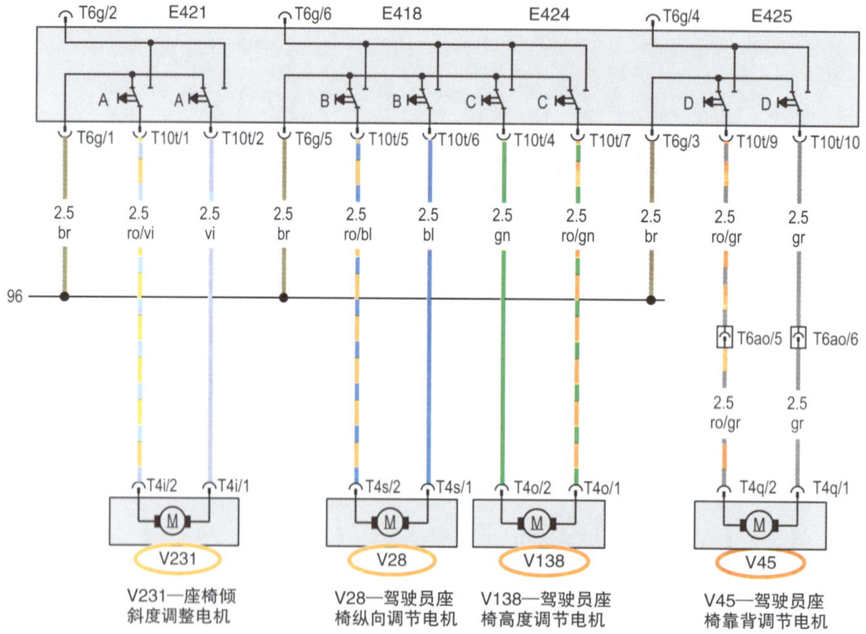

图1-25 座椅调整电机接线图

12. 电子控制单元

现代汽车的电子控制技术越来越多，可以这么说，越高档的汽车，电子控制技术应用就越多。电子控制技术的核心是电子控制单元，它里面的结构和原理都较复杂，没有一定电子基础的人很难掌握它们的工作原理。

因为电子控制的结构比较复杂，大众汽车接线图只用简单的符号来表示电子控制单元，因此光靠接线图读者无法了解电子控制单元内部的结构及其控制原理。在实际车辆上，有的电子控制单元是独立存在的（如发动机控制单元、自动变速箱控制单元等），有的则是与其他组件集成在一起的（如车窗控制单元，它是将车窗控制单元 和车窗调整电机集成为一个整体），它们在接线图中的表示方法如图1-26所示。电子控制单元在接线图中的编号前缀为大写字母“J”。

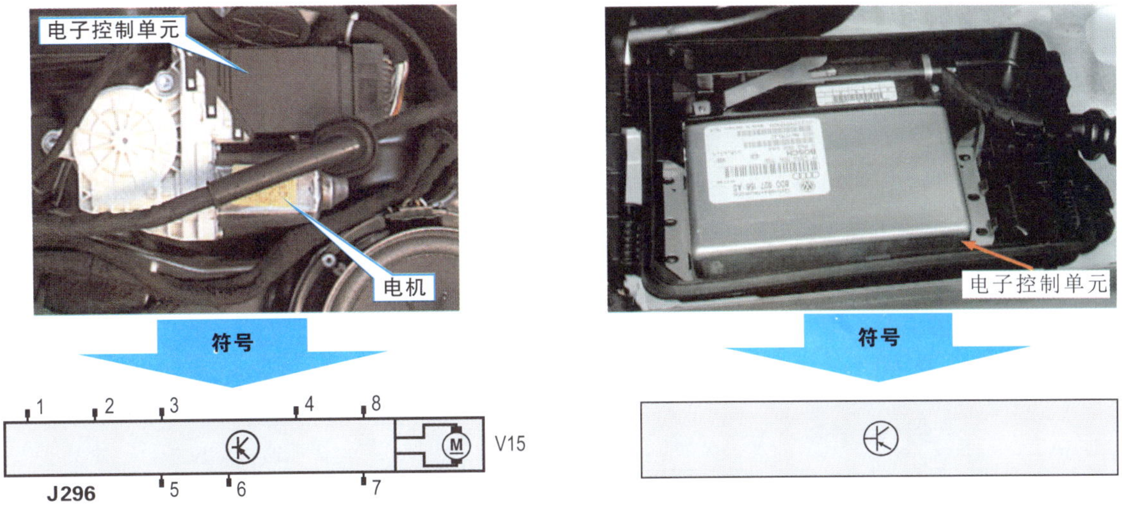

图1-26　电子控制单元的符号

13. 常见的大众汽车接线图符号

常见的大众汽车接线图符号见表1-4。

表1-4　DIN标准终端标识

符号	含义	符号	含义
	线束的插头连接		过热熔丝
	元件上插头连接		内部灯
	元件上可拆式导线连接		灯泡
	不可拆式导线连接	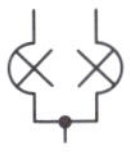	双丝灯泡
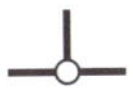	可拆式导线连接		电机
	元件内部导线连接		二极管
	元件内部导线不连接		齐纳二极管
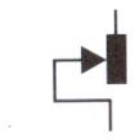	滑动连接		光敏二极管
	导线在线束内连接		发光二极管
	导体连接点		电子控制器
	熔丝		

续表

符号	含义
	继电器（电子控制）
	显示仪表
	电容器
	手动开关
	按键开关
	机械开关
	压力开关
	温控开关
	多挡手动开关
	电阻
	可变电阻
	温控电阻
	点烟器
	火花塞和火花塞插头
	继电器
	导线屏蔽
	线圈
	氧传感器
	蓄电池
	起动机
	交流发电机
	点火线圈
	电子分电器
	加热元件（由温度而定）
	可加热后窗玻璃
	电磁阀
	天线
	电子天线放大器
	收音机喇叭
	喇叭
	收音机
	数字钟
	模拟时钟
	多功能显示
	霍尔传感器
	曲轴位置传感器
	速度传感器
	爆震传感器
	前大灯调节控制电机
	螺旋弹簧
	换挡杆锁电磁阀
	电磁离合器
	雨刮电机（两速）

第三节 大众汽车接线图阅读与使用

在诊断汽车电路故障时，接线图是我们最常用的诊断工具之一。从接线图那里我们可以获得电路的相关信息，如电气元件的位置、导线的颜色、电路的工作原理和电流的走向。阅读汽车接线图通常是为了了解电路的工作原理和工作电流的路径。阅读大众汽车接线图主要使用以下两种方法。

① 简单电路从前（电源）到后（搭铁），即 电源 → 负载（用电器）→ 搭铁 。

② 复杂电路从负载（用电器）开始向前（电源）向后（搭铁），即 电源 ← 负载（用电器）→ 搭铁 。

一、简单电路

如图1-27所示是制动灯的电路，这个电路相对简单，很容易从电路中知道制动灯电路的工作原理和工作电流的走向。

当驾驶员踩下制动踏板时，制动踏板开关F闭合，制动灯M9和M10亮起。阅读接线图，并写下电流流向路径如下。

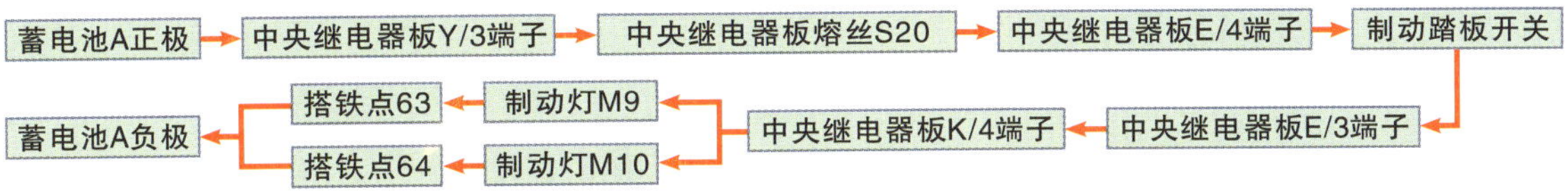

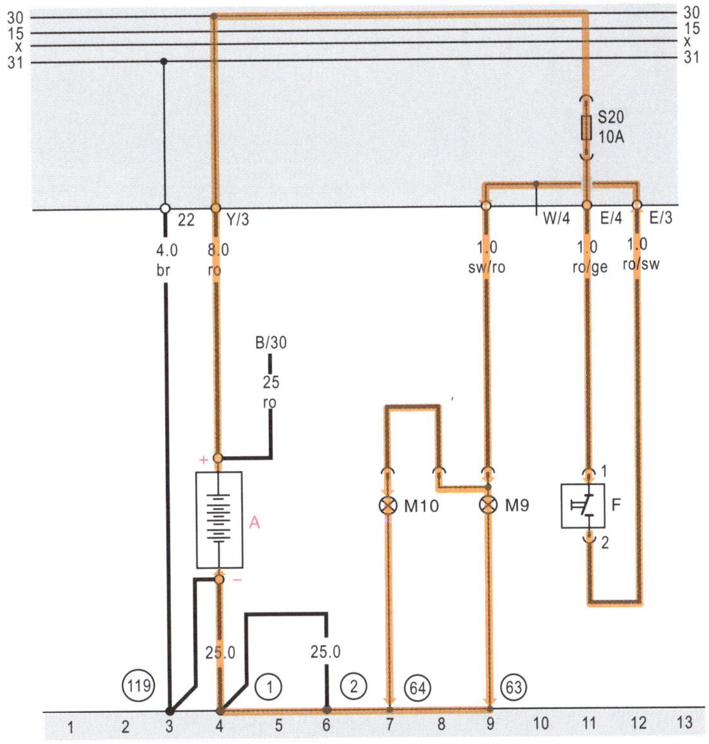

图1-27 制动灯电路

二、复杂电路

这里以2012年款速腾轿车的前雾灯电路为例，说明复杂电路的识读方法。大众汽车的雾灯接线图一般在《电路图》手册的“基本装备”部分中。因此，直接到“基本装备”部分找前雾灯接线图，要仔细查看每一页接线图的标题。

（1）前雾灯供电电路

① **找到前雾灯接线图（图1-28）。** 在图1-28中找到了前雾灯，分别为左侧前雾灯（L22）和右侧前雾灯（L23），它们在该图中的电流流向如下。

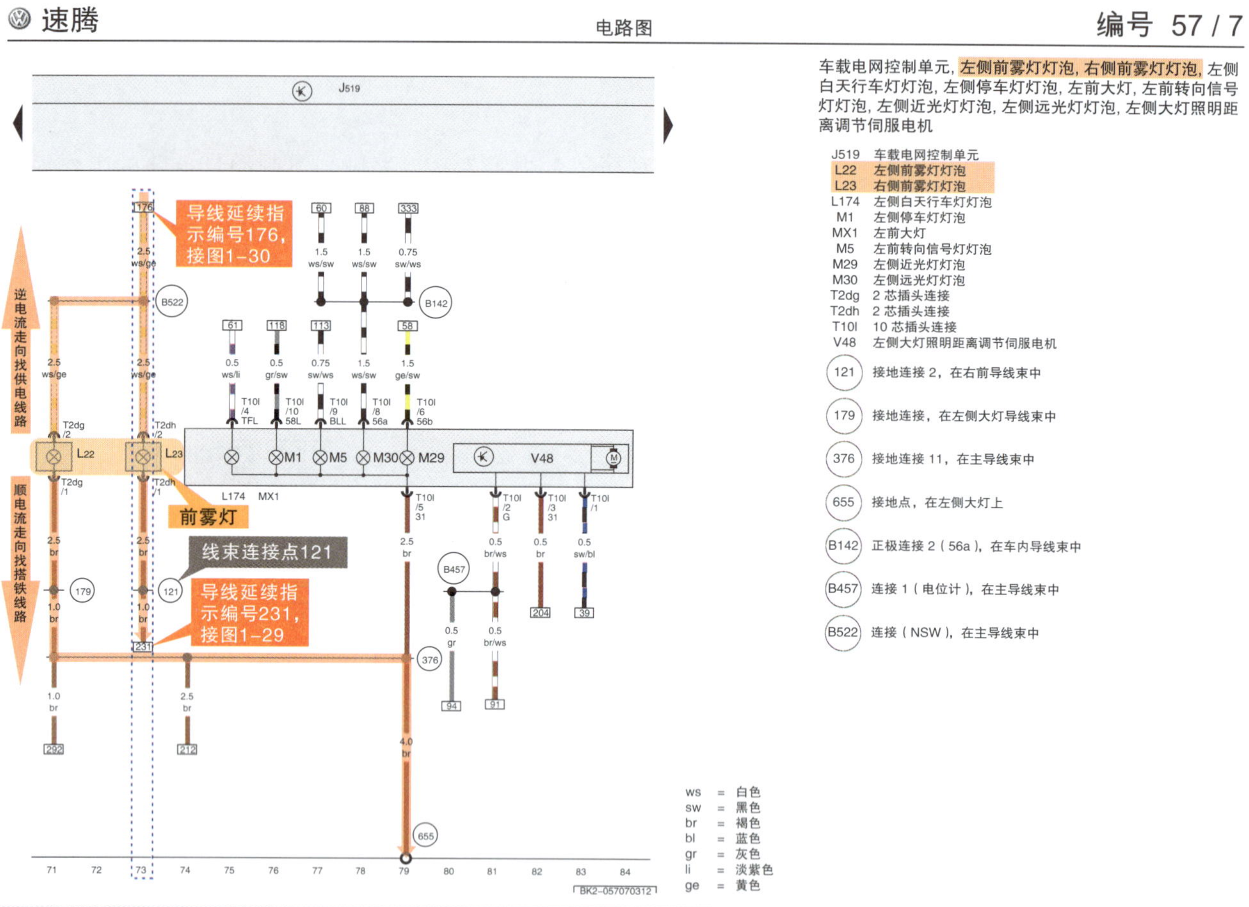

图1-28　前雾灯在接线图中的位置

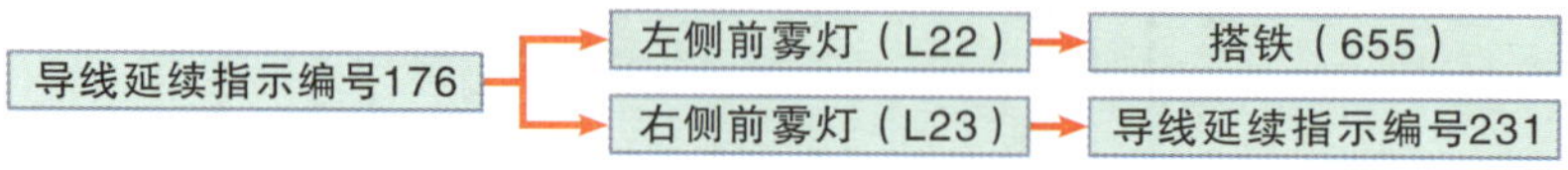

在图1-28中两个前雾灯的供电电路是一样的，要根据导线延续编号176来进一步查找。左侧前雾灯（L22）的搭铁电路到搭铁点655就结束了；而右侧前雾灯（L23）的搭铁线路要根据导线延续编号231来继续查找。这里我们也要找出导线延续指示编号所对应图最下边的编号，在此图中导线延续指示编号176和231在图最下方的对应编号均为编号73。

② 找导线延续指示编号231的位置（图1–28），继续顺电流走向查找右侧前雾灯的搭铁线路。

在图1–28的接线图中，我们找到了接线图最下方的导线延续指示编号231的位置，对应上方可以看到导线延续指示编号73，正好和上一幅图的编号对应上。查找供电线路也与此相似，后面不再赘述。这样，右侧前雾灯的其他搭铁线路，见图1–29中的灰色区域。

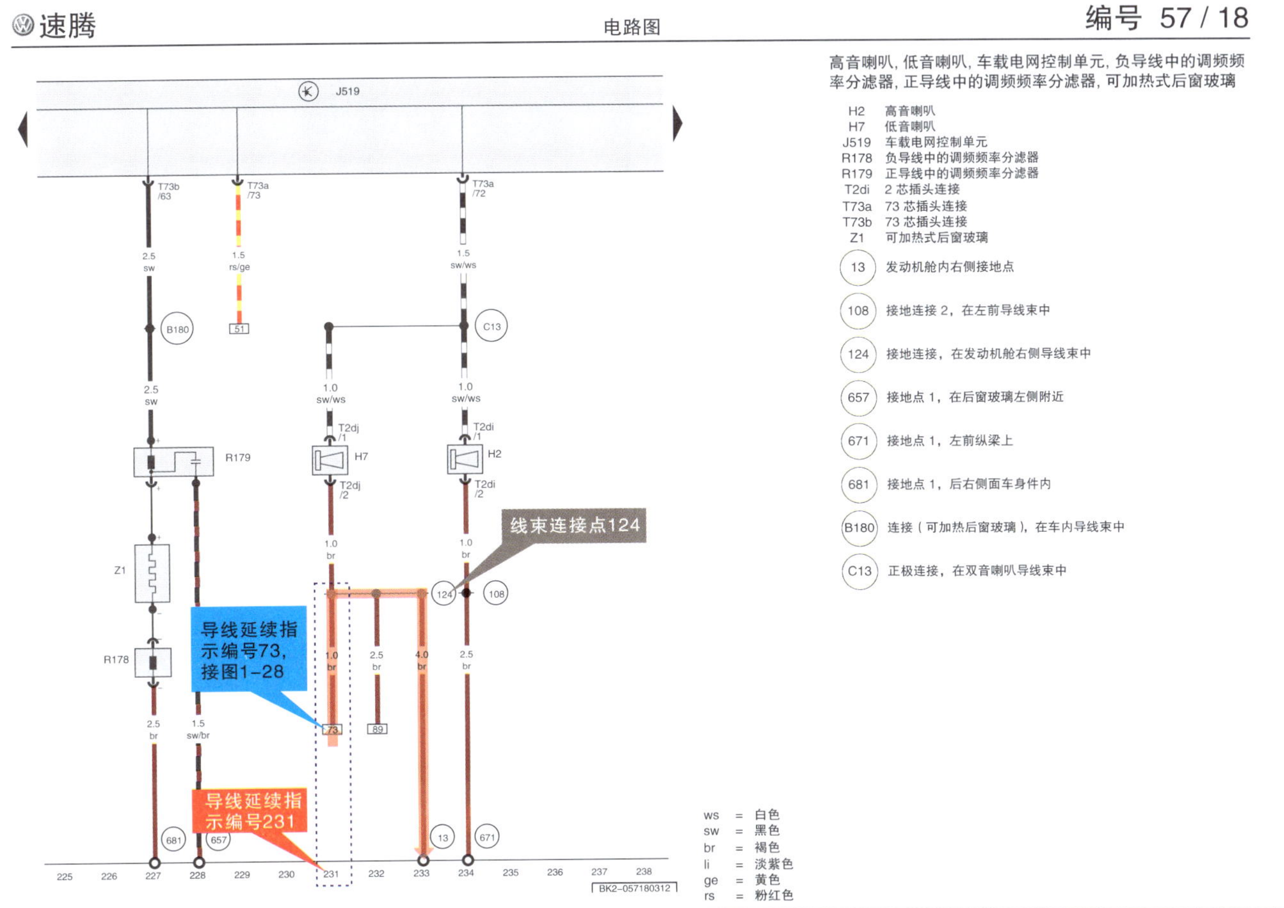

图1–29 前雾灯搭铁电路

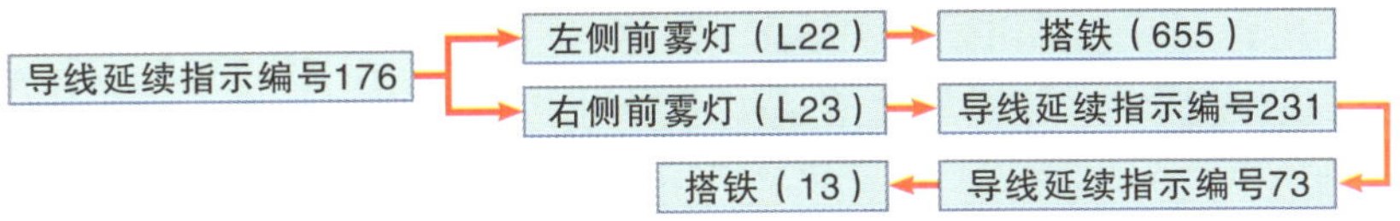

③ 找导线延续指示编号176的位置（图1–28），继续逆电流走向查找前雾灯的供电线路。 在图1–30的接线图中，我们找到了接线图最下方的导线延续指示编号176的位置，对应上方可以看到导线延续指示编号73。沿着导线延续指示编号73往上，可以看到控制前雾灯供电的前雾灯继电器J5。至此，前雾灯的控制电路的部分线路就出现了。控制电路我们暂且放一放，继续查找前雾灯的供电线路。导线延续指示编号73所在电路的最上方是导线延续指示编号64。根据导线延续指示编号64，进行下一步。

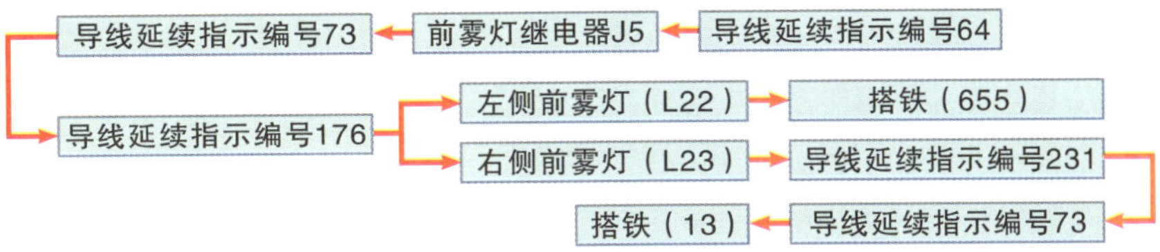

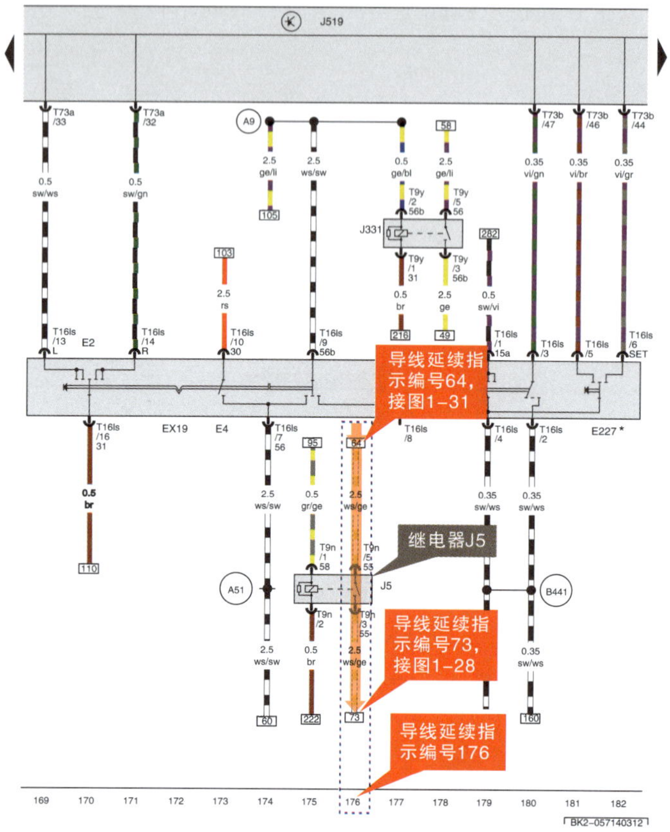

转向信号灯开关，手动防眩目功能和远光灯瞬时接通功能开关，左侧转向柱开关，定速巡航装置开关，GRA 设置按钮，前雾灯继电器，近光灯继电器，车载电网控制单元

- E2 转向信号灯开关
- E4 手动防眩目功能和远光灯瞬时接通功能开关
- EX19 左侧转向柱开关
- E227 GRA 设置按钮
- J5 前雾灯继电器
- J331 近光灯继电器
- J519 车载电网控制单元
- T9n 9 芯插头连接
- T9y 9 芯插头连接
- T16ls 16 芯插头连接
- T73a 73 芯插头连接
- T73b 73 芯插头连接
- A9 正极连接（56b），在仪表导线束中
- A51 连接（56），在仪表板导线束中
- B441 连接（GRA），在主导线束中
- * 仅适用于带定速巡航装置（GRA）的车辆

ws = 白色
sw = 黑色
br = 褐色
gn = 绿色
bl = 蓝色
gr = 灰色
li = 淡紫色
ge = 黄色
rs = 粉红色

图1-30 前雾灯供电电路（一）

④ **找导线延续指示编号64的位置（图1-30），继续逆电流走向查找前雾灯的供电线路。** 在图1-31的接线图中，我们找到了接线图最下方的导线延续指示编号64的位置，对应上方可以看到导线延续指示编号176。沿着导线延续指示编号176往上，可以看到控制前雾灯供电熔丝SC54。导线延续指示编号176所在电路的最上方是导线延续指示编号107。根据导线延续指示编号107，进行下一步查找。

导线延续指示编号107 → 前雾灯供电熔丝SC54 → 导线延续指示编号176 → 导线延续指示编号64 → 前雾灯继电器J5 → 导线延续指示编号73 → 导线延续指示编号176 →

- 左侧前雾灯（L22）→ 搭铁（655）
- 右侧前雾灯（L23）→ 导线延续指示编号231 → 导线延续指示编号73 → 搭铁（13）

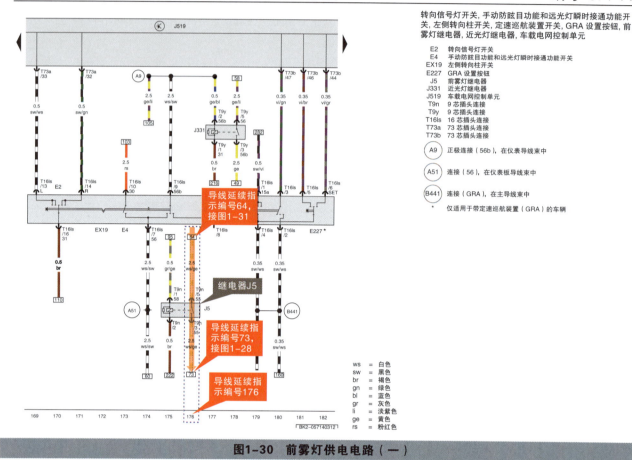

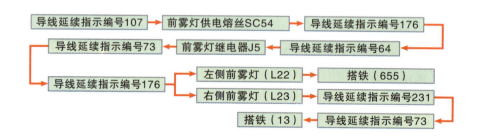

车载电网控制单元，供电继电器 1，端子 75，熔丝座 C

J519　车载电网控制单元
J680　供电继电器 1，端子 75
SC　熔丝座 C
SC5　熔丝架 C 上的熔丝 5
SC18　熔丝架 C 上的熔丝 18
SC19　熔丝架 C 上的熔丝 19
SC30　熔丝架 C 上的熔丝 30
SC31　熔丝架 C 上的熔丝 31
SC32　熔丝架 C 上的熔丝 32
SC34　熔丝架 C 上的熔丝 34
SC37　熔丝架 C 上的熔丝 37
SC38　熔丝架 C 上的熔丝 38
SC54　熔丝架 C 上的熔丝 54
T9x　9 芯插头连接

A83　连接（白天行车灯），在仪表板导线束中

B167　连接（56b），在车内空间导线束中

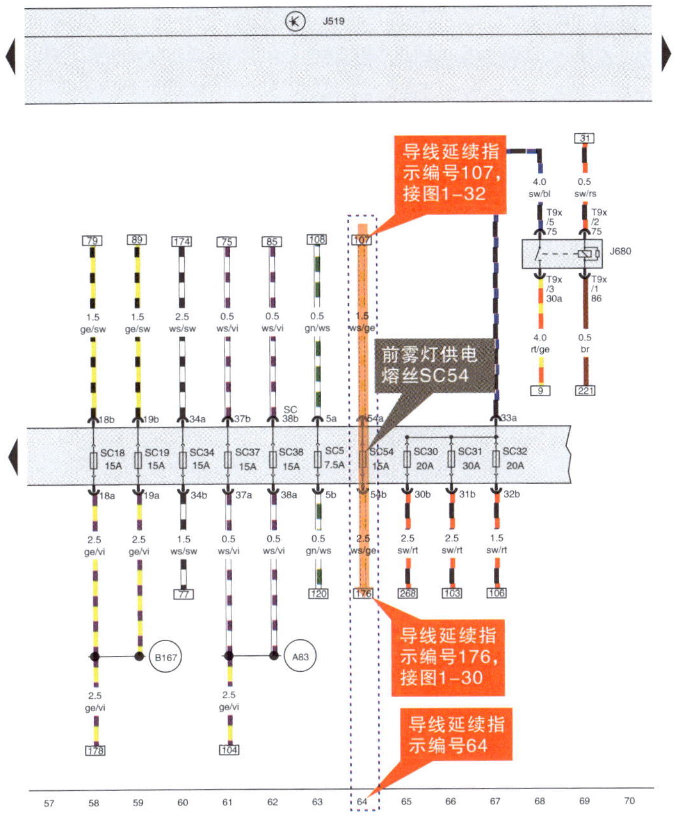

ws = 白色
sw = 黑色
br = 褐色
gn = 绿色
bl = 蓝色
ge = 黄色
rs = 粉红色

图1-31　前雾灯供电电路（二）

⑤ **查找导线延续指示编号107的位置（图1-31），继续逆电流走向查找前雾灯的供电线路。** 在图1-32的接线图中，我们找到了接线图最下方的导线延续指示编号107的位置，对应上方可以看到导线延续指示编号64。沿着导线延续指示编号64往上，可以看到前雾灯开关E7。供电线路在前雾灯开关E7这里分成两路，一路给前雾灯供电，另一路给前雾灯指示灯供电。前雾灯指示灯供电电路这里暂时不管，以后再回过头来查找。前雾灯开关E7出来往下是导线延续指示编号67，它正对接线图最下方的导线延续指示编号106。根据导线延续指示编号106继续查找。

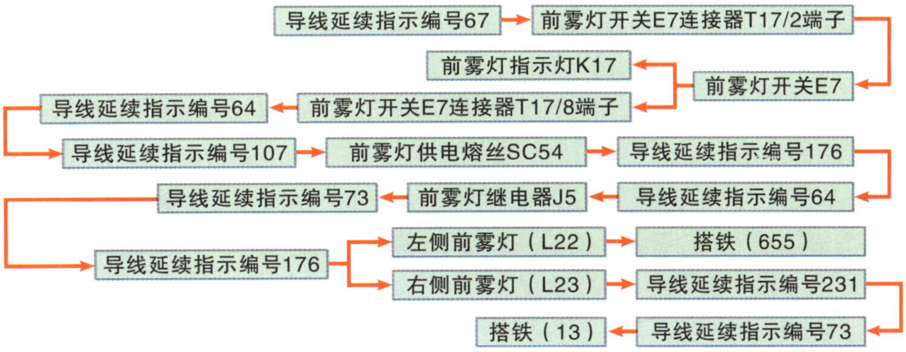

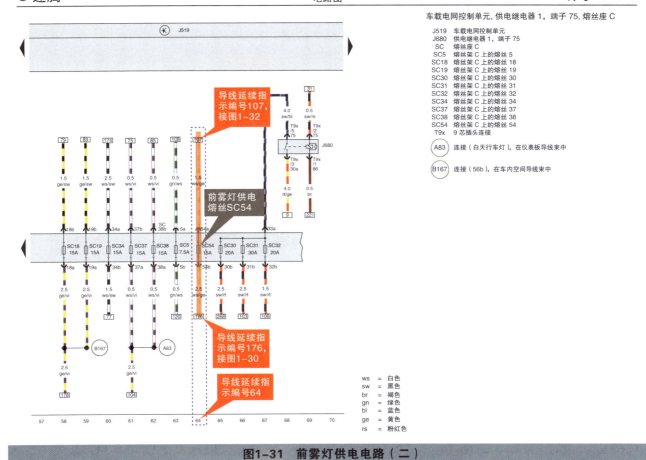

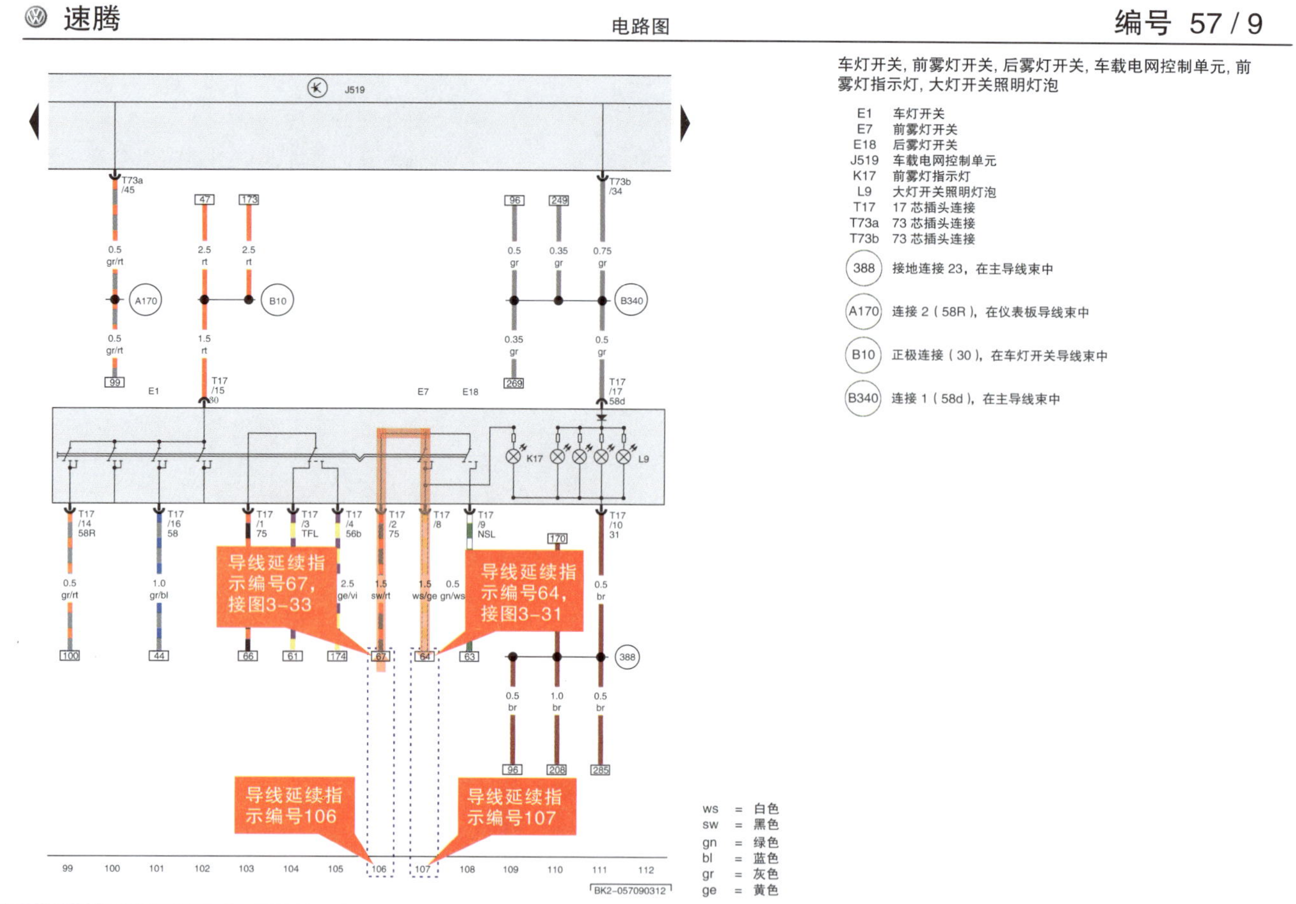

图1-32 前雾灯供电电路（三）

⑥**找导线延续指示编号67的位置，查找前雾灯供电线路（图1-33）。** 在图1-33的接线图中，我们找到了接线图最下方的导线延续指示编号67的位置，对应上方可以看到导线延续指示编号106。沿着导线延续指示编号106往上，可以看到熔丝SC32。继续沿着线路查找，可以见到供电继电器J680。供电继电器J680连接器T9x/3端子往下是导线延续指示编号9。根据导线延续指示编号9继续查找。供电继电器J680的控制线路回头再来查找。

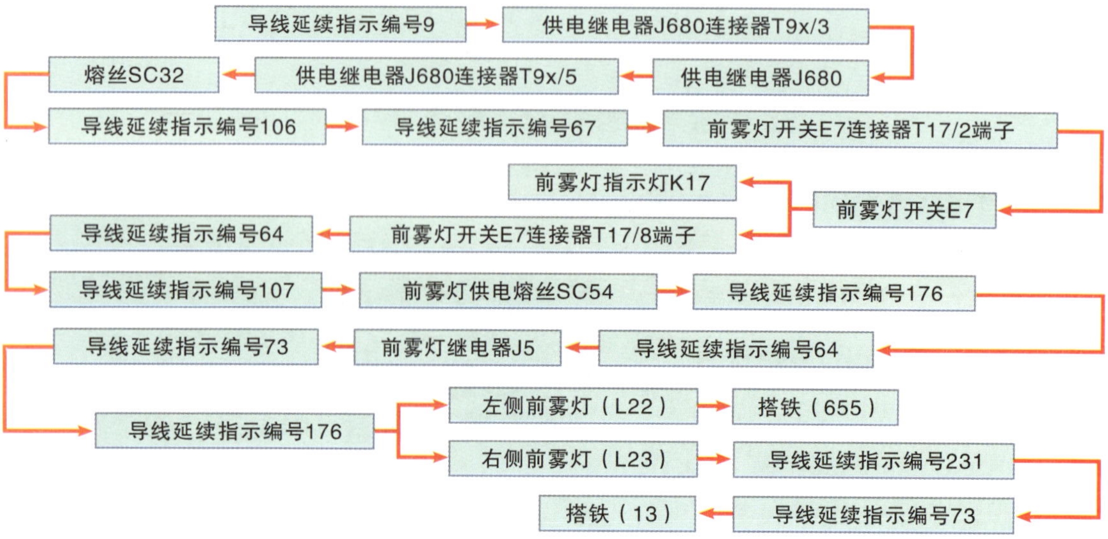

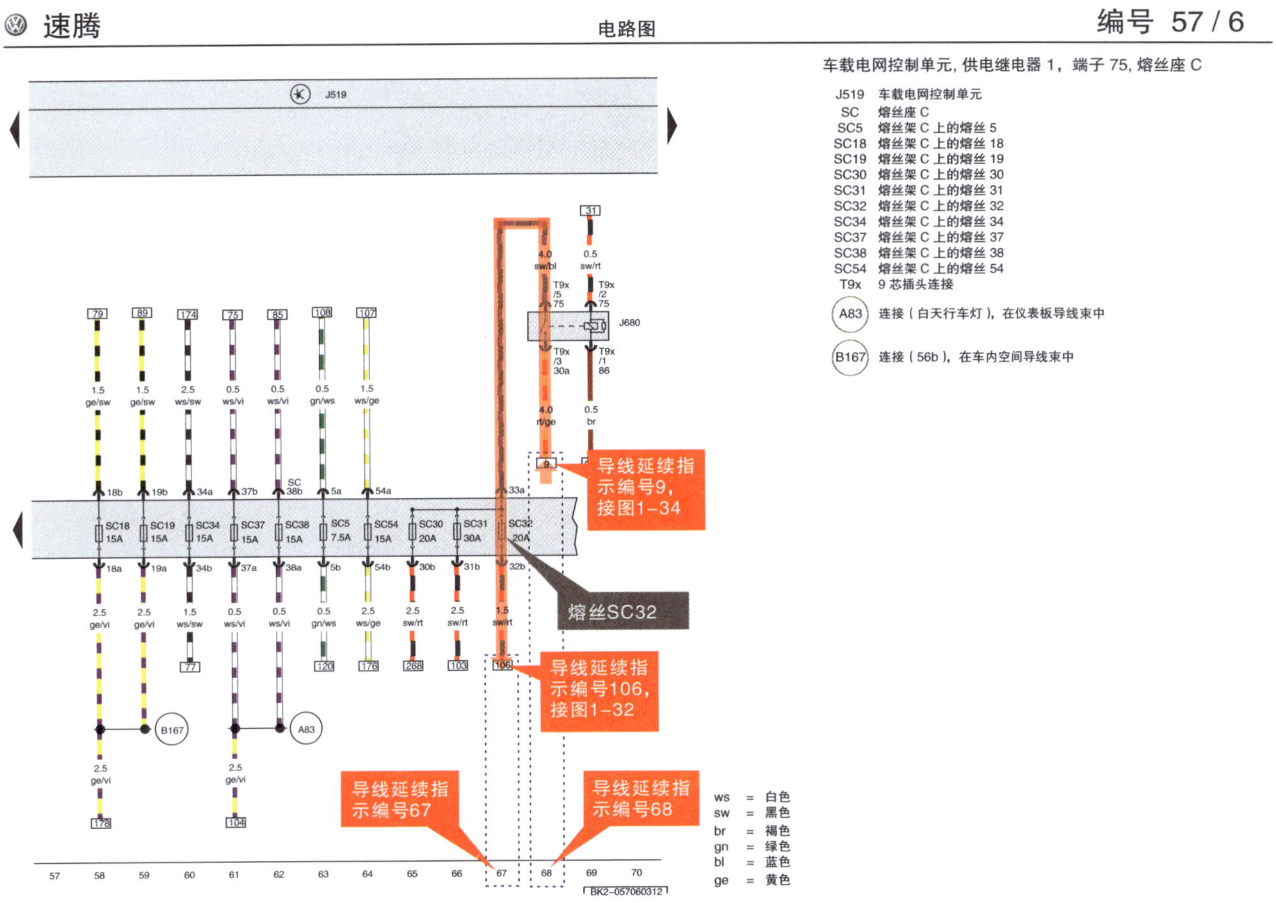

图1-33 前雾灯供电电路（四）

⑦ 找导线延续指示编号9的位置，查找前雾灯供电线路（图1-34）。 在图1-34的接线图中，我们找到了接线图最下方的导线延续指示编号9的位置，对应上方可以看到导线延续指示编号68。沿着导线延续指示编号68往上，可以看到熔丝SB30。继续沿着线路查找，可以见到可拆连接点508，往上是蓄电池正极，是前雾灯的供电端。至此，前雾灯的供电线路全部查找完毕。

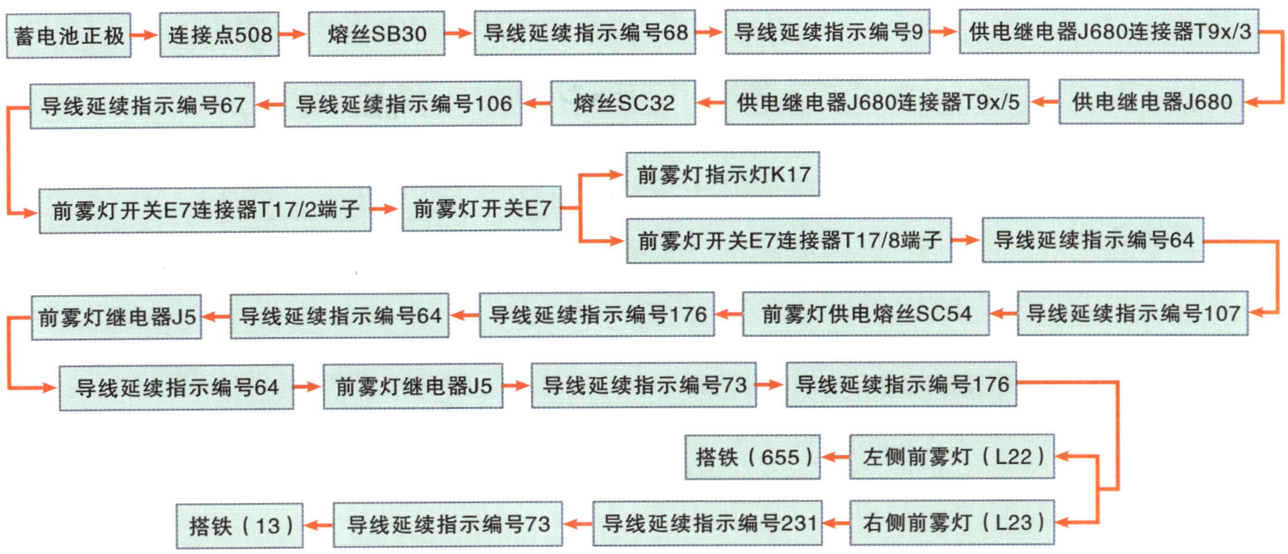

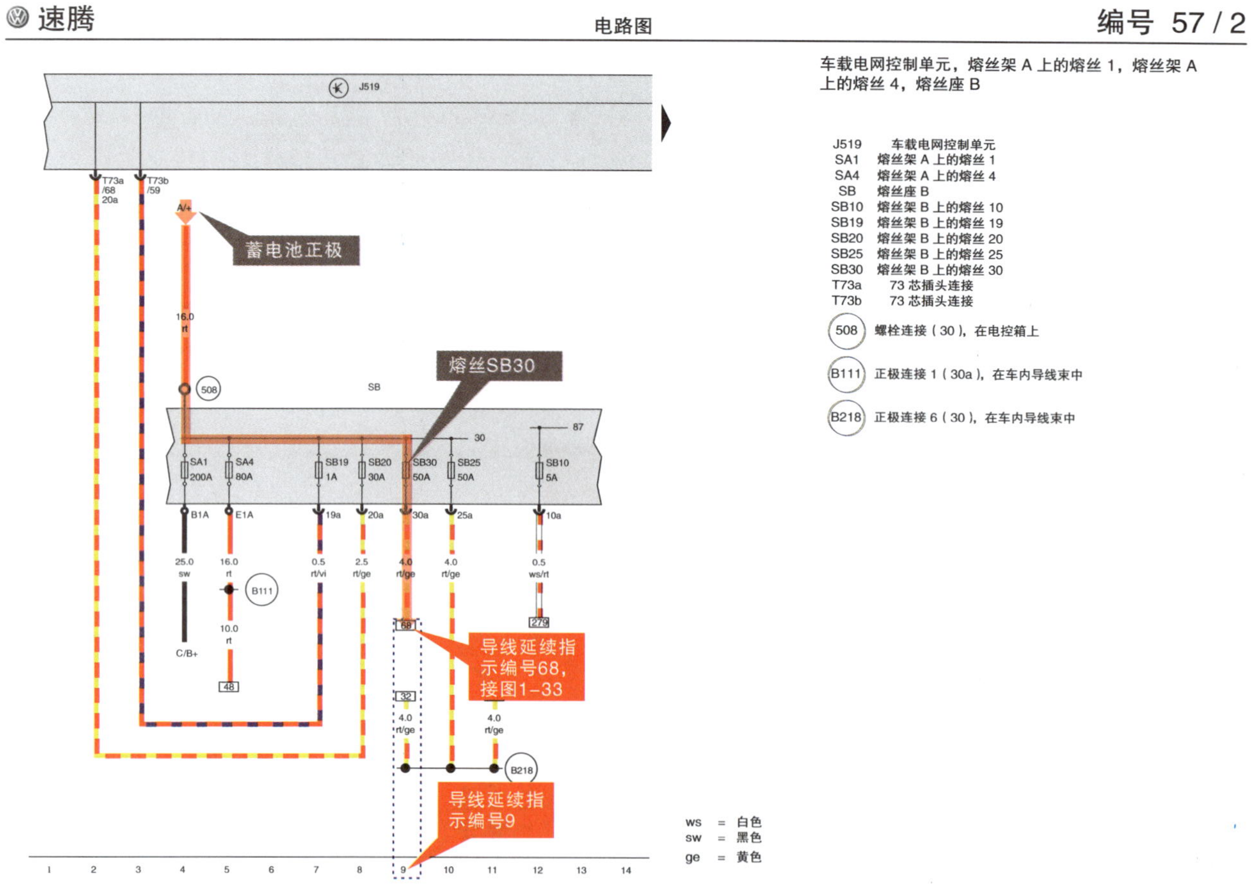

图1-34 前雾灯供电电路（五）

前雾灯供电电路工作电流流向如下。

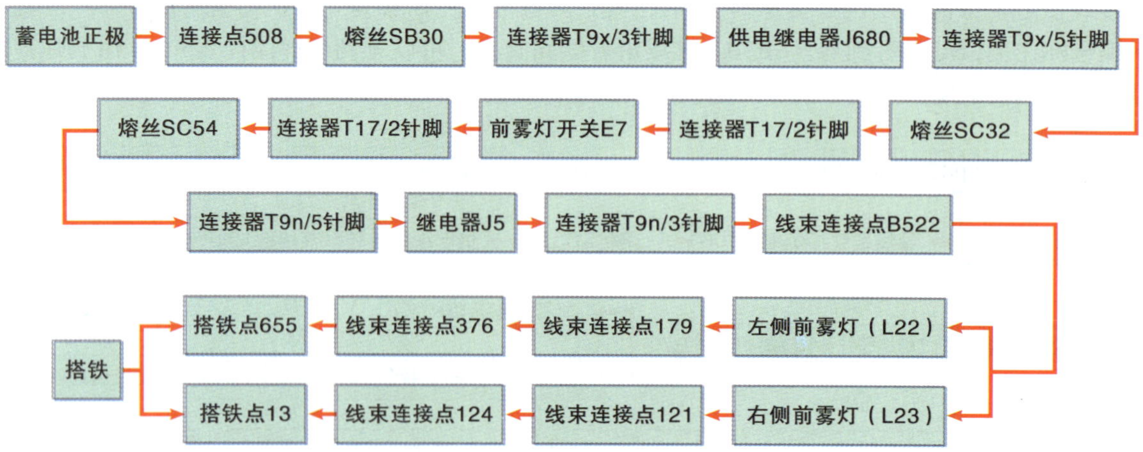

（2）前雾灯继电器控制电路 由图1-35可以知道前雾灯继电器J5电磁线圈的供电端的出导线延续指示编号是95，搭铁端的向导线延续指示编号是222。由此，可以对前雾灯继电器J5的供电电路和搭铁电路进行追踪查找，查找方法与前雾灯电路的查找方法一样，具体见图1-36～图1-41。

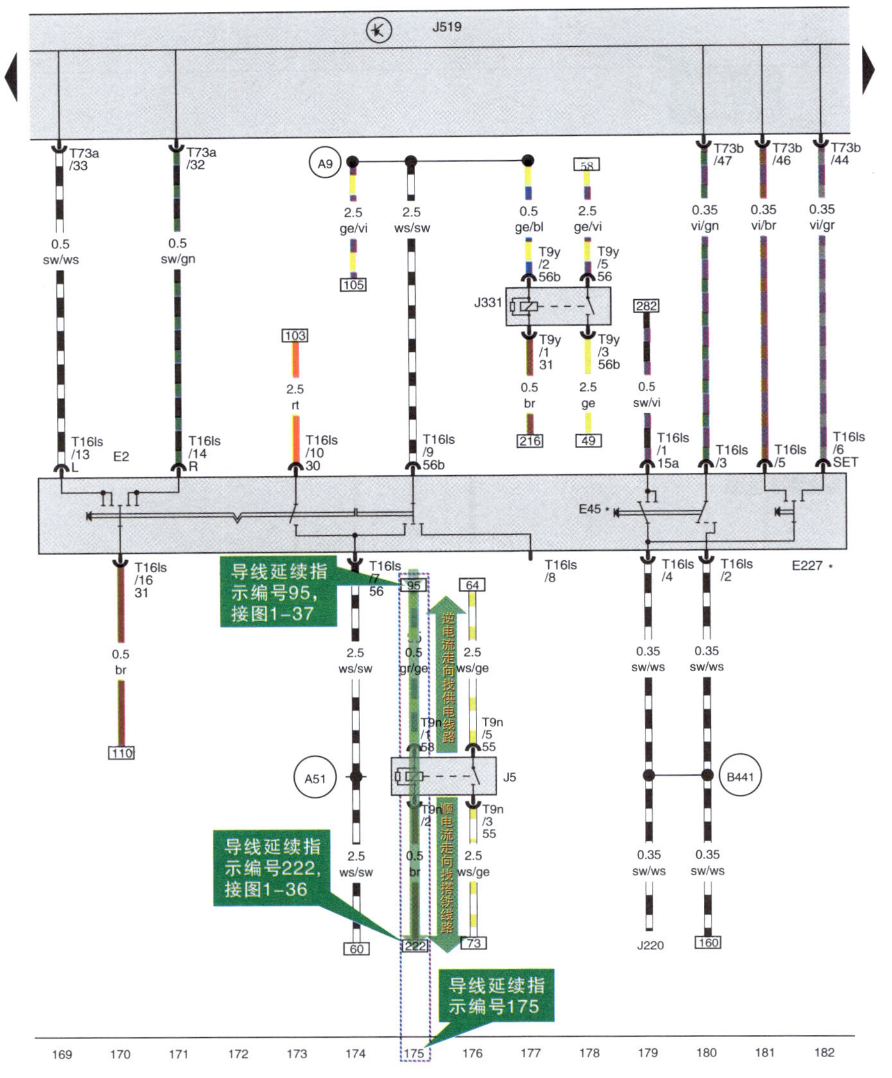

图1-35　前雾灯继电器J5电路

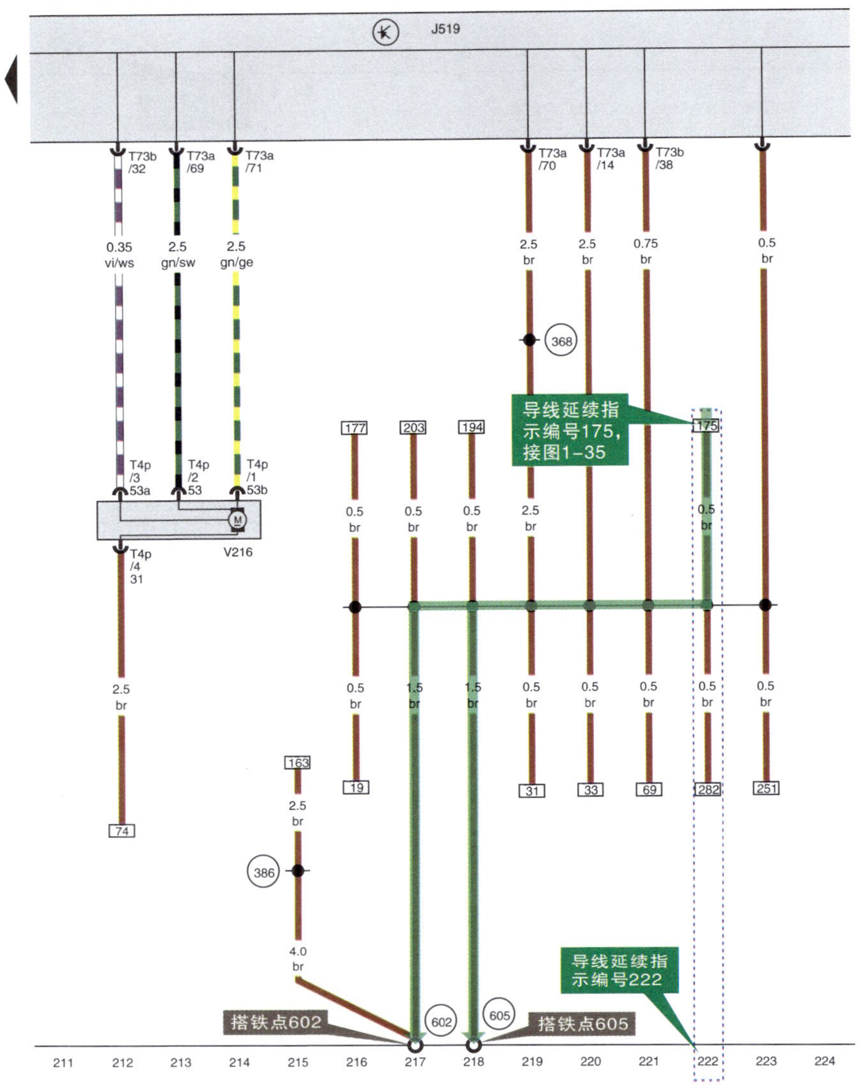

图1-36　前雾灯继电器J5搭铁电路

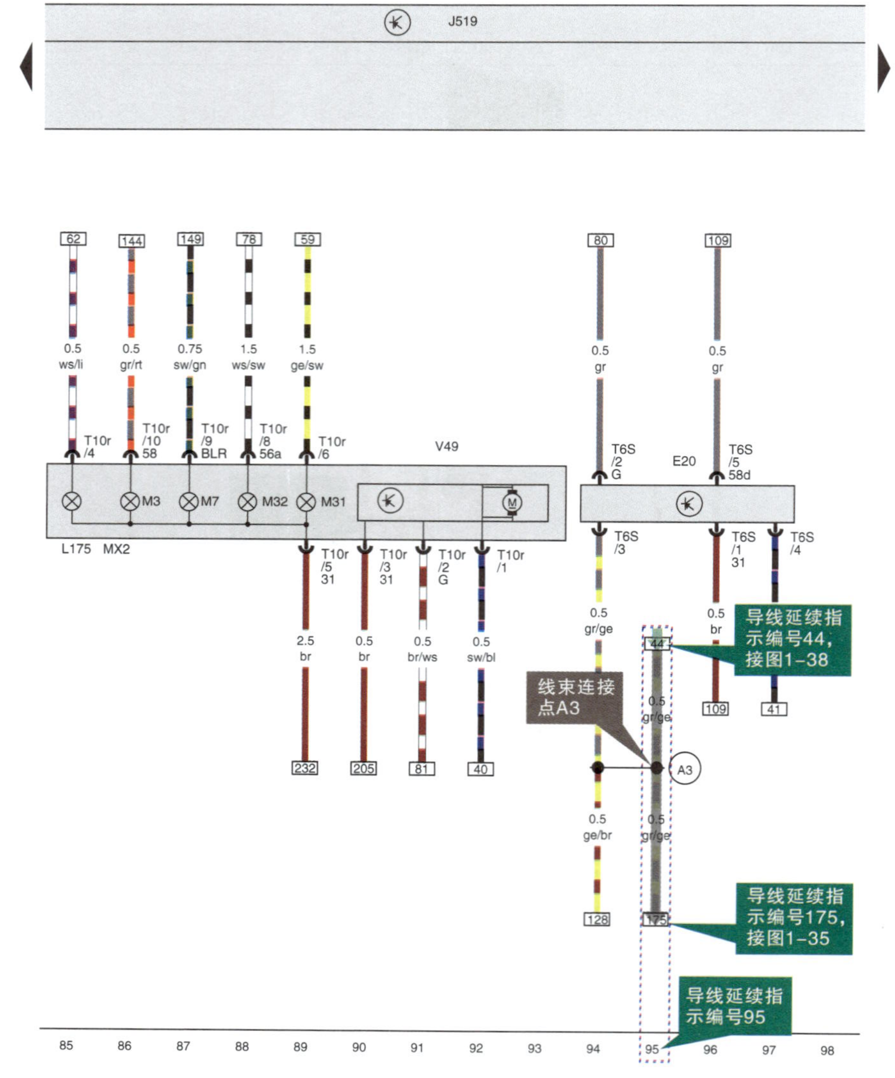

图1-37 前雾灯继电器J5供电电路（一）

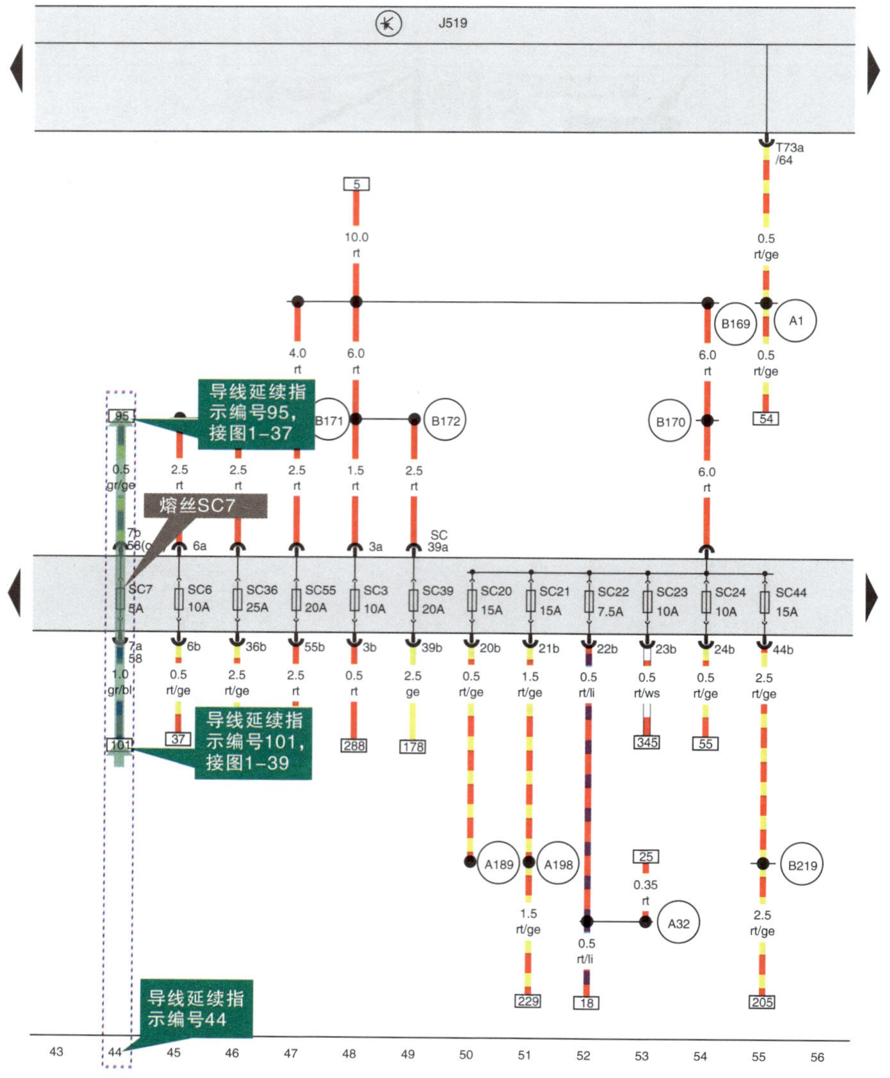

图1-38 前雾灯继电器J5供电电路（二）

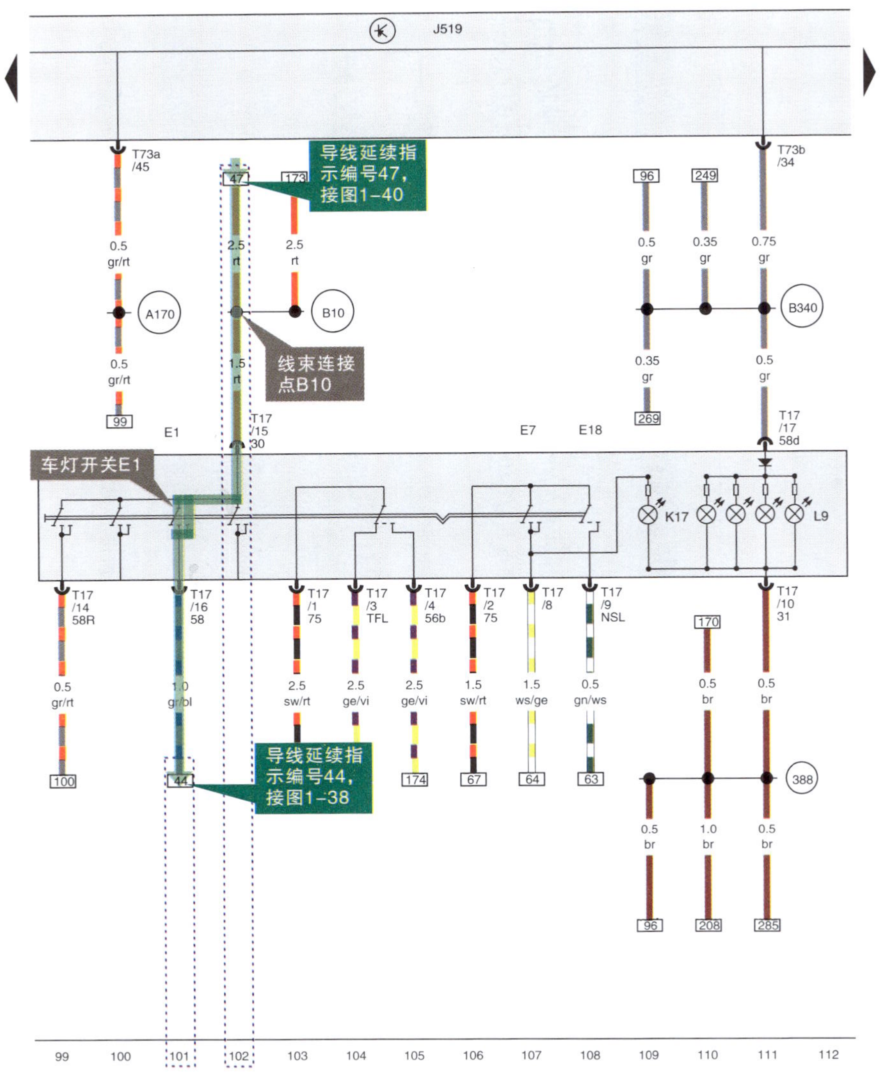

图1-39 前雾灯继电器J5供电电路（三）

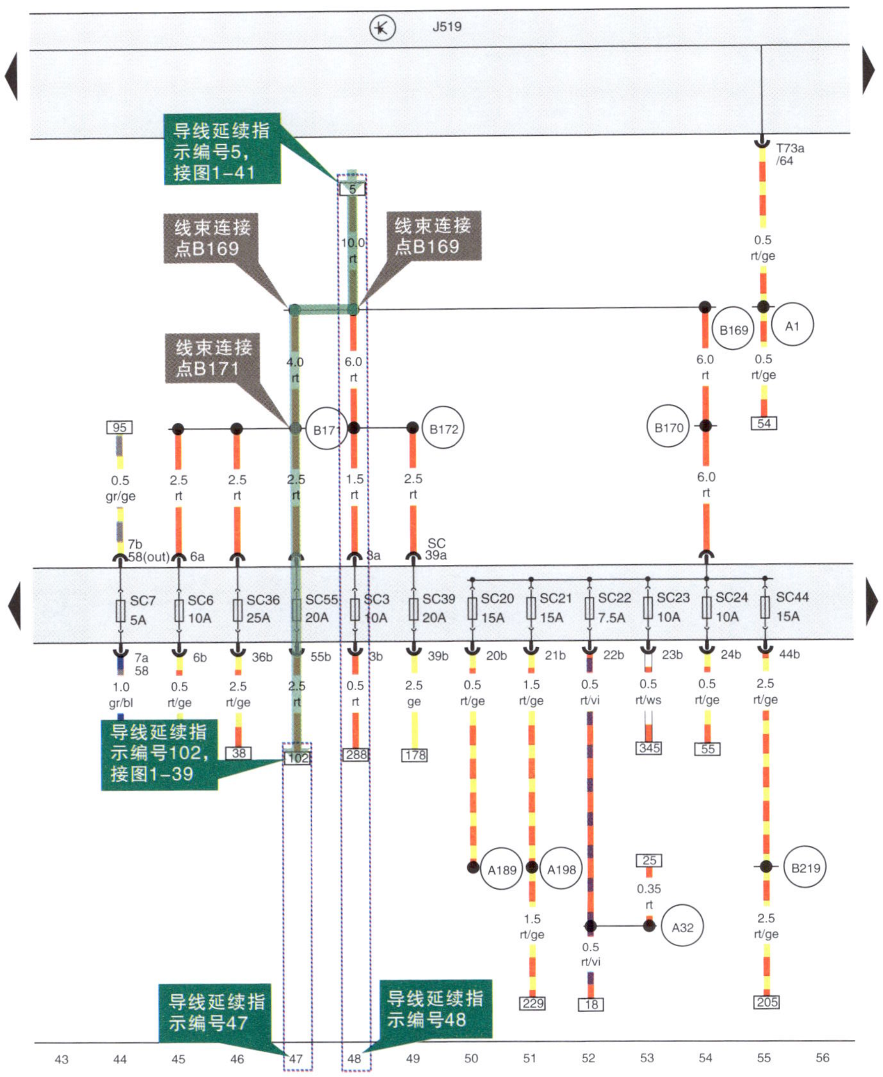

图1-40 前雾灯继电器J5供电电路（四）

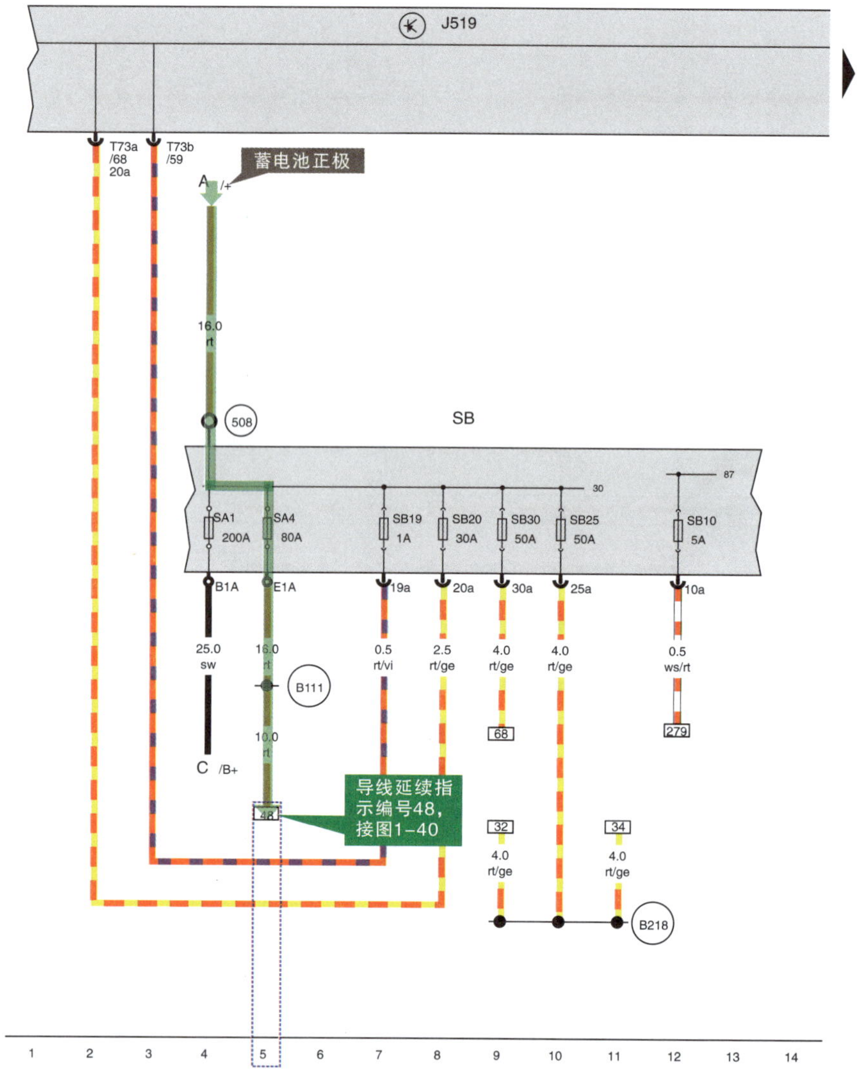

图1-41　前雾灯继电器J5供电电路（五）

前雾灯继电器J5控制电路工作电流流向如下。

蓄电池A正极→连接点508→熔丝SA4→连接点E1A→线束连接点B111→线束连接点B169→线束连接点B171→熔丝SC55→线束连接点B10→连接器T17/5针脚→车灯开关E1→连接器T17/6针脚→熔丝SC7→线束连接点A3→连接器T9n/1针脚→继电器J5→连接器T9n/2针脚→线束连接点367→搭铁点655/搭铁点13→搭铁

（3）前雾灯供电继电器J680控制电路　供电继电器J680控制电路工作电流流向如下。

转换继电器盒J935→连接器T10i/9针脚→线束连接点B163→线束连接点B346→连接器T9x/2针脚→供电继电器J680→连接器T9x/1针脚→线束连接点367→搭铁点655/搭铁点13→搭铁

具体见图1-42～图1-45。

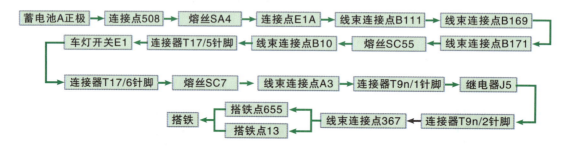

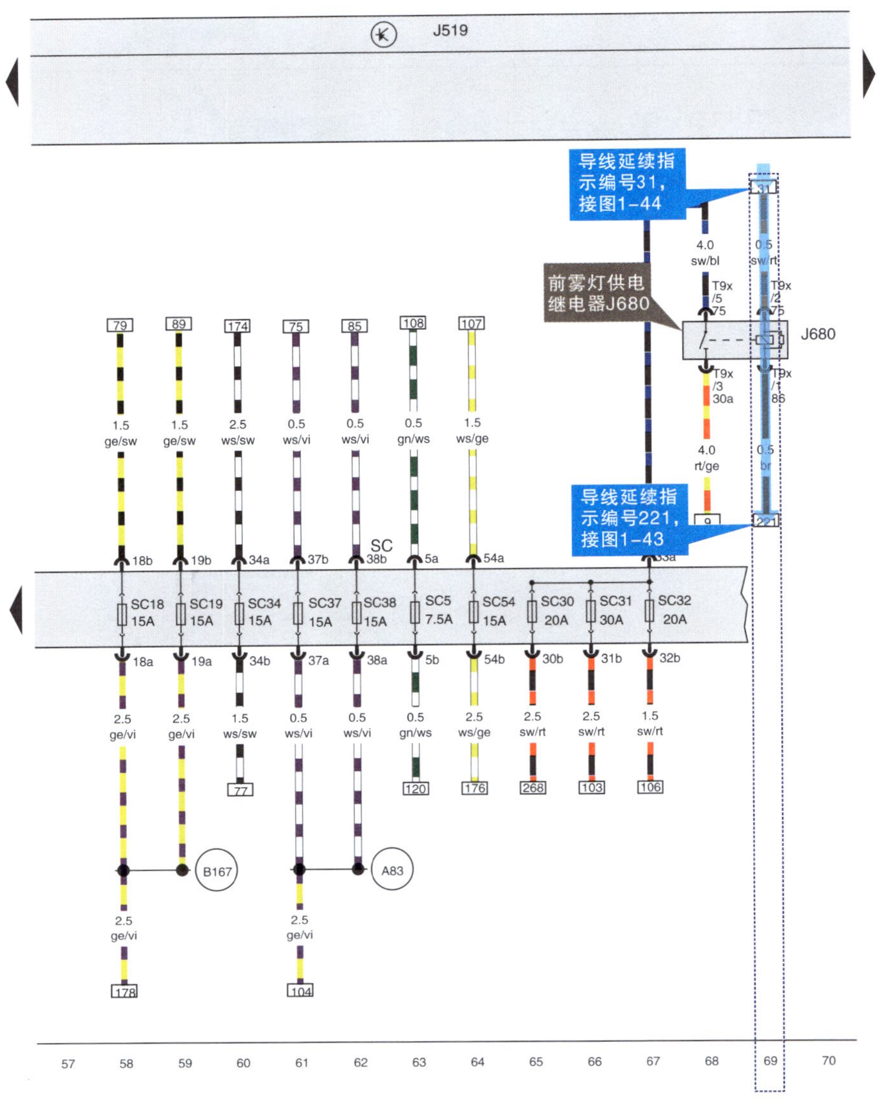

图1-42　前雾灯供电继电器J680电路

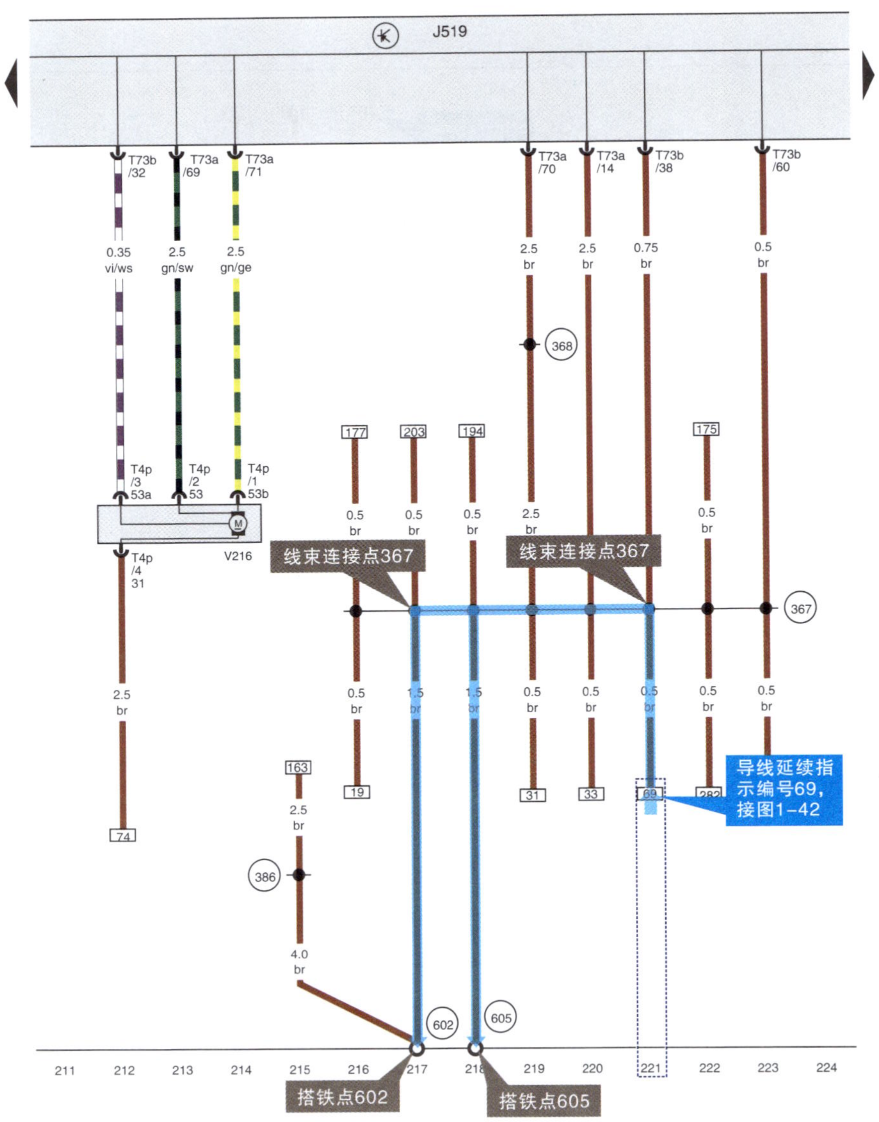

图1-43　前雾灯供电继电器J680搭铁电路

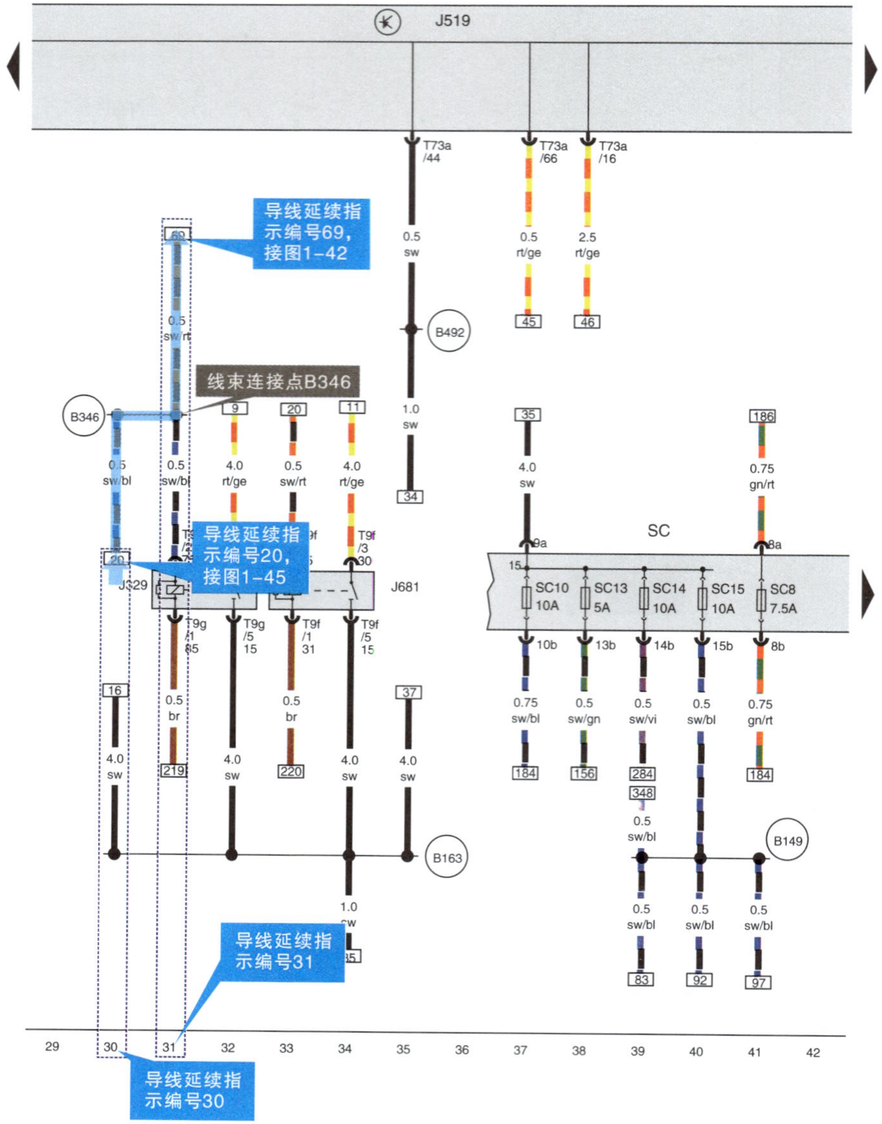

图1-44　前雾灯供电继电器J680供电电路（一）

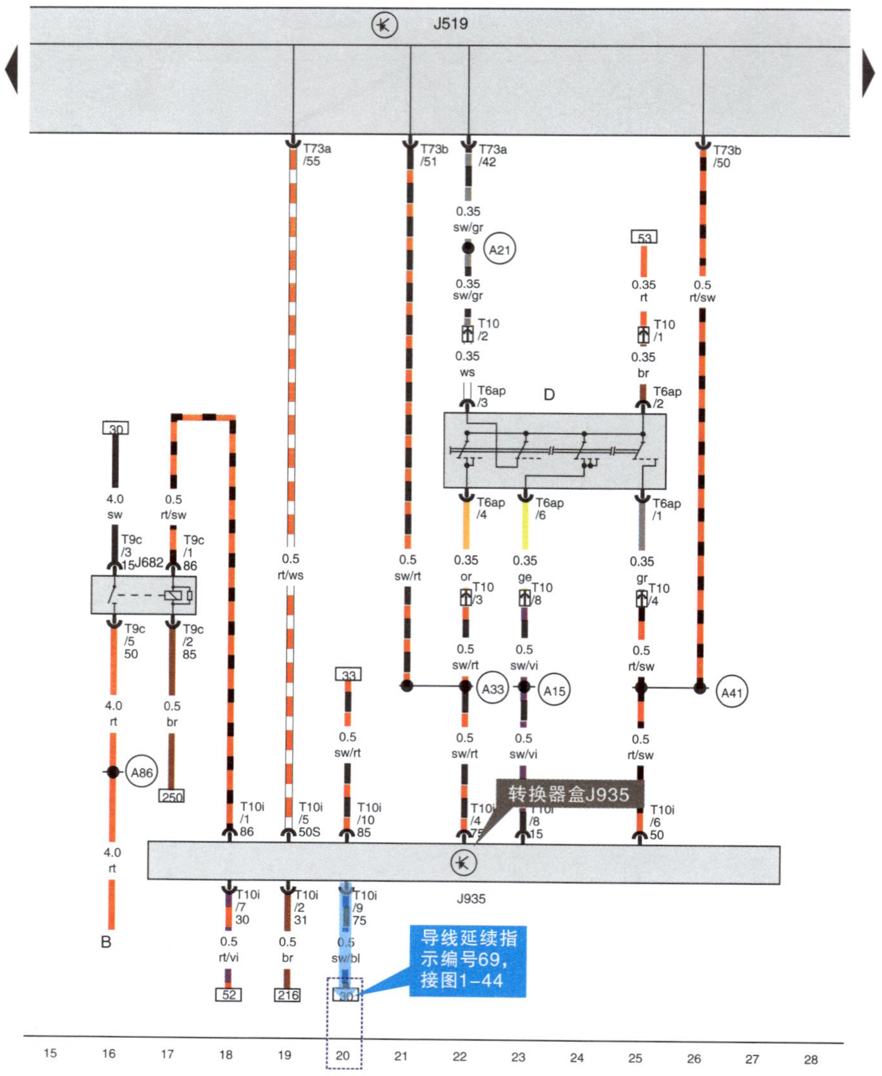

图1-45　前雾灯供电继电器J680供电电路（二）

（4）前雾灯指示灯K17电路 前雾灯指示灯K17的工作电路中，雾灯开关E7之前的供电电路的电路电流走向和前雾灯供电电路一样，雾灯开关E7之后的电流走向如下。

前雾灯开关E7 → 前雾灯指示灯K17 → 线束连接点388 → 线束连接点366 → 搭铁点43 → 搭铁

具体见图1-46、图1-47。

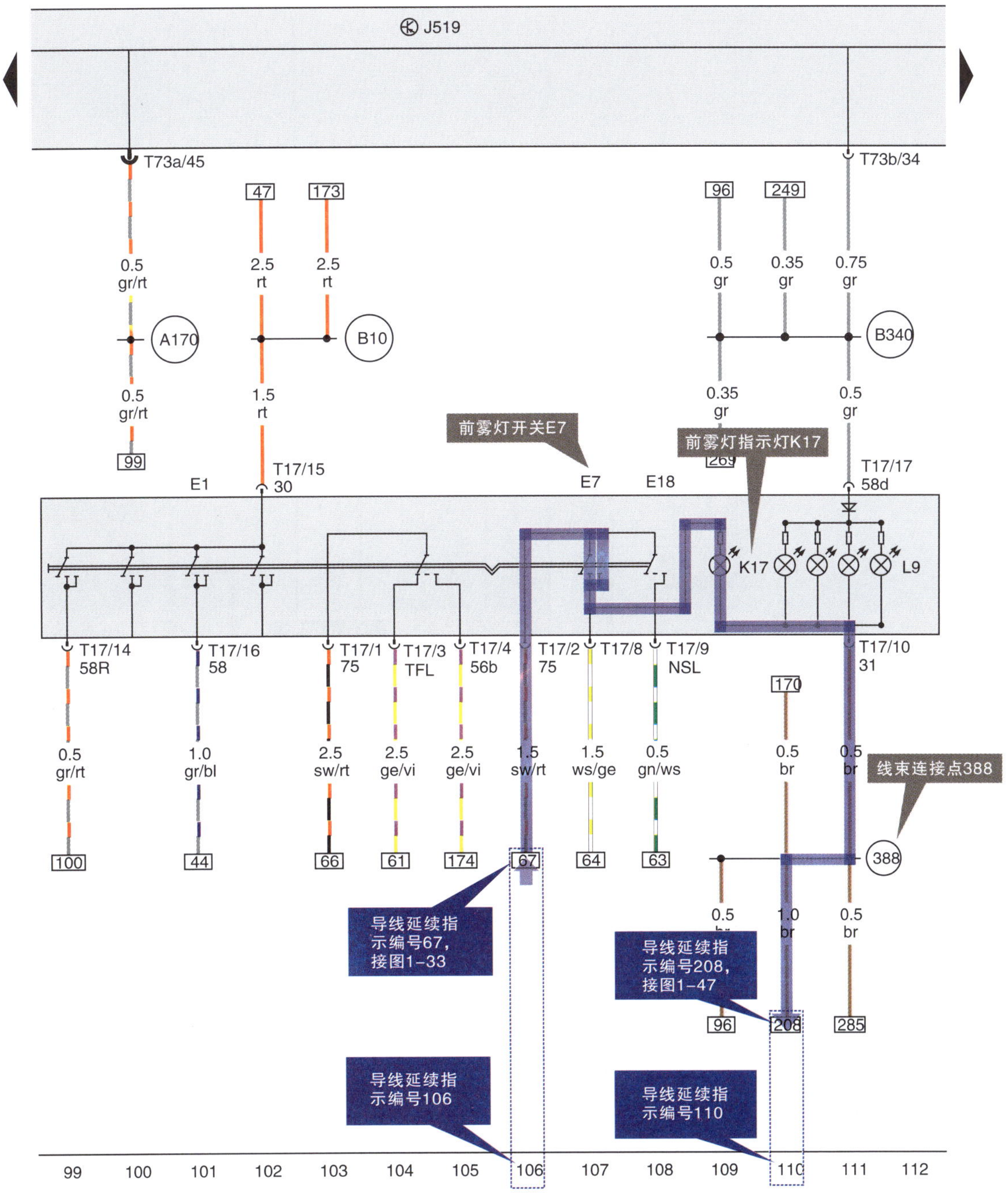

图1-46 前雾灯仪表指示灯K17的电路

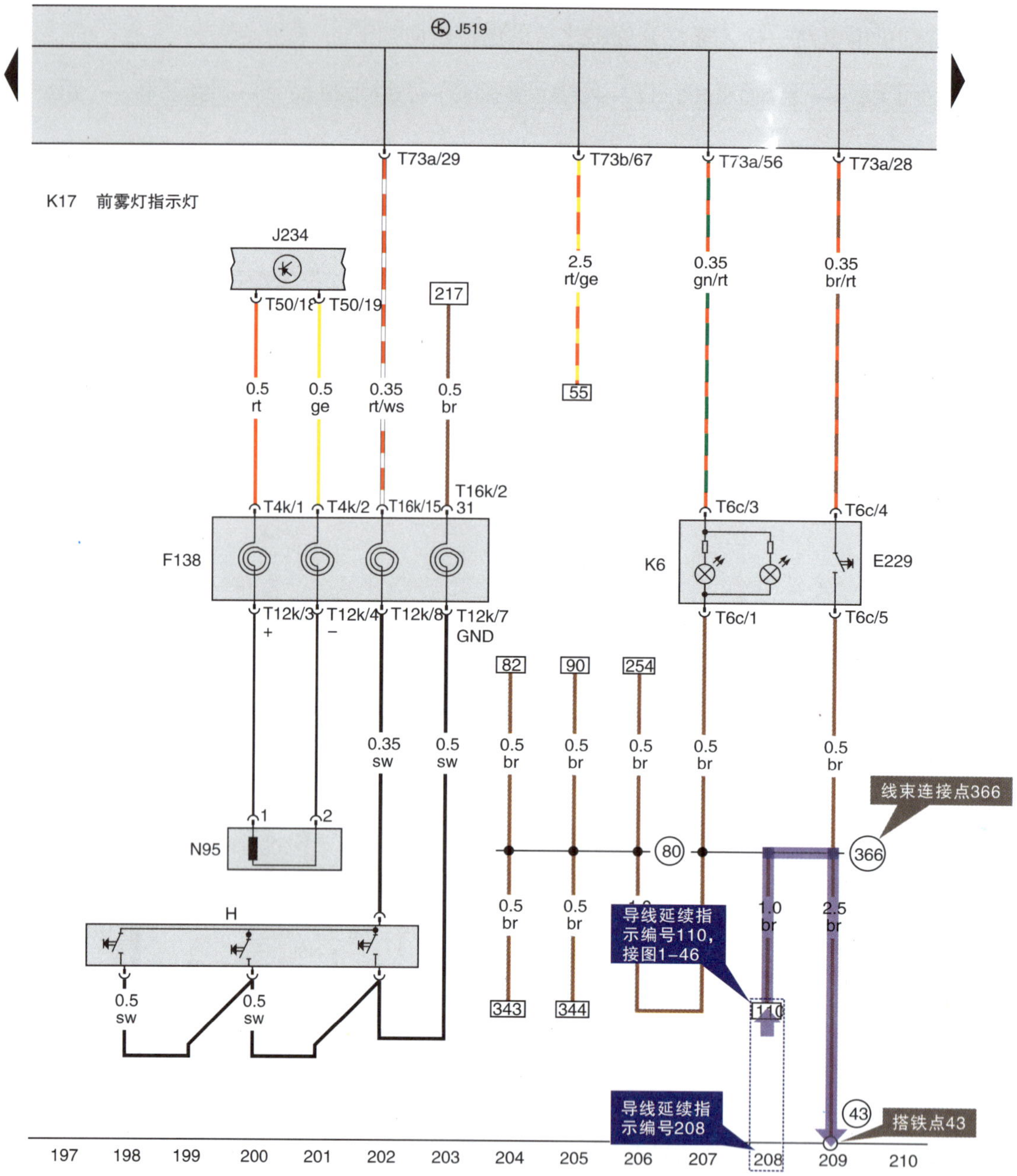

图1-47 前雾灯仪表指示灯K17的搭铁电路

（5）前雾灯电路工作时的电流流向 在阅读接线图的过程中随手写下电路工作时的电流流向，这样利于对不同电路之间的关系的了解，便于快速分析和查找电路故障点。这里我们给出整个前雾灯电路工作时的电流流向，望读者能够举一反三，见图1-48。

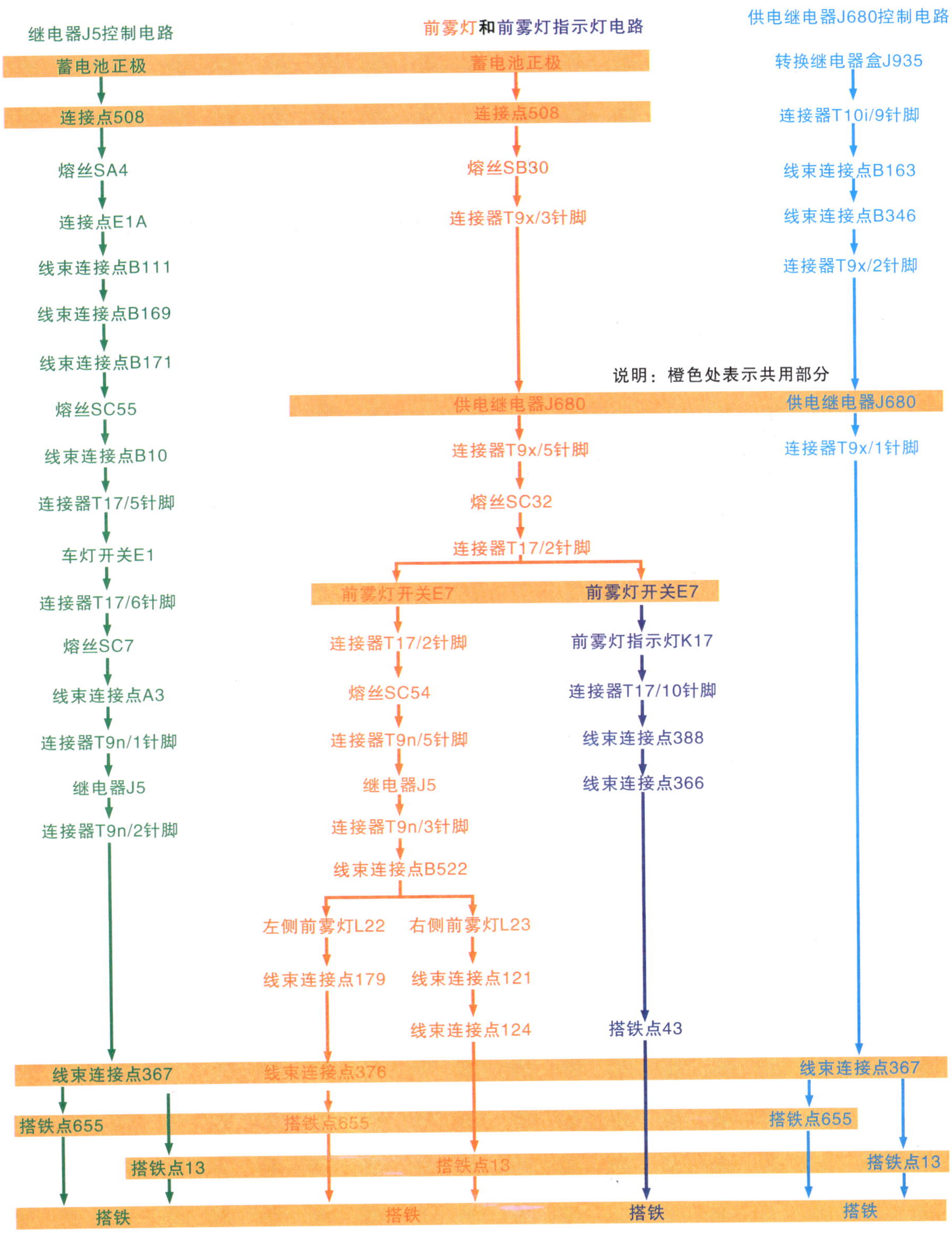

图1-48 前雾灯电路工作电流流向图

第二章　迈腾电路图识读

第一节　基本装备

X触点卸载继电器, 端子15供电继电器, 车载电网控制单元, 熔丝架C上的熔丝5, 熔丝架C上的熔丝22, 熔丝架C上的熔丝23

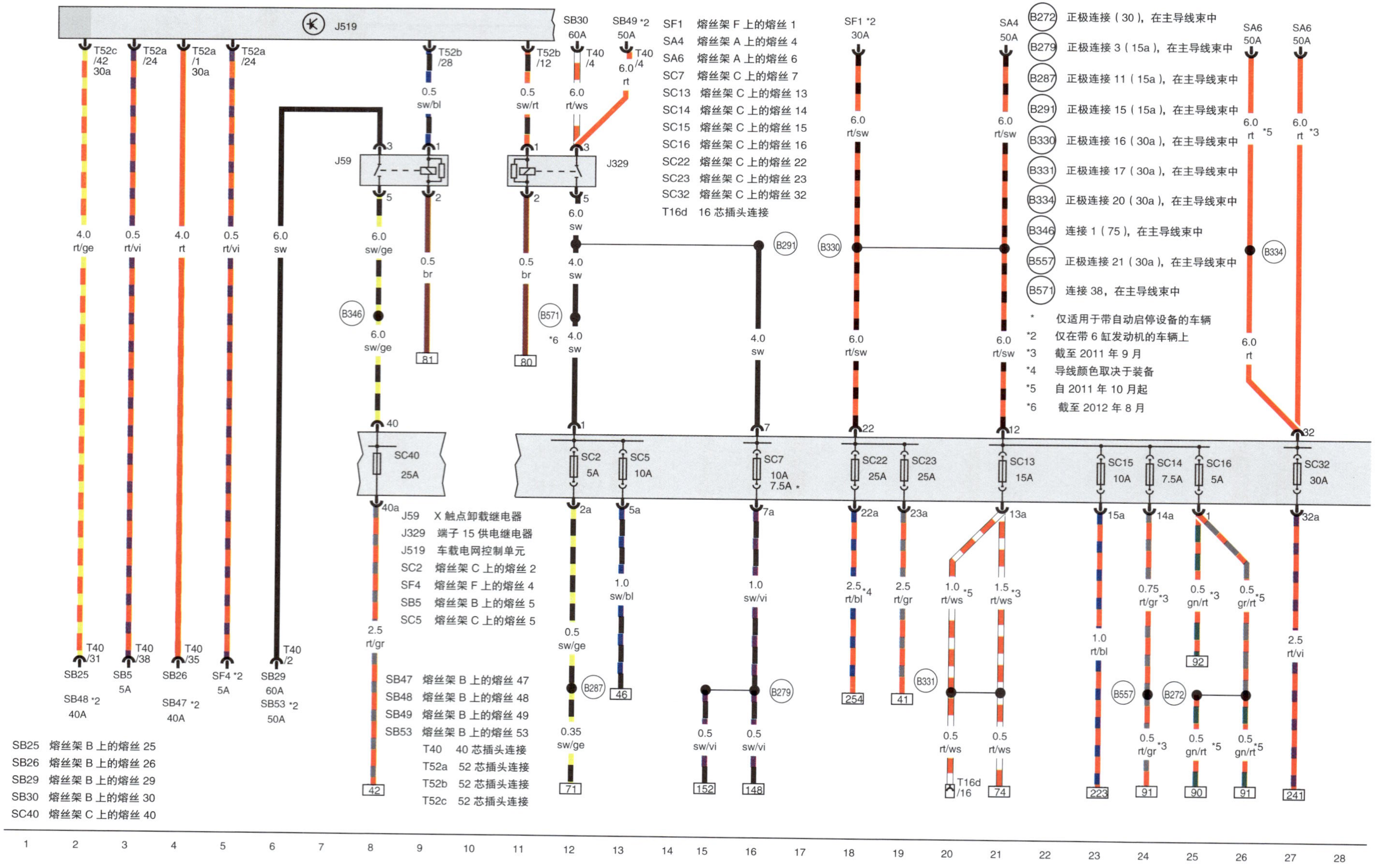

发动机舱盖接触开关，高音喇叭，低音喇叭，双音喇叭继电器，车载电网控制单元，稳压器，左前大灯，右前大灯

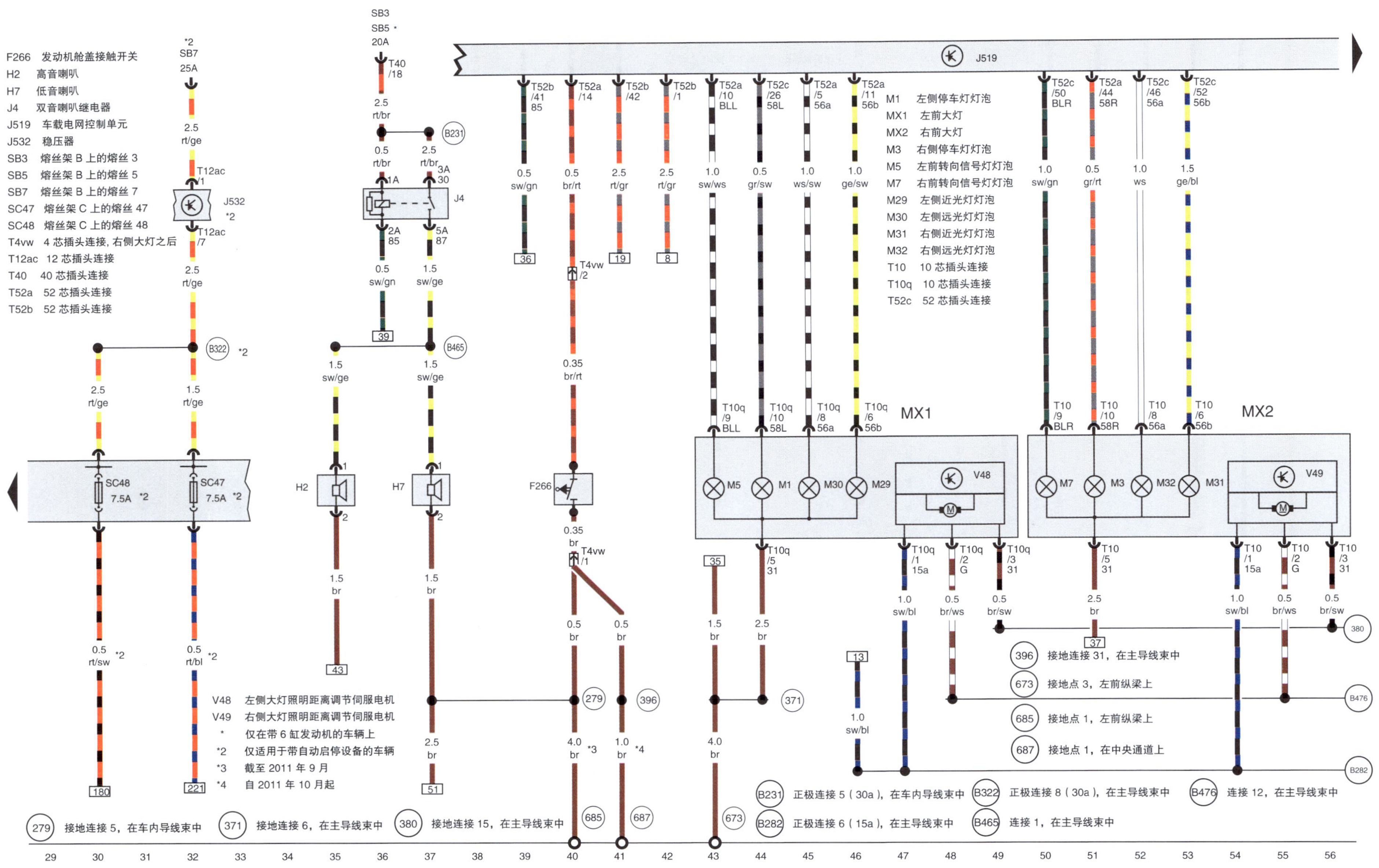

F266 发动机舱盖接触开关
H2 高音喇叭
H7 低音喇叭
J4 双音喇叭继电器
J519 车载电网控制单元
J532 稳压器
SB3 熔丝架 B 上的熔丝 3
SB5 熔丝架 B 上的熔丝 5
SB7 熔丝架 B 上的熔丝 7
SC47 熔丝架 C 上的熔丝 47
SC48 熔丝架 C 上的熔丝 48
T4vw 4 芯插头连接，右侧大灯之后
T12ac 12 芯插头连接
T40 40 芯插头连接
T52a 52 芯插头连接
T52b 52 芯插头连接

M1 左侧停车灯灯泡
MX1 左前大灯
MX2 右前大灯
M3 右侧停车灯灯泡
M5 左前转向信号灯灯泡
M7 右前转向信号灯灯泡
M29 左侧近光灯灯泡
M30 左侧远光灯灯泡
M31 右侧近光灯灯泡
M32 右侧远光灯灯泡
T10 10 芯插头连接
T10q 10 芯插头连接
T52c 52 芯插头连接

V48 左侧大灯照明距离调节伺服电机
V49 右侧大灯照明距离调节伺服电机
* 仅在带 6 缸发动机的车辆上
*2 仅适用于带自动启停设备的车辆
*3 截至 2011 年 9 月
*4 自 2011 年 10 月起

(396) 接地连接 31，在主导线束中
(673) 接地点 3，左前纵梁上
(685) 接地点 1，左前纵梁上
(687) 接地点 1，在中央通道上

(279) 接地连接 5，在车内导线束中
(371) 接地连接 6，在主导线束中
(380) 接地连接 15，在主导线束中
(B231) 正极连接 5 (30a)，在车内导线束中
(B282) 正极连接 6 (15a)，在主导线束中
(B322) 正极连接 8 (30a)，在主导线束中
(B465) 连接 1，在主导线束中
(B476) 连接 12，在主导线束中

开关和仪表照明调节器，大灯照明距离调节器，车载电网控制单元，车灯开关，警报灯开关

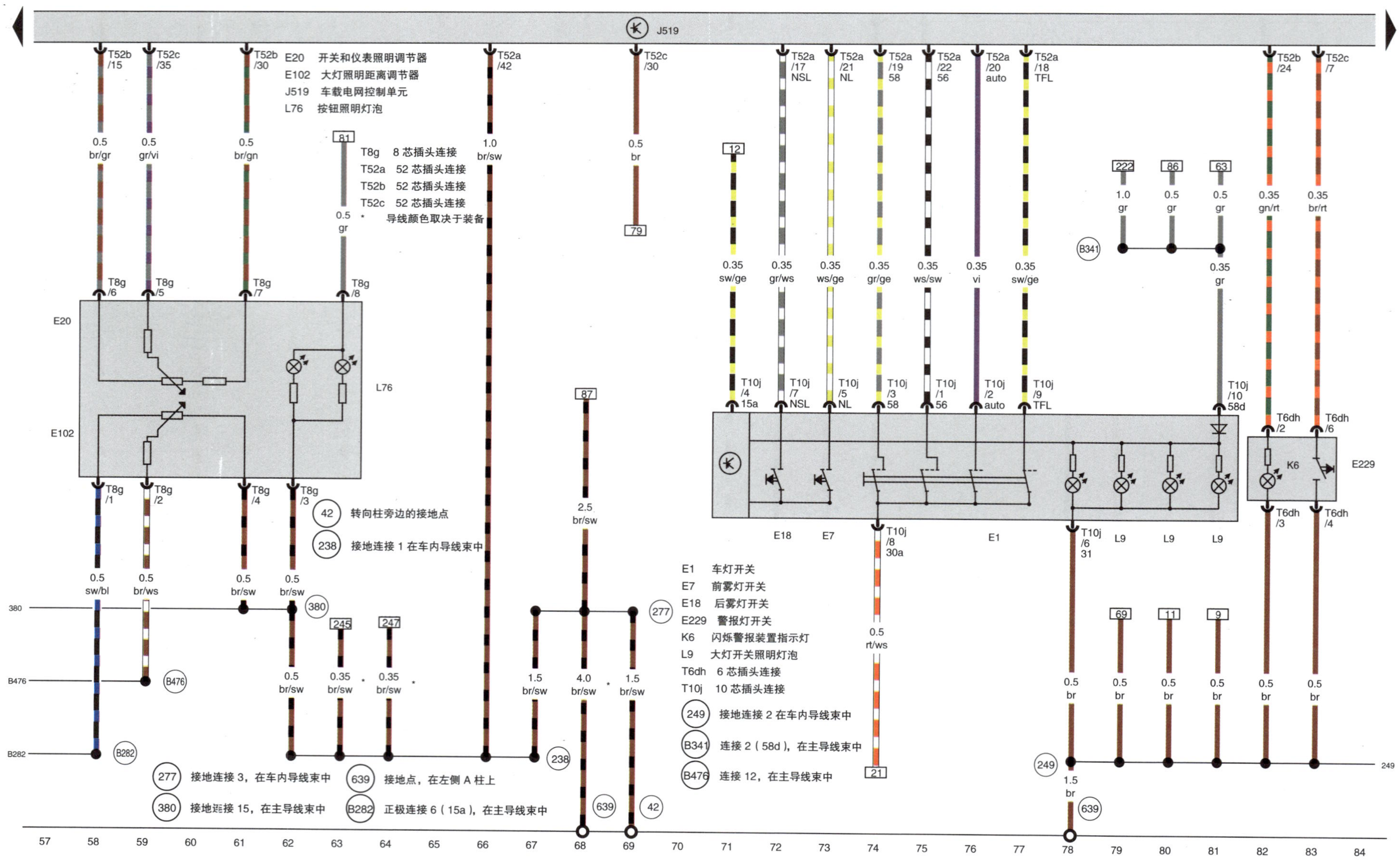

电子点火开关，车载电网控制单元，转向柱电子装置控制单元，发动机控制单元，电子转向柱锁止装置控制单元，转向柱组合开关

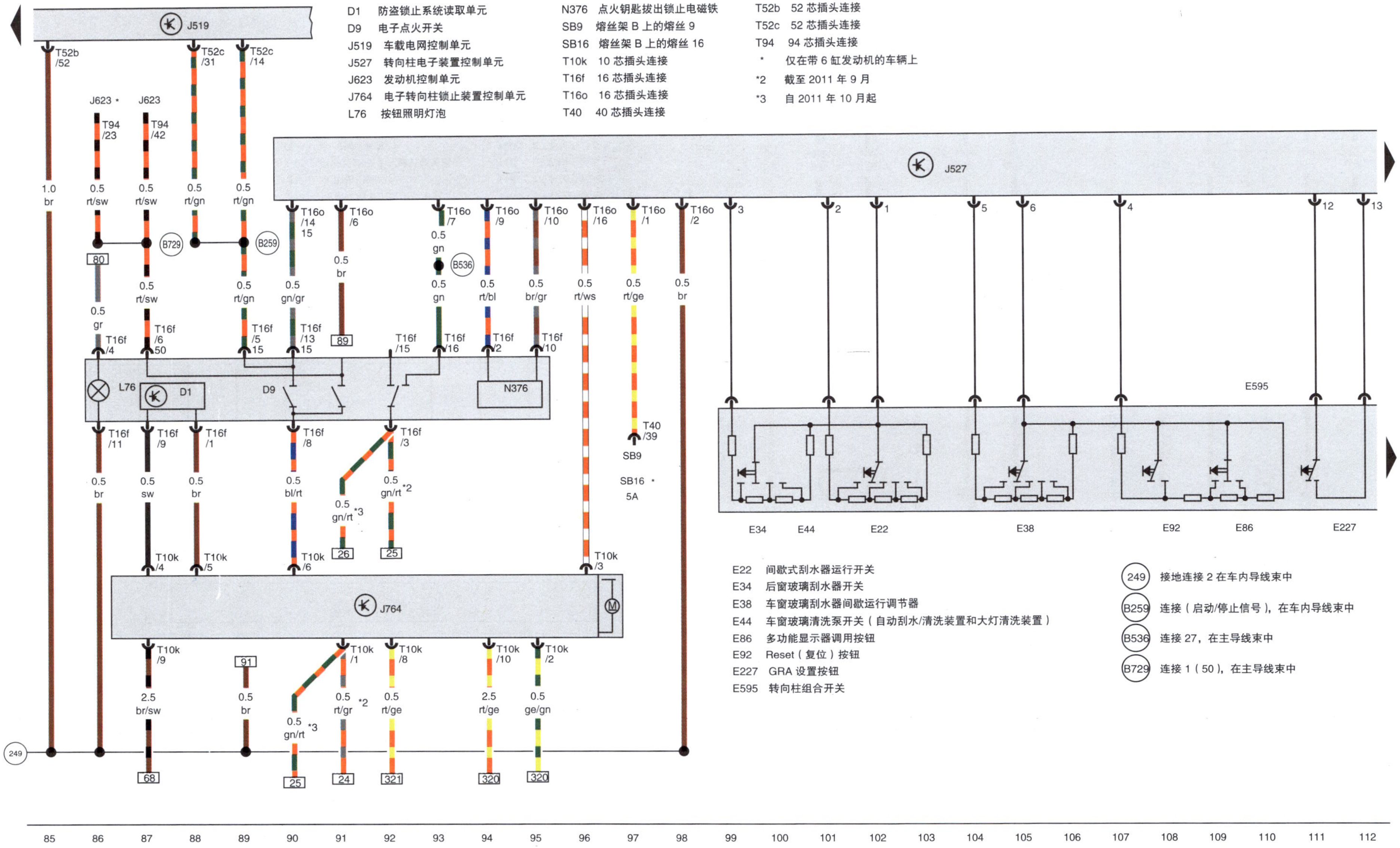

D1　防盗锁止系统读取单元
D9　电子点火开关
J519　车载电网控制单元
J527　转向柱电子装置控制单元
J623　发动机控制单元
J764　电子转向柱锁止装置控制单元
L76　按钮照明灯泡

N376　点火钥匙拔出锁止电磁铁
SB9　熔丝架 B 上的熔丝 9
SB16　熔丝架 B 上的熔丝 16
T10k　10 芯插头连接
T16f　16 芯插头连接
T16o　16 芯插头连接
T40　40 芯插头连接

T52b　52 芯插头连接
T52c　52 芯插头连接
T94　94 芯插头连接
*　仅在带 6 缸发动机的车辆上
*2　截至 2011 年 9 月
*3　自 2011 年 10 月起

E22　间歇式刮水器运行开关
E34　后窗玻璃刮水器开关
E38　车窗玻璃刮水器间歇运行调节器
E44　车窗玻璃清洗泵开关（自动刮水/清洗装置和大灯清洗装置）
E86　多功能显示器调用按钮
E92　Reset（复位）按钮
E227　GRA 设置按钮
E595　转向柱组合开关

(249)　接地连接 2 在车内导线束中
(B259)　连接（启动/停止信号），在车内导线束中
(B536)　连接 27，在主导线束中
(B729)　连接 1（50），在主导线束中

转向柱组合开关, 安全气囊卷簧和带滑环的复位环, 信号喇叭控制, 安全气囊控制单元, 转向柱电子装置控制单元, 驾驶员侧安全气囊引爆装置，驾驶员侧车门控制单元, 副驾驶员侧车门控制单元, 车载电网控制单元, 驾驶员侧车门警告灯, 副驾驶员侧车门警告灯, 车外后视镜内的登车照明灯，驾驶员侧, 车外后视镜内的登车照明灯，副驾驶员侧

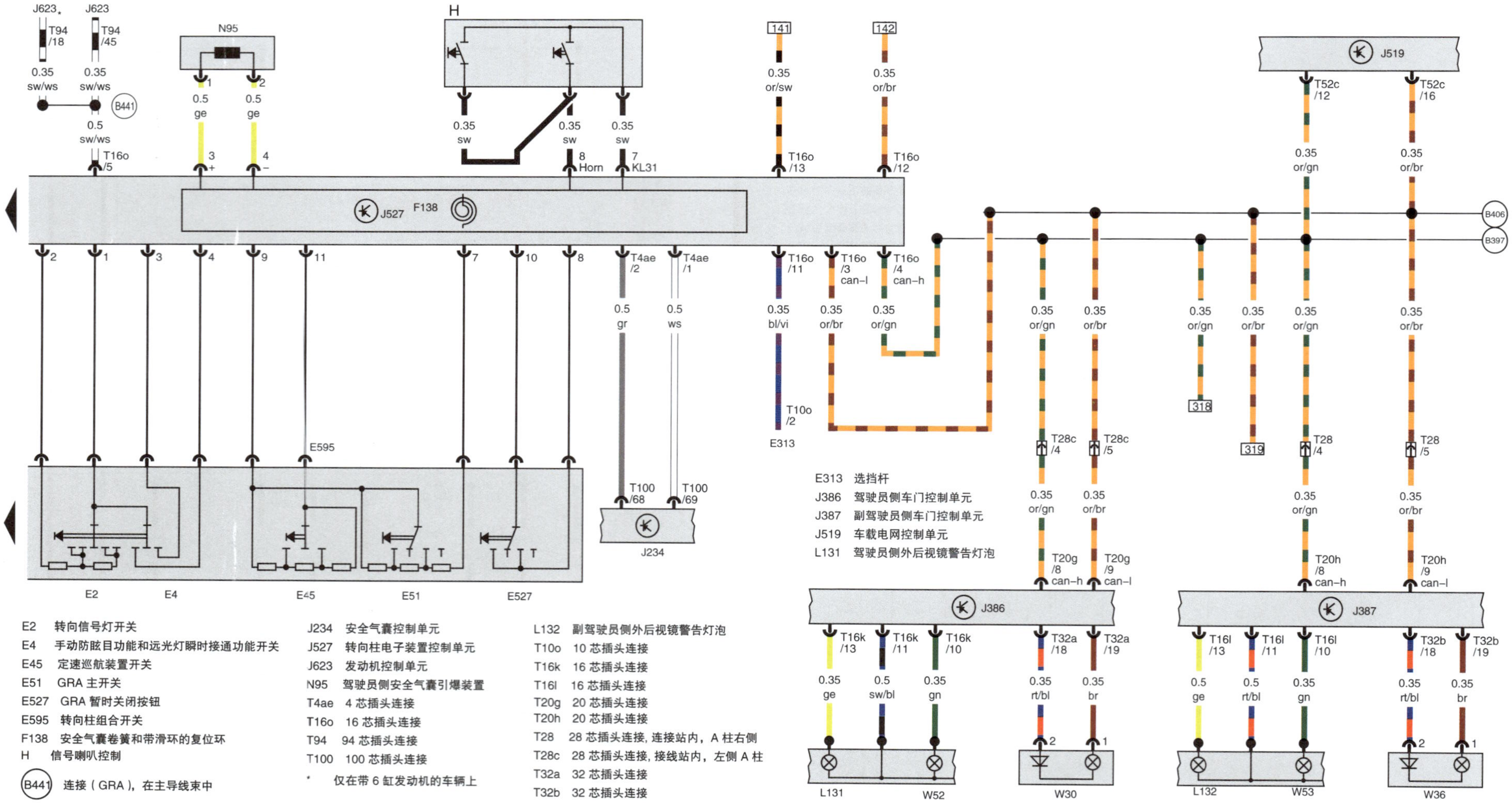

E2　转向信号灯开关
E4　手动防眩目功能和远光灯瞬时接通功能开关
E45　定速巡航装置开关
E51　GRA 主开关
E527　GRA 暂时关闭按钮
E595　转向柱组合开关
F138　安全气囊卷簧和带滑环的复位环
H　信号喇叭控制
B441　连接（GRA），在主导线束中

J234　安全气囊控制单元
J527　转向柱电子装置控制单元
J623　发动机控制单元
N95　驾驶员侧安全气囊引爆装置
T4ae　4 芯插头连接
T16o　16 芯插头连接
T94　94 芯插头连接
T100　100 芯插头连接
*　仅在带 6 缸发动机的车辆上

L132　副驾驶员侧外后视镜警告灯泡
T10o　10 芯插头连接
T16k　16 芯插头连接
T16l　16 芯插头连接
T20g　20 芯插头连接
T20h　20 芯插头连接
T28　28 芯插头连接, 连接站内，A 柱右侧
T28c　28 芯插头连接, 接线站内，左侧 A 柱
T32a　32 芯插头连接
T32b　32 芯插头连接
T52c　52 芯插头连接
W30　驾驶员侧车门警告灯
W36　副驾驶员侧车门警告灯
W52　车外后视镜内的登车照明灯，驾驶员侧
W53　车外后视镜内的登车照明灯，副驾驶员侧

E313　选挡杆
J386　驾驶员侧车门控制单元
J387　副驾驶员侧车门控制单元
J519　车载电网控制单元
L131　驾驶员侧外后视镜警告灯泡

B397　连接 1（舒适/便捷系统 CAN 总线，高配），在主导线束中
B406　连接 1（舒适/便捷系统 CAN 总线，低配），在主导线束中

113 114 115 116 117 118 119 120 121 122 123 124 125 126 127 128 129 130 131 132 133 134 135 136 137 138 139 140

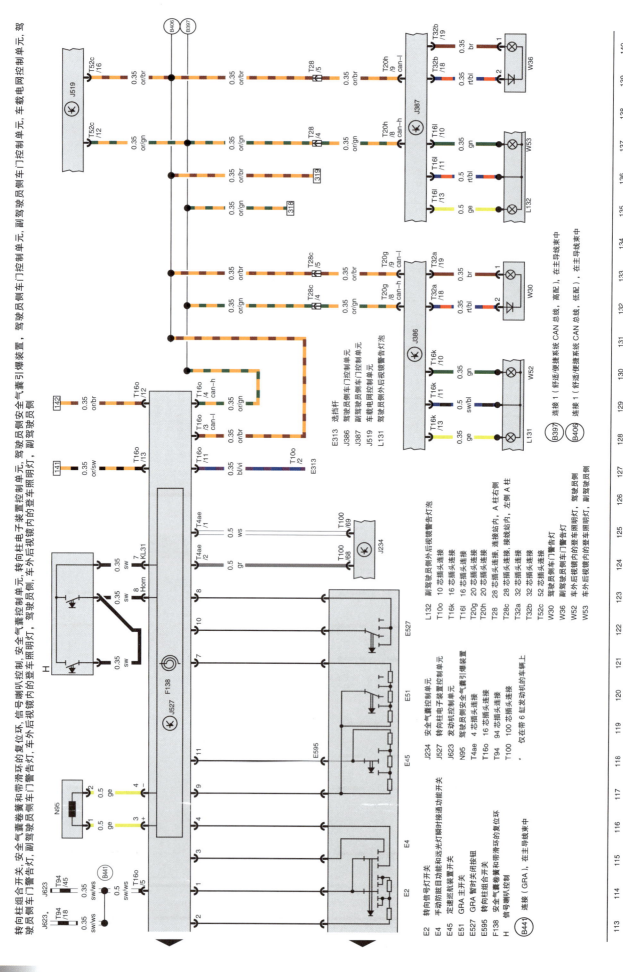

仪表板中的控制单元，数据总线诊断接口，仪表板，制动液液位警告信号触点，机电式驻车制动器控制单元

J285　仪表板中的控制单元
J533　数据总线诊断接口
K　　仪表板
SB15　熔丝架 B 上的熔丝 15
SB24　熔丝架 B 上的熔丝 24
T16d　16 芯插头连接，诊断接口上
T20e　20 芯插头连接
T32c　32 芯插头连接
T40　40 芯插头连接
*　　仅在带 6 缸发动机的车辆上

B383　连接 1（驱动系统 CAN 总线，高配），在主导线束中
B390　连接 1（驱动系统 CAN 总线，低配），在主导线束中
B397　连接 1（舒适/便捷系统 CAN 总线，高配），在主导线束中
B406　连接 1（舒适/便捷系统 CAN 总线，低配），在主导线束中
B708　连接 1（仪表板高频 CAN 总线），在主导线束中
B709　连接 1（仪表板低频 CAN 总线），在主导线束中
B713　连接 1（诊断系统 CAN 总线，高配），在主导线束中
B714　连接 1（诊断系统 CAN 总线，低配），在主导线束中

F34　制动液液位警告信号触点
H3　警报蜂鸣器和警报音
J540　机电式驻车制动器控制单元
K1　远光灯指示灯
K2　发电机指示灯
K4　停车灯的指示灯
K13　后雾灯指示灯
K65　左侧转向信号灯指示灯
K94　右侧转向信号指示灯
K118　制动系统指示灯
K170　灯泡失灵指示灯
T30a　30 芯插头连接

400　接地连接 35，在主导线束中
639　接地点，在左侧 A 柱上

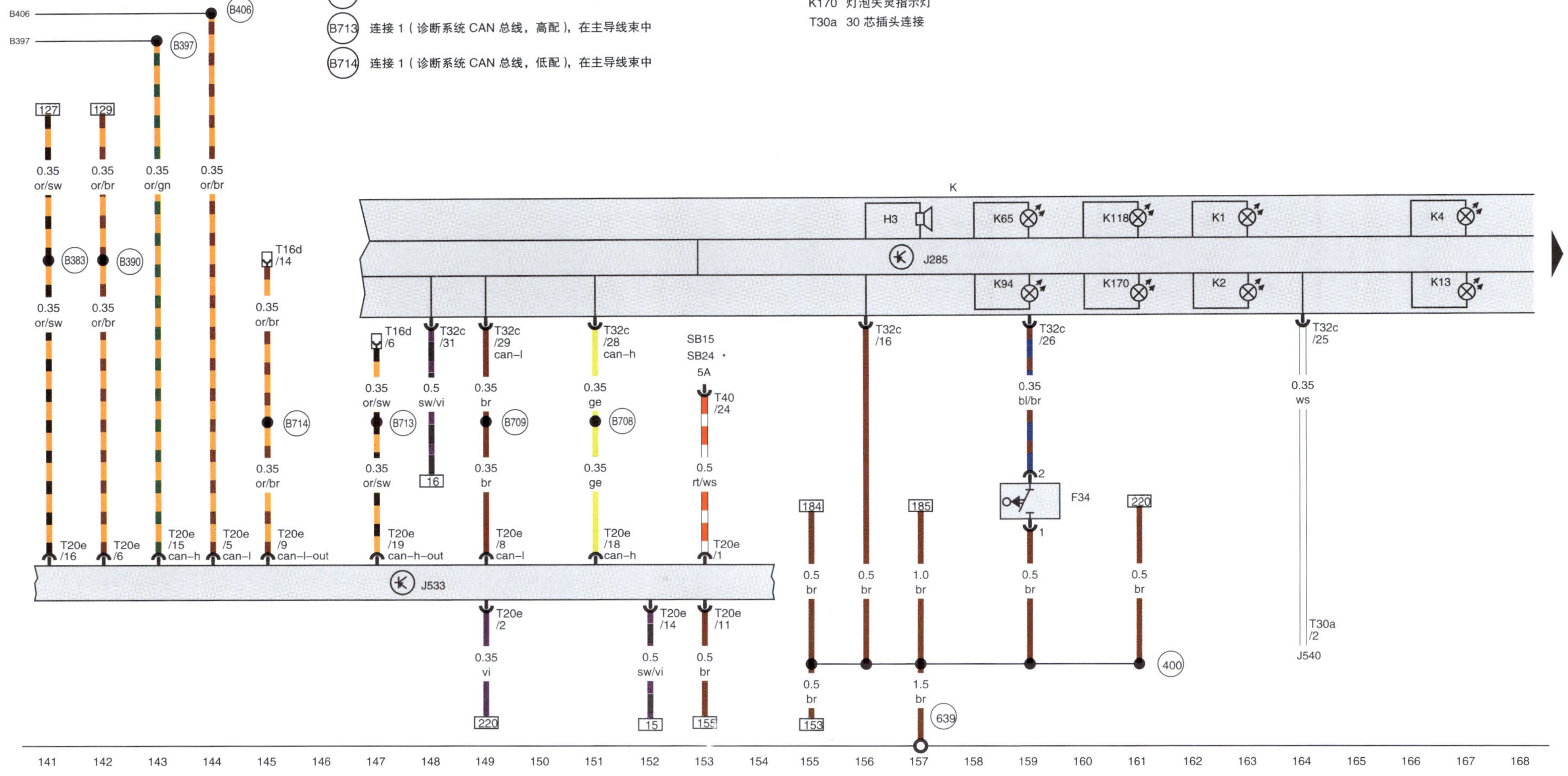

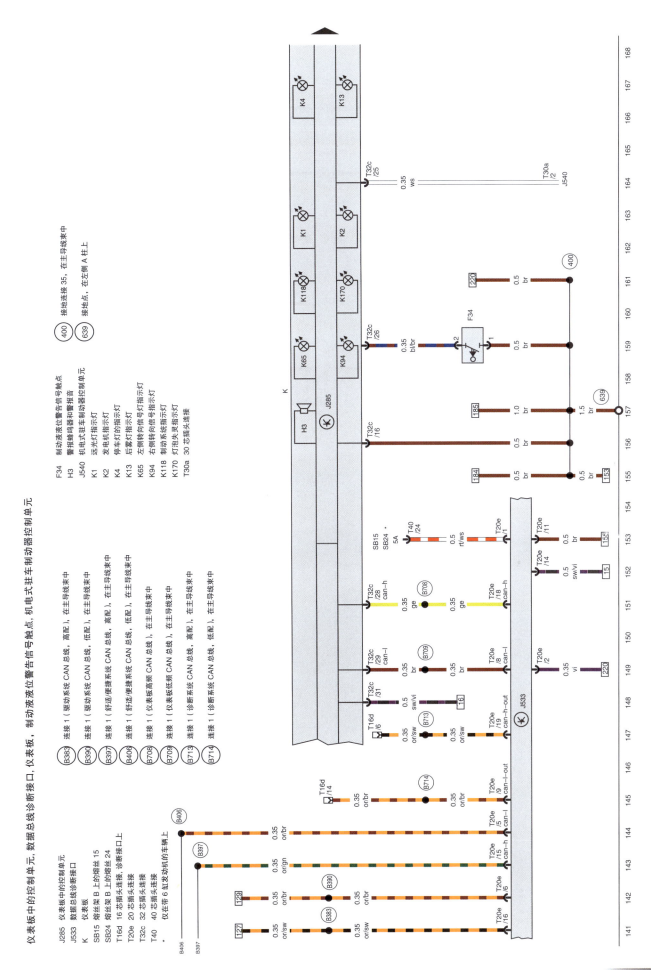

车外温度传感器，冷却液不足显示传感器，车窗玻璃清洗液液位传感器，仪表板中的控制单元，制动信号灯开关，左侧前雾灯灯泡，右侧前雾灯灯泡，左侧静态弯道灯，右侧静态弯道灯

G3　冷却液温度表
G17　车外温度传感器
G32　冷却液不足显示传感器
G33　车窗玻璃清洗液液位传感器
J285　仪表板中的控制单元
K　仪表板
K18　挂车运行模式指示灯
K28　冷却液温度和冷却液不足显示指示灯
K37　玻璃清洗液液位指示灯
K214　电动驻车制动器和手制动器故障指示灯
SB11　熔丝架 B 上的熔丝 11
SB17　熔丝架 B 上的熔丝 17
T4vw　4 芯插头连接
T32c　32 芯插头连接

F　制动信号灯开关
J519　车载电网控制单元
L22　左侧前雾灯灯泡
L23　右侧前雾灯灯泡
M51　左侧静态弯道灯
M52　右侧静态弯道灯
SB8　熔丝架 B 上的熔丝 8
SB20　熔丝架 B 上的熔丝 20
T4f　4 芯插头连接
T14c　14 芯插头连接，前保险杠附近
T40　40 芯插头连接
T52a　52 芯插头连接
T52c　52 芯插头连接
*　仅在带 6 缸发动机的车辆上
*2　导线颜色取决于装备

(295)　接地连接 10，在车内导线束中
(371)　接地连接 6，在主导线束中
(398)　接地连接 33，在主导线束中
(456)　接地连接 1，在前保险杠导线束中
(645)　前围板上的接地点 1
(673)　接地点 3，左前纵梁上
(B335)　连接 1（54），在主导线束中
(B352)　正极连接 3（87a），在主导线束中

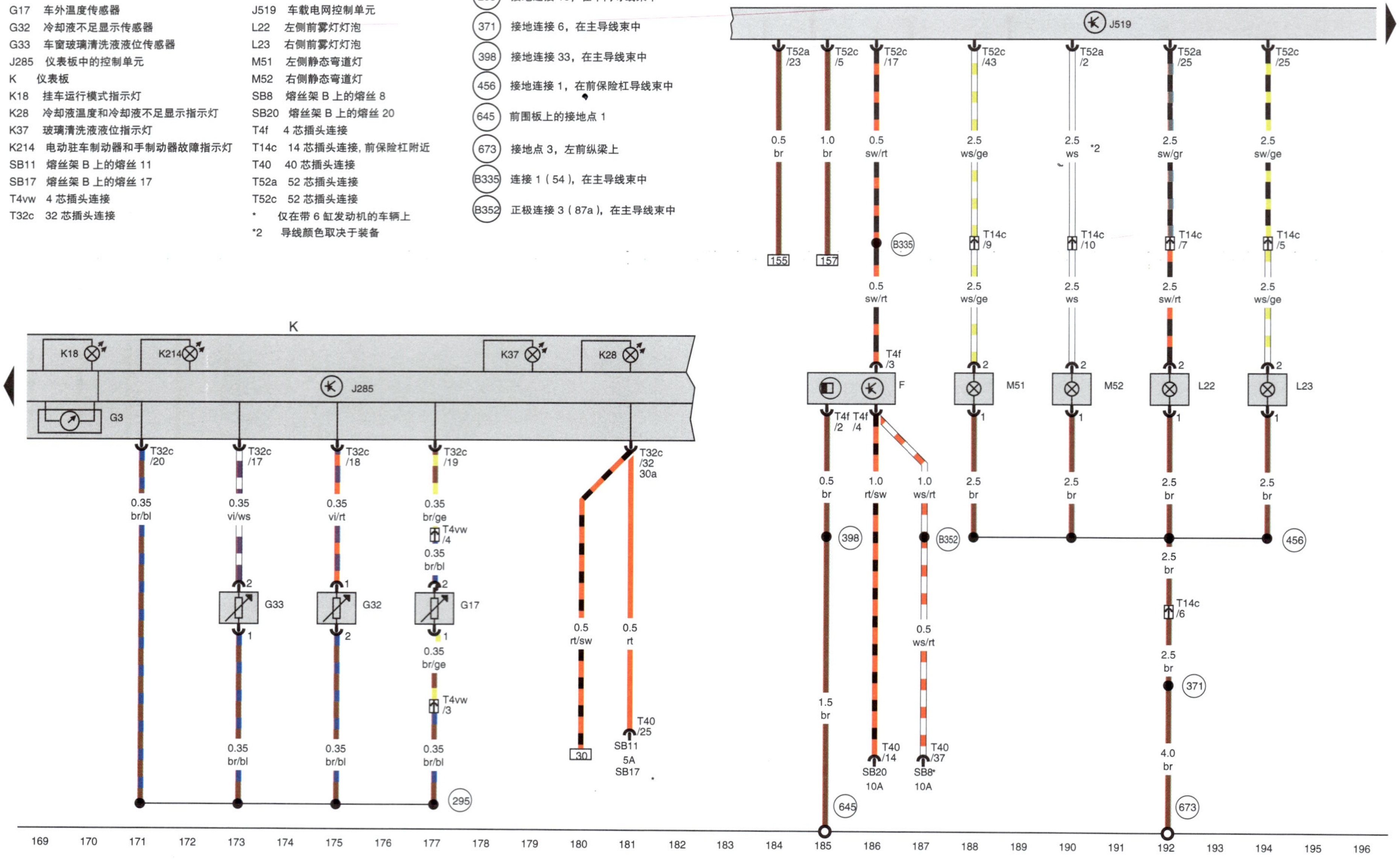

左侧尾灯, 右侧尾灯, 左后转向信号灯灯泡, 右后转向信号灯灯泡, 左侧倒车灯灯泡, 右侧倒车灯灯泡，车窗玻璃清洗泵, 牌照灯, 时钟

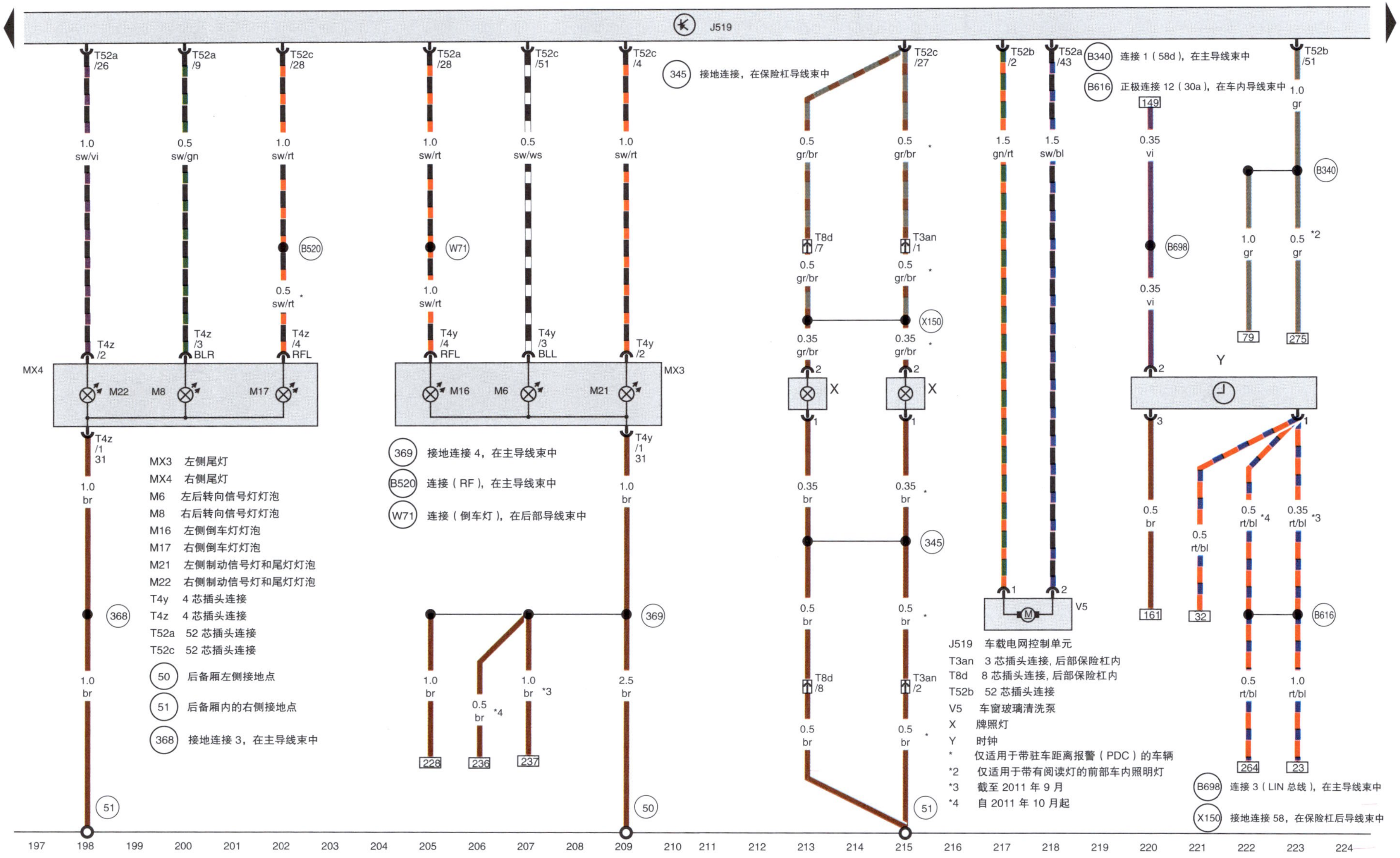

345 接地连接，在保险杠导线束中

B340 连接 1（58d），在主导线束中

B616 正极连接 12（30a），在车内导线束中

MX3 左侧尾灯
MX4 右侧尾灯
M6 左后转向信号灯灯泡
M8 右后转向信号灯灯泡
M16 左侧倒车灯灯泡
M17 右侧倒车灯灯泡
M21 左侧制动信号灯和尾灯灯泡
M22 右侧制动信号灯和尾灯灯泡
T4y 4 芯插头连接
T4z 4 芯插头连接
T52a 52 芯插头连接
T52c 52 芯插头连接

50 后备厢左侧接地点

51 后备厢内的右侧接地点

368 接地连接 3，在主导线束中

369 接地连接 4，在主导线束中

B520 连接（RF），在主导线束中

W71 连接（倒车灯），在后部导线束中

J519 车载电网控制单元
T3an 3 芯插头连接, 后部保险杠内
T8d 8 芯插头连接, 后部保险杠内
T52b 52 芯插头连接
V5 车窗玻璃清洗泵
X 牌照灯
Y 时钟
* 仅适用于带驻车距离报警（PDC）的车辆
*2 仅适用于带有阅读灯的前部车内照明灯
*3 截至 2011 年 9 月
*4 自 2011 年 10 月起

B698 连接 3（LIN 总线），在主导线束中

X150 接地连接 58，在保险杠后导线束中

左侧后雾灯灯泡，右侧后雾灯灯泡，左侧尾灯2，右侧尾灯2，高位制动信号灯灯泡，可加热后窗玻璃继电器，正导线中的调频频率分滤器，左侧脚部空间照明灯，右侧伸腿空间照明灯，左后脚部空间照明灯，右后脚部空间照明灯，可加热式后窗玻璃

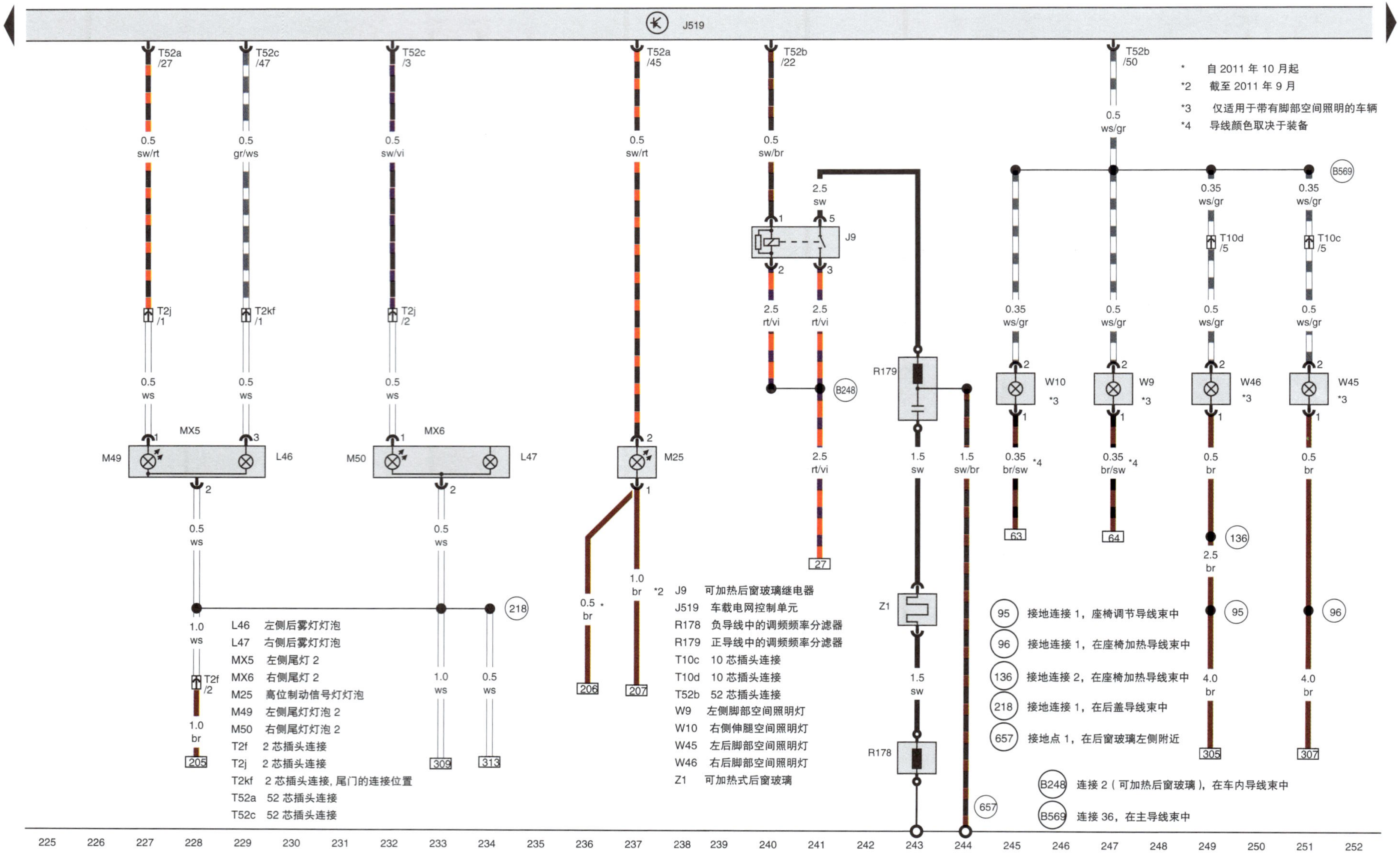

* 自 2011 年 10 月起

*2 截至 2011 年 9 月

*3 仅适用于带有脚部空间照明的车辆

*4 导线颜色取决于装备

L46 左侧后雾灯灯泡
L47 右侧后雾灯灯泡
MX5 左侧尾灯 2
MX6 右侧尾灯 2
M25 高位制动信号灯灯泡
M49 左侧尾灯灯泡 2
M50 右侧尾灯灯泡 2
T2f 2 芯插头连接
T2j 2 芯插头连接
T2kf 2 芯插头连接，尾门的连接位置
T52a 52 芯插头连接
T52c 52 芯插头连接

J9 可加热后窗玻璃继电器
J519 车载电网控制单元
R178 负导线中的调频频率分滤器
R179 正导线中的调频频率分滤器
T10c 10 芯插头连接
T10d 10 芯插头连接
T52b 52 芯插头连接
W9 左侧脚部空间照明灯
W10 右侧伸腿空间照明灯
W45 左后脚部空间照明灯
W46 右后脚部空间照明灯
Z1 可加热式后窗玻璃

(95) 接地连接 1，座椅调节导线束中
(96) 接地连接 1，在座椅加热导线束中
(136) 接地连接 2，在座椅加热导线束中
(218) 接地连接 1，在后盖导线束中
(657) 接地点 1，在后窗玻璃左侧附近

(B248) 连接 2（可加热后窗玻璃），在车内导线束中
(B569) 连接 36，在主导线束中

雨水与光线识别传感器, 大灯清洗装置继电器, 刮水器电机控制单元, 车窗玻璃刮水器电机, 大灯清洗装置泵， 前部车内照明灯按钮, 驾驶员侧阅读灯按钮, 副驾驶员侧阅读灯按钮, 前部车内照明灯, 阅读灯， 左侧中部, 阅读灯， 右侧中部, 后部车内照明

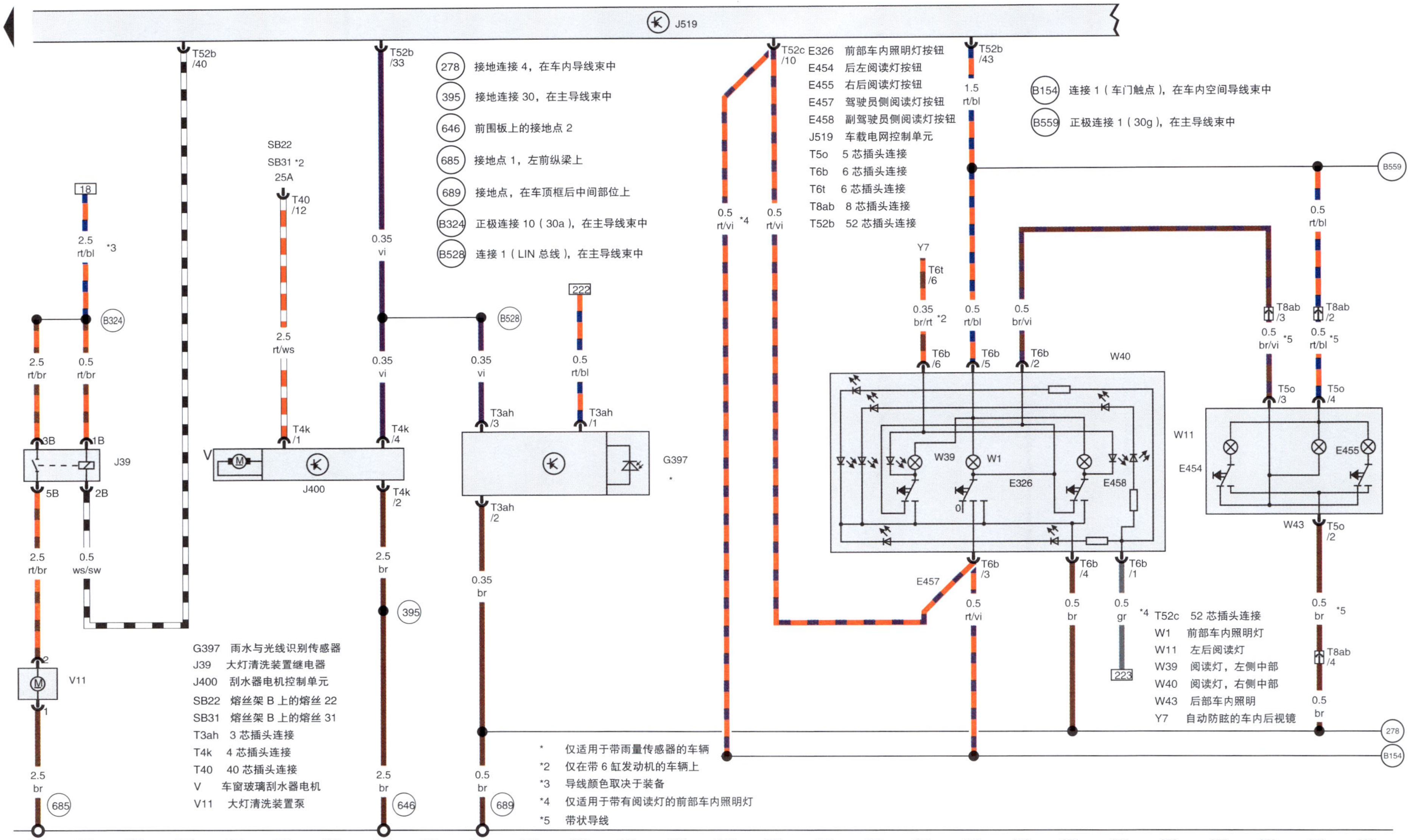

278	接地连接 4，在车内导线束中
395	接地连接 30，在主导线束中
646	前围板上的接地点 2
685	接地点 1，左前纵梁上
689	接地点，在车顶框后中间部位上
B324	正极连接 10（30a），在主导线束中
B528	连接 1（LIN 总线），在主导线束中
B154	连接 1（车门触点），在车内空间导线束中
B559	正极连接 1（30g），在主导线束中

E326	前部车内照明灯按钮
E454	后左阅读灯按钮
E455	右后阅读灯按钮
E457	驾驶员侧阅读灯按钮
E458	副驾驶员侧阅读灯按钮
J519	车载电网控制单元
T5o	5 芯插头连接
T6b	6 芯插头连接
T6t	6 芯插头连接
T8ab	8 芯插头连接
T52b	52 芯插头连接

G397	雨水与光线识别传感器
J39	大灯清洗装置继电器
J400	刮水器电机控制单元
SB22	熔丝架 B 上的熔丝 22
SB31	熔丝架 B 上的熔丝 31
T3ah	3 芯插头连接
T4k	4 芯插头连接
T40	40 芯插头连接
V	车窗玻璃刮水器电机
V11	大灯清洗装置泵

T52c	52 芯插头连接
W1	前部车内照明灯
W11	左后阅读灯
W39	阅读灯，左侧中部
W40	阅读灯，右侧中部
W43	后部车内照明
Y7	自动防眩的车内后视镜

* 仅适用于带雨量传感器的车辆
*2 仅在带 6 缸发动机的车辆上
*3 导线颜色取决于装备
*4 仅适用于带有阅读灯的前部车内照明灯
*5 带状导线

253 254 255 256 257 258 259 260 261 262 263 264 265 266 267 268 269 270 271 272 273 274 275 276 277 278 279 280

手套箱照明灯开关，驾驶员侧化妆镜接触开关，后备厢照明，手套箱照明灯，副驾驶员侧带照明功能的化妆镜，驾驶员侧带照明功能的化妆镜，驾驶员侧阅读灯按钮，阅读灯，左侧中部，左前登车护条背景照明的光导管，右前登车护条背景照明的光导管，左后登车护条背景照明的光导管，右后登车护条背景照明的光导管

E26　手套箱照明灯开关
F147　驾驶员侧化妆镜接触开关
F148　副驾驶员侧化妆镜接触开关
T3ba　3 芯插头连接
T8ab　8 芯插头连接
W3　后备厢照明
W6　手套箱照明灯
W14　副驾驶员侧带照明功能的化妆镜
W20　驾驶员侧带照明功能的化妆镜

T10c　10 芯插头连接
T10d　10 芯插头连接
W67　左前登车护条背景照明的光导管
W68　右前登车护条背景照明的光导管
W69　左后登车护条背景照明的光导管
W70　右后登车护条背景照明的光导管

(77) 左侧 B 柱下的接地点
(683) 接地点，在右前边梁上
(684) 接地点，在左前边梁上
(B154) 连接 1（车门触点），在车内空间导线束中
(B202) 连接 3（车门触点），在车内空间导线束中

(B243) 连接 4（车门触点），在车内空间导线束中
(B559) 正极连接 1（30g），在主导线束中
(B560) 正极连接 1（30g），在驾校用车导线束中
(B603) 正极连接 2（30g），在主导线束中

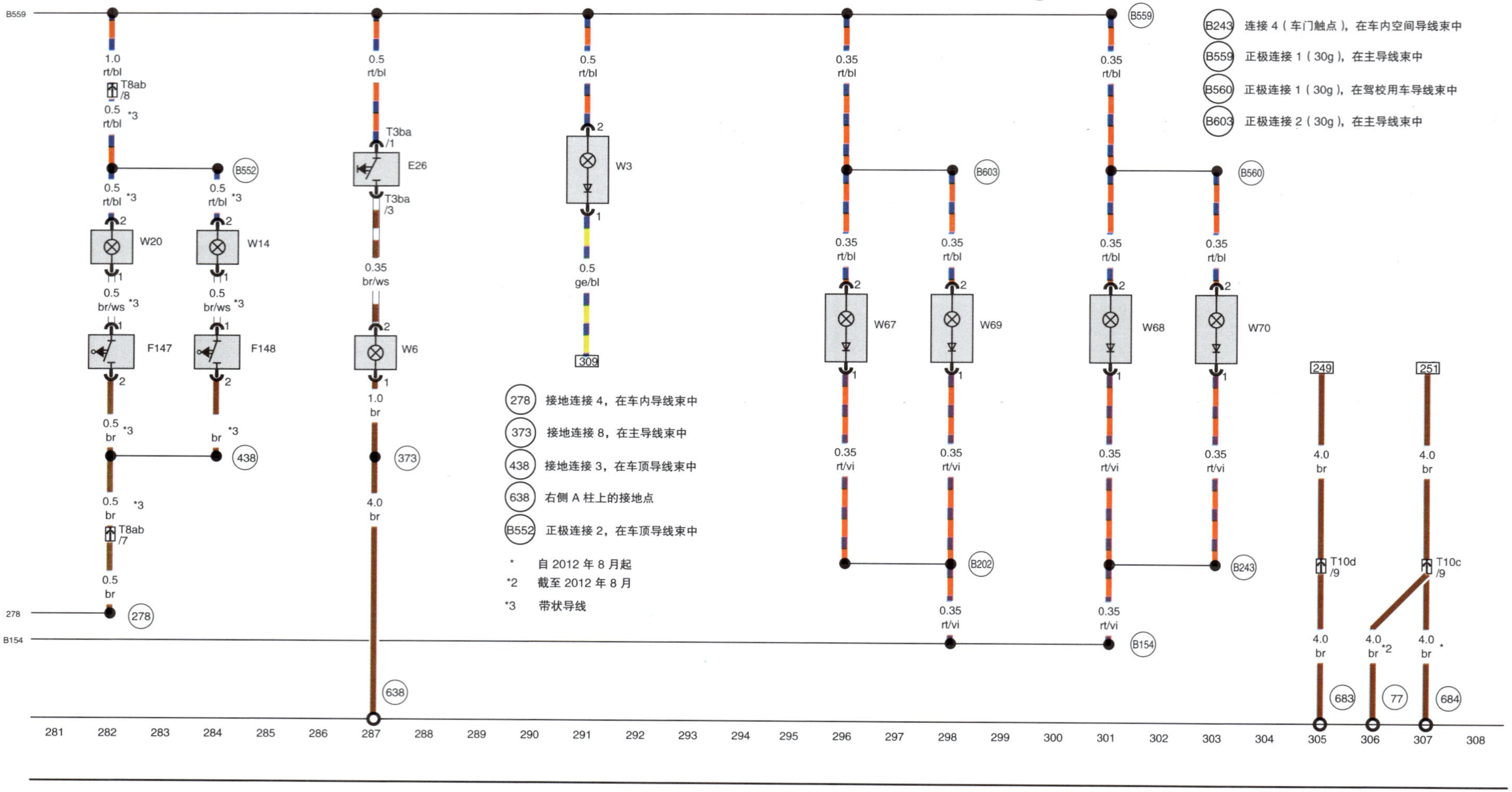

(278) 接地连接 4，在车内导线束中
(373) 接地连接 8，在主导线束中
(438) 接地连接 3，在车顶导线束中
(638) 右侧 A 柱上的接地点
(B552) 正极连接 2，在车顶导线束中
* 自 2012 年 8 月起
*2 截至 2012 年 8 月
*3 带状导线

尾门把手中的解锁按钮，后备厢照明开关，舒适/便捷系统的中央控制单元，油箱盖锁止装置电机

E234 尾门把手中的解锁按钮
F5 后备厢照明开关
F256 后备厢盖闭锁单元
J393 舒适/便捷系统的中央控制单元
T2e 2 芯插头连接，尾门的连接位置
T2f 2 芯插头连接
T3as 3 芯插头连接
T6an 6 芯插头连接
T8r 8 芯插头连接
T18a 18 芯插头连接
V53 后盖中央门锁电机
V155 油箱盖锁止装置电机
B370 连接 2（5V），在主导线束中
B447 连接（后备厢照明），在主导线束中
* 截至 2011 年 9 月
*2 自 2011 年 10 月起

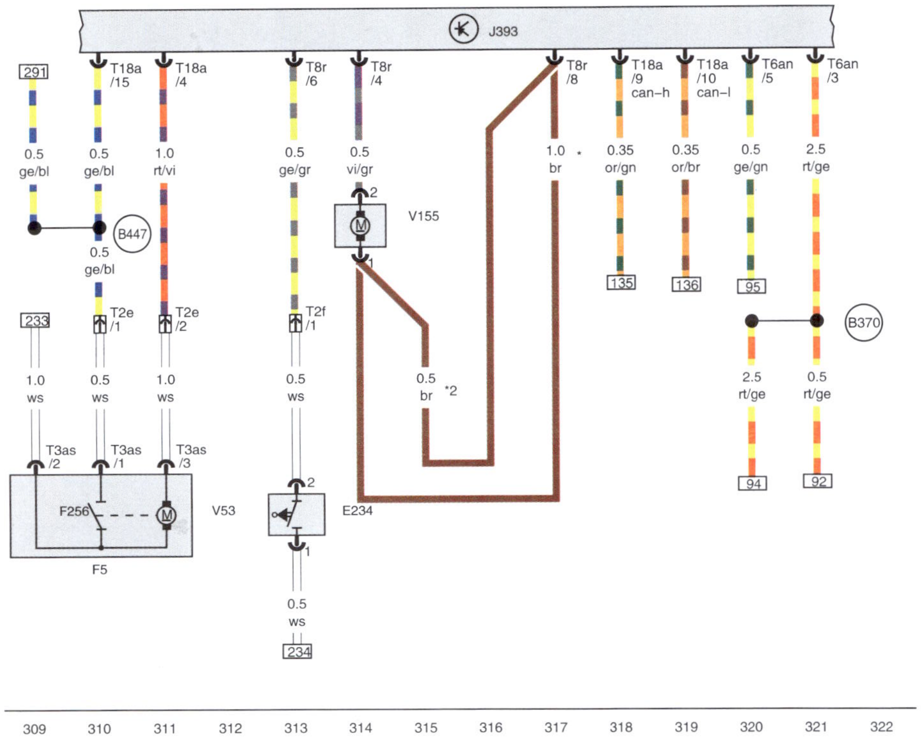

车载电网控制单元 -J519-针脚

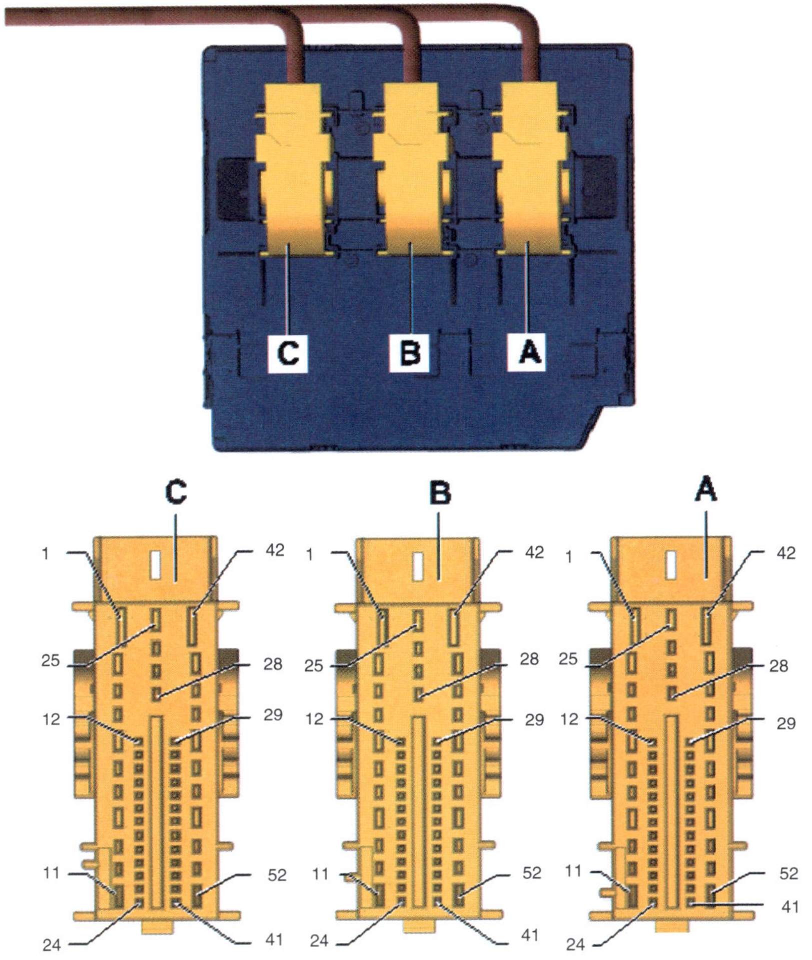

第二节 发动机控制系统

一、1.4L汽油发动机（CFBA）控制系统（带自动启停系统）

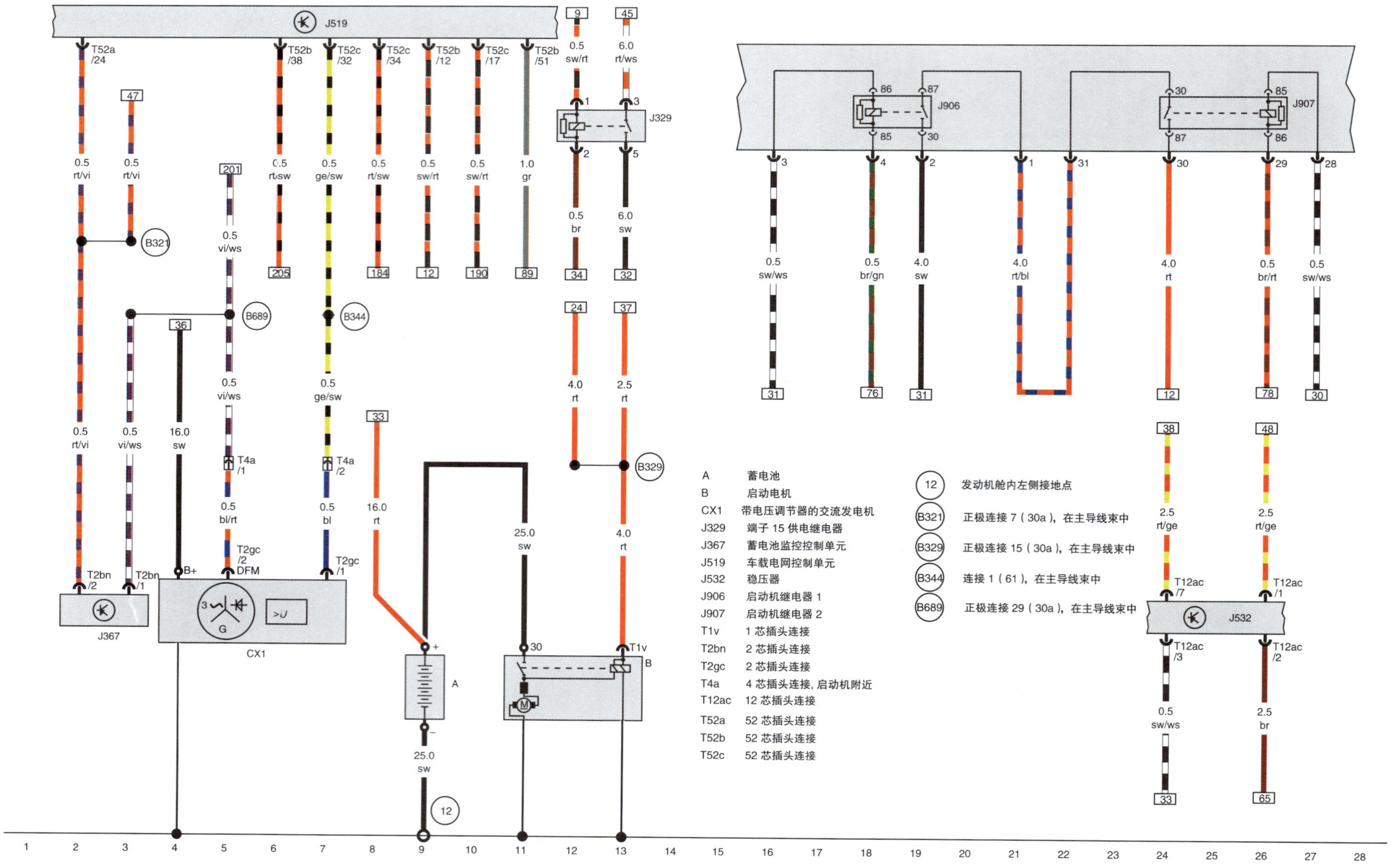

A	蓄电池
B	启动电机
CX1	带电压调节器的交流发电机
J329	端子 15 供电继电器
J367	蓄电池监控控制单元
J519	车载电网控制单元
J532	稳压器
J906	启动机继电器 1
J907	启动机继电器 2
T1v	1 芯插头连接
T2bn	2 芯插头连接
T2gc	2 芯插头连接
T4a	4 芯插头连接，启动机附近
T12ac	12 芯插头连接
T52a	52 芯插头连接
T52b	52 芯插头连接
T52c	52 芯插头连接

12	发动机舱内左侧接地点
B321	正极连接 7（30a），在主导线束中
B329	正极连接 15（30a），在主导线束中
B344	连接 1（61），在主导线束中
B689	正极连接 29（30a），在主导线束中

冷却液辅助泵继电器，熔丝座A，熔丝座B，熔丝座C，主继电器，冷却液循环泵

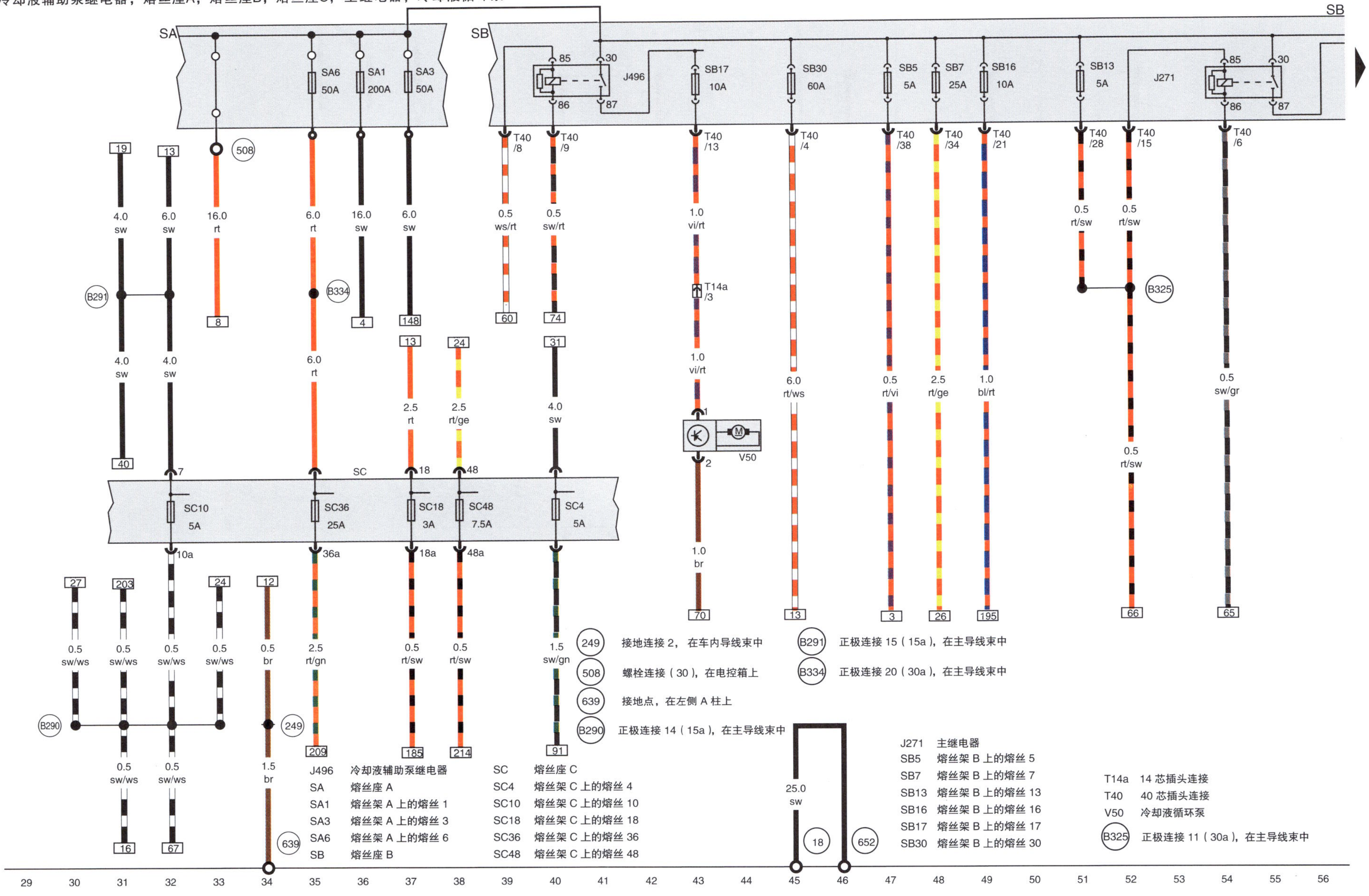

发动机控制单元，熔丝座B，带功率输出级的点火线圈1，带功率输出级的点火线圈2，带功率输出级的点火线圈3，带功率输出级的点火线圈4，火花塞插头，火花塞

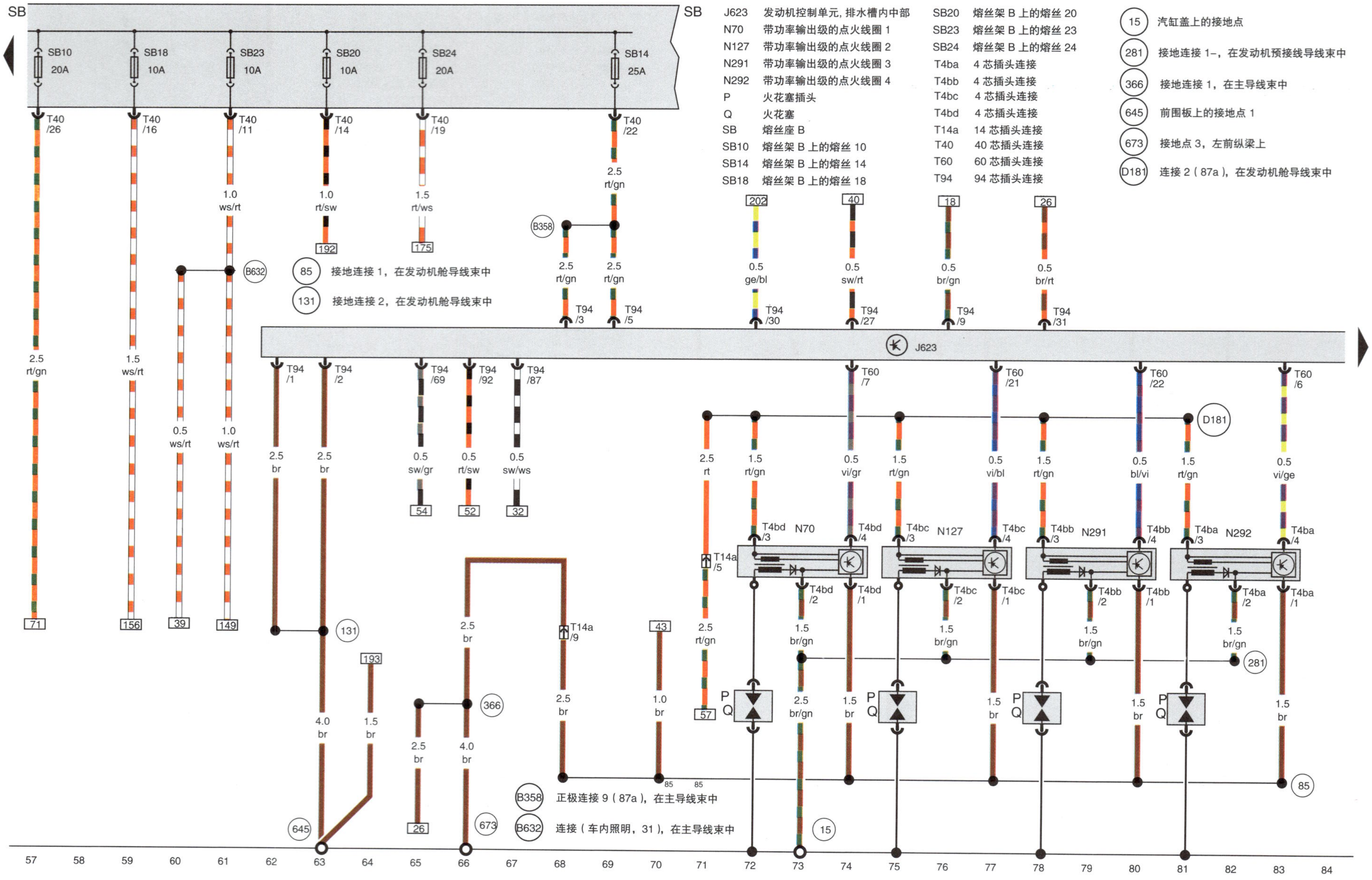

J623	发动机控制单元, 排水槽内中部
N70	带功率输出级的点火线圈 1
N127	带功率输出级的点火线圈 2
N291	带功率输出级的点火线圈 3
N292	带功率输出级的点火线圈 4
P	火花塞插头
Q	火花塞
SB	熔丝座 B
SB10	熔丝架 B 上的熔丝 10
SB14	熔丝架 B 上的熔丝 14
SB18	熔丝架 B 上的熔丝 18
SB20	熔丝架 B 上的熔丝 20
SB23	熔丝架 B 上的熔丝 23
SB24	熔丝架 B 上的熔丝 24
T4ba	4 芯插头连接
T4bb	4 芯插头连接
T4bc	4 芯插头连接
T4bd	4 芯插头连接
T14a	14 芯插头连接
T40	40 芯插头连接
T60	60 芯插头连接
T94	94 芯插头连接

15	汽缸盖上的接地点
85	接地连接 1，在发动机舱导线束中
131	接地连接 2，在发动机舱导线束中
281	接地连接 1-，在发动机预接线导线束中
366	接地连接 1，在主导线束中
645	前围板上的接地点 1
673	接地点 3，左前纵梁上
B358	正极连接 9 (87a)，在主导线束中
B632	连接 (车内照明，31)，在主导线束中
D181	连接 2 (87a)，在发动机舱导线束中

启动/停止模式按钮，油门踏板位置传感器，油门踏板位置传感器2，电控油门操纵机构的节气门驱动装置，电控油门操纵机构的节气门驱动装置角度传感器1，电控油门操纵机构的节气门驱动装置角度传感器2，发动机控制单元，启动/停止运行模式指示灯发动机转速传感器，进气温度传感器，进气管压力传感器，进气温度传感器3，进气管压力传感器3，发动机控制单元

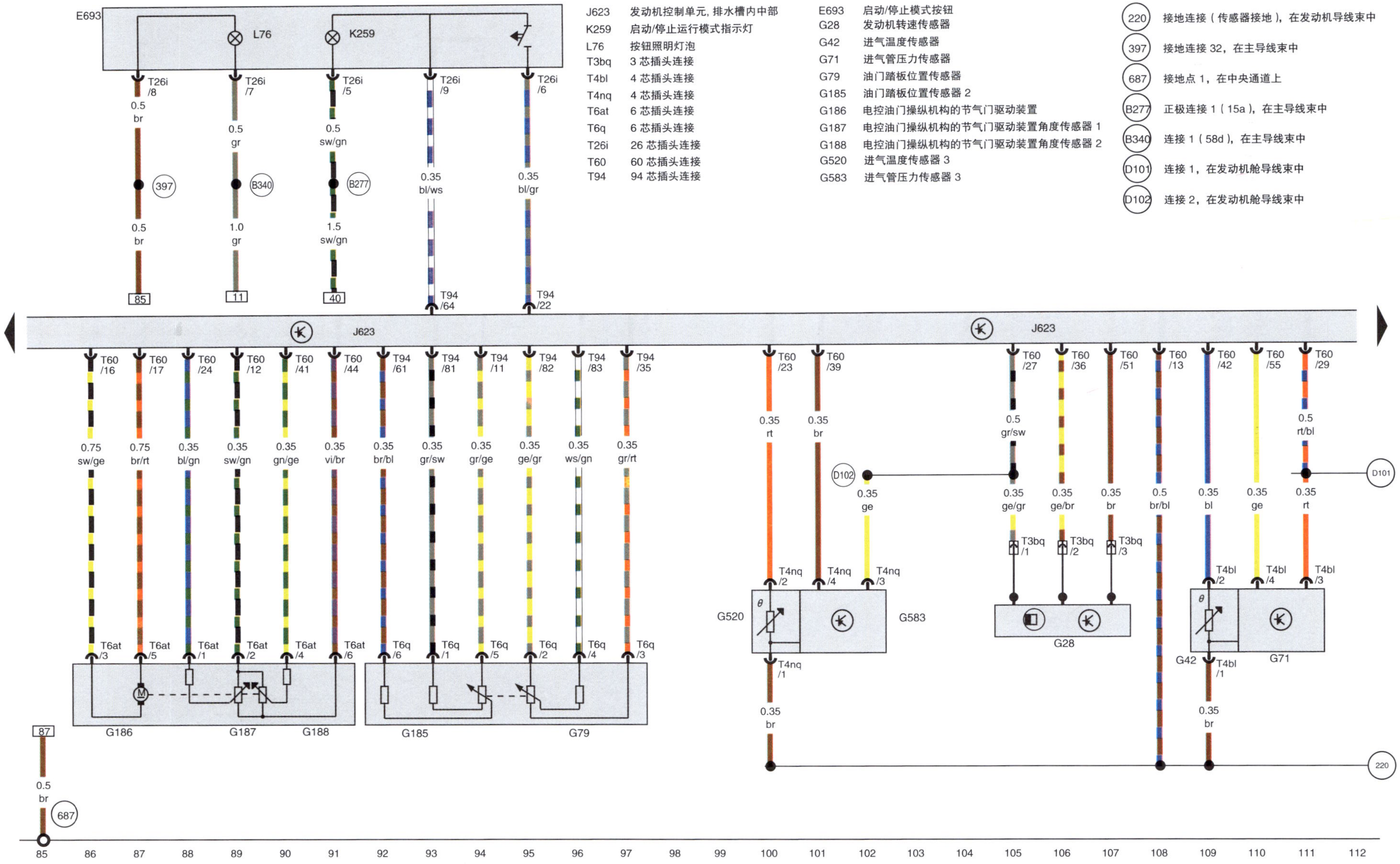

J623	发动机控制单元，排水槽内中部
K259	启动/停止运行模式指示灯
L76	按钮照明灯泡
T3bq	3 芯插头连接
T4bl	4 芯插头连接
T4nq	4 芯插头连接
T6at	6 芯插头连接
T6q	6 芯插头连接
T26i	26 芯插头连接
T60	60 芯插头连接
T94	94 芯插头连接

E693	启动/停止模式按钮
G28	发动机转速传感器
G42	进气温度传感器
G71	进气管压力传感器
G79	油门踏板位置传感器
G185	油门踏板位置传感器 2
G186	电控油门操纵机构的节气门驱动装置
G187	电控油门操纵机构的节气门驱动装置角度传感器 1
G188	电控油门操纵机构的节气门驱动装置角度传感器 2
G520	进气温度传感器 3
G583	进气管压力传感器 3

220	接地连接（传感器接地），在发动机导线束中
397	接地连接 32，在主导线束中
687	接地点 1，在中央通道上
B277	正极连接 1（15a），在主导线束中
B340	连接 1（58d），在主导线束中
D101	连接 1，在发动机舱导线束中
D102	连接 2，在发动机舱导线束中

霍尔传感器，冷却液温度传感器，冷凝器出口上的冷却液温度传感器，燃油压力传感器，发动机控制单元，汽缸1喷油阀，汽缸2喷油阀，汽缸3喷油阀，汽缸4喷油阀

G40	霍尔传感器
G62	冷却液温度传感器
G83	冷凝器出口上的冷却液温度传感器，黑色
G247	燃油压力传感器
J623	发动机控制单元，排水槽内中部
T3bj	3 芯插头连接
T3br	3 芯插头连接
T60	60 芯插头连接
T94	94 芯插头连接
220	接地连接（传感器接地），在发动机导线束中
D101	连接 1，在发动机舱导线束中
N30	汽缸 1 喷油阀
N31	汽缸 2 喷油阀
N32	汽缸 3 喷油阀
N33	汽缸 4 喷油阀

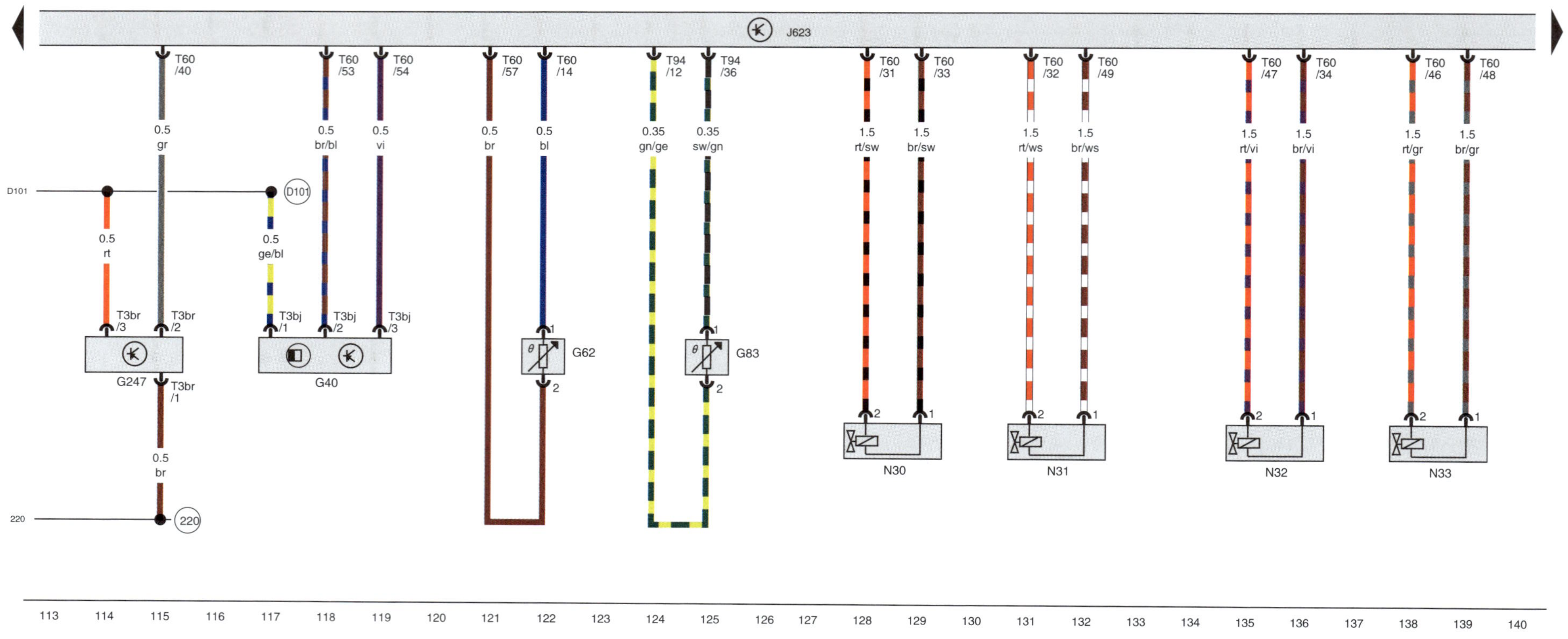

爆震传感器1，散热器风扇控制单元，发动机控制单元，散热器风扇1，散热器风扇2，电子点火开关，转向柱电子装置控制单元，发动机控制单元,双离合器变速箱机电装置，增压压力限制电磁阀，活性炭罐电磁阀1，凸轮轴调节阀1，涡轮增压器循环空气阀

D9	电子点火开关	T2be	2 芯插头连接, 前围支架上	671	接地点 1，左前纵梁上
G61	爆震传感器 1	T4i	4 芯插头连接, 前围支架上	B441	连接（GRA），在主导线束中
J293	散热器风扇控制单元	T14a	14 芯插头连接	B729	连接 1（50），在主导线束中
J527	转向柱电子装置控制单元	T16f	16 芯插头连接	D109	连接 7，在发动机舱导线束中
J623	发动机控制单元, 排水槽内中部	T16o	16 芯插头连接	D180	连接（87a），在发动机舱导线束中
J743	双离合器变速箱机电装置	T25	25 芯插头连接		
N75	增压压力限制电磁阀	T60	60 芯插头连接		
N80	活性炭罐电磁阀 1	T94	94 芯插头连接		
N205	凸轮轴调节阀 1	V7	散热器风扇1		
N249	涡轮增压器循环空气阀	V177	散热器风扇 2		

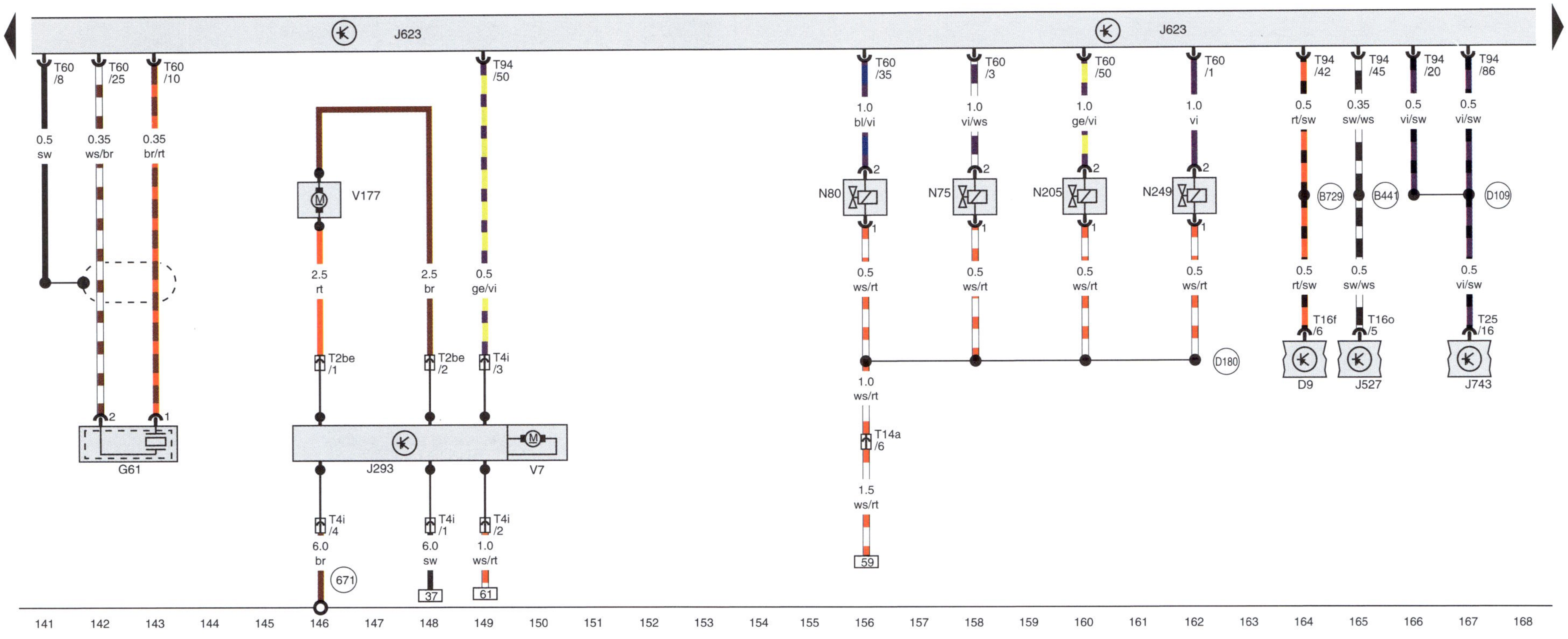

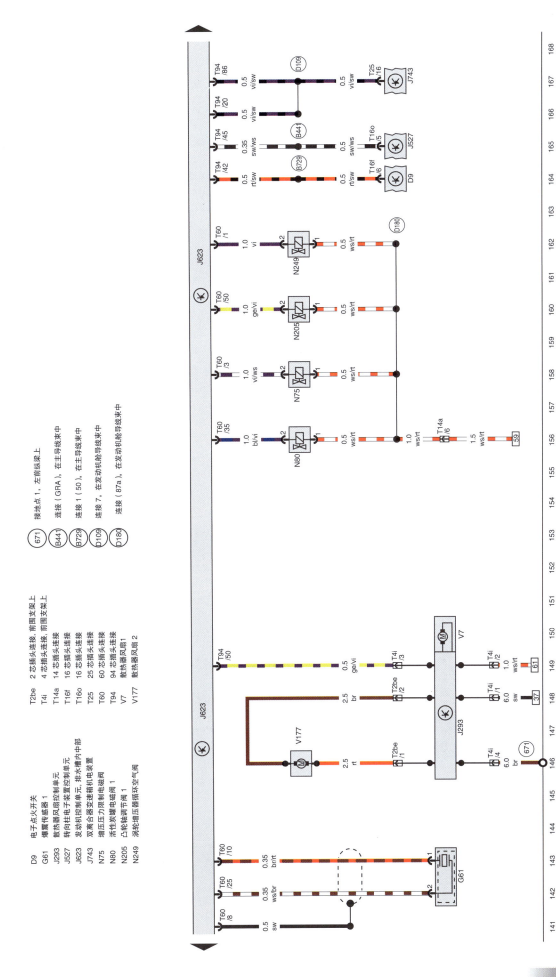

氧传感器，尾气催化净化器下游的氧传感器，发动机控制单元，氧传感器加热，尾气催化净化器后的氧传感器1加热装置，制动信号灯开关，发动机控制单元，燃油压力调节阀

G39	氧传感器
G130	尾气催化净化器下游的氧传感器
F	制动信号灯开关
J623	发动机控制单元，排水槽内中部
N276	燃油压力调节阀
T4no	4 芯插头连接
T6w	6 芯插头连接
T4f	4 芯插头连接
T14a	14 芯插头连接
T60	60 芯插头连接
T94	94 芯插头连接
Z19	氧传感器加热
Z29	尾气催化净化器后的氧传感器 1 加热装置

398	接地连接 33，在主导线束中
B335	连接 1（54），在主导线束中
B383	连接 1（驱动系统 CAN 总线，高配），在主导线束中
B390	连接 1（驱动系统 CAN 总线，低配），在主导线束中
B509	连接 3（诊断），在主导线束中
D189	连接（87a），在发动机预接线导线束中

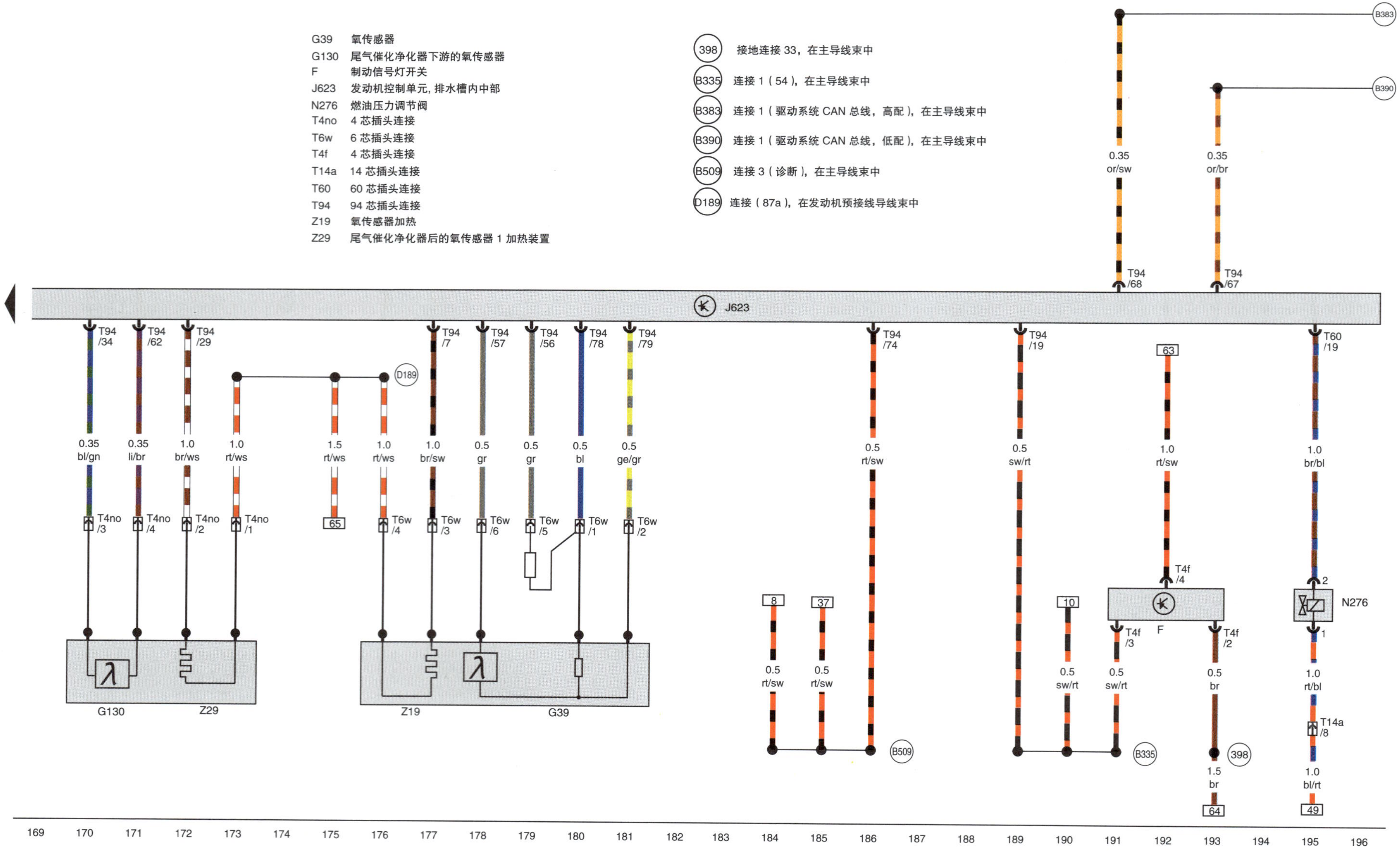

燃油存量传感器，预供给燃油泵，数据总线诊断接口，燃油泵控制单元，油压开关，燃油储备显示，冷却液温度表，转速表，冷却液不足显示传感器，警报蜂鸣器和警报音，仪表板中的控制单元，仪表板，发电机指示灯，机油压力指示灯，冷却液温度和冷却液不足显示指示灯，GRA 指示灯，油位指示灯，燃油存量指示灯，电子油门故障信号灯

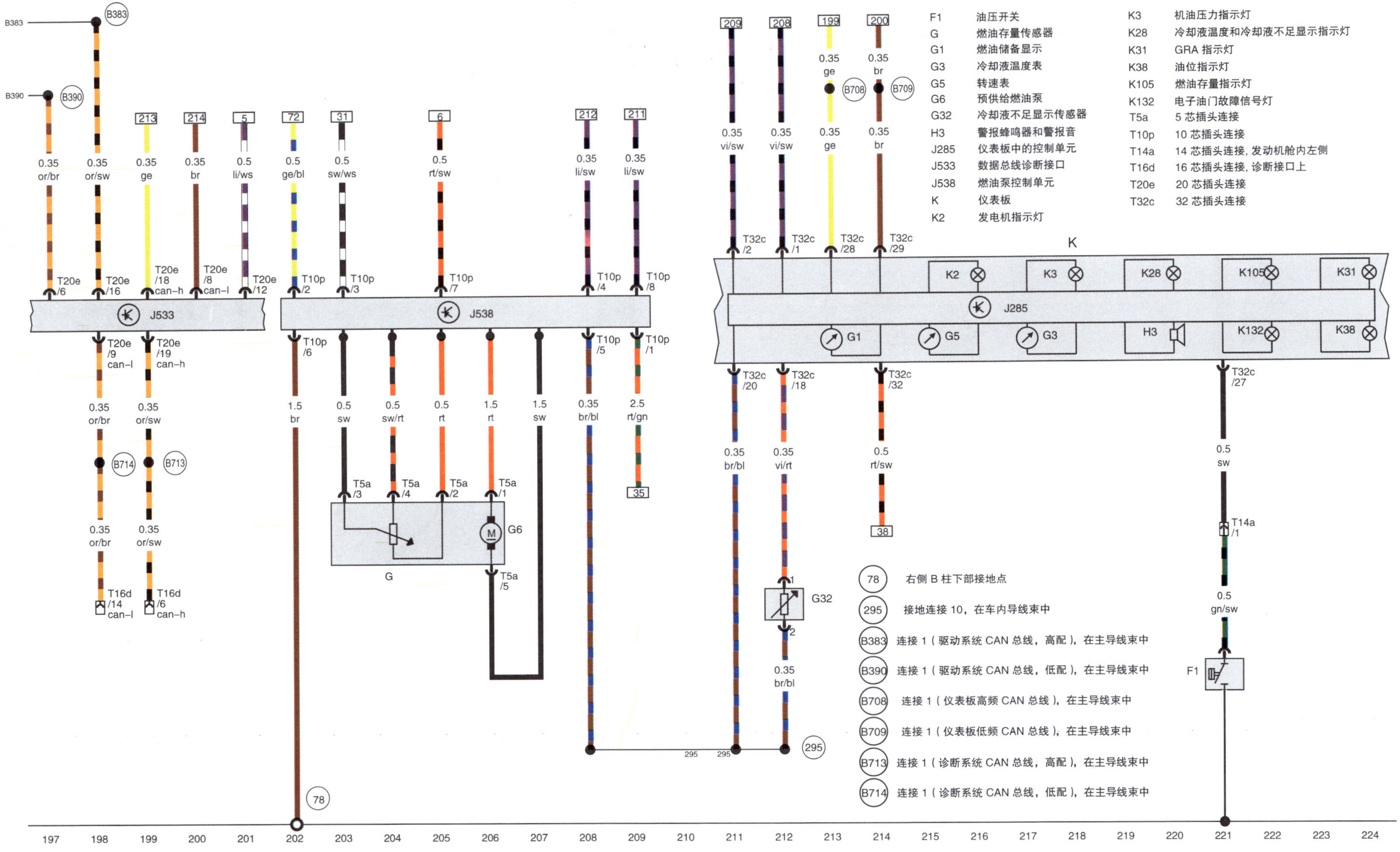

F1　油压开关
G　燃油存量传感器
G1　燃油储备显示
G3　冷却液温度表
G5　转速表
G6　预供给燃油泵
G32　冷却液不足显示传感器
H3　警报蜂鸣器和警报音
J285　仪表板中的控制单元
J533　数据总线诊断接口
J538　燃油泵控制单元
K　仪表板
K2　发电机指示灯

K3　机油压力指示灯
K28　冷却液温度和冷却液不足显示指示灯
K31　GRA 指示灯
K38　油位指示灯
K105　燃油存量指示灯
K132　电子油门故障信号灯
T5a　5 芯插头连接
T10p　10 芯插头连接
T14a　14 芯插头连接，发动机舱内左侧
T16d　16 芯插头连接，诊断接口上
T20e　20 芯插头连接
T32c　32 芯插头连接

78　右侧 B 柱下部接地点
295　接地连接 10，在车内导线束中
B383　连接 1（驱动系统 CAN 总线，高配），在主导线束中
B390　连接 1（驱动系统 CAN 总线，低配），在主导线束中
B708　连接 1（仪表板高频 CAN 总线），在主导线束中
B709　连接 1（仪表板低频 CAN 总线），在主导线束中
B713　连接 1（诊断系统 CAN 总线，高配），在主导线束中
B714　连接 1（诊断系统 CAN 总线，低配），在主导线束中

二、1.8L汽油发动机（CEAA、CGMA）控制系统

蓄电池，启动电机，带电压调节器的交流发电机，车载电网控制单元，供电继电器，总线端50，供电继电器2，端子15供电继电器，熔丝座A，熔丝座C

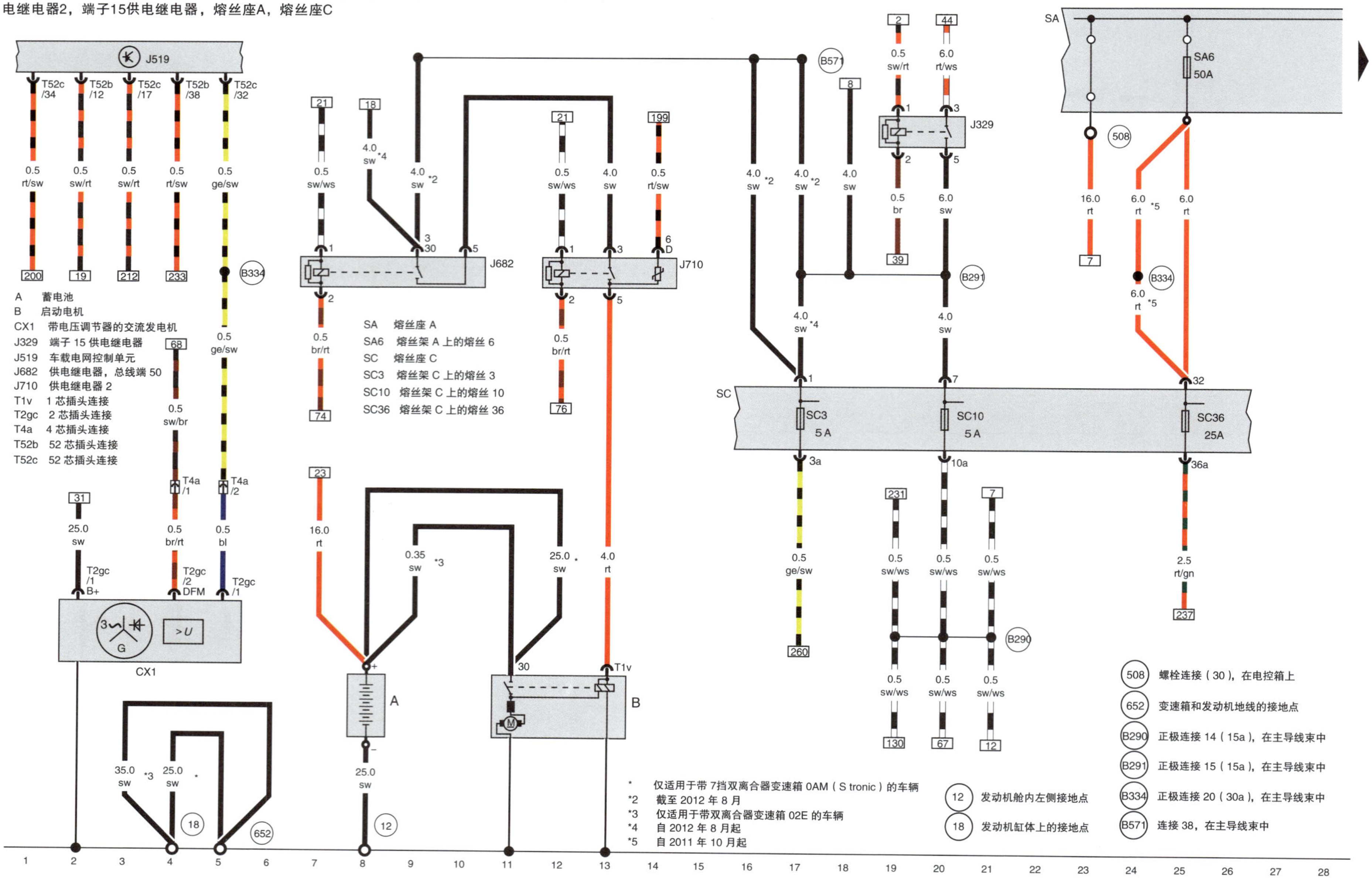

A 蓄电池
B 启动电机
CX1 带电压调节器的交流发电机
J329 端子 15 供电继电器
J519 车载电网控制单元
J682 供电继电器，总线端 50
J710 供电继电器 2
T1v 1 芯插头连接
T2gc 2 芯插头连接
T4a 4 芯插头连接
T52b 52 芯插头连接
T52c 52 芯插头连接

SA 熔丝座 A
SA6 熔丝架 A 上的熔丝 6
SC 熔丝座 C
SC3 熔丝架 C 上的熔丝 3
SC10 熔丝架 C 上的熔丝 10
SC36 熔丝架 C 上的熔丝 36

* 仅适用于带 7挡双离合器变速箱 0AM（S tronic）的车辆
*2 截至 2012 年 8 月
*3 仅适用于带双离合器变速箱 02E 的车辆
*4 自 2012 年 8 月起
*5 自 2011 年 10 月起

(12) 发动机舱内左侧接地点
(18) 发动机缸体上的接地点

(508) 螺栓连接（30），在电控箱上
(652) 变速箱和发动机地线的接地点
(B290) 正极连接 14（15a），在主导线束中
(B291) 正极连接 15（15a），在主导线束中
(B334) 正极连接 20（30a），在主导线束中
(B571) 连接 38，在主导线束中

发动机部件供电继电器，熔丝座A，熔丝座B，主继电器

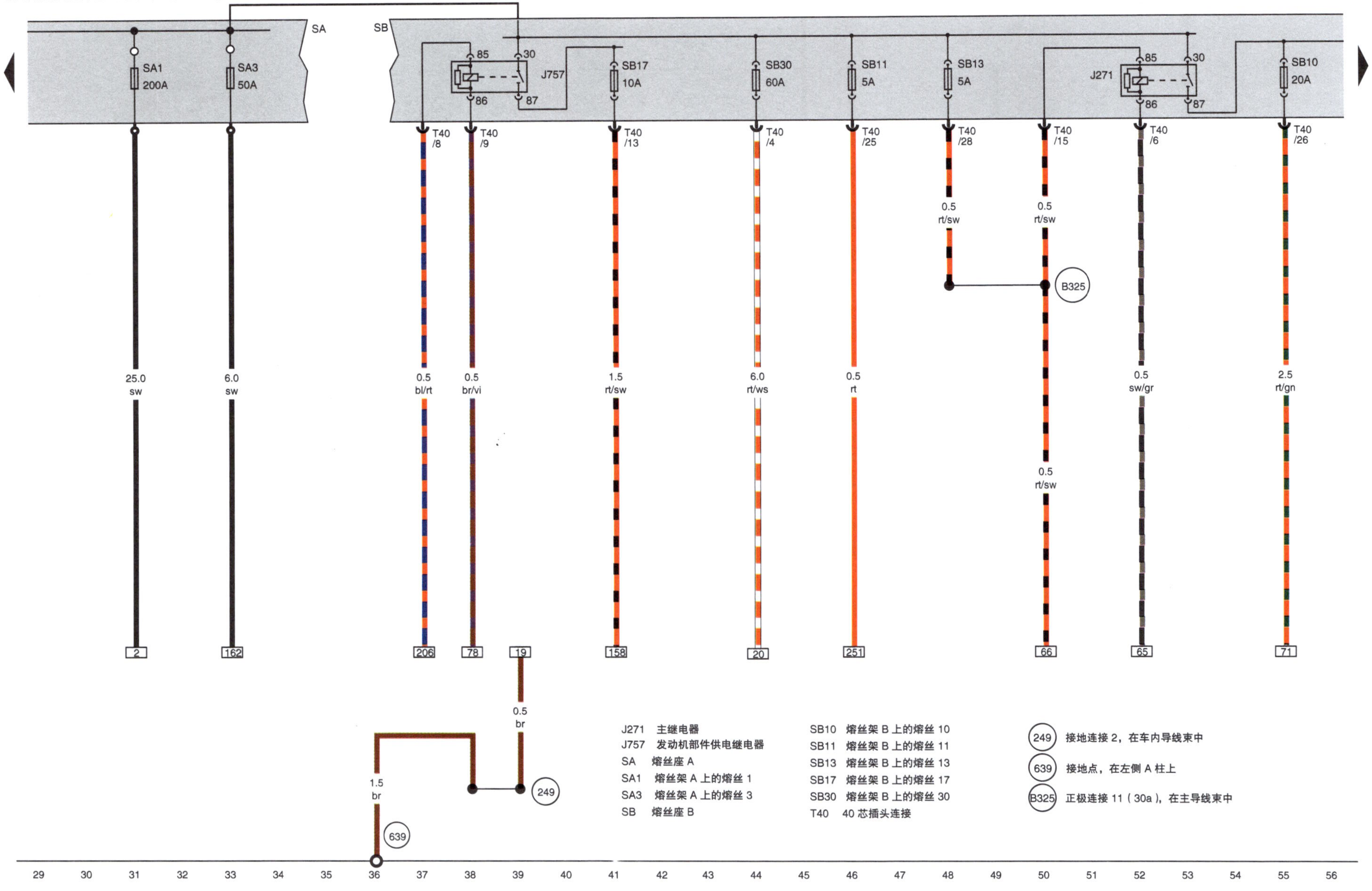

J271 主继电器
J757 发动机部件供电继电器
SA 熔丝座 A
SA1 熔丝架 A 上的熔丝 1
SA3 熔丝架 A 上的熔丝 3
SB 熔丝座 B

SB10 熔丝架 B 上的熔丝 10
SB11 熔丝架 B 上的熔丝 11
SB13 熔丝架 B 上的熔丝 13
SB17 熔丝架 B 上的熔丝 17
SB30 熔丝架 B 上的熔丝 30
T40 40 芯插头连接

(249) 接地连接 2，在车内导线束中
(639) 接地点，在左侧 A 柱上
(B325) 正极连接 11（30a），在主导线束中

发动机控制单元，熔丝座B，带功率输出级的点火线圈 1，带功率输出级的点火线圈 2，带功率输出级的点火线圈 3，带功率输出级的点火线圈 4，火花塞插头，火花塞

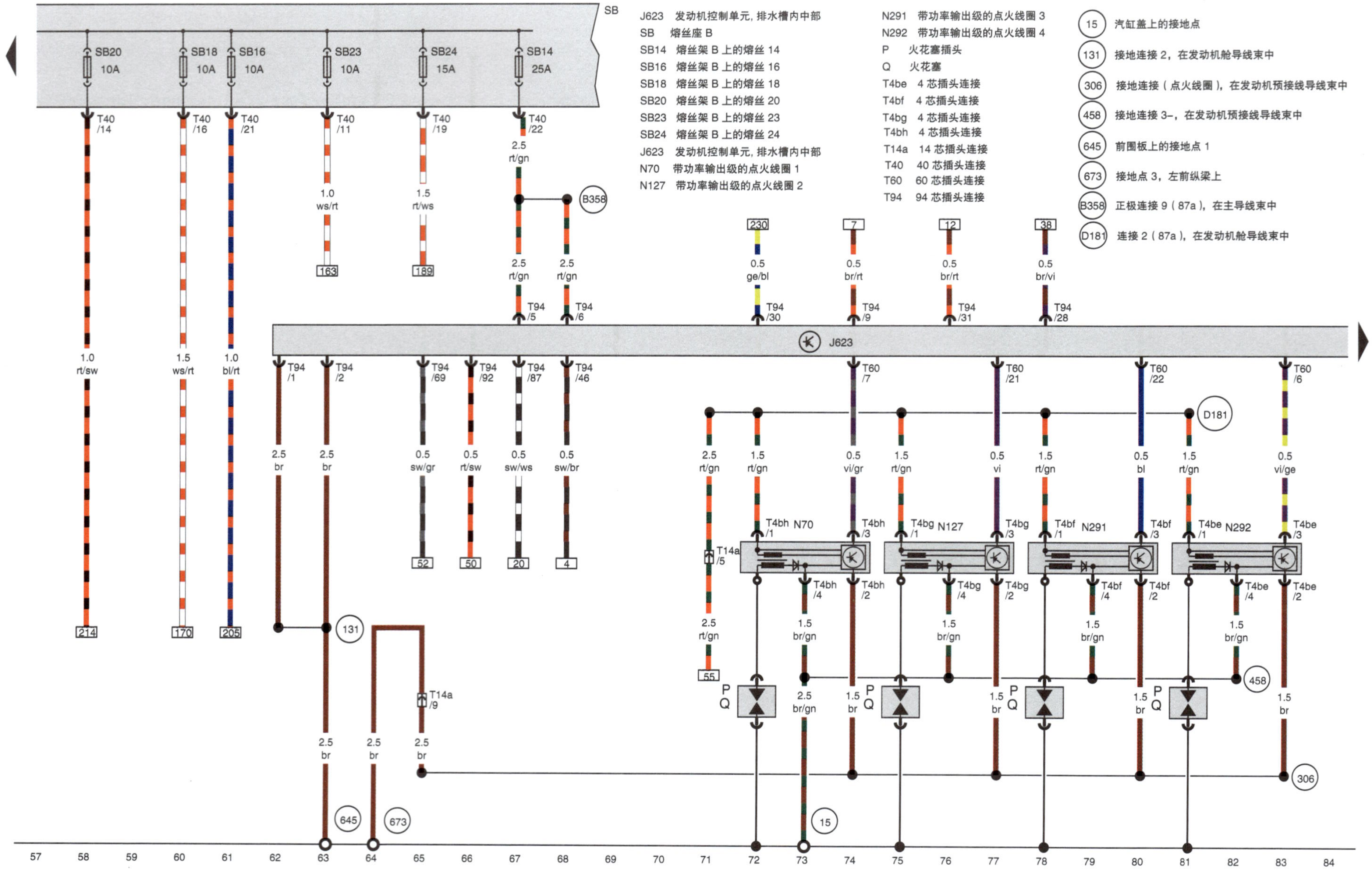

J623　发动机控制单元，排水槽内中部
SB　熔丝座 B
SB14　熔丝架 B 上的熔丝 14
SB16　熔丝架 B 上的熔丝 16
SB18　熔丝架 B 上的熔丝 18
SB20　熔丝架 B 上的熔丝 20
SB23　熔丝架 B 上的熔丝 23
SB24　熔丝架 B 上的熔丝 24
J623　发动机控制单元，排水槽内中部
N70　带功率输出级的点火线圈 1
N127　带功率输出级的点火线圈 2
N291　带功率输出级的点火线圈 3
N292　带功率输出级的点火线圈 4
P　火花塞插头
Q　火花塞
T4be　4 芯插头连接
T4bf　4 芯插头连接
T4bg　4 芯插头连接
T4bh　4 芯插头连接
T14a　14 芯插头连接
T40　40 芯插头连接
T60　60 芯插头连接
T94　94 芯插头连接

15　汽缸盖上的接地点
131　接地连接 2，在发动机舱导线束中
306　接地连接（点火线圈），在发动机预接线导线束中
458　接地连接 3-，在发动机预接线导线束中
645　前围板上的接地点 1
673　接地点 3，左前纵梁上
B358　正极连接 9（87a），在主导线束中
D181　连接 2（87a），在发动机舱导线束中

油门踏板位置传感器，油门踏板位置传感器2，电控油门操纵机构的节气门驱动装置，电控油门操纵机构的节气门驱动装置角度传感器1，电控油门操纵机构的节气门驱动装置角度传感器2，发动机转速传感器，霍尔传感器，燃油压力传感器，发动机控制单元，连接3，在发动机舱导线束中

G28 发动机转速传感器
G40 霍尔传感器
G79 油门踏板位置传感器
G185 油门踏板位置传感器 2
G186 电控油门操纵机构的节气门驱动装置
G187 电控油门操纵机构的节气门驱动装置角度传感器 1
G188 电控油门操纵机构的节气门驱动装置角度传感器 2
G247 燃油压力传感器

J623 发动机控制单元，排水槽内中部
T2jp 2 芯插头连接
T3bj 3 芯插头连接
T3br 3 芯插头连接
T6as 6 芯插头连接
T6bu 6 芯插头连接，汽缸盖附近
T6q 6 芯插头连接
T60 60 芯插头连接
T94 94 芯插头连接

D103 连接 3，在发动机舱导线束中
D174 连接 2（5V），在发动机预接线导线束中

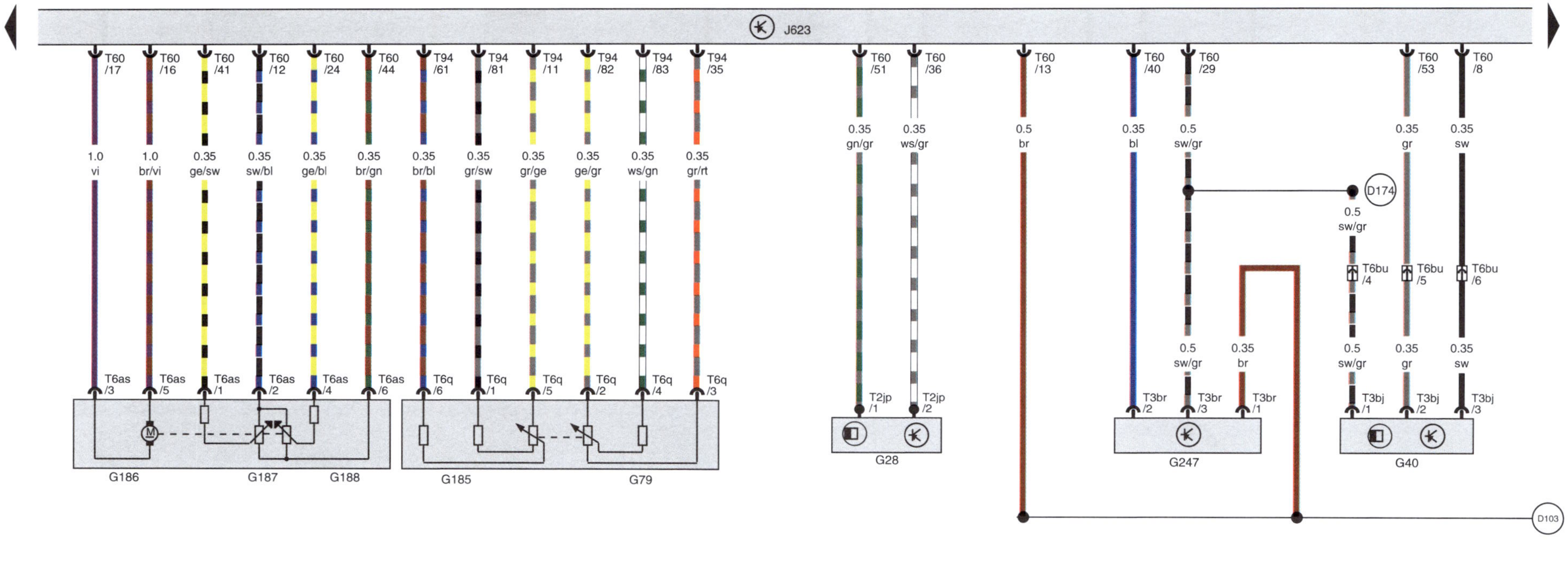

85 86 87 88 89 90 91 92 93 94 95 96 97 98 99 100 101 102 103 104 105 106 107 108 109 110 111 112

发动机转速传感器，霍尔传感器，燃油压力传感器，连接 3，在发动机舱导线束中，进气温度传感器，冷却液温度传感器，空气质量计，冷凝器出口上的冷却液温度传感器，发动机控制单元

G31　增压压力传感器
G42　进气温度传感器
G61　爆震传感器 1
G62　冷却液温度传感器
G70　空气质量计
G83　冷凝器出口上的冷却液温度传感器，黑色
G336　进气管风门电位计
J623　发动机控制单元，排水槽内中部

T3be　3 芯插头连接
T3bh　3 芯插头连接
T4bm　4 芯插头连接
T5f　5 芯插头连接
T6bu　6 芯插头连接，汽缸盖附近
T14a　14 芯插头连接，发动机舱内左侧
T60　60 芯插头连接
T94　94 芯插头连接

D101　连接 1，在发动机舱导线束中
D103　连接 3，在发动机舱导线束中
D107　连接 5，在发动机舱导线束中

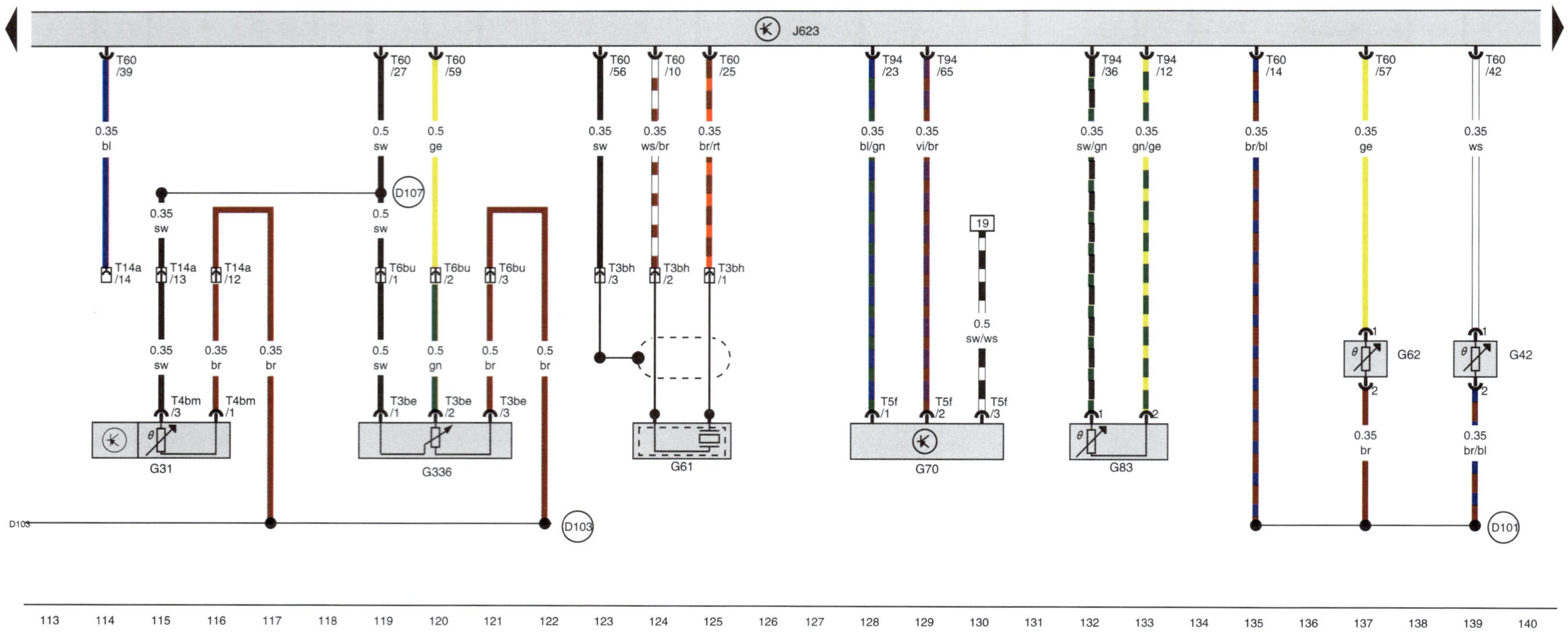

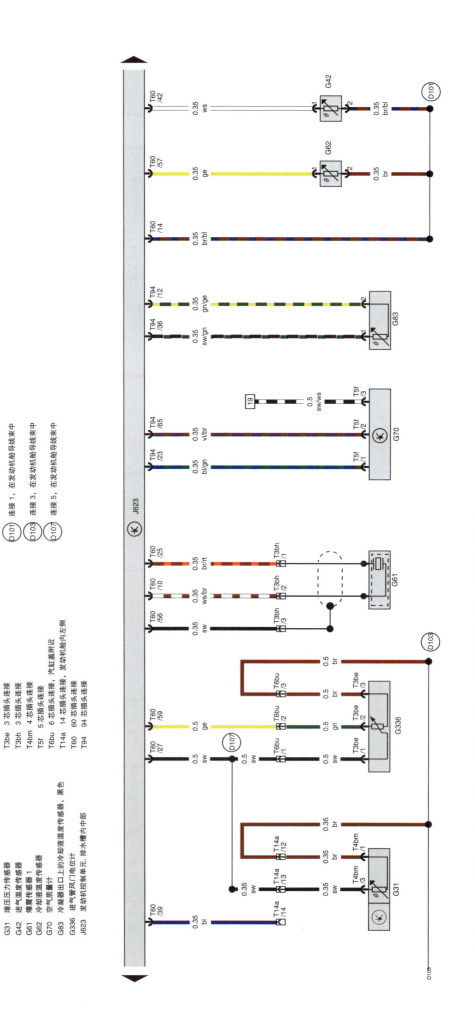

发动机控制单元，汽缸 1 喷油阀，汽缸 2 喷油阀，汽缸 3 喷油阀，汽缸 4 喷油阀，电子点火开关，散热器风扇控制单元，端子及发动机启动控制系统的控制单元，燃油压力调节阀，散热器风扇，散热器风扇 2

D9　电子点火开关
J293　散热器风扇控制单元
J623　发动机控制单元，排水槽内中部
J942　端子及发动机启动控制系统的控制单元
N30　汽缸 1 喷油阀
N31　汽缸 2 喷油阀
N32　汽缸 3 喷油阀
N33　汽缸 4 喷油阀
N276　燃油压力调节阀
T2be　2 芯插头连接，前围支架上
T4i　4 芯插头连接，前围支架上
T8y　8 芯插头连接，汽缸盖附近
T14a　14 芯插头连接，发动机舱内左侧
T16f　16 芯插头连接
T32g　32 芯插头连接
T60　60 芯插头连接
T94　94 芯插头连接
V7　散热器风扇
V177　散热器风扇 2
*　进入及启动许可系统适用的电路图
*2　仅适用于带进入及启动许可的车辆

(671)　接地点 1，左前纵梁上
(B729)　连接 1（50），在主导线束中

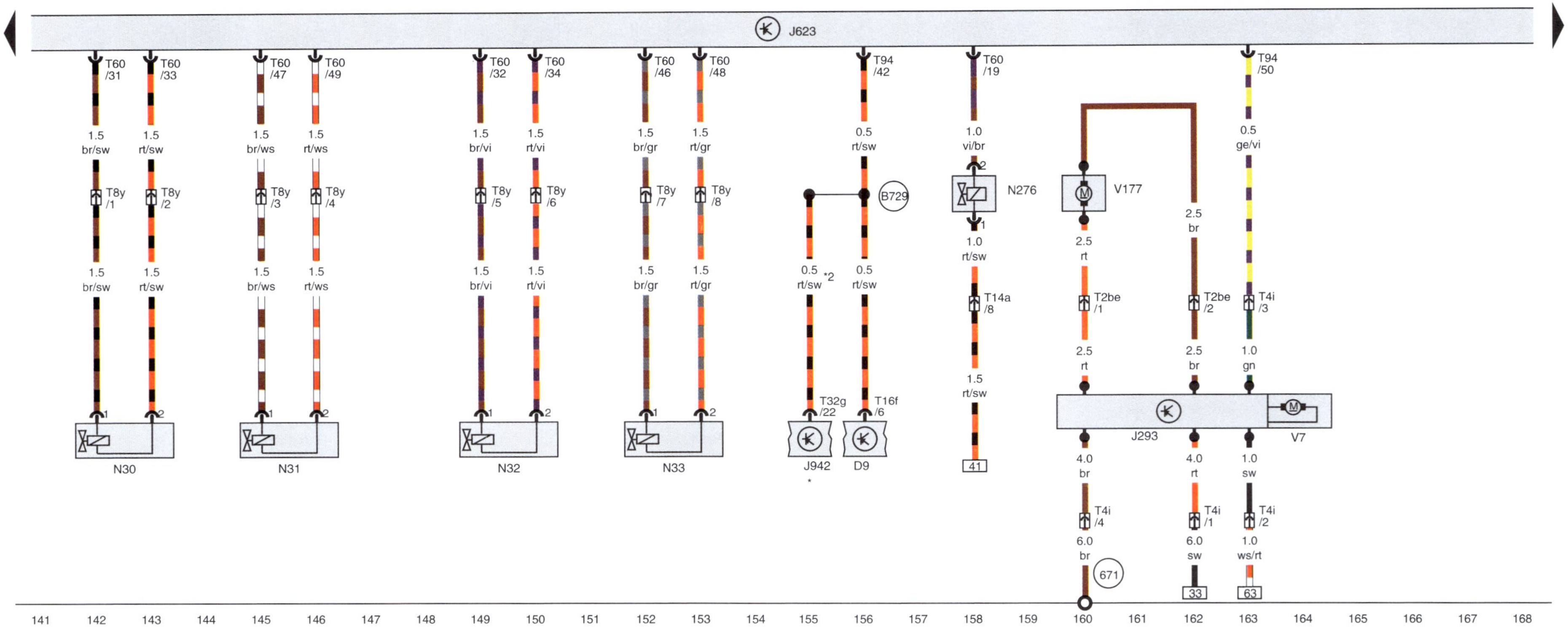

发动机控制单元，增压压力限制电磁阀，活性炭罐电磁阀1，凸轮轴调节阀1，涡轮增压器循环空气阀，进气管风门阀门，机油压力调节阀，氧传感器，尾气催化净化器下游的氧传感器，氧传感器加热，尾气催化净化器后的氧传感器 1 加热装置

G39 氧传感器
G130 尾气催化净化器下游的氧传感器
J623 发动机控制单元，排水槽内中部
N75 增压压力限制电磁阀
N80 活性炭罐电磁阀 1
N205 凸轮轴调节阀 1
N249 涡轮增压器循环空气阀
N316 进气管风门阀门
N428 机油压力调节阀

T4no 4 芯插头连接
T6w 6 芯插头连接
T14a 14 芯插头连接
T60 60 芯插头连接
T94 94 芯插头连接
Z19 氧传感器加热
Z29 尾气催化净化器后的氧传感器 1 加热装置

D180 连接（87a），在发动机舱导线束中
D189 连接（87a），在发动机预接线导线束中

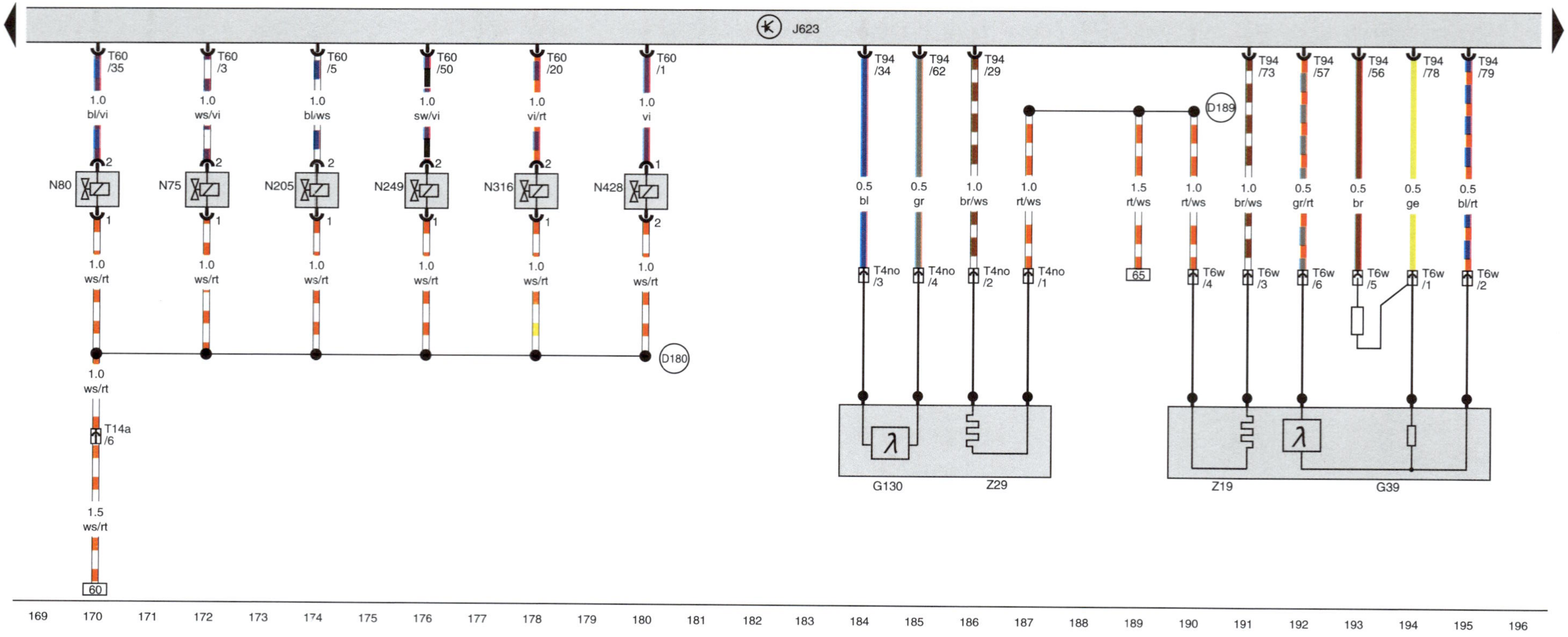

冷却液继续循环继电器，发动机控制单元，冷却液继续补给泵，制动信号灯开关，转向柱电子装置控制单元，双离合器变速箱机电装置

(371) 接地连接 6，在主导线束中
(673) 接地点 3，左前纵梁上
(B509) 连接 3（诊断），在主导线束中
(D182) 连接 3（87a），在发动机舱导线束中

F　制动信号灯开关
J151　冷却液继续循环继电器
J527　转向柱电子装置控制单元
J623　发动机控制单元，排水槽内中部
J743　双离合器变速箱机电装置
T2ck　2 芯插头连接
T4f　4 芯插头连接
T16o　16 芯插头连接
T20m　20 芯插头连接

T25　25 芯插头连接
T60　60 芯插头连接
T94　94 芯插头连接
V51　冷却液继续补给泵
*　仅适用于带自动车距控制（ADR）的车辆
*2　仅在带 6 缸发动机的车辆上
*3　仅适用于带7挡双离合器变速箱 0AM（Stronic）的车辆
*4　仅适用于带定速巡航装置（GRA）的车辆

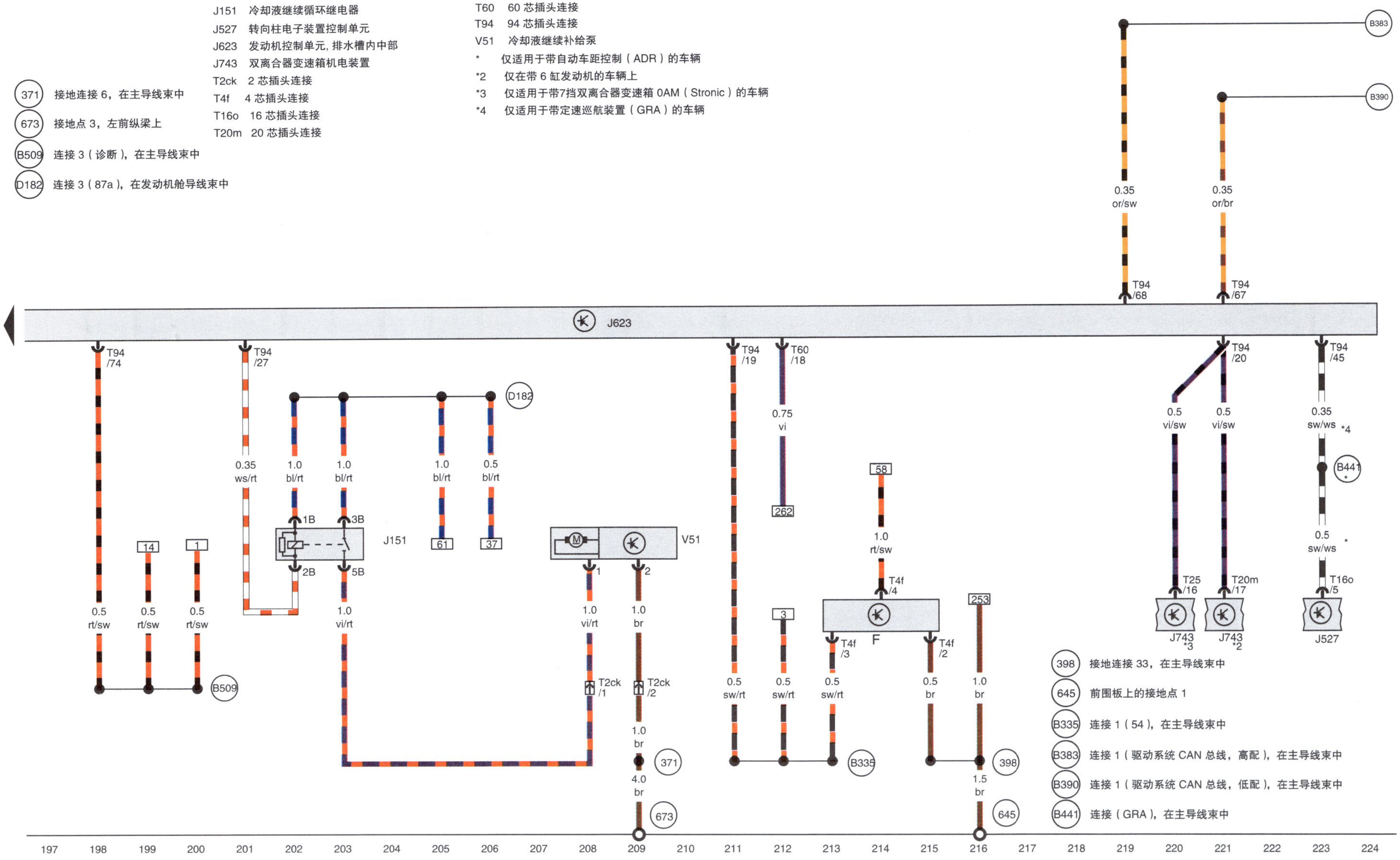

(398) 接地连接 33，在主导线束中
(645) 前围板上的接地点 1
(B335) 连接 1（54），在主导线束中
(B383) 连接 1（驱动系统 CAN 总线，高配），在主导线束中
(B390) 连接 1（驱动系统 CAN 总线，低配），在主导线束中
(B441) 连接（GRA），在主导线束中

燃油存量传感器，预供给燃油泵，数据总线诊断接口，燃油泵控制单元，冷却液不足显示传感器，仪表板中的控制单元，仪表板，发电机指示灯，机油压力指示灯，冷却液温度和冷却液不足显示指示灯，GRA 指示灯，燃油存量指示灯

G 燃油存量传感器
G6 预供给燃油泵
G32 冷却液不足显示传感器
J285 仪表板中的控制单元
J533 数据总线诊断接口
J538 燃油泵控制单元
K 仪表板
K2 发电机指示灯
K3 机油压力指示灯
K28 冷却液温度和冷却液不足显示指示灯
K31 GRA 指示灯
K105 燃油存量指示灯
T5a 5 芯插头连接
T10p 10 芯插头连接
T16d 16 芯插头连接，诊断接口上
T20e 20 芯插头连接
T32c 32 芯插头连接

78 右侧 B 柱下部接地点
295 接地连接10，在车内导线束中
B383 连接 1（驱动系统 CAN 总线，高配），在主导线束中
B390 连接 1（驱动系统 CAN 总线，低配），在主导线束中
B708 连接 1（仪表板高频 CAN 总线），在主导线束中
B709 连接 1（仪表板低频 CAN 总线），在主导线束中
B713 连接 1（诊断系统 CAN 总线，高配），在主导线束中
B714 连接 1（诊断系统 CAN 总线，低配），在主导线束中

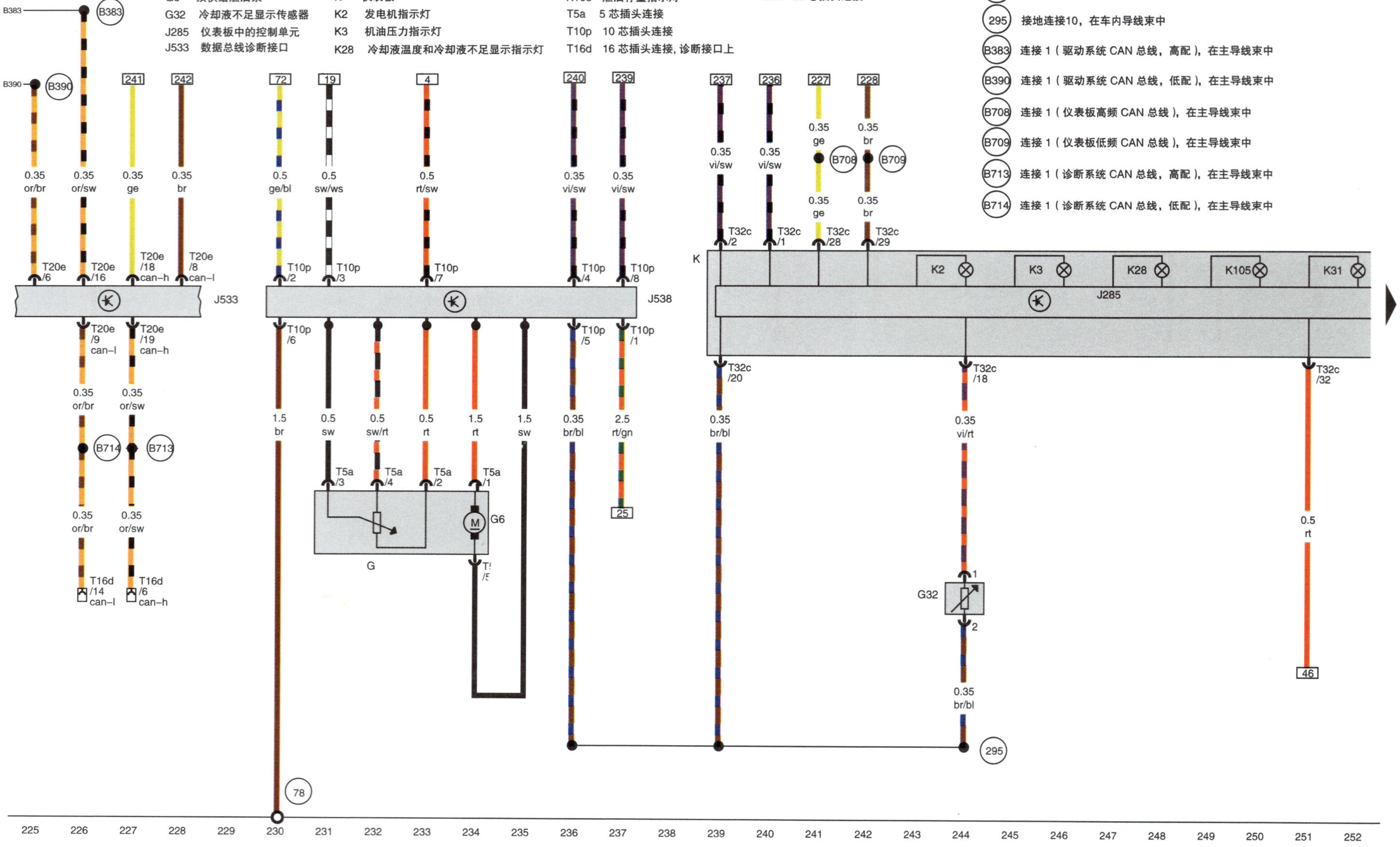

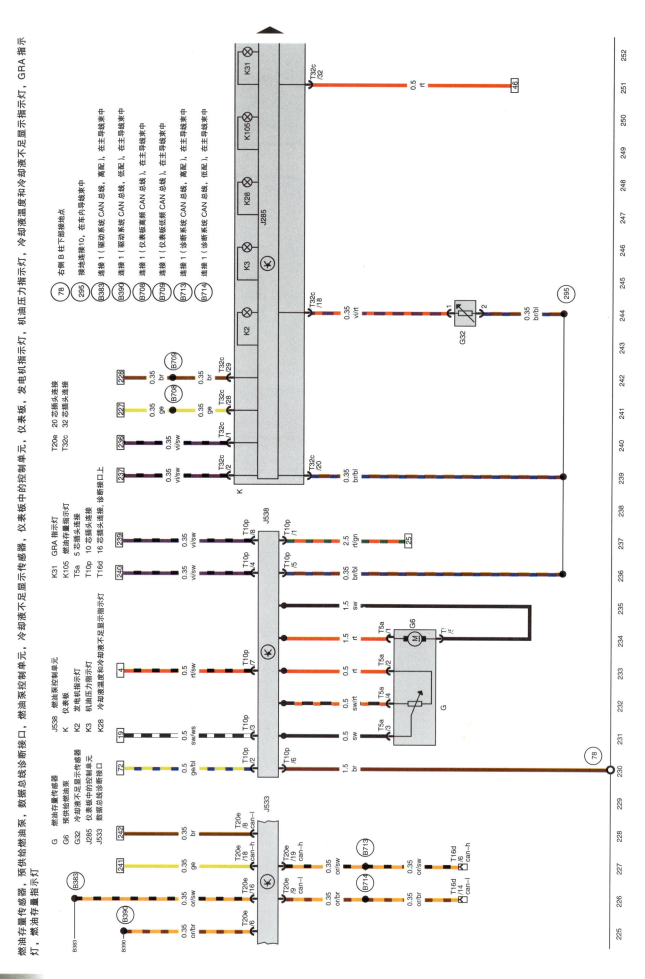

油压开关，机油压力降低开关，燃油储备显示，冷却液温度表，转速表，机油油位和机油温度传感器，警报蜂鸣器和警报音，仪表板中的控制单元，仪表板，油位指示灯，电子油门故障信号灯

- F1　油压开关
- F378　机油压力降低开关
- G1　燃油储备显示
- G3　冷却液温度表
- G5　转速表
- G266　机油油位和机油温度传感器
- H3　警报蜂鸣器和警报音
- J285　仪表板中的控制单元
- K　仪表板
- K38　油位指示灯
- K132　电子油门故障信号灯
- T3bu　3 芯插头连接
- T6e　6 芯插头连接
- T14a　14 芯插头连接，发动机舱内左侧
- T32c　32 芯插头连接

B163　正极连接 1（15），在车内导线束中

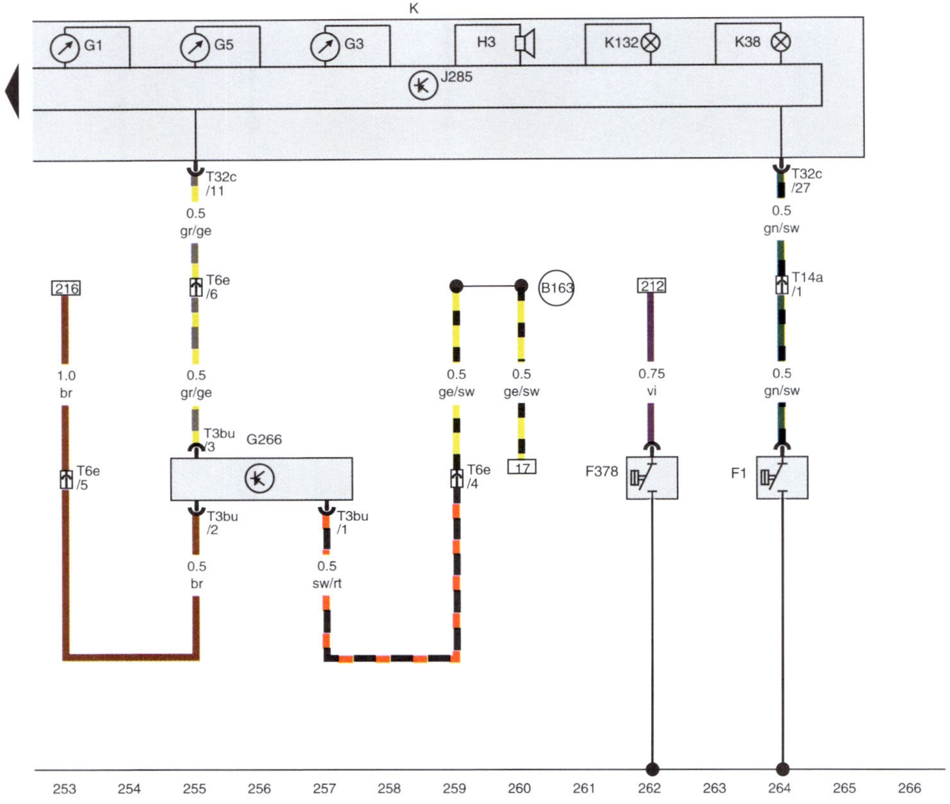

发动机控制单元 –J623–针脚

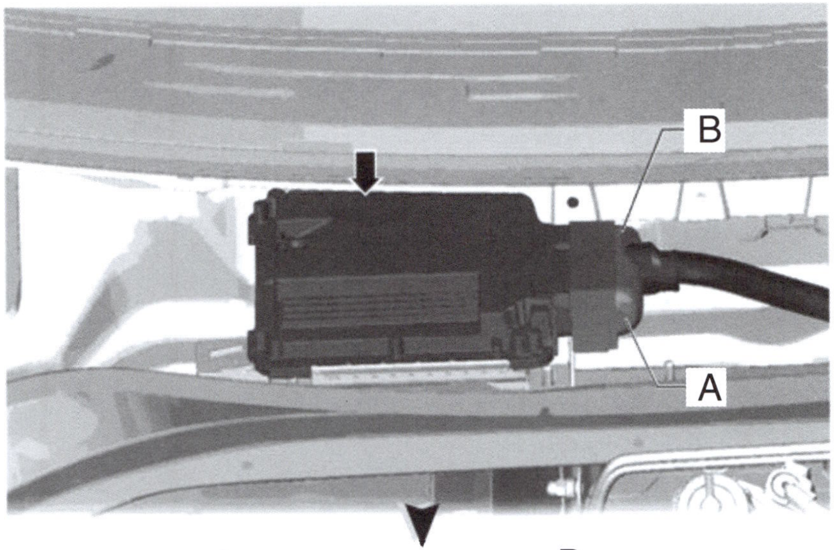

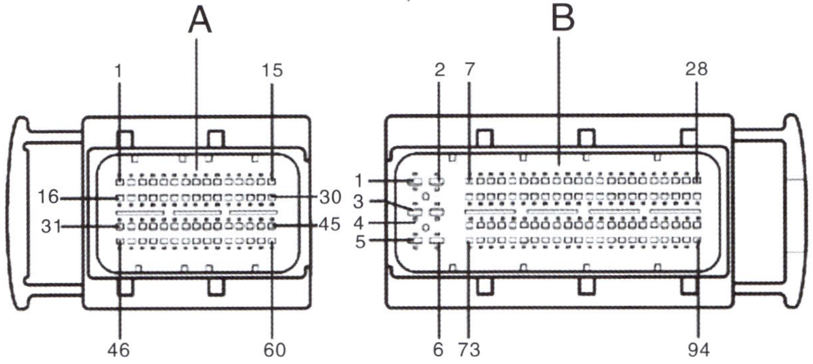

三、3.0L汽油发动机（CNGA）控制系统

蓄电池，启动电机，抗干扰滤波器，安全气囊控制单元，车载电网控制单元，蓄电池断路引爆装置，熔丝架F上的熔丝1，熔丝架F上的熔丝 2，熔丝架F上的熔丝 3，熔丝架F上的熔丝4，端子30导线分线器，端子15供电继电器，供电继电器，总线端 50，供电继电器 2

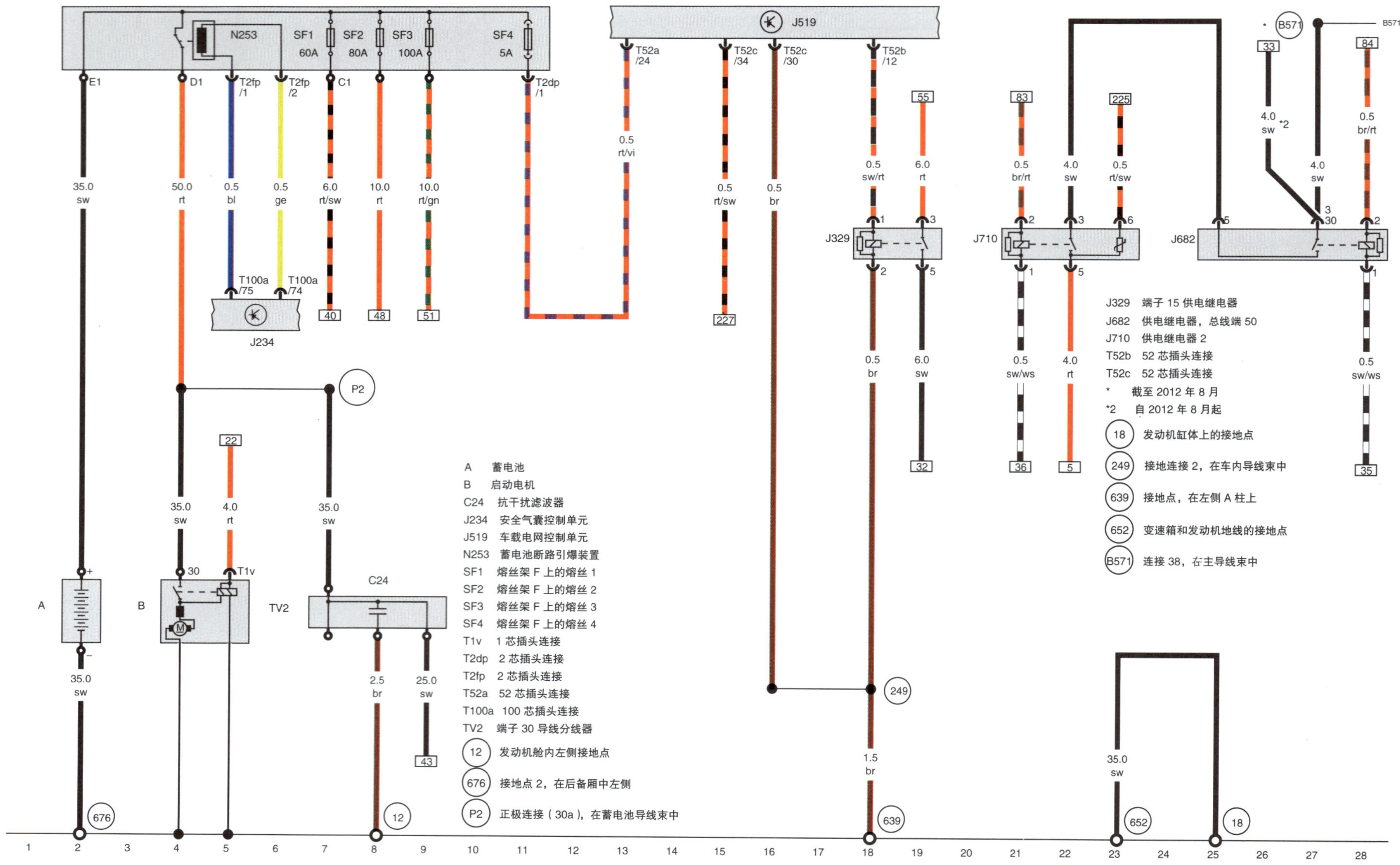

A 蓄电池
B 启动电机
C24 抗干扰滤波器
J234 安全气囊控制单元
J519 车载电网控制单元
N253 蓄电池断路引爆装置
SF1 熔丝架 F 上的熔丝 1
SF2 熔丝架 F 上的熔丝 2
SF3 熔丝架 F 上的熔丝 3
SF4 熔丝架 F 上的熔丝 4
T1v 1 芯插头连接
T2dp 2 芯插头连接
T2fp 2 芯插头连接
T52a 52 芯插头连接
T100a 100 芯插头连接
TV2 端子 30 导线分线器
(12) 发动机舱内左侧接地点
(676) 接地点 2，在后备厢中左侧
(P2) 正极连接（30a），在蓄电池导线束中

J329 端子 15 供电继电器
J682 供电继电器，总线端 50
J710 供电继电器 2
T52b 52 芯插头连接
T52c 52 芯插头连接
* 截至 2012 年 8 月
*2 自 2012 年 8 月起
(18) 发动机缸体上的接地点
(249) 接地连接 2，在车内导线束中
(639) 接地点，在左侧 A 柱上
(652) 变速箱和发动机地线的接地点
(B571) 连接 38，在主导线束中

带电压调节器的交流发电机，主继电器，车载电网控制单元，熔丝座A，熔丝座B，熔丝座C

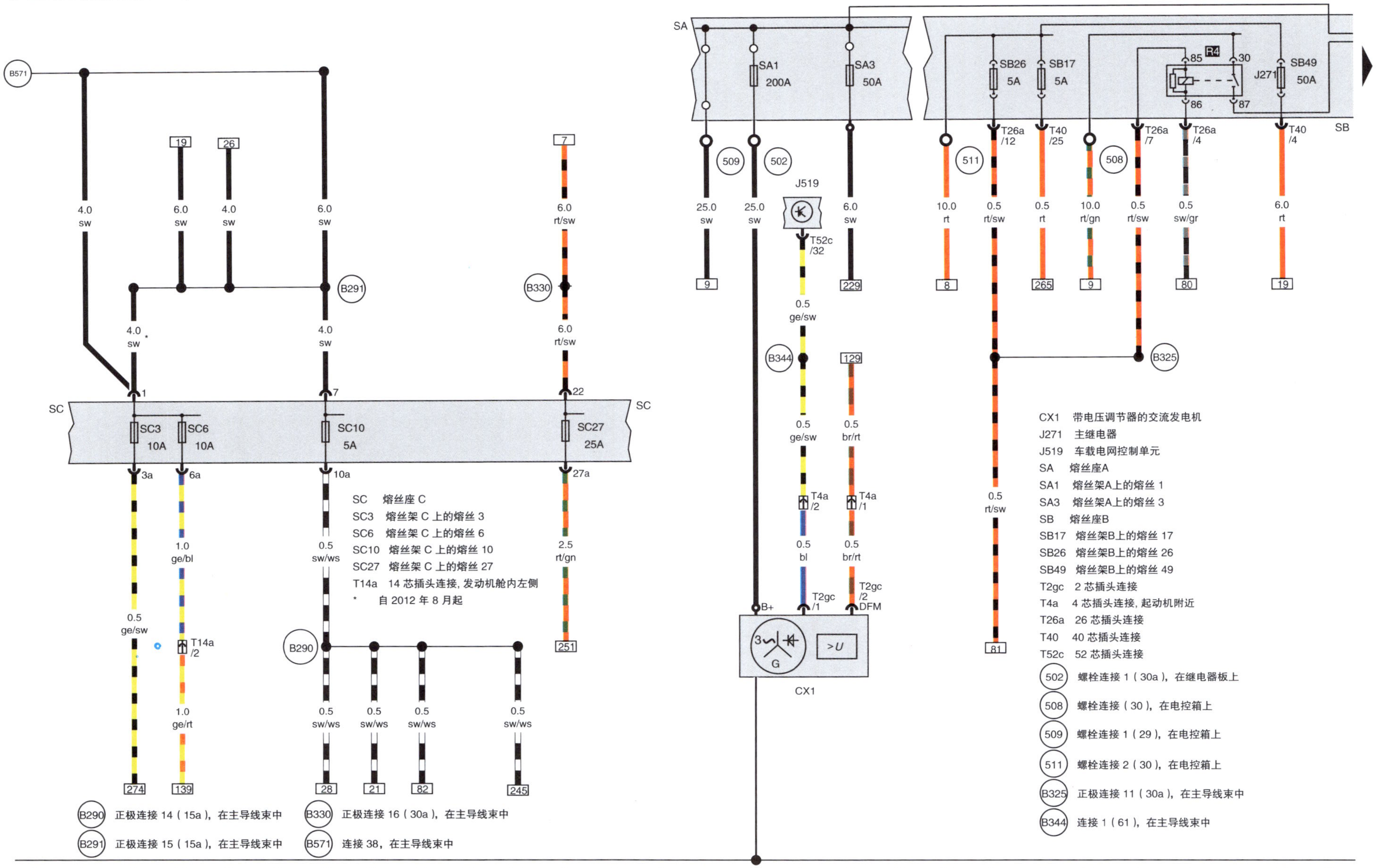

SC　熔丝座 C
SC3　熔丝架 C 上的熔丝 3
SC6　熔丝架 C 上的熔丝 6
SC10　熔丝架 C 上的熔丝 10
SC27　熔丝架 C 上的熔丝 27
T14a　14 芯插头连接，发动机舱内左侧
*　自 2012 年 8 月起

CX1　带电压调节器的交流发电机
J271　主继电器
J519　车载电网控制单元
SA　熔丝座A
SA1　熔丝架A上的熔丝 1
SA3　熔丝架A上的熔丝 3
SB　熔丝座B
SB17　熔丝架B上的熔丝 17
SB26　熔丝架B上的熔丝 26
SB49　熔丝架B上的熔丝 49
T2gc　2 芯插头连接
T4a　4 芯插头连接，起动机附近
T26a　26 芯插头连接
T40　40 芯插头连接
T52c　52 芯插头连接
502　螺栓连接 1（30a），在继电器板上
508　螺栓连接（30），在电控箱上
509　螺栓连接 1（29），在电控箱上
511　螺栓连接 2（30），在电控箱上
B325　正极连接 11（30a），在主导线束中
B344　连接 1（61），在主导线束中

B290　正极连接 14（15a），在主导线束中
B291　正极连接 15（15a），在主导线束中
B330　正极连接 16（30a），在主导线束中
B571　连接 38，在主导线束中

29 30 31 32 33 34 35 36 37 38 39 40 41 42 43 44 45 46 47 48 49 50 51 52 53 54 55 56

冷却液继续循环继电器，发动机控制单元，熔丝座 B，冷却液循环泵

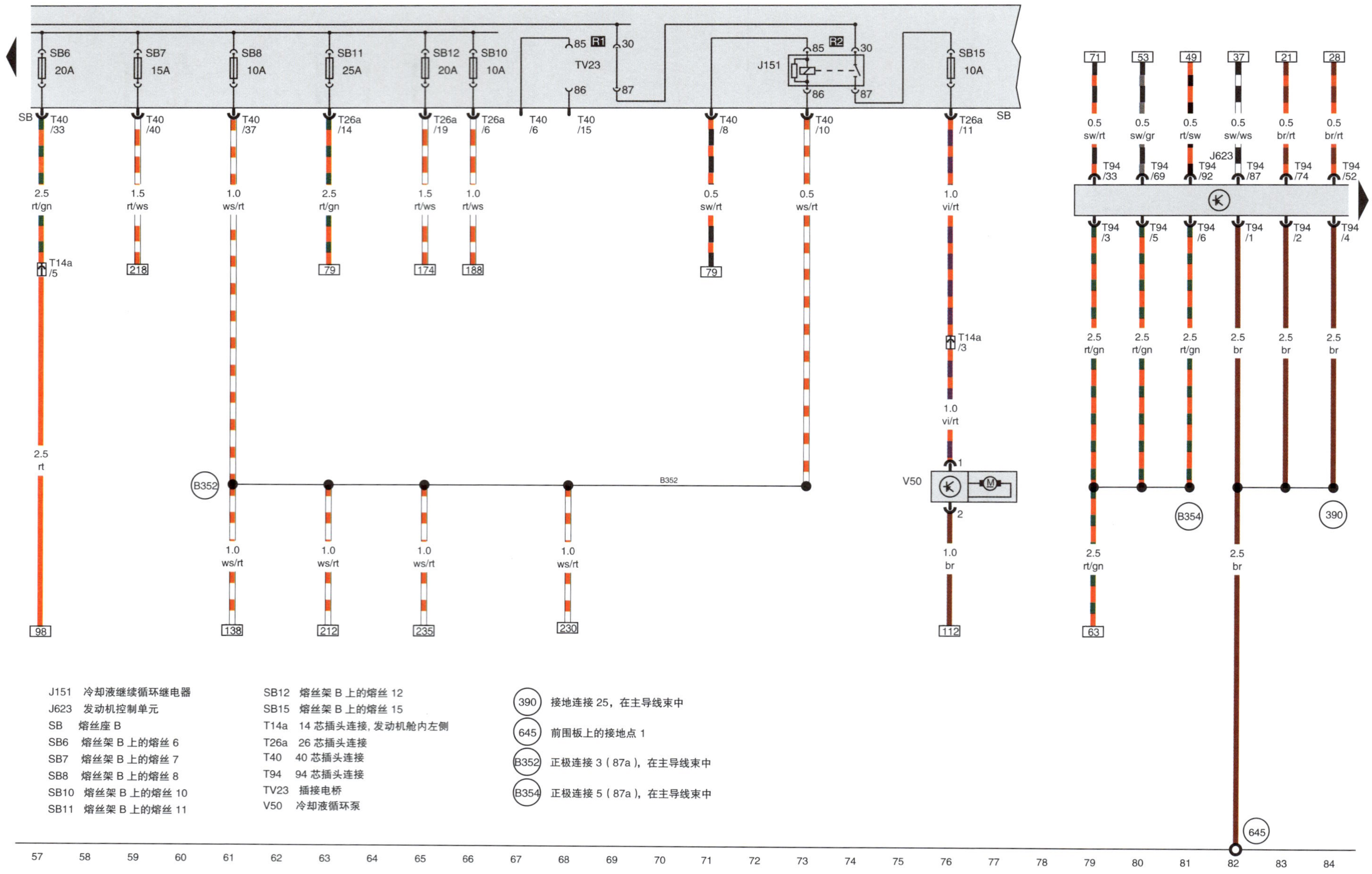

J151 冷却液继续循环继电器
J623 发动机控制单元
SB 熔丝座 B
SB6 熔丝架 B 上的熔丝 6
SB7 熔丝架 B 上的熔丝 7
SB8 熔丝架 B 上的熔丝 8
SB10 熔丝架 B 上的熔丝 10
SB11 熔丝架 B 上的熔丝 11
SB12 熔丝架 B 上的熔丝 12
SB15 熔丝架 B 上的熔丝 15
T14a 14 芯插头连接，发动机舱内左侧
T26a 26 芯插头连接
T40 40 芯插头连接
T94 94 芯插头连接
TV23 插接电桥
V50 冷却液循环泵

(390) 接地连接 25，在主导线束中
(645) 前围板上的接地点 1
(B352) 正极连接 3（87a），在主导线束中
(B354) 正极连接 5（87a），在主导线束中

发动机控制单元，带功率输出级的点火线圈1，带功率输出级的点火线圈2，带功率输出级的点火线圈3，火花塞插头，火花塞，带功率输出级的点火线圈4，带功率输出级的点火线圈5，带功率输出级的点火线圈6

J623　发动机控制单元
N70　带功率输出级的点火线圈 1
N127　带功率输出级的点火线圈 2
N291　带功率输出级的点火线圈 3
N292　带功率输出级的点火线圈 4
N323　带功率输出级的点火线圈 5
N324　带功率输出级的点火线圈 6
P　火花塞插头
Q　火花塞

T4cm　4 芯插头连接
T4cn　4 芯插头连接
T4co　4 芯插头连接
T4cp　4 芯插头连接
T4cw　4 芯插头连接
T4cx　4 芯插头连接
T14a　14 芯插头连接
T60　60 芯插头连接

(15)　汽缸盖上的接地点
(283)　接地连接 2–，在发动机预接线导线束中
(306)　接地连接（点火线圈），在发动机预接线导线束中
(458)　接地连接 3–，在发动机预接线导线束中

(673)　接地点 3，左前纵梁上
(D180)　连接（87a），在发动机舱导线束中
(D189)　连接（87a），在发动机预接线导线束中

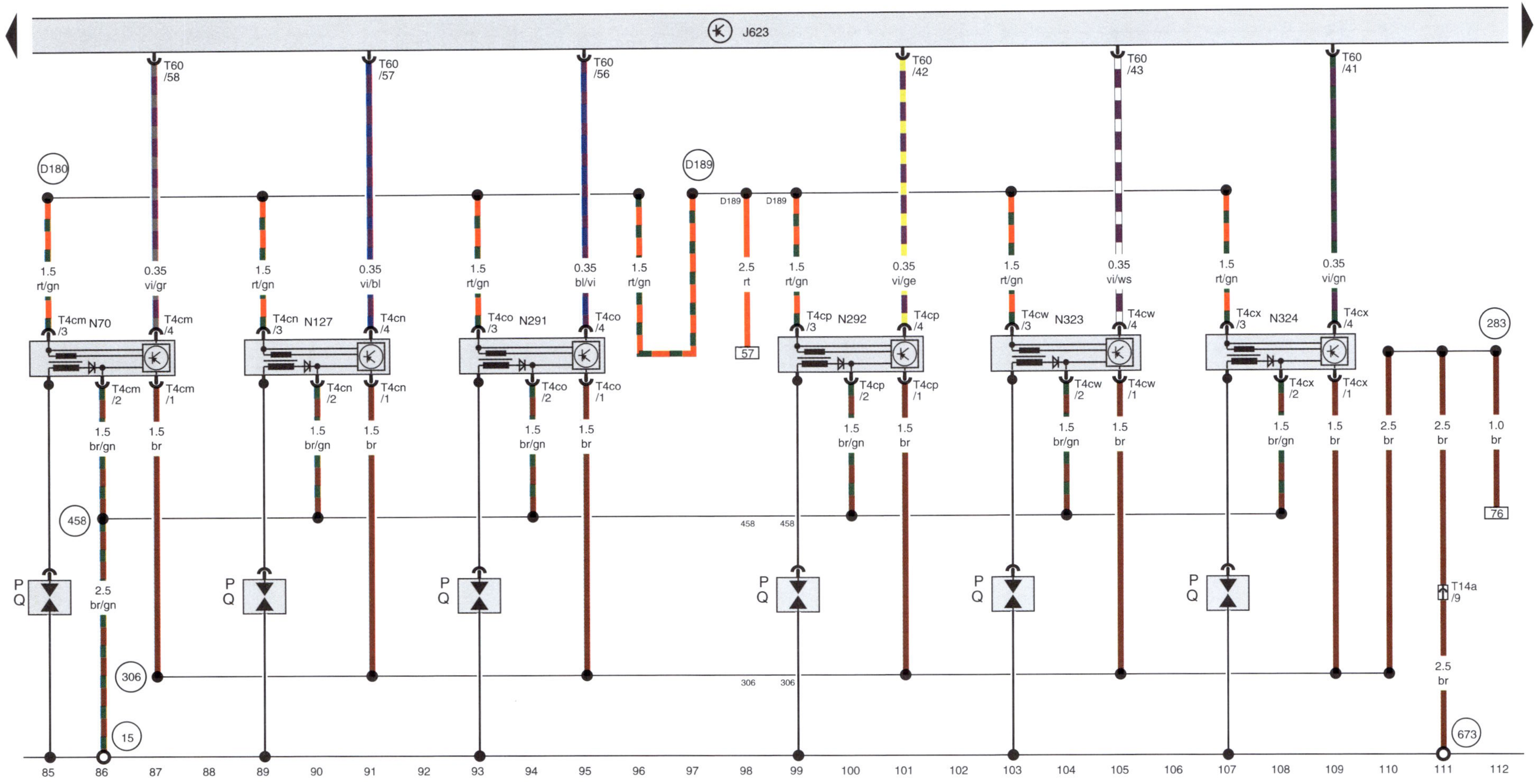

发动机控制单元，汽缸1喷油阀，汽缸2喷油阀，汽缸3喷油阀，汽缸4喷油阀，汽缸5喷油阀，汽缸6喷油阀，冷凝器出口上的冷却液温度传感器，曲轴箱排气加热电阻，活性炭罐电磁阀1，进气歧管转换阀，凸轮轴调节阀1，排气门凸轮轴调节阀1

G83 冷凝器出口上的冷却液温度传感器
J623 发动机控制单元
N30 汽缸 1 喷油阀
N31 汽缸 2 喷油阀
N32 汽缸 3 喷油阀
N33 汽缸 4 喷油阀
N79 曲轴箱排气加热电阻
N80 活性炭罐电磁阀 1
N83 汽缸 5 喷油阀
N84 汽缸 6 喷油阀
N156 进气歧管转换阀
N205 凸轮轴调节阀 1
N318 排气门凸轮轴调节阀 1
T14a 14 芯插头连接，发动机舱内左侧
T60 60 芯插头连接
T94 94 芯插头连接

D181 连接 2（87a），在发动机舱导线束中

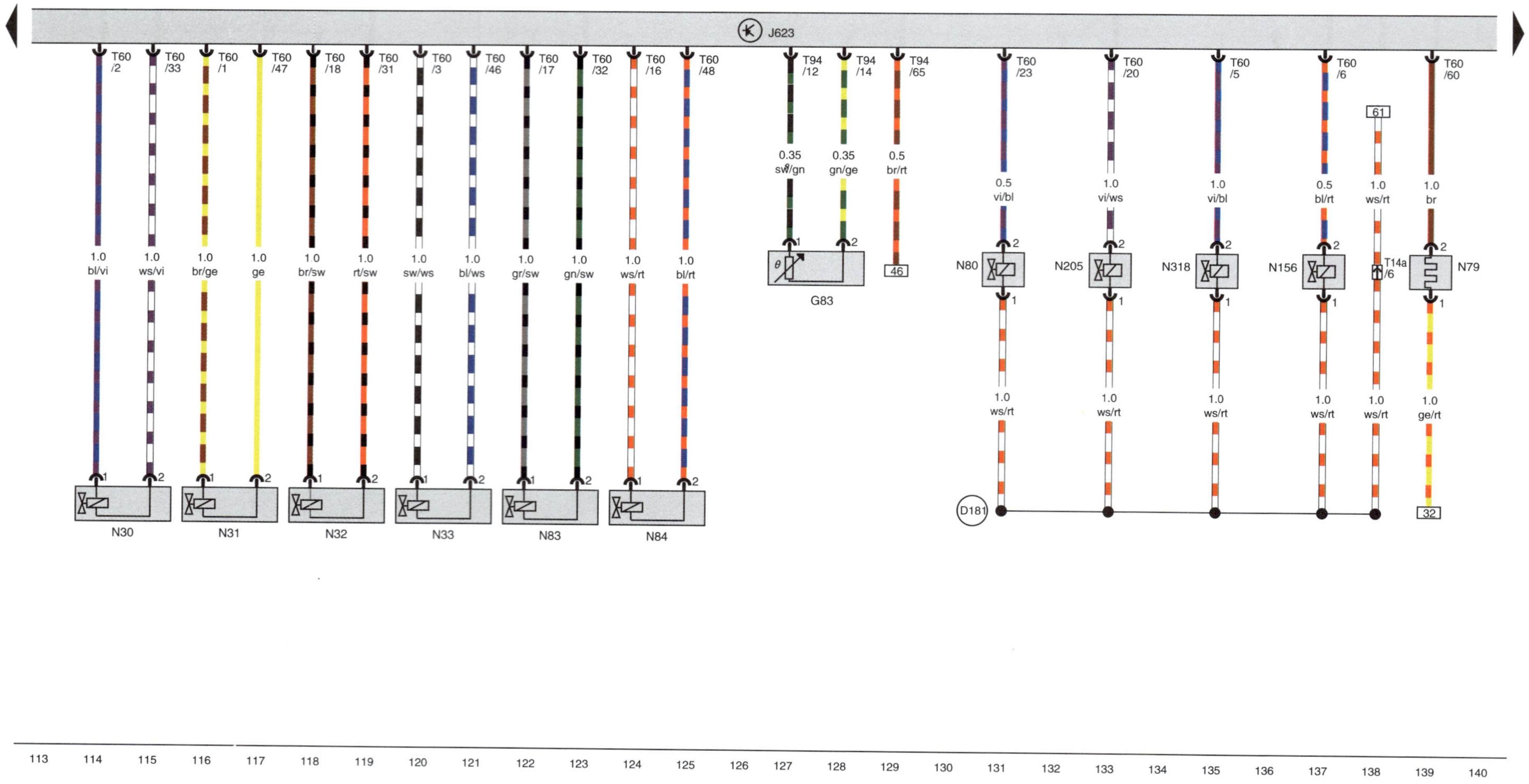

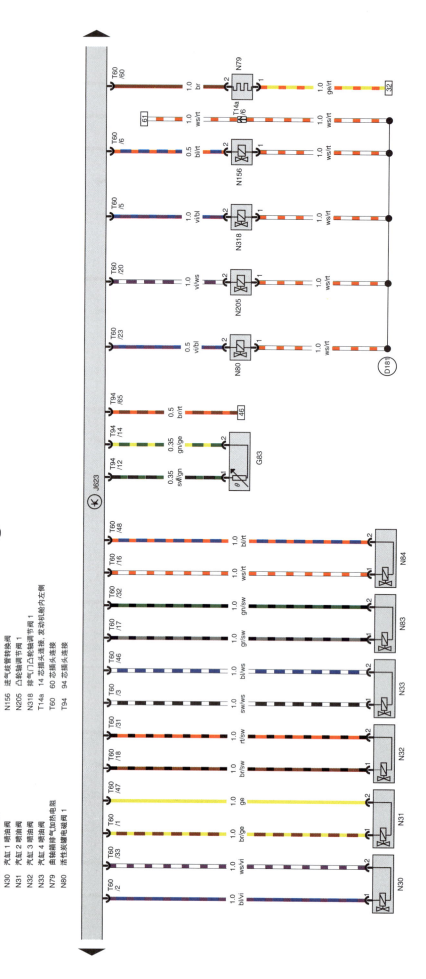

霍尔传感器，冷却液温度传感器，霍尔传感器2，燃油压力传感器，低压的燃油压力传感器，发动机控制单元，发动机转速传感器，爆震传感器1，爆震传感器 2

G28　发动机转速传感器
G61　爆震传感器 1
G62　冷却液温度传感器
G66　爆震传感器 2
G163　霍尔传感器 2
G247　燃油压力传感器
G410　低压的燃油压力传感器
J623　发动机控制单元
T2hx　2 芯插头连接
T3bp　3 芯插头连接
T3cf　3 芯插头连接
T3ck　3 芯插头连接
T3cl　3 芯插头连接
T3cm　3 芯插头连接
T3cn　3 芯插头连接
T14a　14 芯插头连接，发动机舱内左侧
T60　60 芯插头连接
T94　94 芯插头连接

D101　连接 1，在发动机舱导线束中
D102　连接 2，在发动机舱导线束中
D107　连接 5，在发动机舱导线束中
D174　连接 2（5V），在发动机预接线导线束中

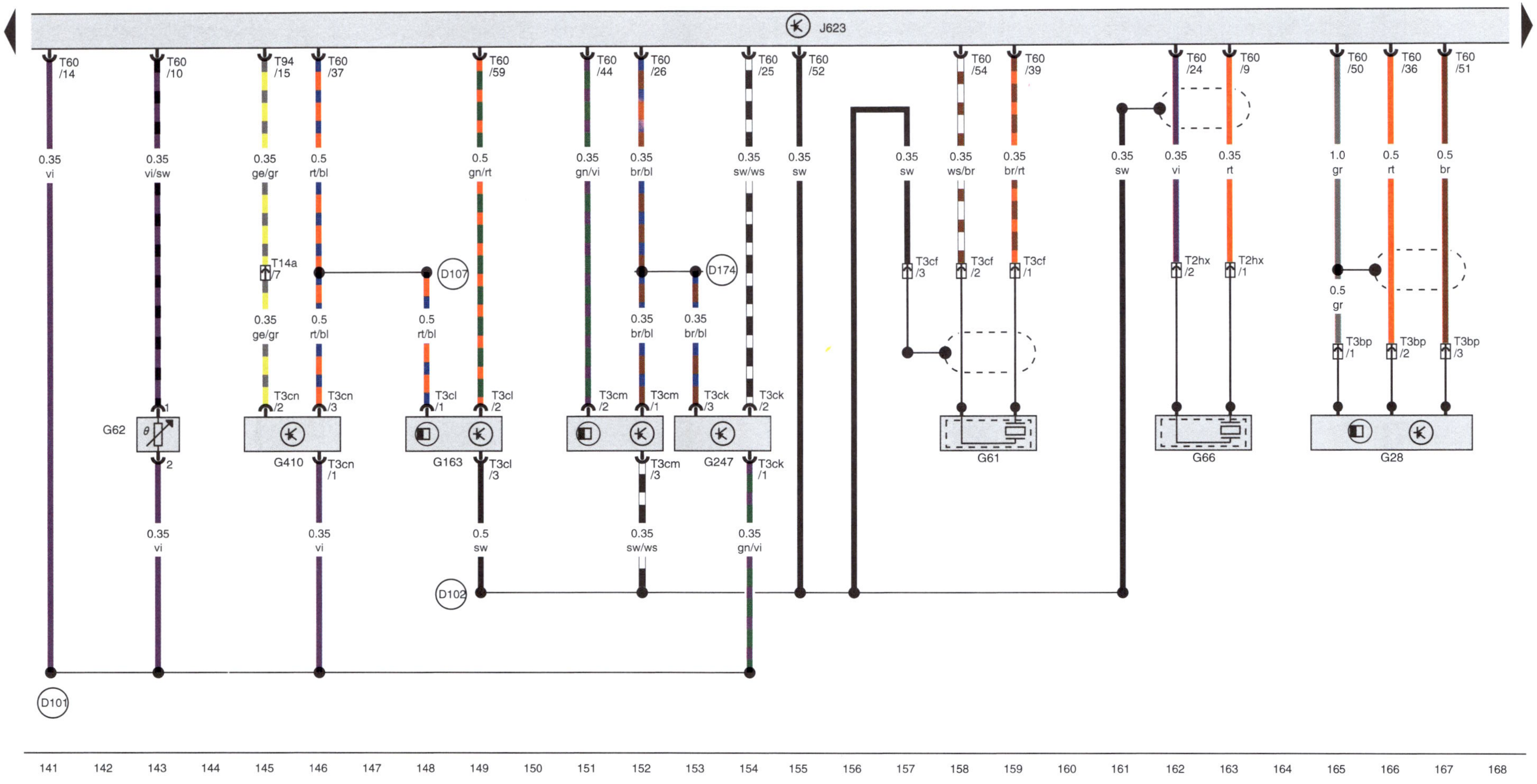

氧传感器，氧传感器2，发动机控制单元，氧传感器加热，氧传感器2加热装置，尾气催化净化器下游的氧传感器，尾气催化净化器后的氧传感器2，尾气催化净化器后的氧传感器1加热装置，尾气催化净化器后的氧传感器2加热装置

G39　氧传感器
G108　氧传感器 2
G130　尾气催化净化器下游的氧传感器
G131　尾气催化净化器后的氧传感器 2
J623　发动机控制单元
T4r　4 芯插头连接，氧传感器附近
T4u　4 芯插头连接，氧传感器附近

T6w　6 芯插头连接
T6z　6 芯插头连接，棕色
T94　94 芯插头连接
Z19　氧传感器加热
Z28　氧传感器 2 加热装置
Z29　尾气催化净化器后的氧传感器 1 加热装置
Z30　尾气催化净化器后的氧传感器 2 加热装置

B355　正极连接 6（87a），在主导线束中
B357　正极连接 8（87a），在主导线束中

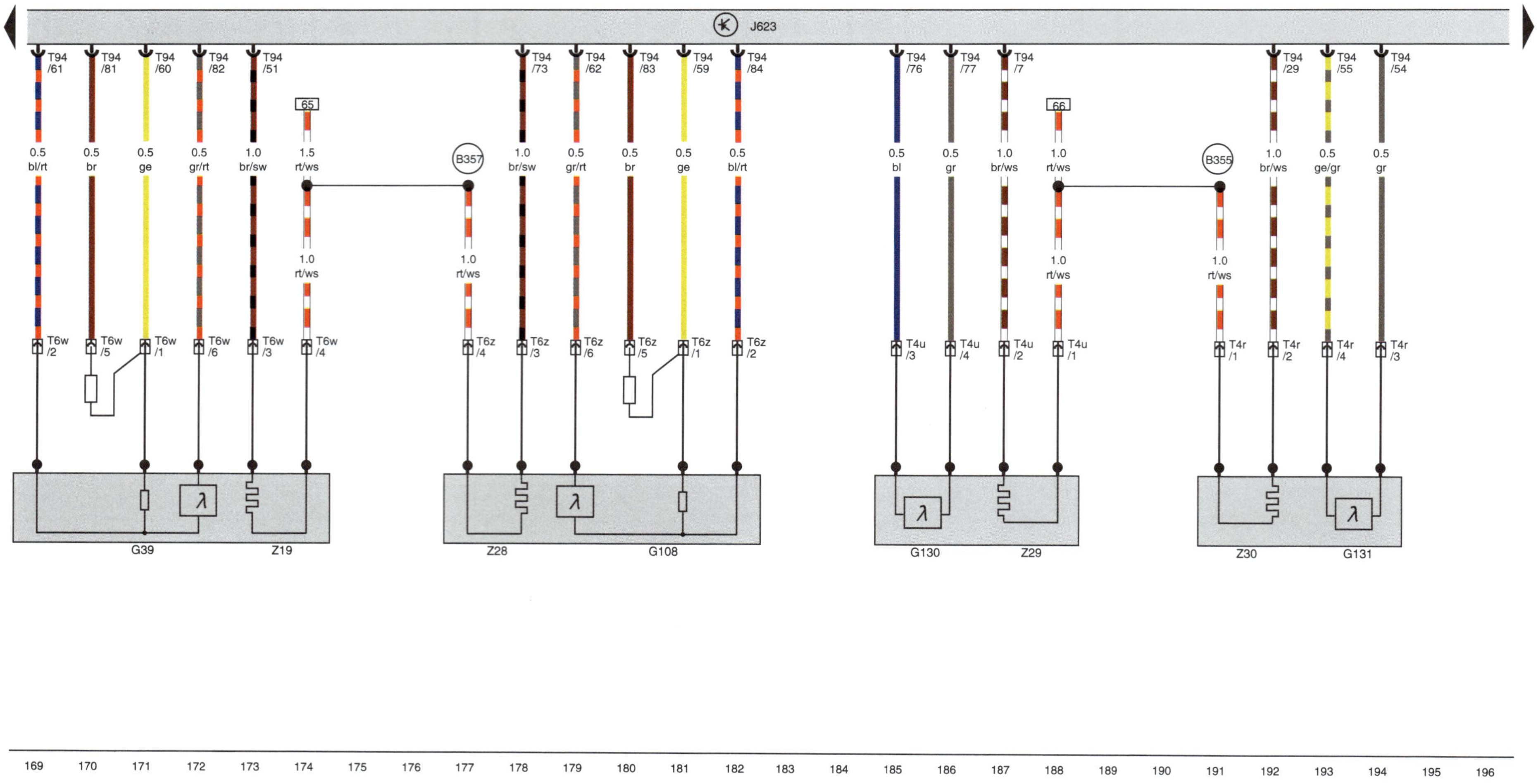

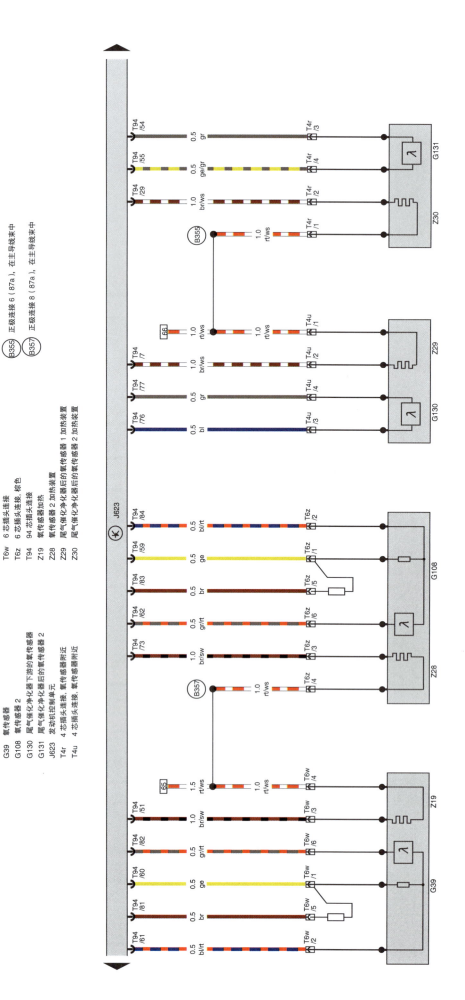

油门踏板位置传感器，油门踏板位置传感器2，电控油门操纵机构的节气门驱动装置，电控油门操纵机构的节气门驱动装置角度传感器1，电控油门操纵机构的节气门驱动装置角度传感器2，发动机控制单元，电子点火开关，进气温度传感器，空气质量计，转向柱电子装置控制单元，燃油压力调节阀

D9　电子点火开关
G42　进气温度传感器
G70　空气质量计
G79　油门踏板位置传感器
G185　油门踏板位置传感器 2
G186　电控油门操纵机构的节气门驱动装置
G187　电控油门操纵机构的节气门驱动装置角度传感器 1
G188　电控油门操纵机构的节气门驱动装置角度传感器 2
J527　转向柱电子装置控制单元
J623　发动机控制单元
N276　燃油压力调节阀
T5g　5 芯插头连接
T6bs　6 芯插头连接
T6q　6 芯插头连接
T14a　14 芯插头连接，发动机舱内左侧
T16f　16 芯插头连接
T16o　16 芯插头连接
T60　60 芯插头连接
T94　94 芯插头连接
B441　连接（GRA），在主导线束中
B729　连接 1（50），在主导线束中

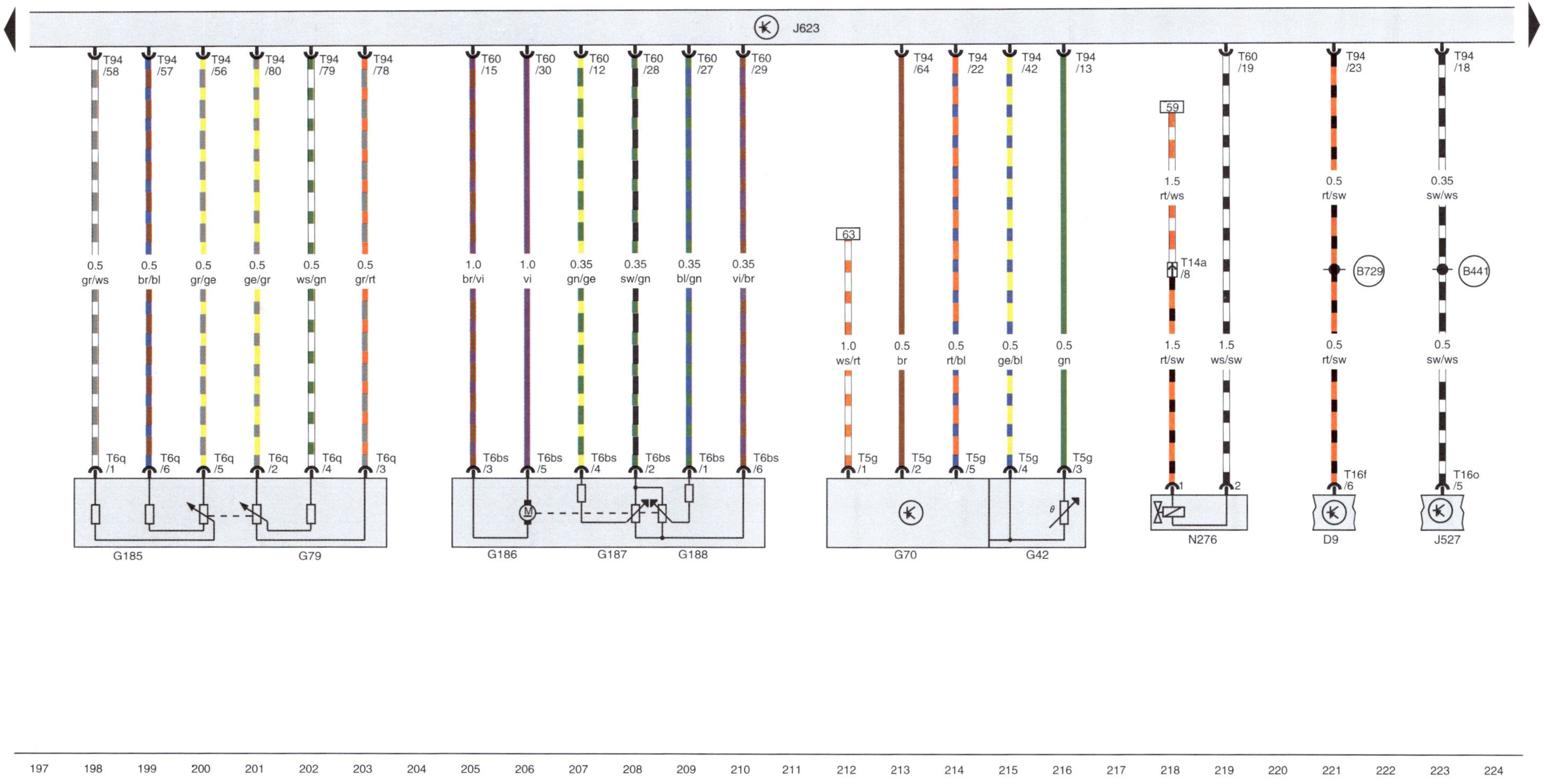

制动信号灯开关，散热器风扇控制单元，发动机控制单元，双离合器变速箱机电装置，散热器风扇，散热器风扇2，燃油存量传感器，预供给燃油泵，车载电网控制单元，数据总线诊断接口，燃油泵控制单元

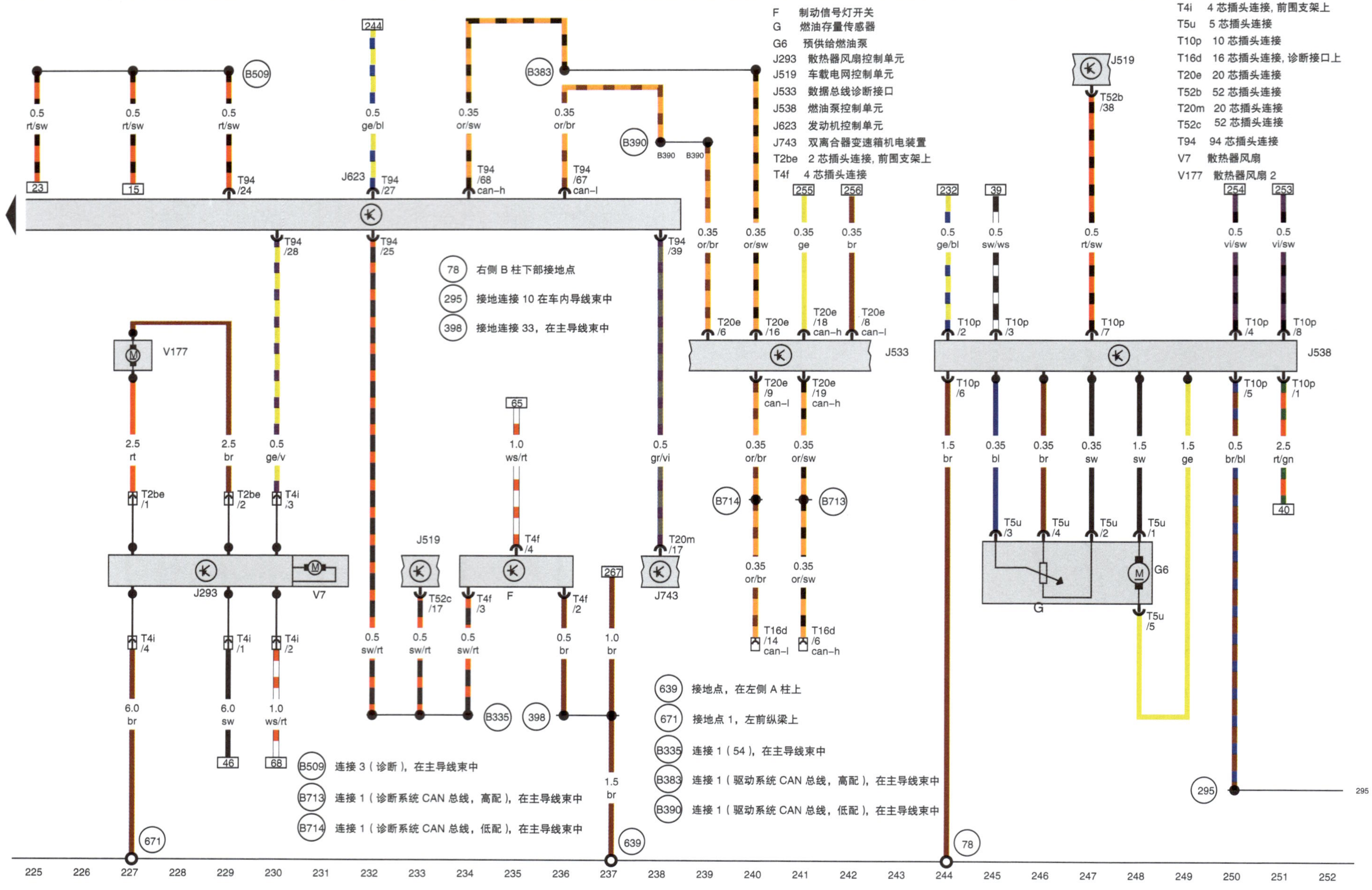

F　制动信号灯开关
G　燃油存量传感器
G6　预供给燃油泵
J293　散热器风扇控制单元
J519　车载电网控制单元
J533　数据总线诊断接口
J538　燃油泵控制单元
J623　发动机控制单元
J743　双离合器变速箱机电装置
T2be　2 芯插头连接，前围支架上
T4f　4 芯插头连接
T4i　4 芯插头连接，前围支架上
T5u　5 芯插头连接
T10p　10 芯插头连接
T16d　16 芯插头连接，诊断接口上
T20e　20 芯插头连接
T52b　52 芯插头连接
T20m　20 芯插头连接
T52c　52 芯插头连接
T94　94 芯插头连接
V7　散热器风扇
V177　散热器风扇 2

78　右侧 B 柱下部接地点
295　接地连接 10 在车内导线束中
398　接地连接 33，在主导线束中
639　接地点，在左侧 A 柱上
671　接地点 1，左前纵梁上
B335　连接 1（54），在主导线束中
B383　连接 1（驱动系统 CAN 总线，高配），在主导线束中
B390　连接 1（驱动系统 CAN 总线，低配），在主导线束中
B509　连接 3（诊断），在主导线束中
B713　连接 1（诊断系统 CAN 总线，高配），在主导线束中
B714　连接 1（诊断系统 CAN 总线，低配），在主导线束中

冷却液不足显示传感器，发电机指示灯，机油压力指示灯，冷却液温度和冷却液不足显示指示灯，燃油存量指示灯，油压开关，燃油储备显示，冷却液温度表，转速表，机油油位和机油温度传感器，警报蜂鸣器和警报音，仪表板中的控制单元，仪表板，油位指示灯，电子油门故障信号灯

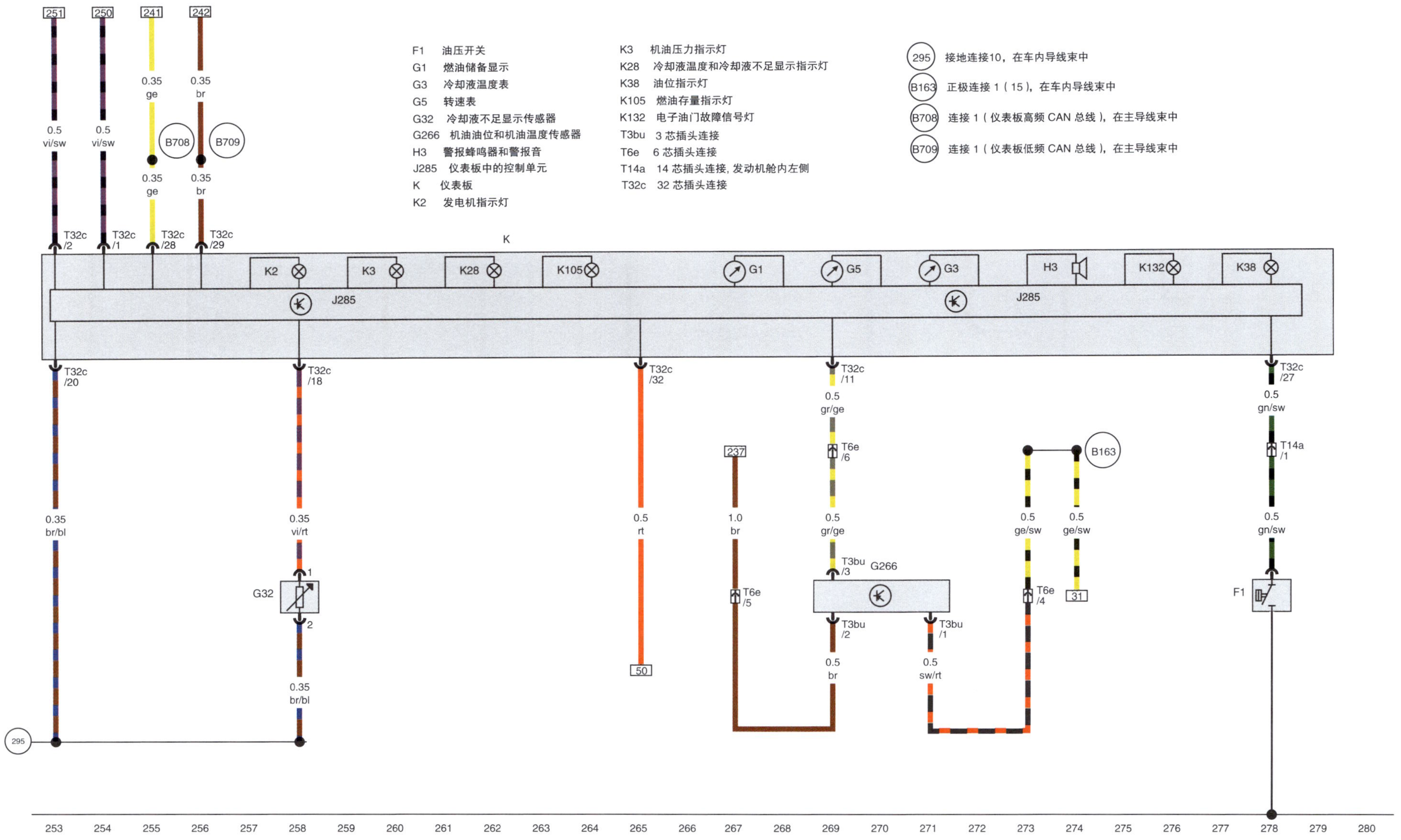

F1 油压开关
G1 燃油储备显示
G3 冷却液温度表
G5 转速表
G32 冷却液不足显示传感器
G266 机油油位和机油温度传感器
H3 警报蜂鸣器和警报音
J285 仪表板中的控制单元
K 仪表板
K2 发电机指示灯

K3 机油压力指示灯
K28 冷却液温度和冷却液不足显示指示灯
K38 油位指示灯
K105 燃油存量指示灯
K132 电子油门故障信号灯
T3bu 3 芯插头连接
T6e 6 芯插头连接
T14a 14 芯插头连接，发动机舱内左侧
T32c 32 芯插头连接

(295) 接地连接10，在车内导线束中
(B163) 正极连接 1（15），在车内导线束中
(B708) 连接 1（仪表板高频 CAN 总线），在主导线束中
(B709) 连接 1（仪表板低频 CAN 总线），在主导线束中

第三节　自动变速箱控制系统

一、双离合器变速箱（02E）

齿轮油温度传感器，变速箱输入转速传感器，离合器温度传感器，控制单元温度传感器，双离合器变速箱机电装置，选挡杆，选挡杆挡位P锁止开关，自动变速箱液压压力传感器1，自动变速箱液压压力传感器2，换挡执行器行程传感器1，换挡执行器行程传感器2，换挡执行器行程传感器3，换挡执行器行程传感器4，车载电网控制单元，转向柱电子装置控制单元，换挡杆锁电磁铁

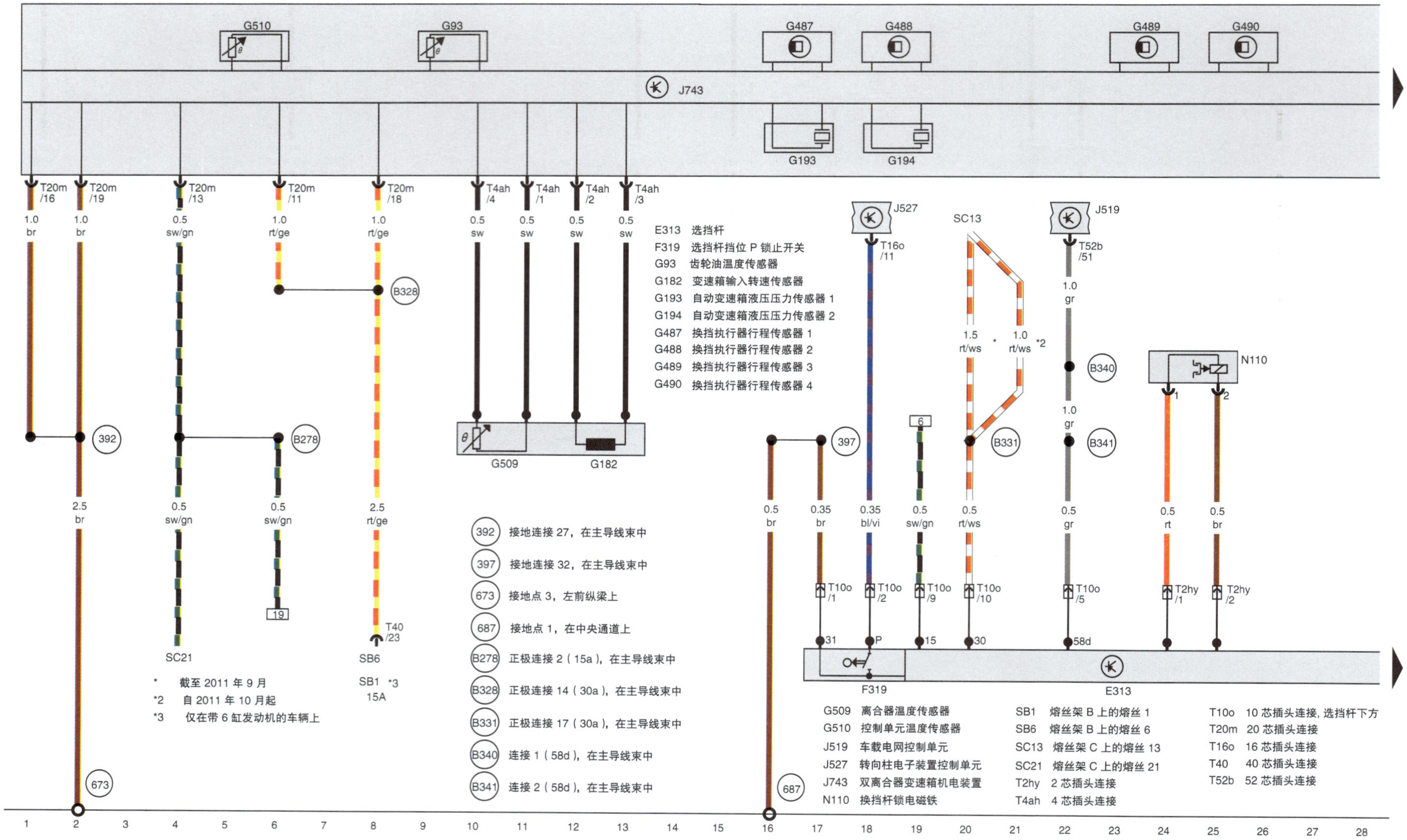

选挡杆，发动机控制单元，双离合器变速箱机电装置，自动变速箱压力调节阀1，自动变速箱压力调节阀2，自动变速箱压力调节阀3，自动变速箱压力调节阀4，自动变速箱压力调节阀5，自动变速箱压力调节阀 6，选挡杆位置显示，变速箱输出转速传感器，变速箱输出转速传感器2，驱动轴转速传感器1，驱动轴转速传感器2，多功能显示器，仪表板中的控制单元，数据总线诊断接口，熔丝架C上的熔丝 7

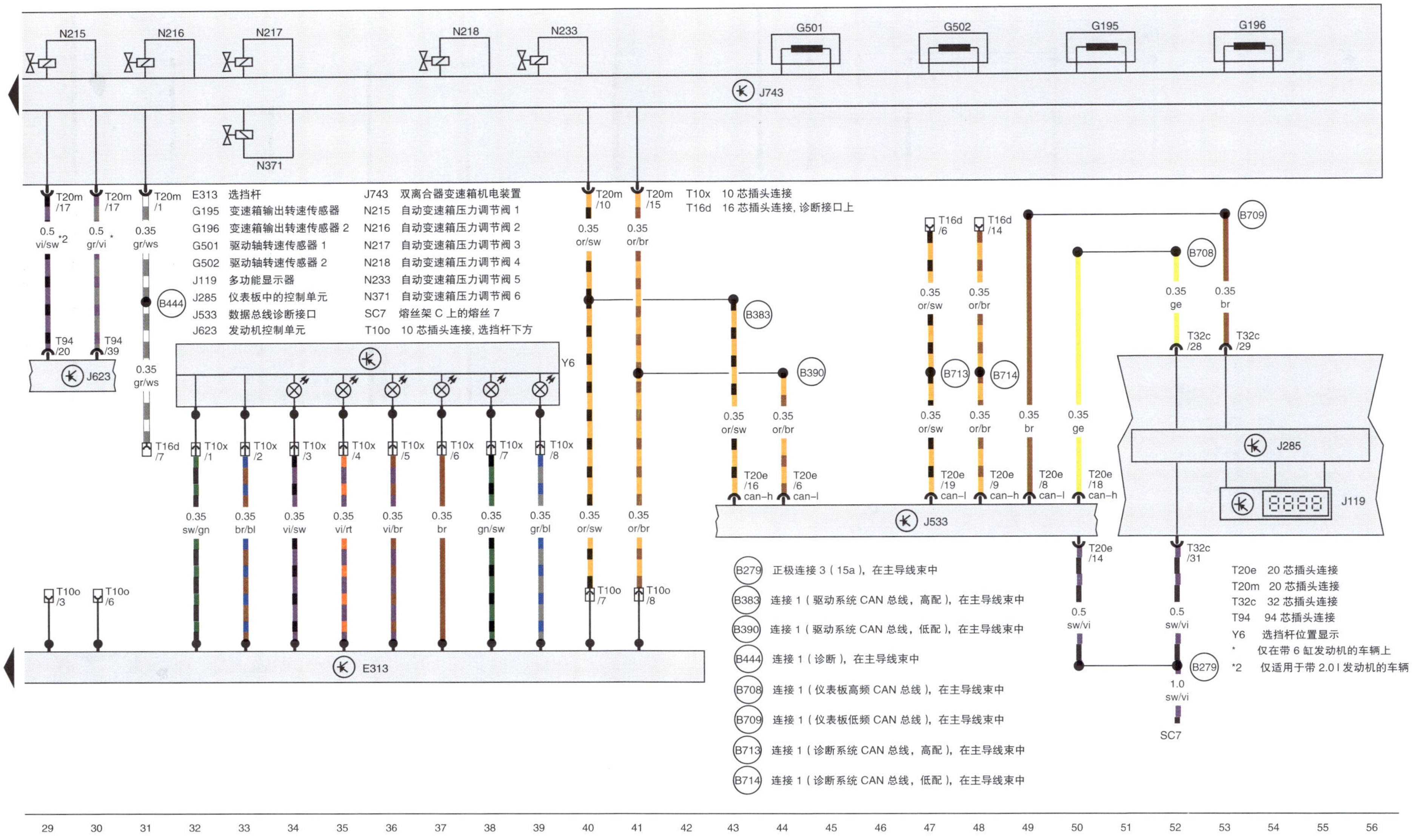

二、双离合器变速箱（0AM）

变速箱输入转速传感器，控制单元温度传感器，发动机控制单元，双离合器变速箱机电装置，液压泵电机，选挡杆，选挡杆挡位P锁止开关，换挡执行器行程传感器1，换挡执行器行程传感器2，换挡执行器行程传感器3，换挡执行器行程传感器4，车载电网控制单元，转向柱电子装置控制单元，换挡杆锁电磁铁

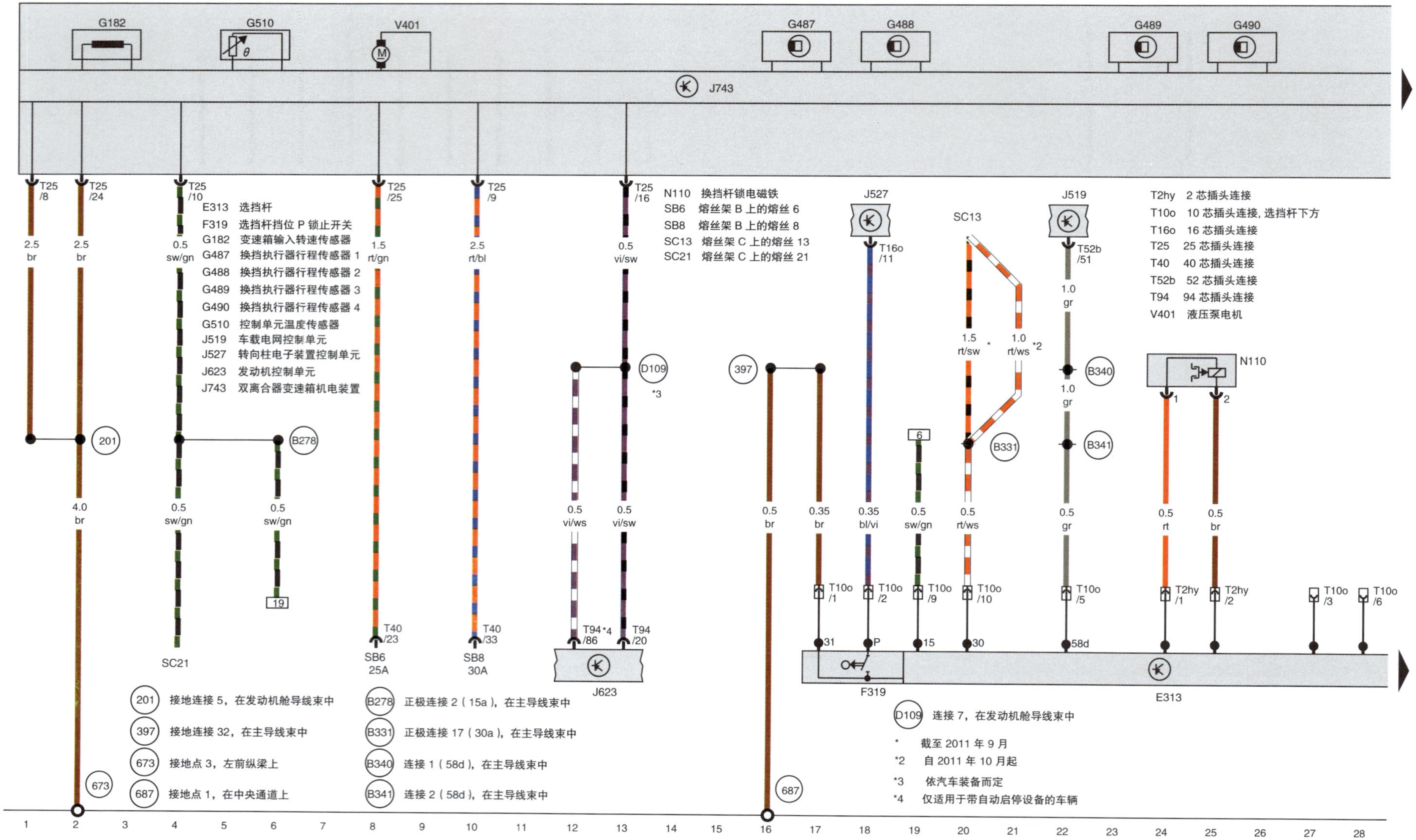

E313 选挡杆
F319 选挡杆挡位 P 锁止开关
G182 变速箱输入转速传感器
G487 换挡执行器行程传感器 1
G488 换挡执行器行程传感器 2
G489 换挡执行器行程传感器 3
G490 换挡执行器行程传感器 4
G510 控制单元温度传感器
J519 车载电网控制单元
J527 转向柱电子装置控制单元
J623 发动机控制单元
J743 双离合器变速箱机电装置

N110 换挡杆锁电磁铁
SB6 熔丝架 B 上的熔丝 6
SB8 熔丝架 B 上的熔丝 8
SC13 熔丝架 C 上的熔丝 13
SC21 熔丝架 C 上的熔丝 21

T2hy 2 芯插头连接
T10o 10 芯插头连接，选挡杆下方
T16o 16 芯插头连接
T25 25 芯插头连接
T40 40 芯插头连接
T52b 52 芯插头连接
T94 94 芯插头连接
V401 液压泵电机

(201) 接地连接 5，在发动机舱导线束中
(397) 接地连接 32，在主导线束中
(673) 接地点 3，左前纵梁上
(687) 接地点 1，在中央通道上

(B278) 正极连接 2（15a），在主导线束中
(B331) 正极连接 17（30a），在主导线束中
(B340) 连接 1（58d），在主导线束中
(B341) 连接 2（58d），在主导线束中

(D109) 连接 7，在发动机舱导线束中

* 截至 2011 年 9 月
*2 自 2011 年 10 月起
*3 依汽车装备而定
*4 仅适用于带自动启停设备的车辆

选挡杆，变速箱液压传感器，离合器行程传感器1，离合器行程传感器2，变速箱输入转速传感器3，双离合器变速箱机电装置，选挡杆位置显示，变速箱输入转速传感器2，变速箱输入转速传感器1，多功能显示器，仪表板中的控制单元，数据总线诊断接口

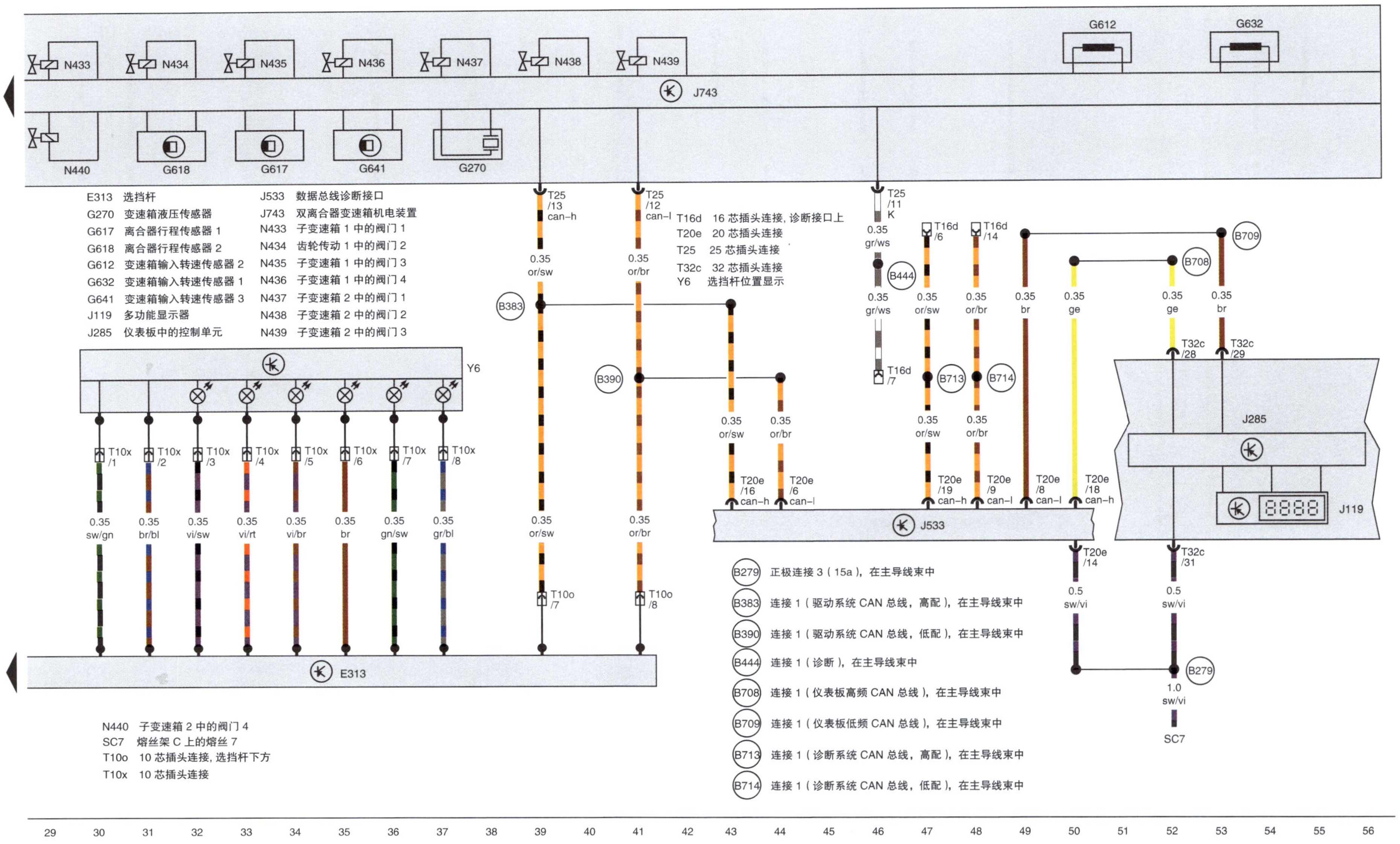

E313 选挡杆
G270 变速箱液压传感器
G617 离合器行程传感器 1
G618 离合器行程传感器 2
G612 变速箱输入转速传感器 2
G632 变速箱输入转速传感器 1
G641 变速箱输入转速传感器 3
J119 多功能显示器
J285 仪表板中的控制单元
J533 数据总线诊断接口
J743 双离合器变速箱机电装置
N433 子变速箱 1 中的阀门 1
N434 齿轮传动 1 中的阀门 2
N435 子变速箱 1 中的阀门 3
N436 子变速箱 1 中的阀门 4
N437 子变速箱 2 中的阀门 1
N438 子变速箱 2 中的阀门 2
N439 子变速箱 2 中的阀门 3
T16d 16 芯插头连接，诊断接口上
T20e 20 芯插头连接
T25 25 芯插头连接
T32c 32 芯插头连接
Y6 选挡杆位置显示
N440 子变速箱 2 中的阀门 4
SC7 熔丝架 C 上的熔丝 7
T10o 10 芯插头连接，选挡杆下方
T10x 10 芯插头连接

B279 正极连接 3（15a），在主导线束中
B383 连接 1（驱动系统 CAN 总线，高配），在主导线束中
B390 连接 1（驱动系统 CAN 总线，低配），在主导线束中
B444 连接 1（诊断），在主导线束中
B708 连接 1（仪表板高频 CAN 总线），在主导线束中
B709 连接 1（仪表板低频 CAN 总线），在主导线束中
B713 连接 1（诊断系统 CAN 总线，高配），在主导线束中
B714 连接 1（诊断系统 CAN 总线，低配），在主导线束中

29 30 31 32 33 34 35 36 37 38 39 40 41 42 43 44 45 46 47 48 49 50 51 52 53 54 55 56

第四节　空调系统

一、Climatic 空调

新鲜空气鼓风机开关，空调器开关，高压传感器，空调器控制单元，带过热熔丝的新鲜空气鼓风机串联电阻，新鲜空气鼓风机，新鲜空气和循环空气风门开关，温度选择旋钮电位计，空调压缩机调节阀，车内空气循环风门伺服电机，气流分配风门伺服电机

E9　新鲜空气鼓风机开关
E30　空调器开关
E159　新鲜空气和循环空气风门开关
G65　高压传感器
G267　温度选择旋钮电位计
G645　气流分配风门伺服电机电位计
J301　空调器控制单元
K114　新鲜空气和车内空气循环运行模式指示灯
N24　带过热熔丝的新鲜空气鼓风机串联电阻
N280　空调压缩机调节阀，空调压缩机上
SC2　熔丝架 C 上的熔丝 2
SC37　熔丝架 C 上的熔丝 37
SC38　熔丝架 C 上的熔丝 38
T3ae　3 芯插头连接
T4a　4 芯插头连接，起动机附近
T4bp　4 芯插头连接
T5r　5 芯插头连接
T6bg　6 芯插头连接
T6da　6 芯插头连接
T10f　10 芯插头连接
T16j　16 芯插头连接
T20b　20 芯插头连接
V2　新鲜空气鼓风机，黑色
V113　车内空气循环风门伺服电机
V428　气流分配风门伺服电机，蓝色

(279)　接地连接 5，在车内导线束中
(371)　接地连接 6，在主导线束中
(396)　接地连接 31，在主导线束中
(638)　右侧 A 柱上的接地点
(673)　接地点 3，左前纵梁上
(685)　接地点 1，左前纵梁上
(687)　接地点 1，在中央通道上
(B287)　正极连接 11（15a），在主导线束中
(B594)　连接 1，在 Climatic 空调导线束中
(B596)　连接 3，在 Climatic 空调导线束中
(B614)　正极连接 23（30a），在主导线束中

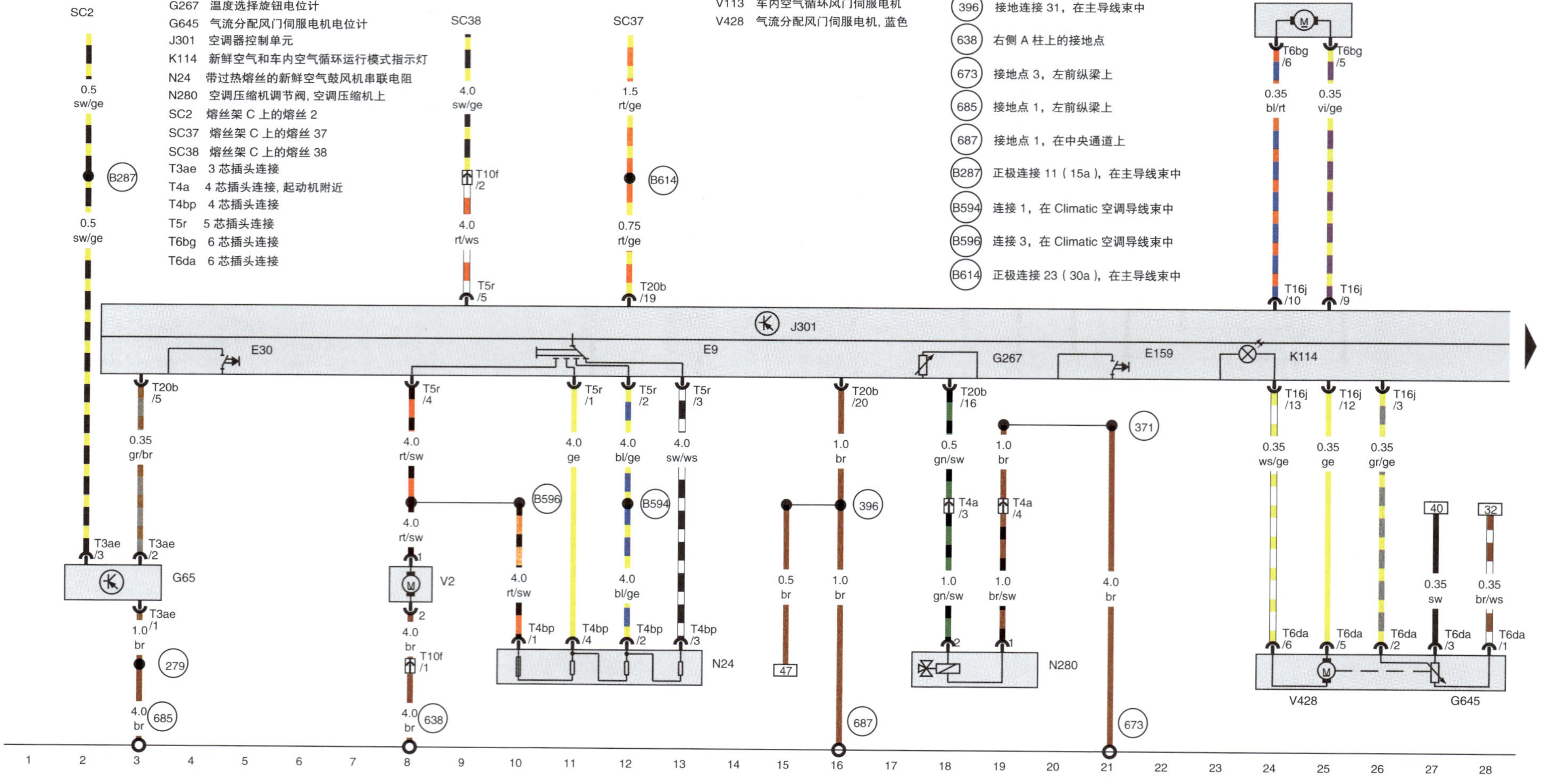

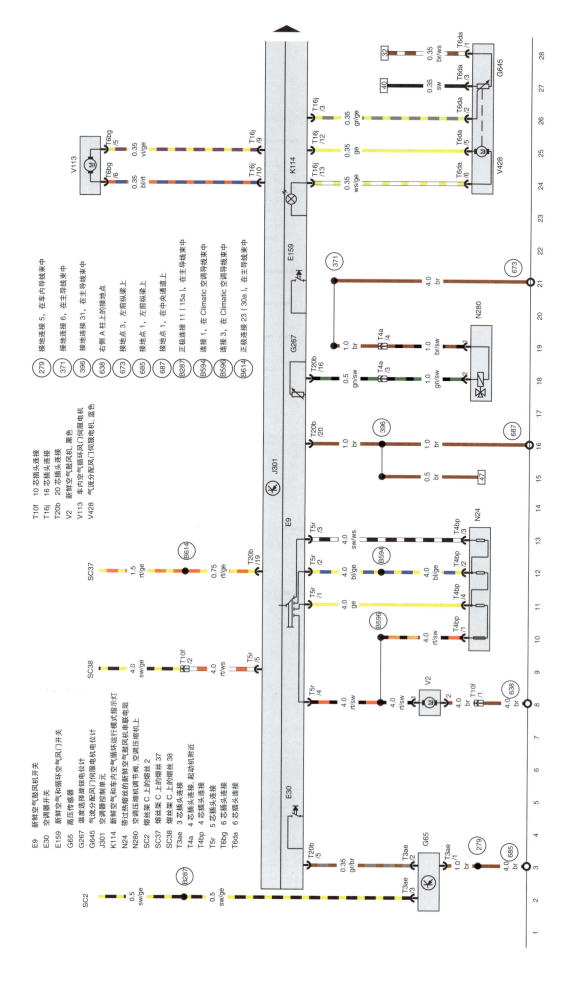

可加热后窗玻璃按钮，温度风门伺服电机电位计，蒸发器温度传感器，空调器控制单元，数据总线诊断接口，温度风门伺服电机，左侧仪表板出风口照明灯泡，中间仪表板出风口照明灯泡，右侧仪表板出风口照明灯泡

E230　可加热后窗玻璃按钮
G92　温度风门伺服电机电位计
G308　蒸发器温度传感器
J301　空调器控制单元
J519　车载电网控制单元
J533　数据总线诊断接口
K10　可加热后窗玻璃指示灯
L67　左侧仪表板出风口照明灯泡
L68　中间仪表板出风口照明灯泡
L69　右侧仪表板出风口照明灯泡
T2ac　2 芯插头连接
T6bf　6 芯插头连接
T16j　16 芯插头连接
T20b　20 芯插头连接
T20e　20 芯插头连接
T52b　52 芯插头连接
T52c　52 芯插头连接
V68　温度风门伺服电机

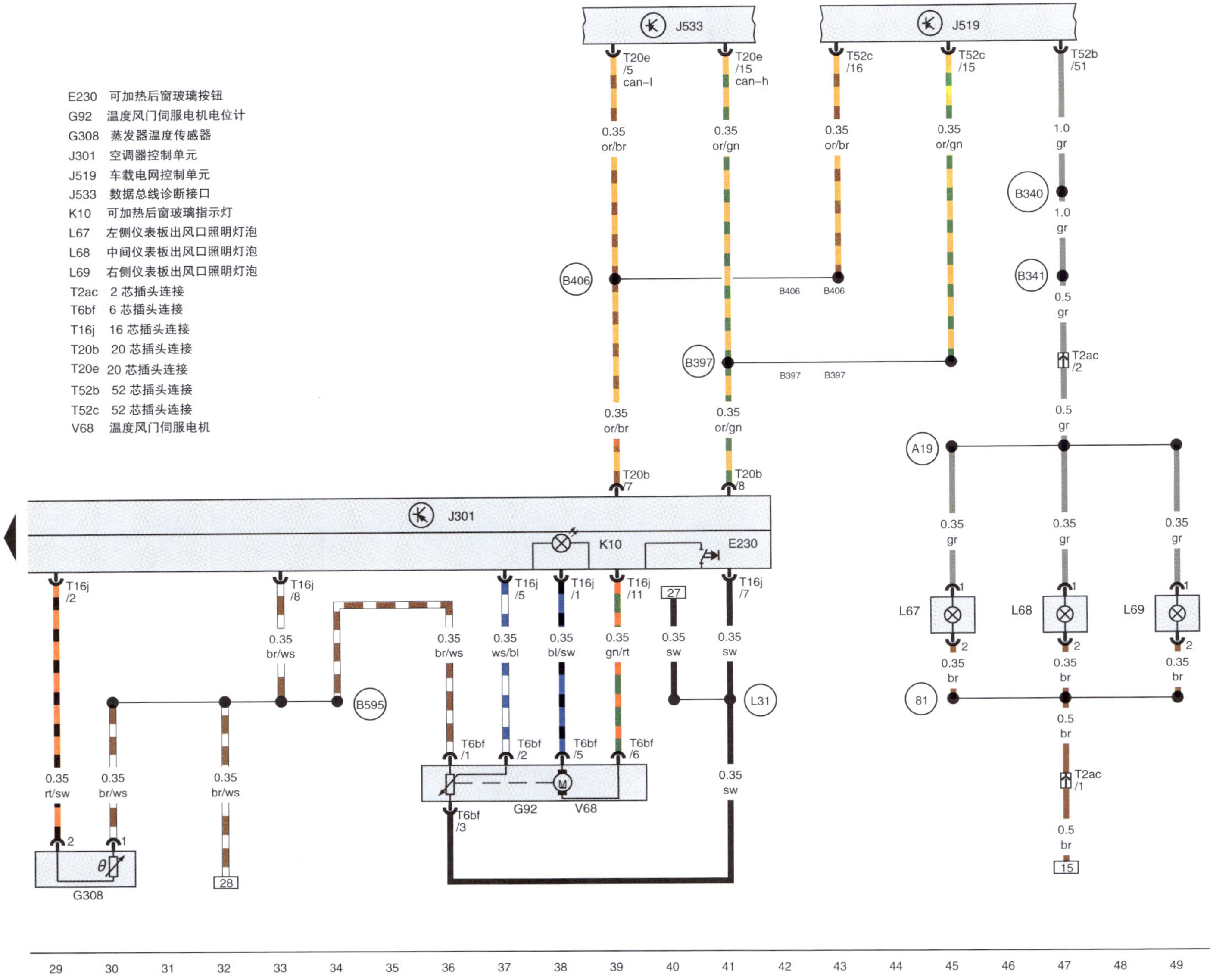

(81) 接地连接 1，在仪表板导线束中
(A19) 连接（58d），在仪表板导线束中
(B340) 连接 1（58d），在主导线束中
(B341) 连接 2（58d），在主导线束中
(B397) 连接 1（舒适/便捷系统 CAN 总线，高配），在主导线束中
(B406) 连接 1（舒适/便捷系统 CAN 总线，低配），在主导线束中
(B595) 连接 2，在 Climatic 空调导线束中
(L31) 连接（5V），在空调器导线束中

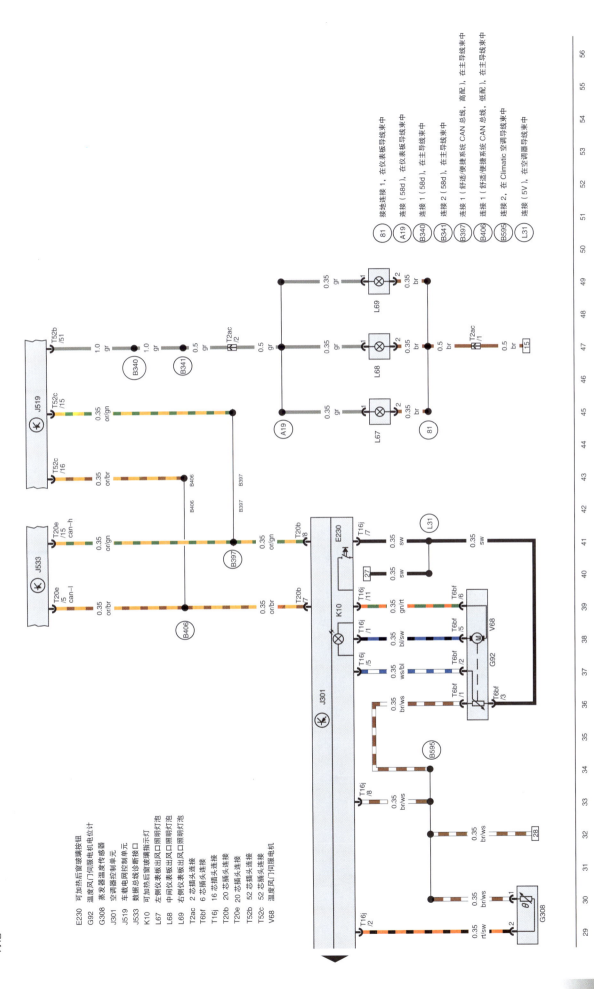

二、Climatic 自动空调

高压传感器，左侧出风口温度传感器，右侧出风口温度传感器，空调系统控制单元，后部空调操作和显示单元，阳光照射光电传感器，间接通风风门伺服电机电位计，间接通风风门伺服电机

E265 后部空调操作和显示单元
G65 高压传感器
G107 阳光照射光电传感器
G150 左侧出风口温度传感器
G151 右侧出风口温度传感器
G238 空气质量传感器
G330 间接通风风门伺服电机电位计
J255 空调系统控制单元

SC2 熔丝架 C 上的熔丝 2
SC37 熔丝架 C 上的熔丝 37
T3ae 3 芯插头连接
T3dh 3 芯插头连接
T4ac 4 芯插头连接
T6ai 6 芯插头连接
T6am 6 芯插头连接
T20c 20 芯插头连接

V213 间接通风风门伺服电机
279 接地连接 5，在车内导线束中
396 接地连接 31，在主导线束中
685 接地点 1，左前纵梁上
687 接地点 1，在中央通道上
B287 正极连接 11（15a），在主导线束中
B466 连接 2，在主导线束中
B472 连接 8，在主导线束中
B614 正极连接 23（30a），在主导线束中

* 依汽车装备而定
*2 仅适用于带空调器/空调系统自动空调的车辆

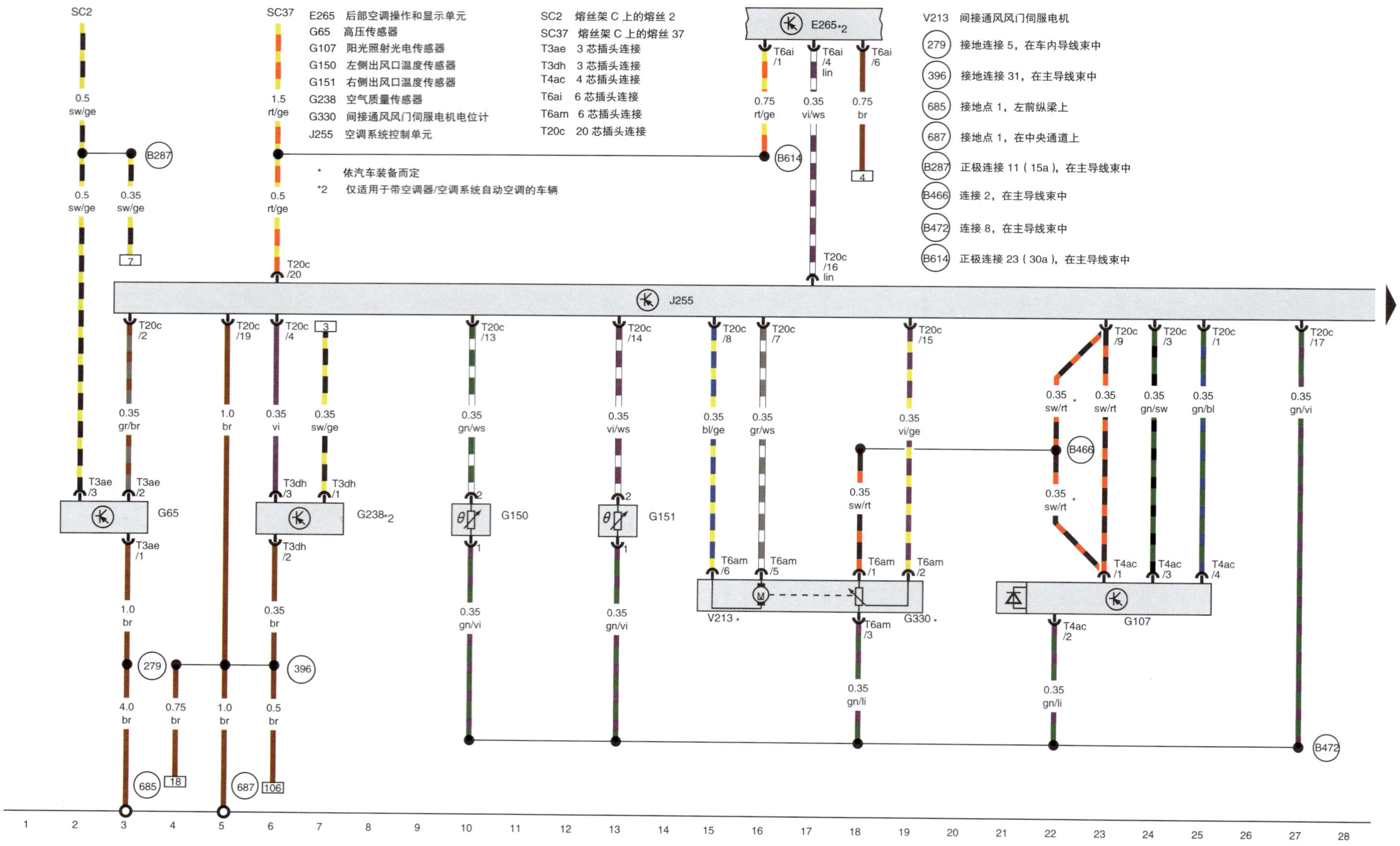

驾驶员座椅温度传感器，副驾驶员座椅温度传感器，空调系统控制单元，可加热前座椅控制单元，空调压缩机调节阀，左侧脚部空间出风口温度传感器，右侧脚部空间出风口温度传感器，新鲜空气鼓风机控制单元

G59 驾驶员座椅温度传感器
G60 副驾驶员座椅温度传感器
G261 左侧脚部空间出风口温度传感器
G262 右侧脚部空间出风口温度传感器
J126 新鲜空气鼓风机控制单元
J255 空调系统控制单元
J774 可加热前座椅控制单元
N280 空调压缩机调节阀
SC38 熔丝架 C 上的熔丝 38
SC39 熔丝架 C 上的熔丝 39
T2ge 2 芯插头连接

T4a 4 芯插头连接
T4bu 4 芯插头连接
T4bv 4 芯插头连接
T6be 6 芯插头连接
T8ac 8 芯插头连接
T10c 10 芯插头连接，驾驶员座椅下方
T10d 10 芯插头连接
T10f 10 芯插头连接
T16h 16 芯插头连接
T16i 16 芯插头连接
T20c 20 芯插头连接
V2 新鲜空气鼓风机

371 接地连接 6，在主导线束中
638 右侧 A 柱上的接地点
673 接地点 3，左前纵梁上
B483 连接 19，在主导线束中
B593 连接 2，在空调系统自动空调导线束中
O16 连接 5，在座椅加热导线束中

* 截至 2012 年 8 月
*2 自 2012 年 8 月起
*3 见座椅加热所适用的电路图

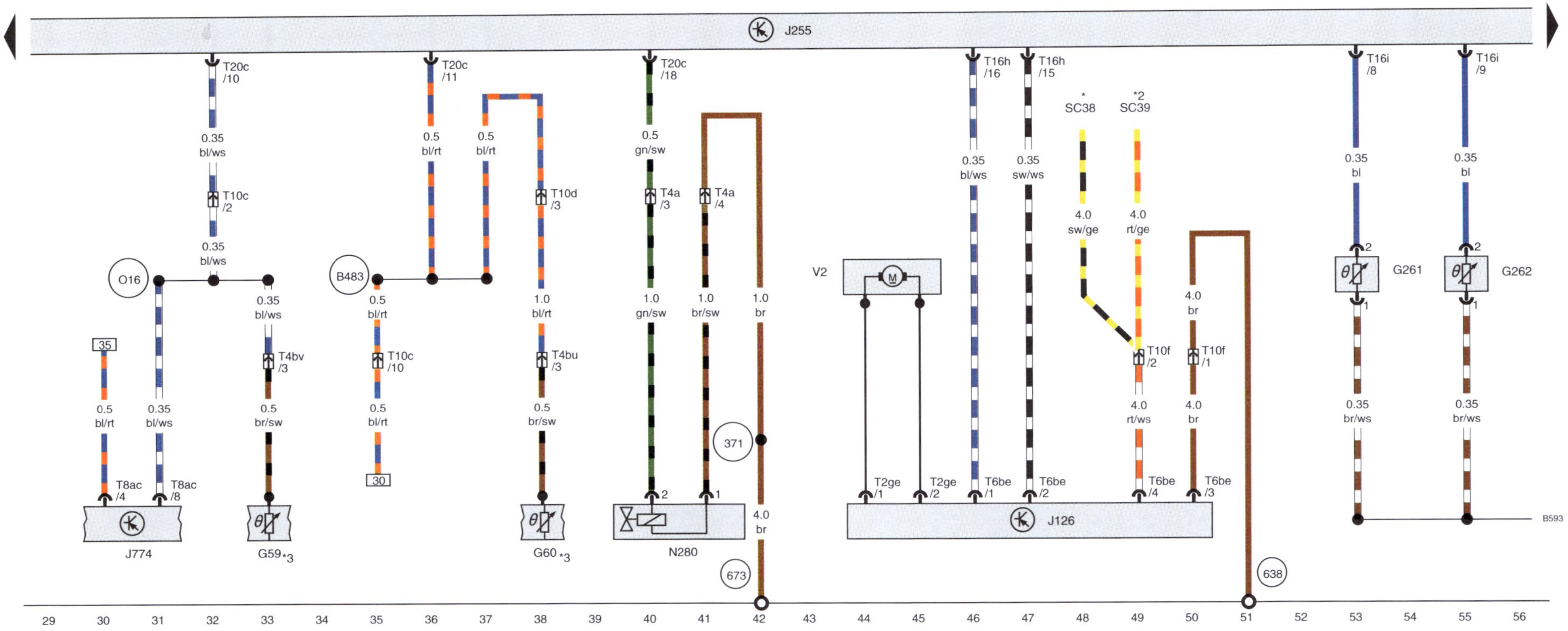

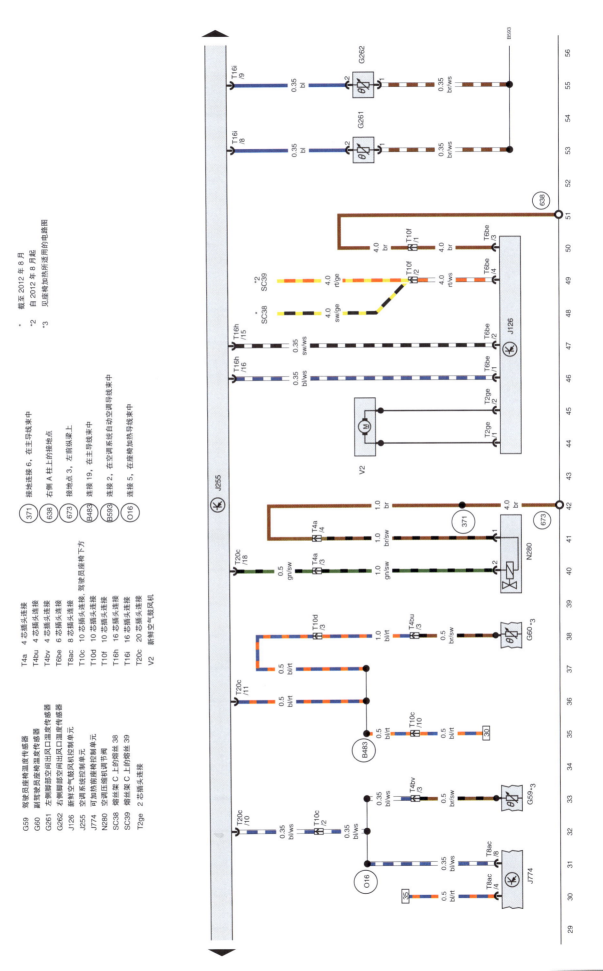

左侧温度风门伺服电机电位计，蒸发器温度传感器，新鲜空气－车内空气循环－速滞压力风门伺服电机电位计，空调系统控制单元，左侧温度风门伺服电机，新鲜空气/车内空气循环/速滞压力风门伺服电机，除霜风门伺服电机电位计，前部气流分配风门伺服电机电位计，除霜风门伺服电机，前侧气流分配风门伺服电机

G135　除霜风门伺服电机电位计
G220　左侧温度风门伺服电机电位计
G308　蒸发器温度传感器
G642　前部气流分配风门伺服电机电位计
G644　新鲜空气－车内空气循环－速滞压力风门伺服电机电位计
J255　空调系统控制单元
T6ay　6 芯插头连接
T6bc　6 芯插头连接
T6bd　6 芯插头连接
T16h　16 芯插头连接
T16i　16 芯插头连接
V107　除霜风门伺服电机
V158　左侧温度风门伺服电机
V425　新鲜空气/车内空气循环/速滞压力风门伺服电机
V426　前侧气流分配风门伺服电机

B592　连接 1，在空调系统自动空调导线束中
B593　连接 2，在空调系统自动空调导线束中

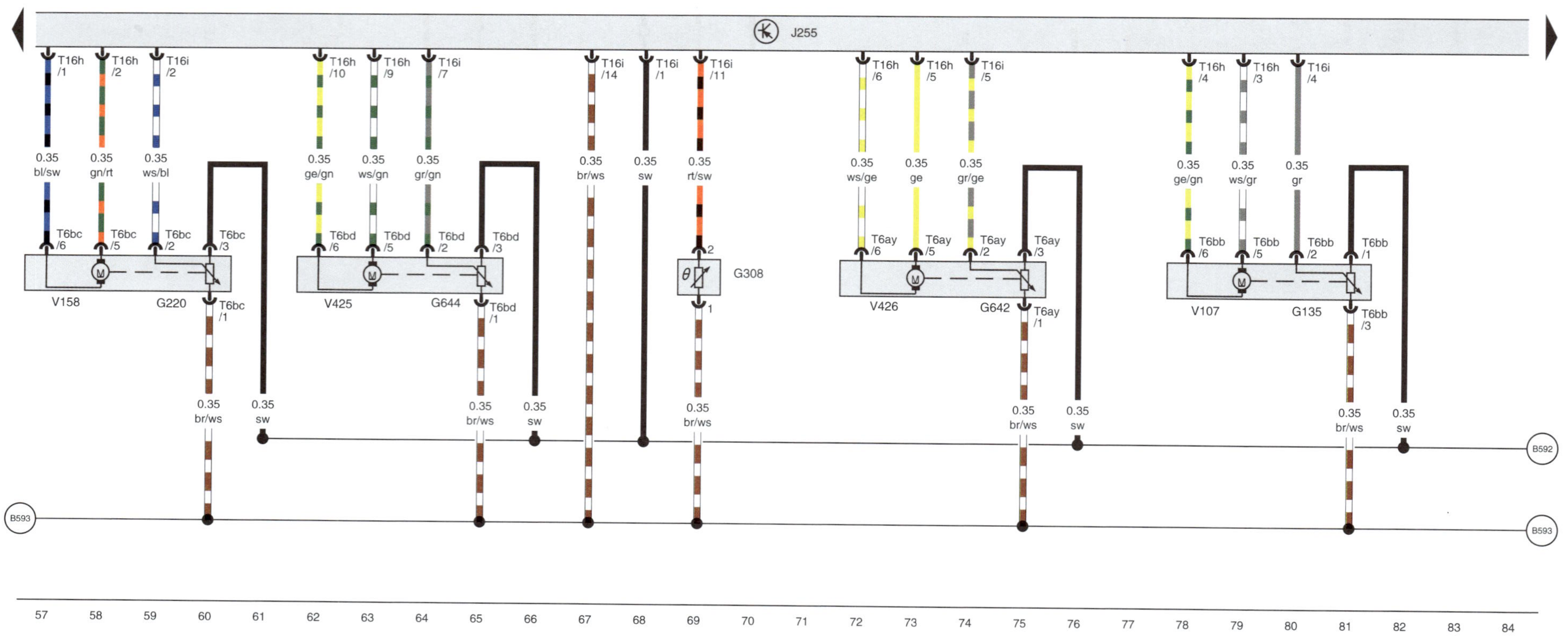

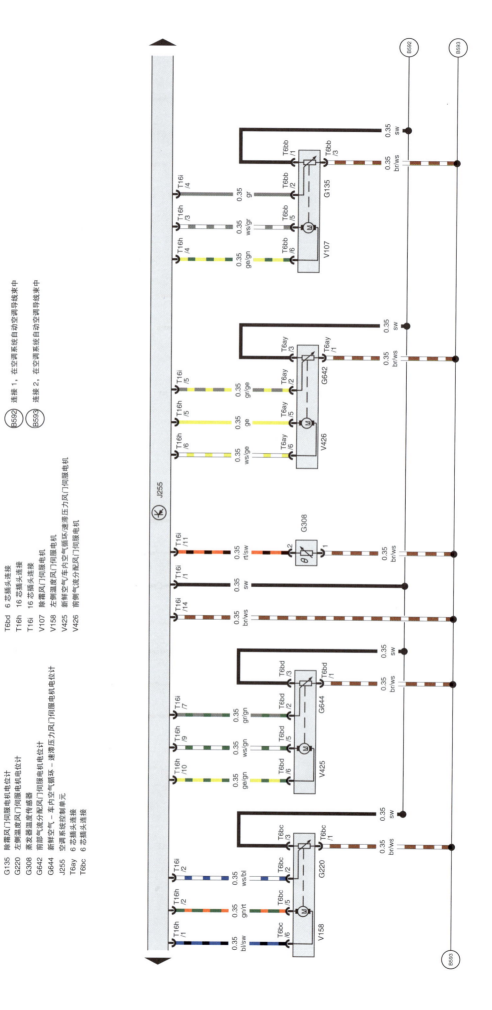

除霜风门伺服电机电位计，前部气流分配风门伺服电机电位计，空调系统控制单元，除霜风门伺服电机，前侧气流分配风门伺服电机，车载电网控制单元，左侧仪表板出风口照明灯泡，中间仪表板出风口照明灯泡，右侧仪表板出风口照明灯泡

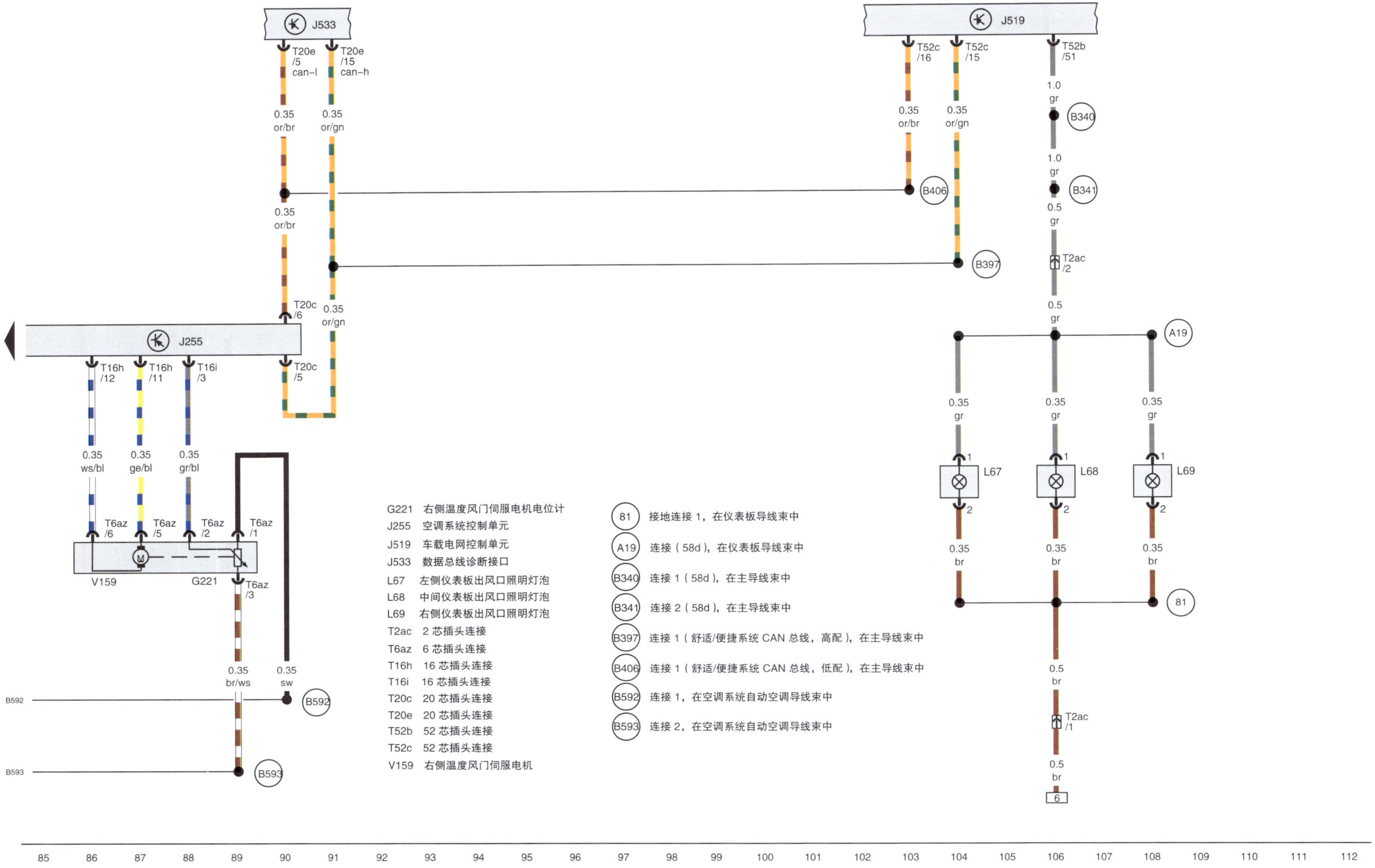

G221　右侧温度风门伺服电机电位计
J255　空调系统控制单元
J519　车载电网控制单元
J533　数据总线诊断接口
L67　左侧仪表板出风口照明灯泡
L68　中间仪表板出风口照明灯泡
L69　右侧仪表板出风口照明灯泡
T2ac　2 芯插头连接
T6az　6 芯插头连接
T16h　16 芯插头连接
T16i　16 芯插头连接
T20c　20 芯插头连接
T20e　20 芯插头连接
T52b　52 芯插头连接
T52c　52 芯插头连接
V159　右侧温度风门伺服电机

(81)　接地连接 1，在仪表板导线束中
(A19)　连接（58d），在仪表板导线束中
(B340)　连接 1（58d），在主导线束中
(B341)　连接 2（58d），在主导线束中
(B397)　连接 1（舒适/便捷系统 CAN 总线，高配），在主导线束中
(B406)　连接 1（舒适/便捷系统 CAN 总线，低配），在主导线束中
(B592)　连接 1，在空调系统自动空调导线束中
(B593)　连接 2，在空调系统自动空调导线束中

第五节　ABS、EDS、ASR、ESP

ABS 控制单元，ABS液压泵，中控台开关模块1，ASR和ESP按钮，右前转速传感器，左前转速传感器，按钮照明灯泡

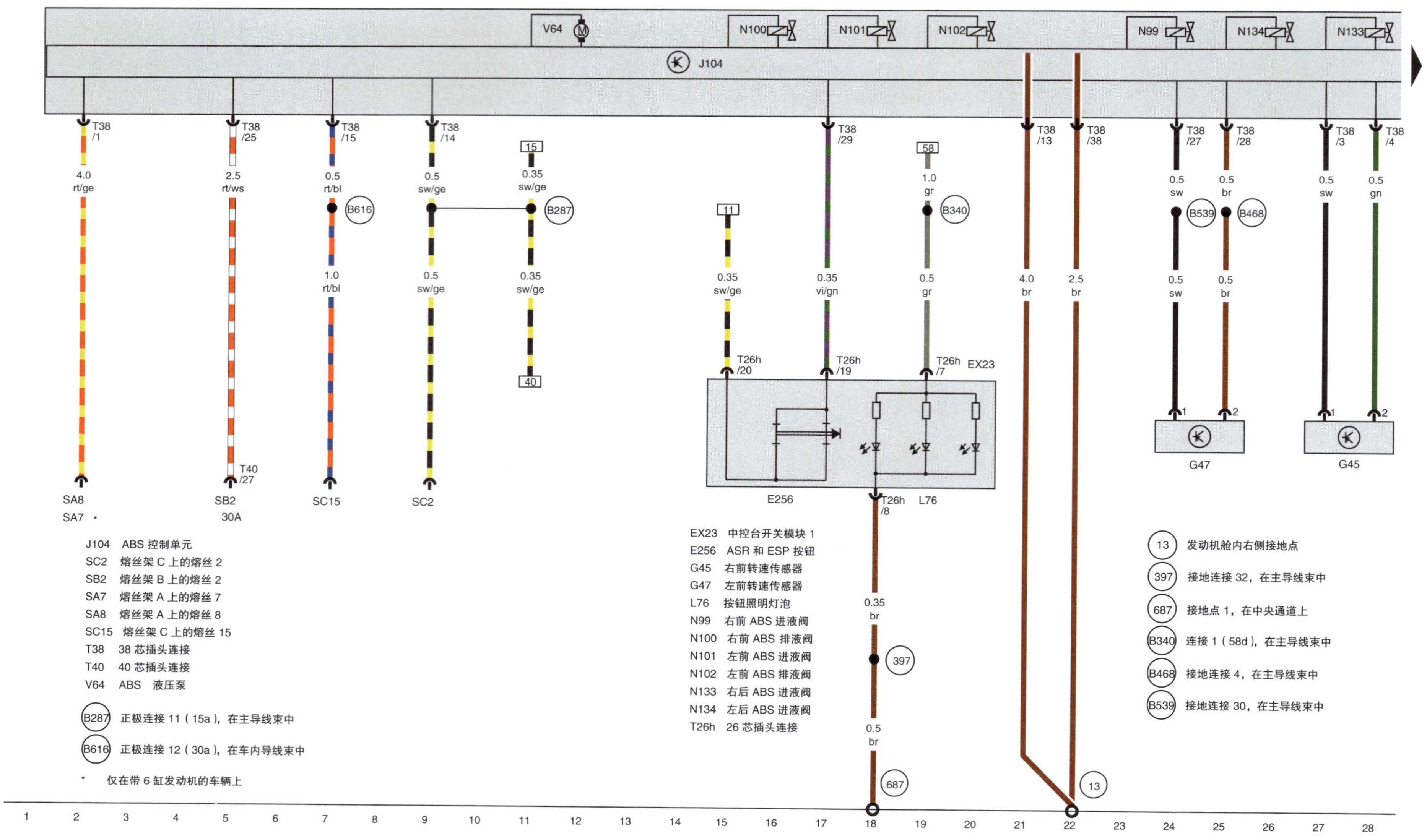

J104　ABS 控制单元
SC2　熔丝架 C 上的熔丝 2
SB2　熔丝架 B 上的熔丝 2
SA7　熔丝架 A 上的熔丝 7
SA8　熔丝架 A 上的熔丝 8
SC15　熔丝架 C 上的熔丝 15
T38　38 芯插头连接
T40　40 芯插头连接
V64　ABS　液压泵

B287　正极连接 11（15a），在主导线束中

B616　正极连接 12（30a），在车内导线束中

*　仅在带 6 缸发动机的车辆上

EX23　中控台开关模块 1
E256　ASR 和 ESP 按钮
G45　右前转速传感器
G47　左前转速传感器
L76　按钮照明灯泡
N99　右前 ABS 进液阀
N100　右前 ABS 排液阀
N101　左前 ABS 进液阀
N102　左前 ABS 排液阀
N133　右后 ABS 进液阀
N134　左后 ABS 进液阀
T26h　26 芯插头连接

13　发动机舱内右侧接地点
397　接地连接 32，在主导线束中
687　接地点 1，在中央通道上
B340　连接 1（58d），在主导线束中
B468　接地连接 4，在主导线束中
B539　接地连接 30，在主导线束中

右后转速传感器，左后转速传感器，ABS控制单元，机电式驻车制动器控制单元，真空传感器，车载电网控制单元，转向柱电子装置控制单元，数据总线诊断接口

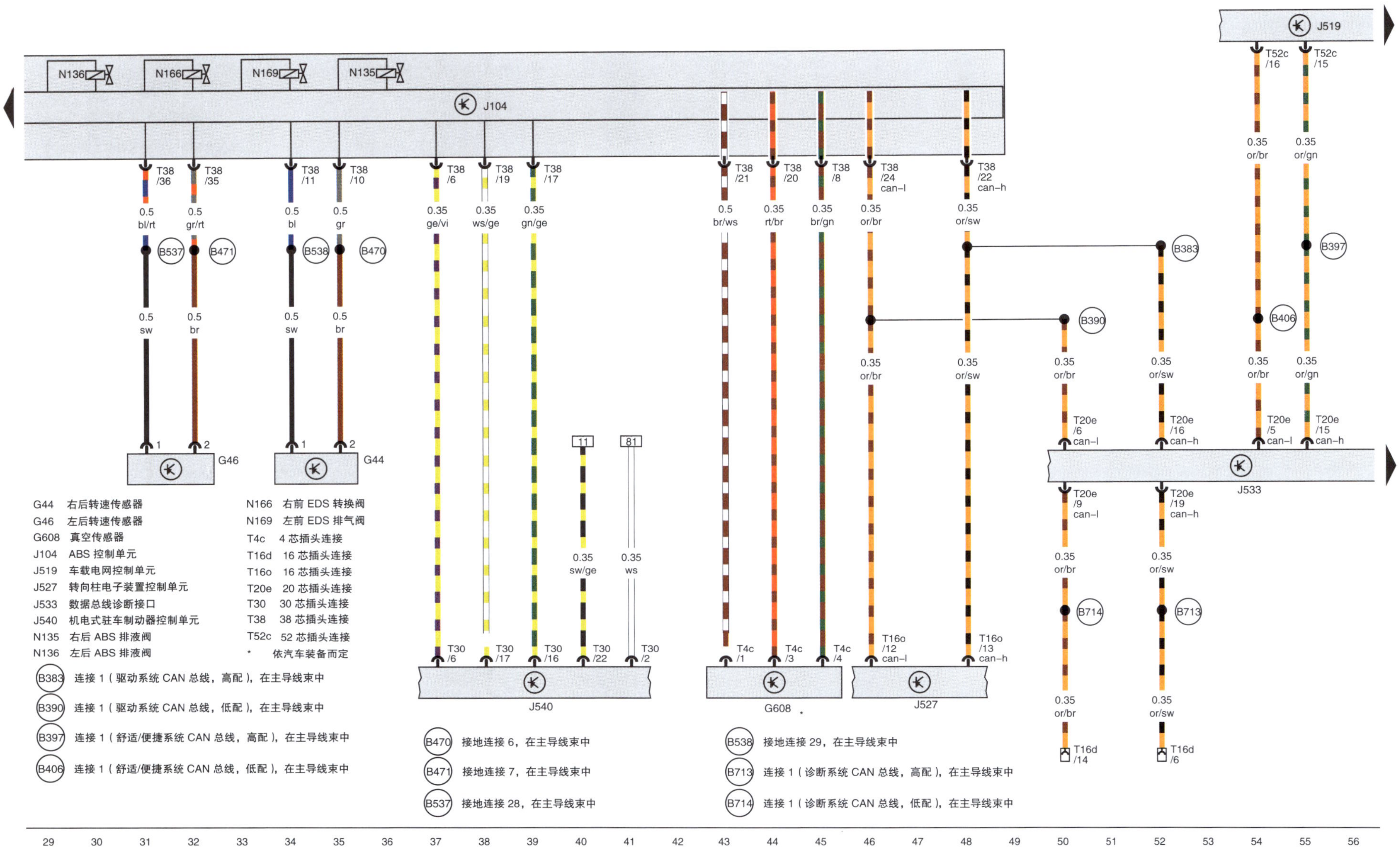

G44 右后转速传感器
G46 左后转速传感器
G608 真空传感器
J104 ABS 控制单元
J519 车载电网控制单元
J527 转向柱电子装置控制单元
J533 数据总线诊断接口
J540 机电式驻车制动器控制单元
N135 右后 ABS 排液阀
N136 左后 ABS 排液阀
N166 右前 EDS 转换阀
N169 左前 EDS 排气阀
T4c 4 芯插头连接
T16d 16 芯插头连接
T16o 16 芯插头连接
T20e 20 芯插头连接
T30 30 芯插头连接
T38 38 芯插头连接
T52c 52 芯插头连接
* 依汽车装备而定

B383 连接 1（驱动系统 CAN 总线，高配），在主导线束中
B390 连接 1（驱动系统 CAN 总线，低配），在主导线束中
B397 连接 1（舒适/便捷系统 CAN 总线，高配），在主导线束中
B406 连接 1（舒适/便捷系统 CAN 总线，低配），在主导线束中
B470 接地连接 6，在主导线束中
B471 接地连接 7，在主导线束中
B537 接地连接 28，在主导线束中
B538 接地连接 29，在主导线束中
B713 连接 1（诊断系统 CAN 总线，高配），在主导线束中
B714 连接 1（诊断系统 CAN 总线，低配），在主导线束中

制动信号灯开关，车载电网控制单元，数据总线诊断接口，熔丝架B上的熔丝8，熔丝架B上的熔丝20，制动液液位警告信号触点，左前制动摩擦片磨损传感器，仪表板中的控制单元，ABS指示灯，制动系统指示灯，ASR和ESP指示灯，ESP和ASR指示灯2

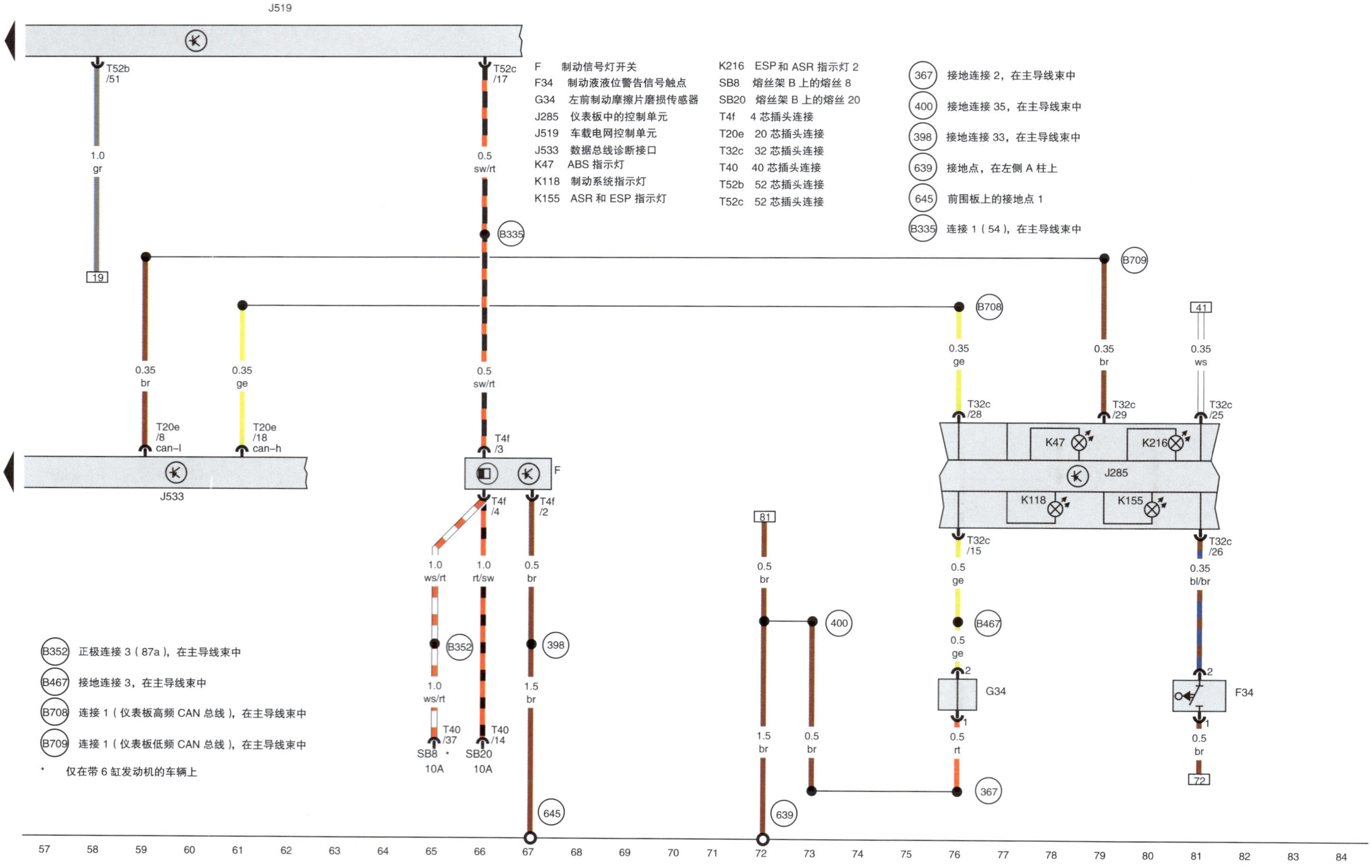

F　制动信号灯开关
F34　制动液液位警告信号触点
G34　左前制动摩擦片磨损传感器
J285　仪表板中的控制单元
J519　车载电网控制单元
J533　数据总线诊断接口
K47　ABS 指示灯
K118　制动系统指示灯
K155　ASR 和 ESP 指示灯
K216　ESP 和 ASR 指示灯 2
SB8　熔丝架 B 上的熔丝 8
SB20　熔丝架 B 上的熔丝 20
T4f　4 芯插头连接
T20e　20 芯插头连接
T32c　32 芯插头连接
T40　40 芯插头连接
T52b　52 芯插头连接
T52c　52 芯插头连接

(367)　接地连接 2，在主导线束中
(400)　接地连接 35，在主导线束中
(398)　接地连接 33，在主导线束中
(639)　接地点，在左侧 A 柱上
(645)　前围板上的接地点 1
(B335)　连接 1（54），在主导线束中

(B352)　正极连接 3（87a），在主导线束中
(B467)　接地连接 3，在主导线束中
(B708)　连接 1（仪表板高频 CAN 总线），在主导线束中
(B709)　连接 1（仪表板低频 CAN 总线），在主导线束中
*　仅在带 6 缸发动机的车辆上

第六节　安全气囊系统

一、SRS（不带后排侧气囊）

安全气囊卷簧和带滑环的复位环，安全气囊控制单元，转向柱电子装置控制单元，驾驶员侧安全气囊引爆装置，副驾驶员侧安全气囊引爆装置1，驾驶员侧侧面安全气囊引爆装置，副驾驶员侧侧面安全气囊引爆装置，驾驶员侧安全带拉紧器引爆装置1，副驾驶员侧安全带拉紧器引爆装置1，驾驶员侧头部安全气囊引爆装置，副驾驶员侧头部安全气囊引爆装置

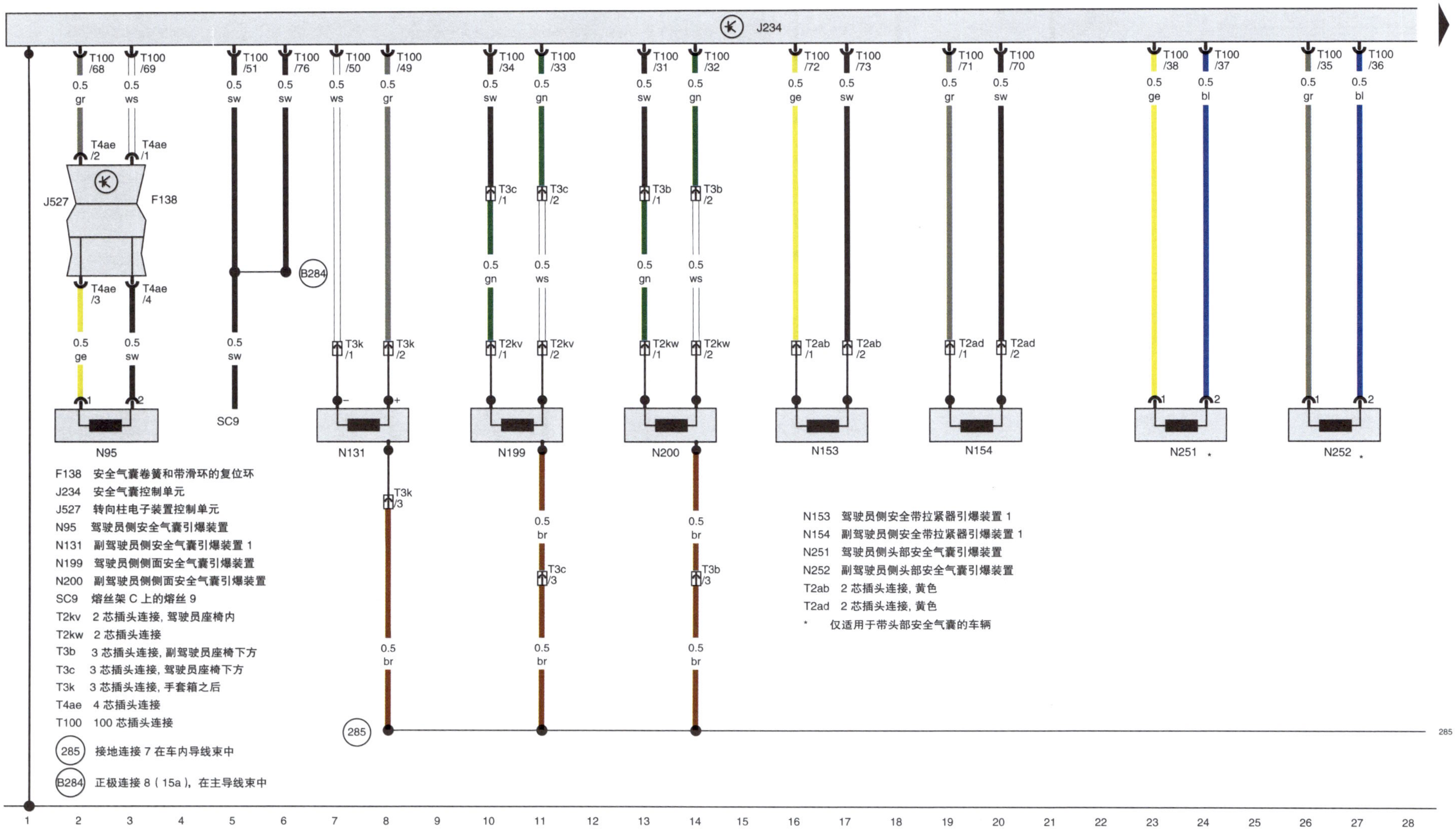

F138　安全气囊卷簧和带滑环的复位环
J234　安全气囊控制单元
J527　转向柱电子装置控制单元
N95　驾驶员侧安全气囊引爆装置
N131　副驾驶员侧安全气囊引爆装置 1
N199　驾驶员侧侧面安全气囊引爆装置
N200　副驾驶员侧侧面安全气囊引爆装置
SC9　熔丝架 C 上的熔丝 9
T2kv　2 芯插头连接，驾驶员座椅内
T2kw　2 芯插头连接
T3b　3 芯插头连接，副驾驶员座椅下方
T3c　3 芯插头连接，驾驶员座椅下方
T3k　3 芯插头连接，手套箱之后
T4ae　4 芯插头连接
T100　100 芯插头连接
(285)　接地连接 7 在车内导线束中
(B284)　正极连接 8（15a），在主导线束中

N153　驾驶员侧安全带拉紧器引爆装置 1
N154　副驾驶员侧安全带拉紧器引爆装置 1
N251　驾驶员侧头部安全气囊引爆装置
N252　副驾驶员侧头部安全气囊引爆装置
T2ab　2 芯插头连接，黄色
T2ad　2 芯插头连接，黄色
*　仅适用于带头部安全气囊的车辆

驾驶员侧侧面安全气囊碰撞传感器，副驾驶员侧侧面安全气囊碰撞传感器，驾驶员侧后部侧面安全气囊碰撞传感器，副驾驶员侧后部侧面安全气囊碰撞传感器，安全气囊控制单元，副驾驶员侧安全带开关，副驾驶员侧座椅占用传感器，仪表板中的控制单元，数据总线诊断接口，安全带警告指示灯，安全气囊指示灯

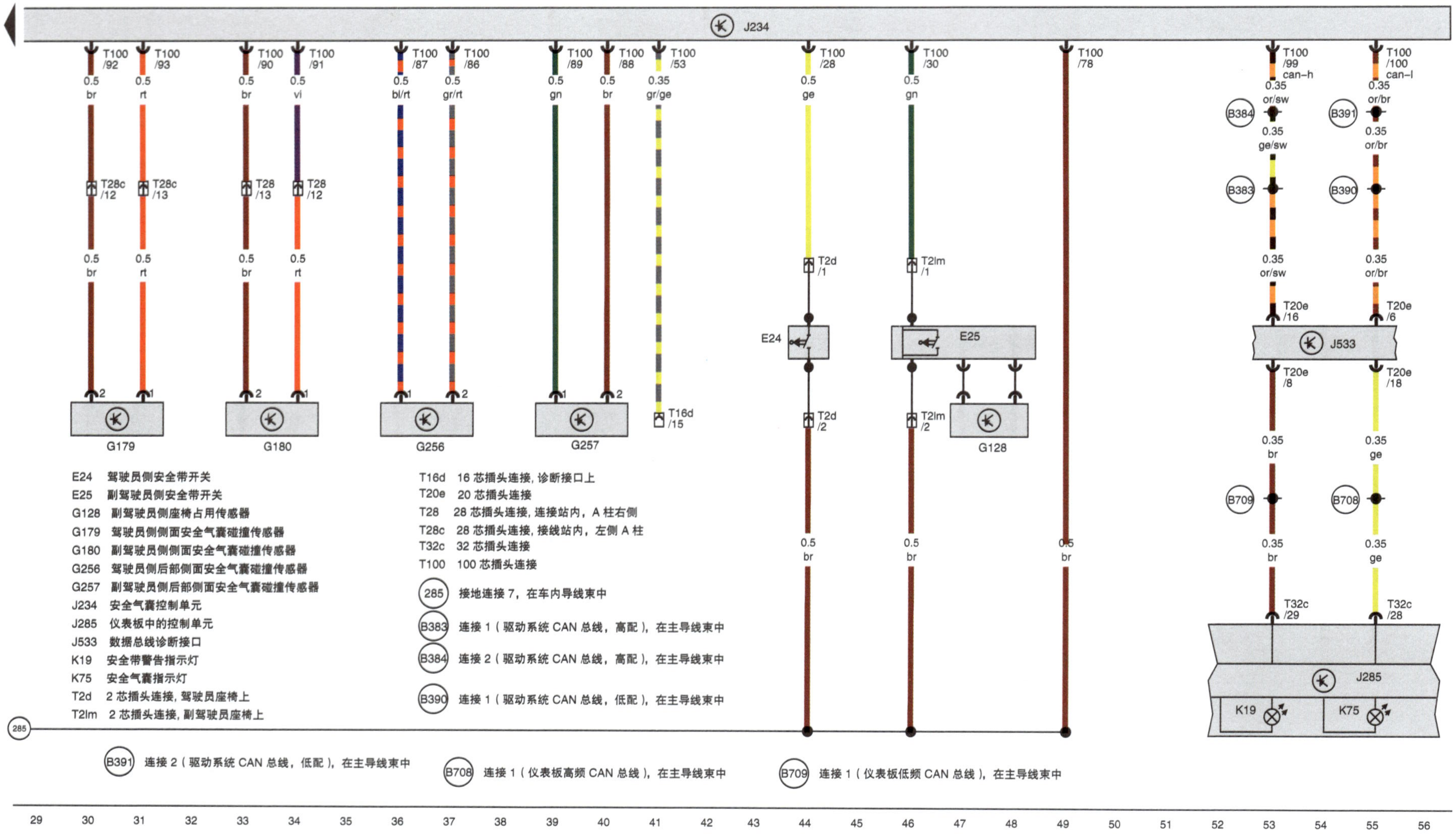

E24 驾驶员侧安全带开关
E25 副驾驶员侧安全带开关
G128 副驾驶员侧座椅占用传感器
G179 驾驶员侧侧面安全气囊碰撞传感器
G180 副驾驶员侧侧面安全气囊碰撞传感器
G256 驾驶员侧后部侧面安全气囊碰撞传感器
G257 副驾驶员侧后部侧面安全气囊碰撞传感器
J234 安全气囊控制单元
J285 仪表板中的控制单元
J533 数据总线诊断接口
K19 安全带警告指示灯
K75 安全气囊指示灯
T2d 2 芯插头连接，驾驶员座椅上
T2lm 2 芯插头连接，副驾驶员座椅上
T16d 16 芯插头连接，诊断接口上
T20e 20 芯插头连接
T28 28 芯插头连接，连接站内，A 柱右侧
T28c 28 芯插头连接，接线站内，左侧 A 柱
T32c 32 芯插头连接
T100 100 芯插头连接
(285) 接地连接 7，在车内导线束中
(B383) 连接 1（驱动系统 CAN 总线，高配），在主导线束中
(B384) 连接 2（驱动系统 CAN 总线，高配），在主导线束中
(B390) 连接 1（驱动系统 CAN 总线，低配），在主导线束中
(B391) 连接 2（驱动系统 CAN 总线，低配），在主导线束中
(B708) 连接 1（仪表板高频 CAN 总线），在主导线束中
(B709) 连接 1（仪表板低频 CAN 总线），在主导线束中

二、SRS（带后排侧气囊）

安全气囊卷簧和带滑环的复位环，安全气囊控制单元，转向柱电子装置控制单元，驾驶员侧安全气囊引爆装置，副驾驶员侧安全气囊引爆装置1，驾驶员侧侧面安全气囊引爆装置，副驾驶员侧侧面安全气囊引爆装置，驾驶员侧安全带拉紧器引爆装置1，副驾驶员侧安全带拉紧器引爆装置1，驾驶员侧头部安全气囊引爆装置，副驾驶员侧头部安全气囊引爆装置

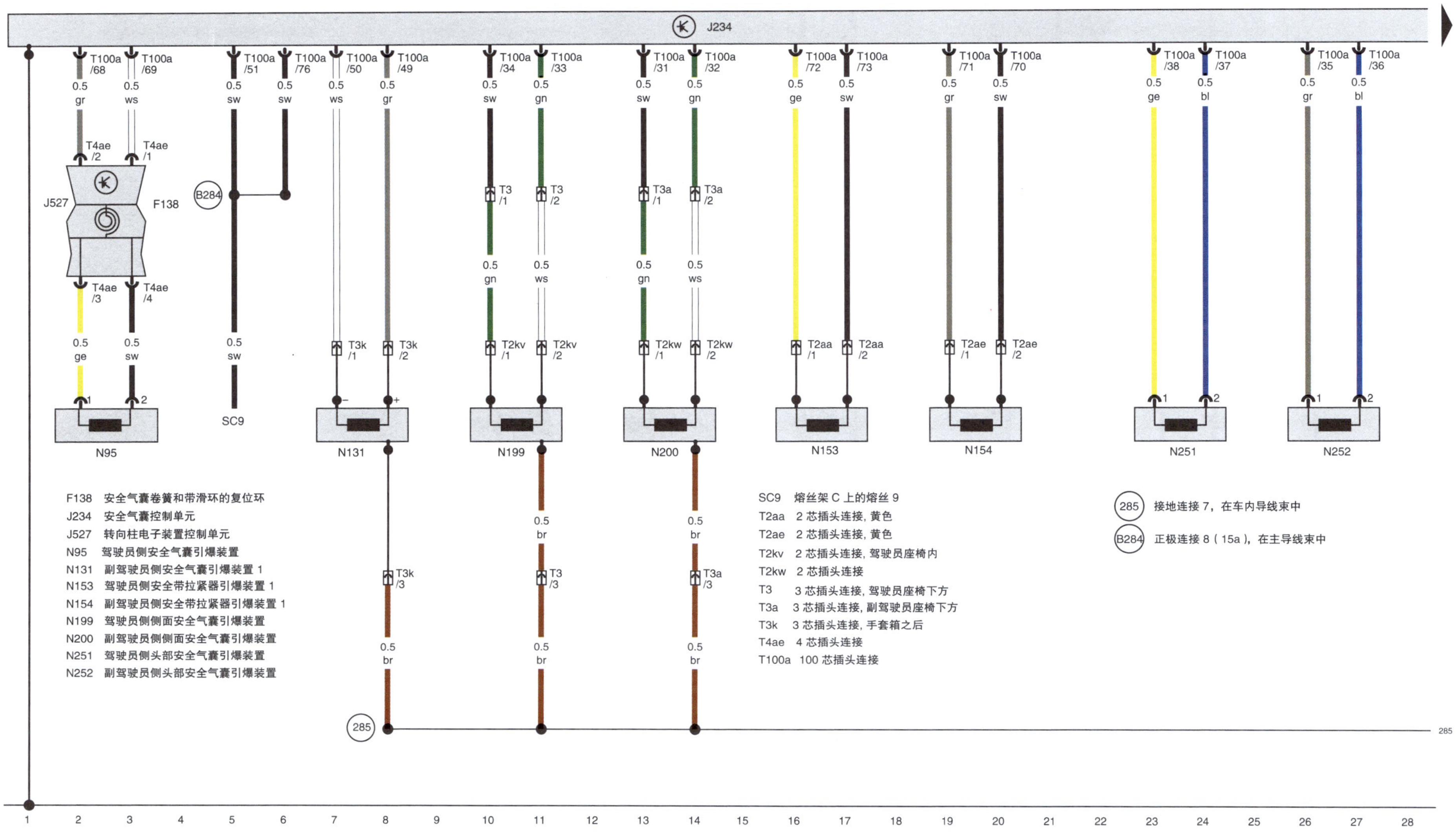

F138　安全气囊卷簧和带滑环的复位环
J234　安全气囊控制单元
J527　转向柱电子装置控制单元
N95　驾驶员侧安全气囊引爆装置
N131　副驾驶员侧安全气囊引爆装置 1
N153　驾驶员侧安全带拉紧器引爆装置 1
N154　副驾驶员侧安全带拉紧器引爆装置 1
N199　驾驶员侧侧面安全气囊引爆装置
N200　副驾驶员侧侧面安全气囊引爆装置
N251　驾驶员侧头部安全气囊引爆装置
N252　副驾驶员侧头部安全气囊引爆装置

SC9　熔丝架 C 上的熔丝 9
T2aa　2 芯插头连接，黄色
T2ae　2 芯插头连接，黄色
T2kv　2 芯插头连接，驾驶员座椅内
T2kw　2 芯插头连接
T3　3 芯插头连接，驾驶员座椅下方
T3a　3 芯插头连接，副驾驶员座椅下方
T3k　3 芯插头连接，手套箱之后
T4ae　4 芯插头连接
T100a　100 芯插头连接

(285)　接地连接 7，在车内导线束中
(B284)　正极连接 8（15a），在主导线束中

驾驶员侧侧面安全气囊碰撞传感器，副驾驶员侧侧面安全气囊碰撞传感器，驾驶员侧后部侧面安全气囊碰撞传感器，副驾驶员侧后部侧面安全气囊碰撞传感器，安全气囊控制单元，副驾驶员侧安全带开关，副驾驶员侧座椅占用传感器，驾驶员侧后部侧面安全气囊引爆装置，副驾驶员侧后部侧面安全气囊引爆装置，蓄电池断路引爆装置

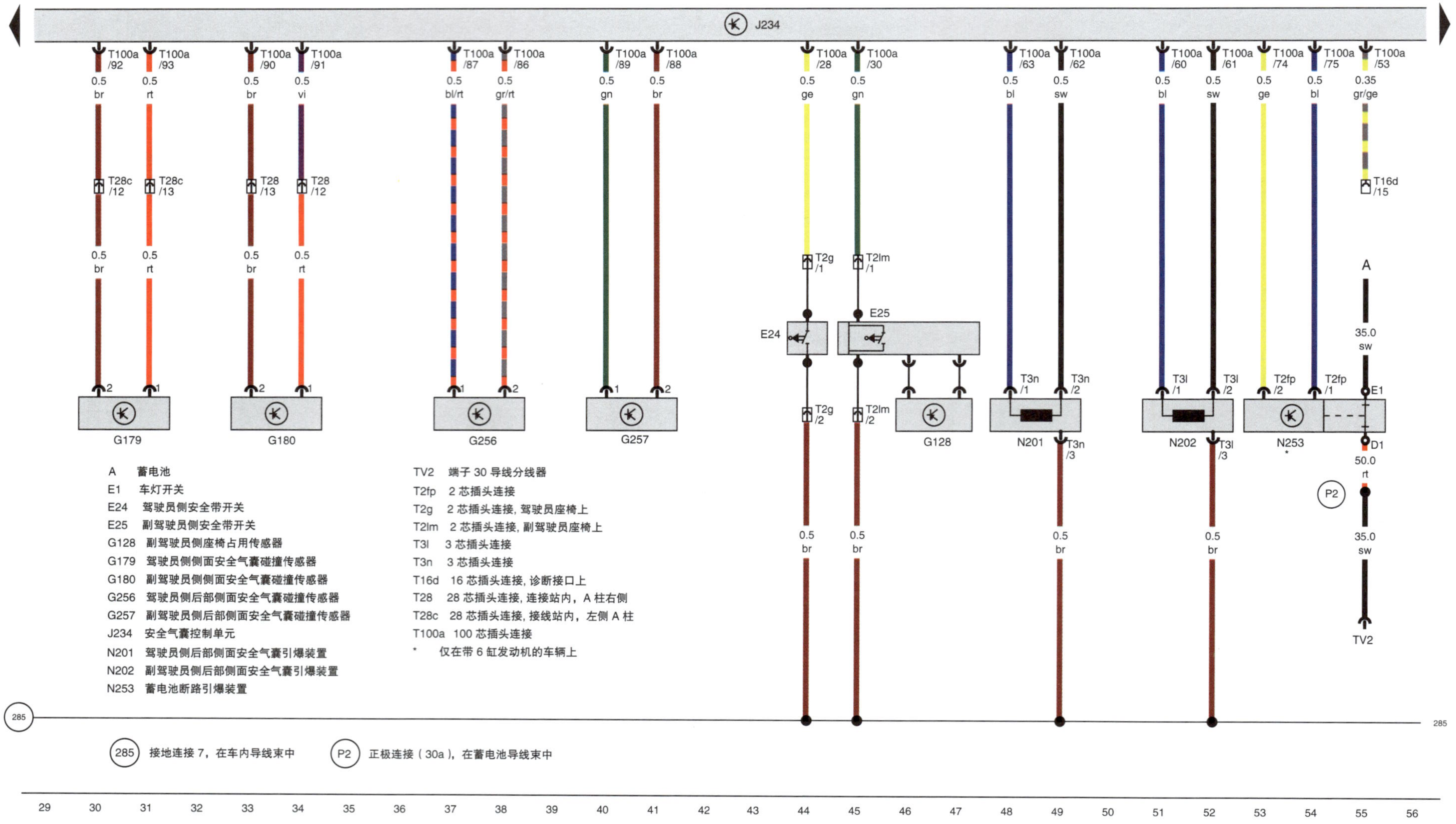

A　蓄电池
E1　车灯开关
E24　驾驶员侧安全带开关
E25　副驾驶员侧安全带开关
G128　副驾驶员侧座椅占用传感器
G179　驾驶员侧侧面安全气囊碰撞传感器
G180　副驾驶员侧侧面安全气囊碰撞传感器
G256　驾驶员侧后部侧面安全气囊碰撞传感器
G257　副驾驶员侧后部侧面安全气囊碰撞传感器
J234　安全气囊控制单元
N201　驾驶员侧后部侧面安全气囊引爆装置
N202　副驾驶员侧后部侧面安全气囊引爆装置
N253　蓄电池断路引爆装置

TV2　端子 30 导线分线器
T2fp　2 芯插头连接
T2g　2 芯插头连接，驾驶员座椅上
T2lm　2 芯插头连接，副驾驶员座椅上
T3l　3 芯插头连接
T3n　3 芯插头连接
T16d　16 芯插头连接，诊断接口上
T28　28 芯插头连接，连接站内，A 柱右侧
T28c　28 芯插头连接，接线站内，左侧 A 柱
T100a　100 芯插头连接
*　仅在带 6 缸发动机的车辆上

(285) 接地连接 7，在车内导线束中

(P2) 正极连接（30a），在蓄电池导线束中

安全气囊控制单元，仪表板中的控制单元，数据总线诊断接口，安全带警告指示灯，安全气囊指示灯

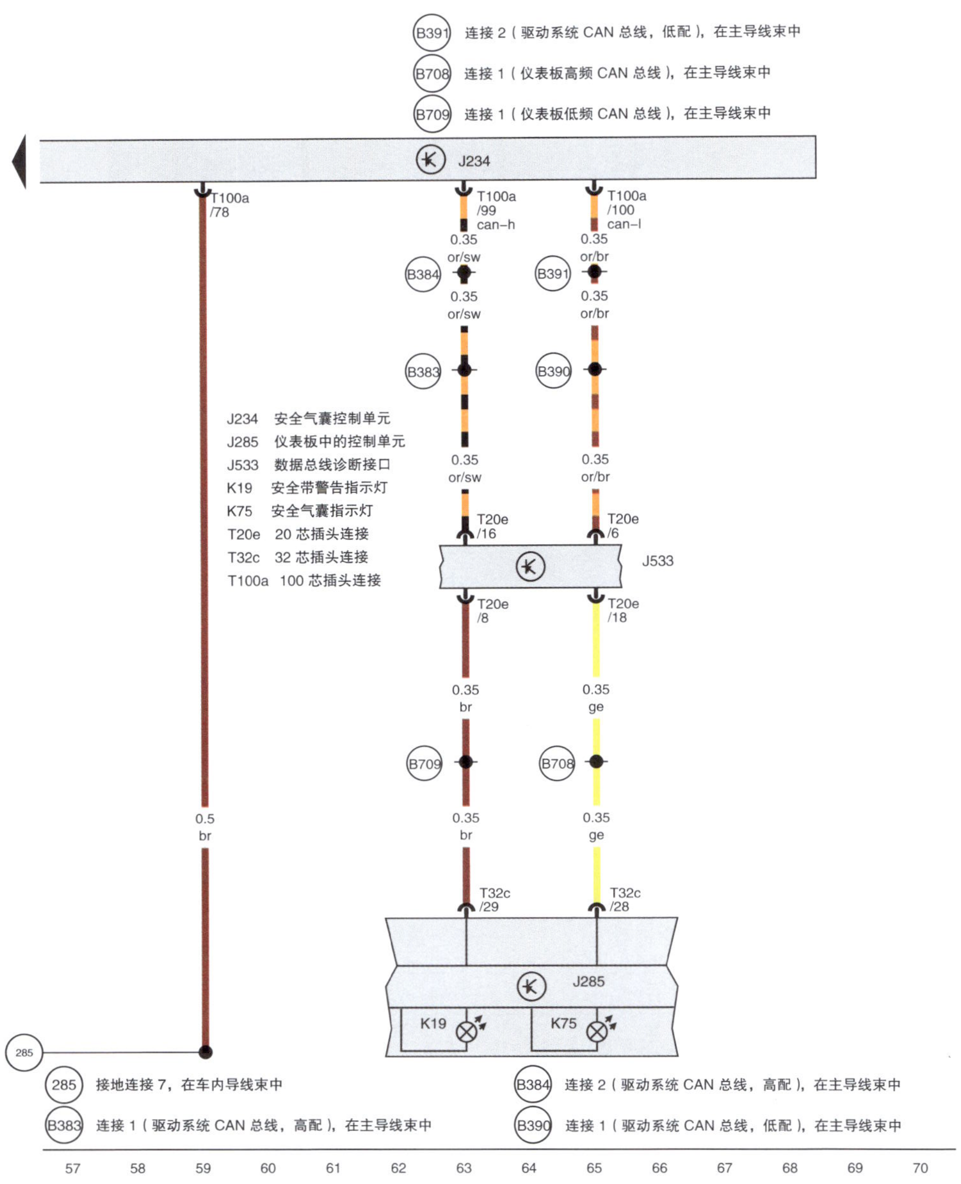

安全气囊控制单元 -J234-安装在前部中控台下方

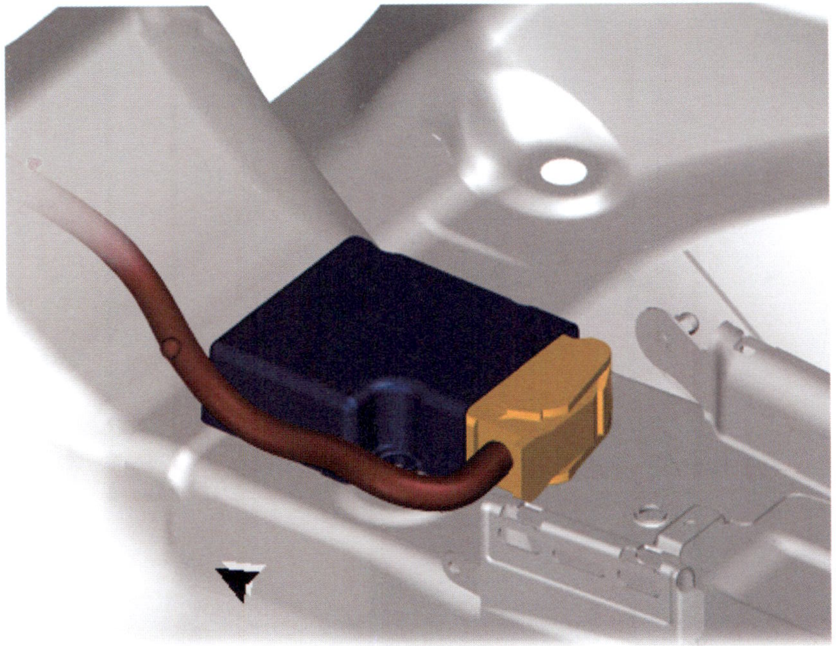

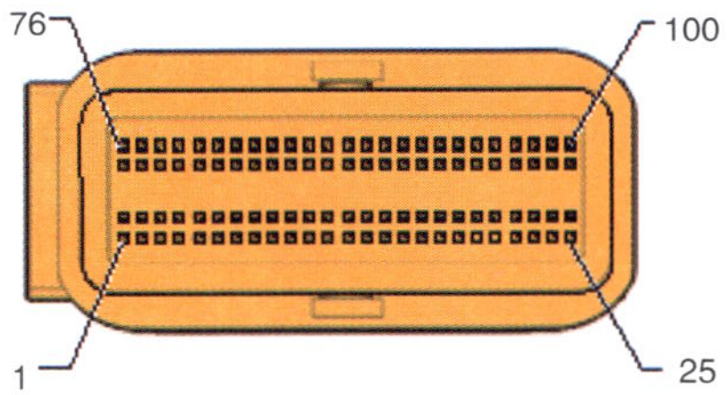

第三章　速腾电路图识读

第一节　基本装备

一、低配（AW0）

车载电网控制单元，熔丝架A上的熔丝1，熔丝架A上的熔丝4，熔丝座B，点火启动开关，供电继电器，总线端50，转换器盒，连接（86s），在仪表板导线束中

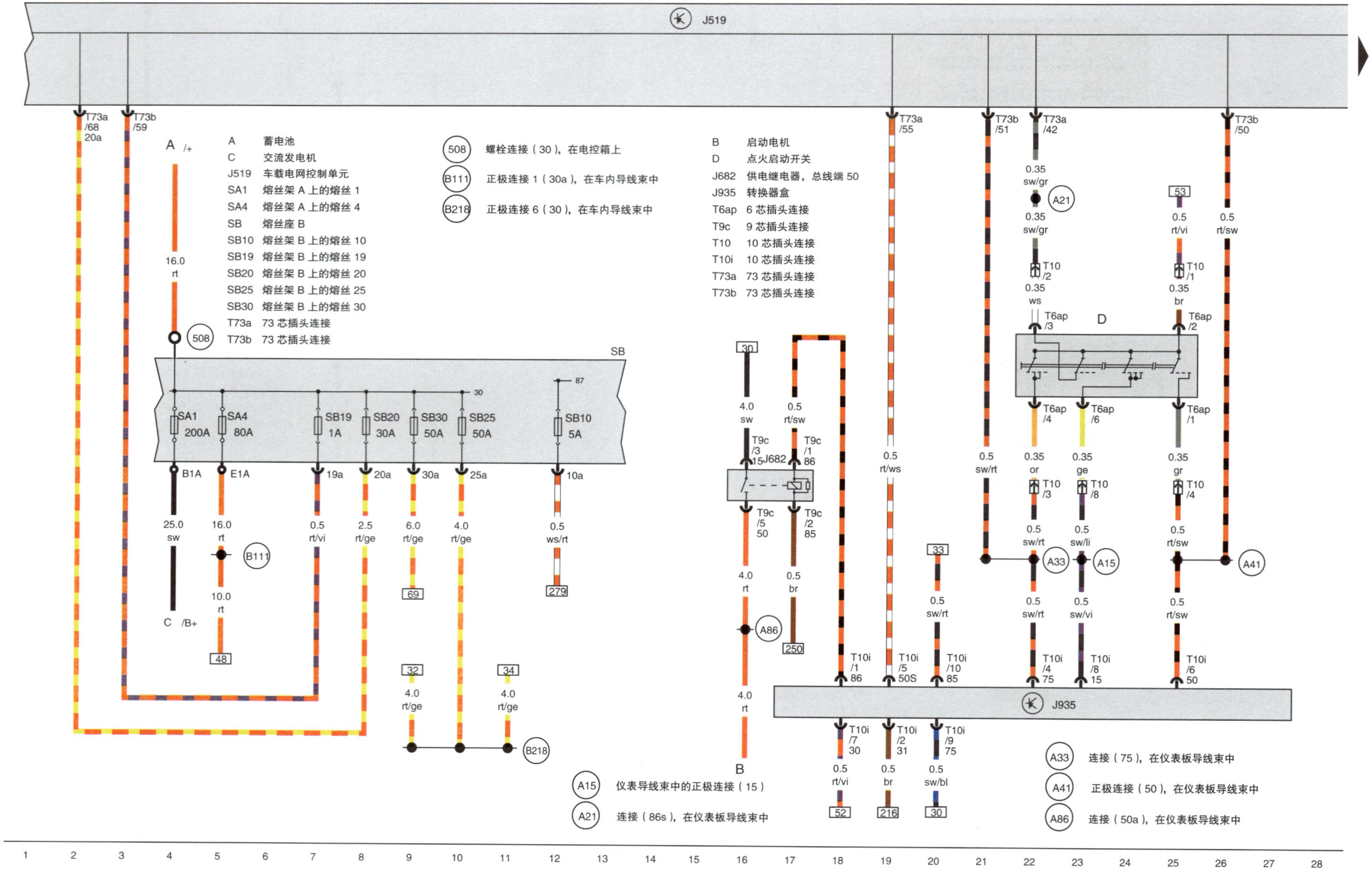

A	蓄电池
C	交流发电机
J519	车载电网控制单元
SA1	熔丝架 A 上的熔丝 1
SA4	熔丝架 A 上的熔丝 4
SB	熔丝座 B
SB10	熔丝架 B 上的熔丝 10
SB19	熔丝架 B 上的熔丝 19
SB20	熔丝架 B 上的熔丝 20
SB25	熔丝架 B 上的熔丝 25
SB30	熔丝架 B 上的熔丝 30
T73a	73 芯插头连接
T73b	73 芯插头连接

508	螺栓连接（30），在电控箱上
B111	正极连接 1（30a），在车内导线束中
B218	正极连接 6（30），在车内导线束中

B	启动电机
D	点火启动开关
J682	供电继电器，总线端 50
J935	转换器盒
T6ap	6 芯插头连接
T9c	9 芯插头连接
T10	10 芯插头连接
T10i	10 芯插头连接
T73a	73 芯插头连接
T73b	73 芯插头连接

A15	仪表导线束中的正极连接（15）
A21	连接（86s），在仪表板导线束中
A33	连接（75），在仪表板导线束中
A41	正极连接（50），在仪表板导线束中
A86	连接（50a），在仪表板导线束中

1 2 3 4 5 6 7 8 9 10 11 12 13 14 15 16 17 18 19 20 21 22 23 24 25 26 27 28

端子15 供电继电器，车载电网控制单元，供电继电器2，端子15，熔丝座C

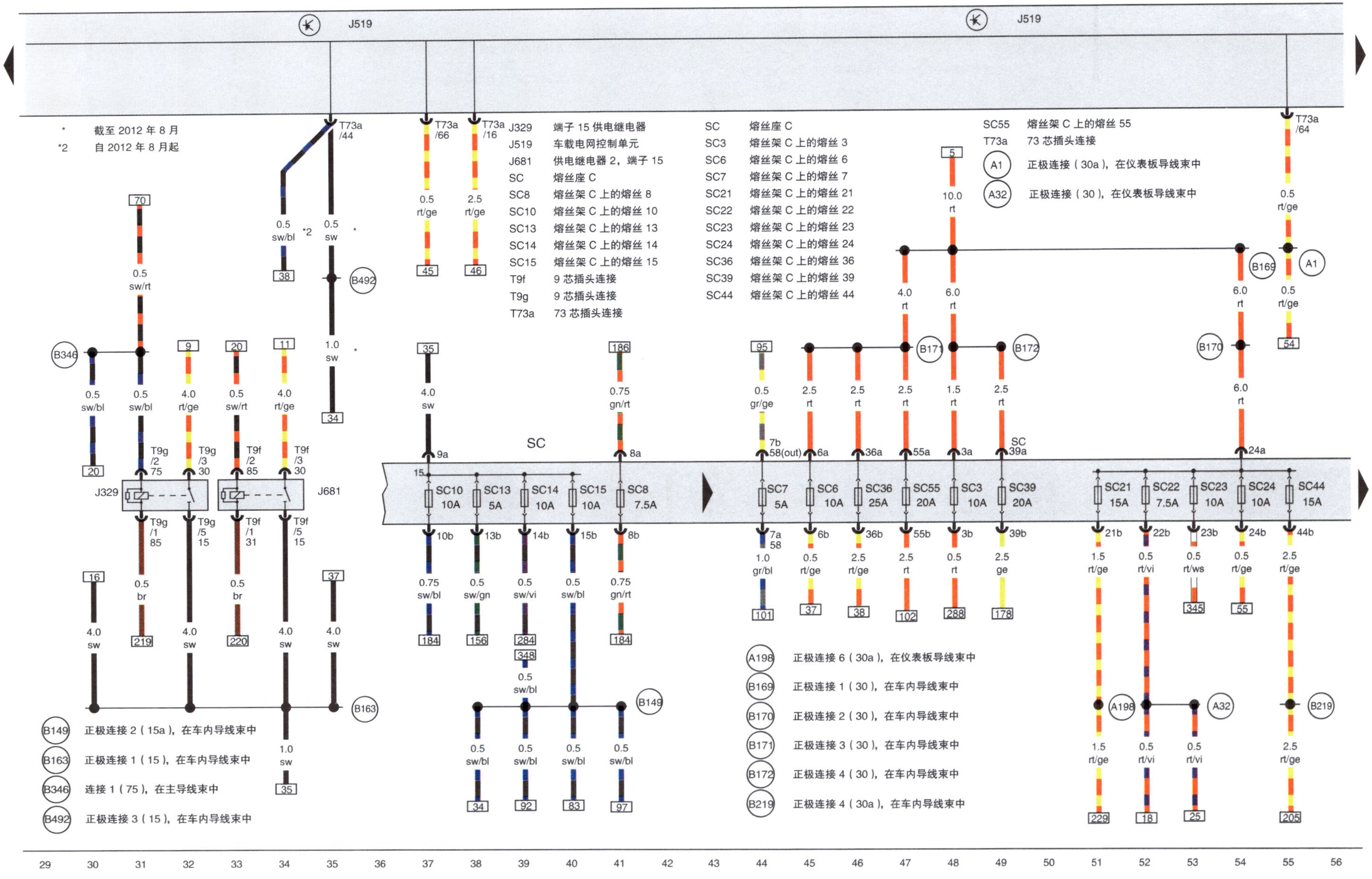

车载电网控制单元，供电继电器1，端子75，熔丝座C，左侧前雾灯灯泡，右侧前雾灯灯泡，左侧白天行车灯灯泡，左侧停车灯灯泡，左前大灯，左前转向信号灯灯泡，左侧近光灯灯泡，左侧远光灯灯泡，左侧大灯照明距离调节伺服电机

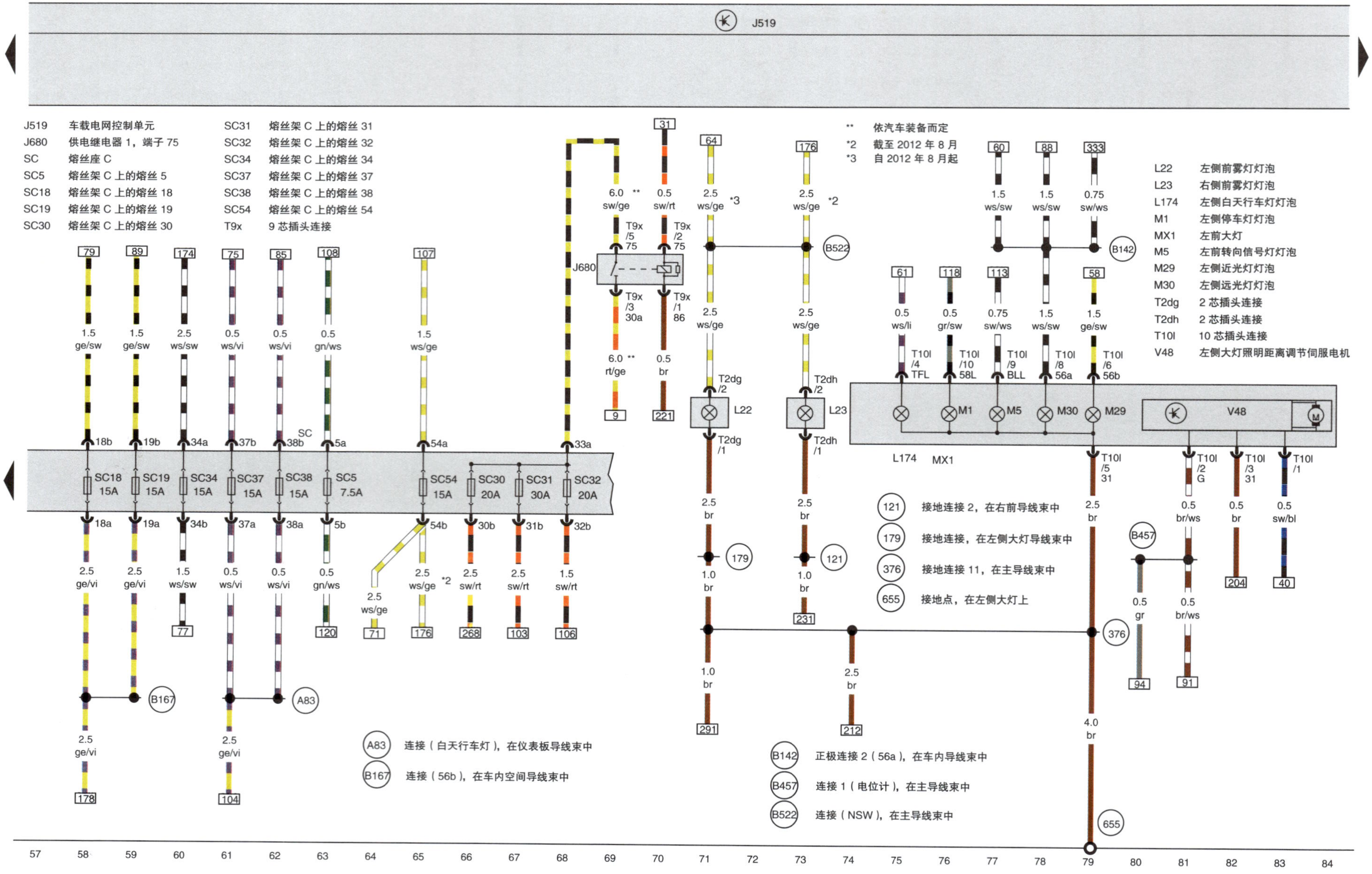

J519	车载电网控制单元	SC31	熔丝架 C 上的熔丝 31
J680	供电继电器 1，端子 75	SC32	熔丝架 C 上的熔丝 32
SC	熔丝座 C	SC34	熔丝架 C 上的熔丝 34
SC5	熔丝架 C 上的熔丝 5	SC37	熔丝架 C 上的熔丝 37
SC18	熔丝架 C 上的熔丝 18	SC38	熔丝架 C 上的熔丝 38
SC19	熔丝架 C 上的熔丝 19	SC54	熔丝架 C 上的熔丝 54
SC30	熔丝架 C 上的熔丝 30	T9x	9 芯插头连接

** 依汽车装备而定
*2 截至 2012 年 8 月
*3 自 2012 年 8 月起

L22	左侧前雾灯灯泡
L23	右侧前雾灯灯泡
L174	左侧白天行车灯灯泡
M1	左侧停车灯灯泡
MX1	左前大灯
M5	左前转向信号灯灯泡
M29	左侧近光灯灯泡
M30	左侧远光灯灯泡
T2dg	2 芯插头连接
T2dh	2 芯插头连接
T10l	10 芯插头连接
V48	左侧大灯照明距离调节伺服电机

(121) 接地连接 2，在右前导线束中
(179) 接地连接，在左侧大灯导线束中
(376) 接地连接 11，在主导线束中
(655) 接地点，在左侧大灯上

(A83) 连接（白天行车灯），在仪表板导线束中
(B167) 连接（56b），在车内空间导线束中

(B142) 正极连接 2（56a），在车内导线束中
(B457) 连接 1（电位计），在主导线束中
(B522) 连接（NSW），在主导线束中

大灯照明距离调节器，车载电网控制单元，右侧白天行车灯灯泡，右前大灯，右侧停车灯灯泡，右前转向信号灯灯泡，右侧远光灯灯泡，右侧大灯照明距离调节伺服电机，车灯开关，前雾灯开关，后雾灯开关，前雾灯指示灯，大灯开关照明灯泡

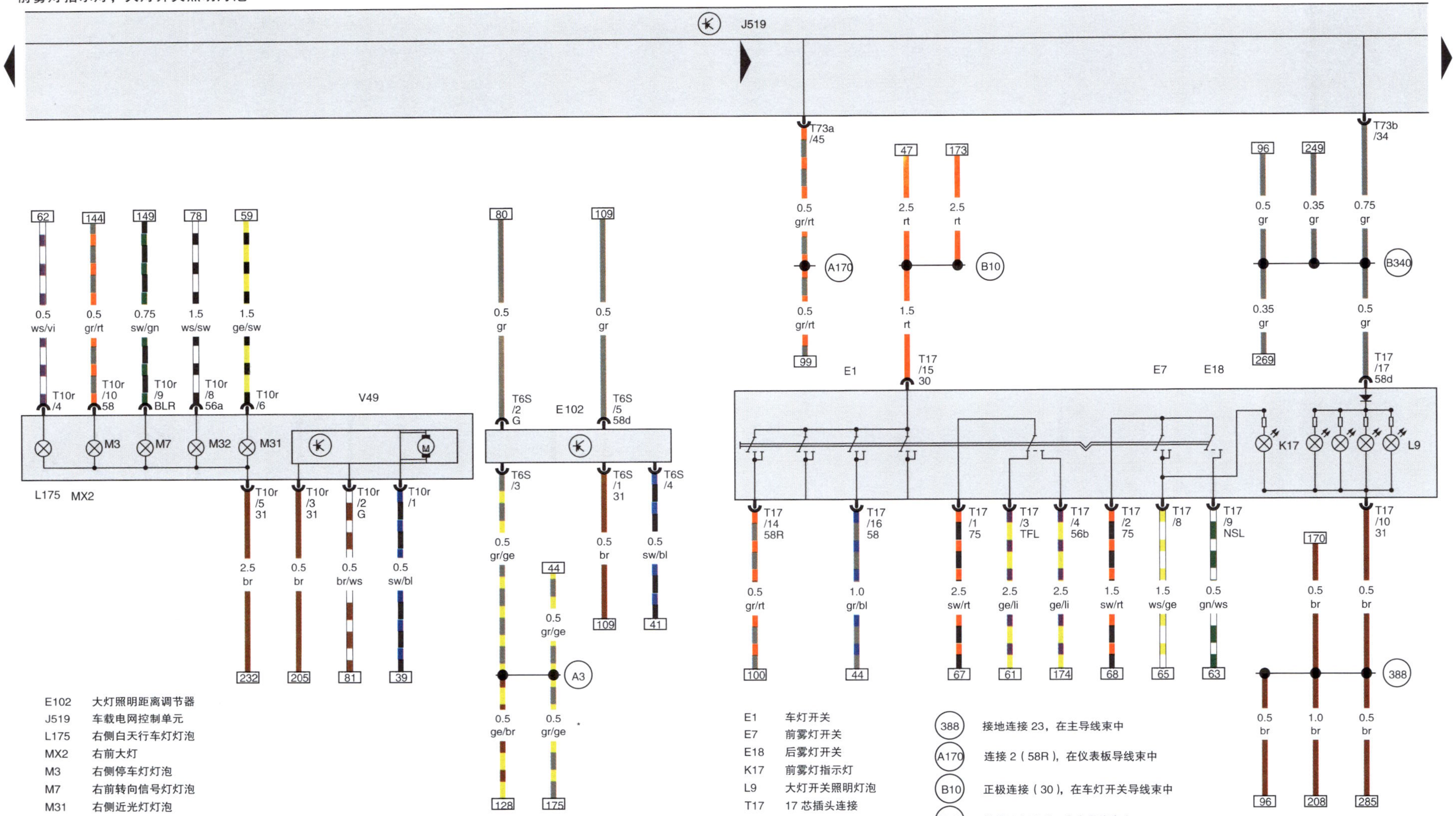

E102　大灯照明距离调节器
J519　车载电网控制单元
L175　右侧白天行车灯灯泡
MX2　右前大灯
M3　右侧停车灯灯泡
M7　右前转向信号灯灯泡
M31　右侧近光灯灯泡
M32　右侧远光灯灯泡
T6S　6 芯插头连接
T10r　10 芯插头连接
V49　右侧大灯照明距离调节伺服电机

A3　正极连接（58），在仪表板导线束中

*　截至 2012 年 8 月

E1　车灯开关
E7　前雾灯开关
E18　后雾灯开关
K17　前雾灯指示灯
L9　大灯开关照明灯泡
T17　17 芯插头连接
T73a　73 芯插头连接
T73b　73 芯插头连接

388　接地连接 23，在主导线束中
A170　连接 2（58R），在仪表板导线束中
B10　正极连接（30），在车灯开关导线束中
B340　连接 1（58d），在主导线束中

85 86 87 88 89 90 91 92 93 94 95 96 97 98 99 100 101 102 103 104 105 106 107 108 109 110 111 112

车载电网控制单元，左侧后雾灯灯泡，右侧尾灯灯泡，左侧尾灯，左侧尾灯灯泡，左侧尾灯 2，右侧尾灯 2，左后转向信号灯灯泡，左侧制动信号灯灯泡，左侧倒车灯灯泡，右侧倒车灯灯泡，尾门把手中的解锁按钮，后备厢照明开关，后备厢盖闭锁单元，尾门盖板电动开启装置的电机，牌照灯

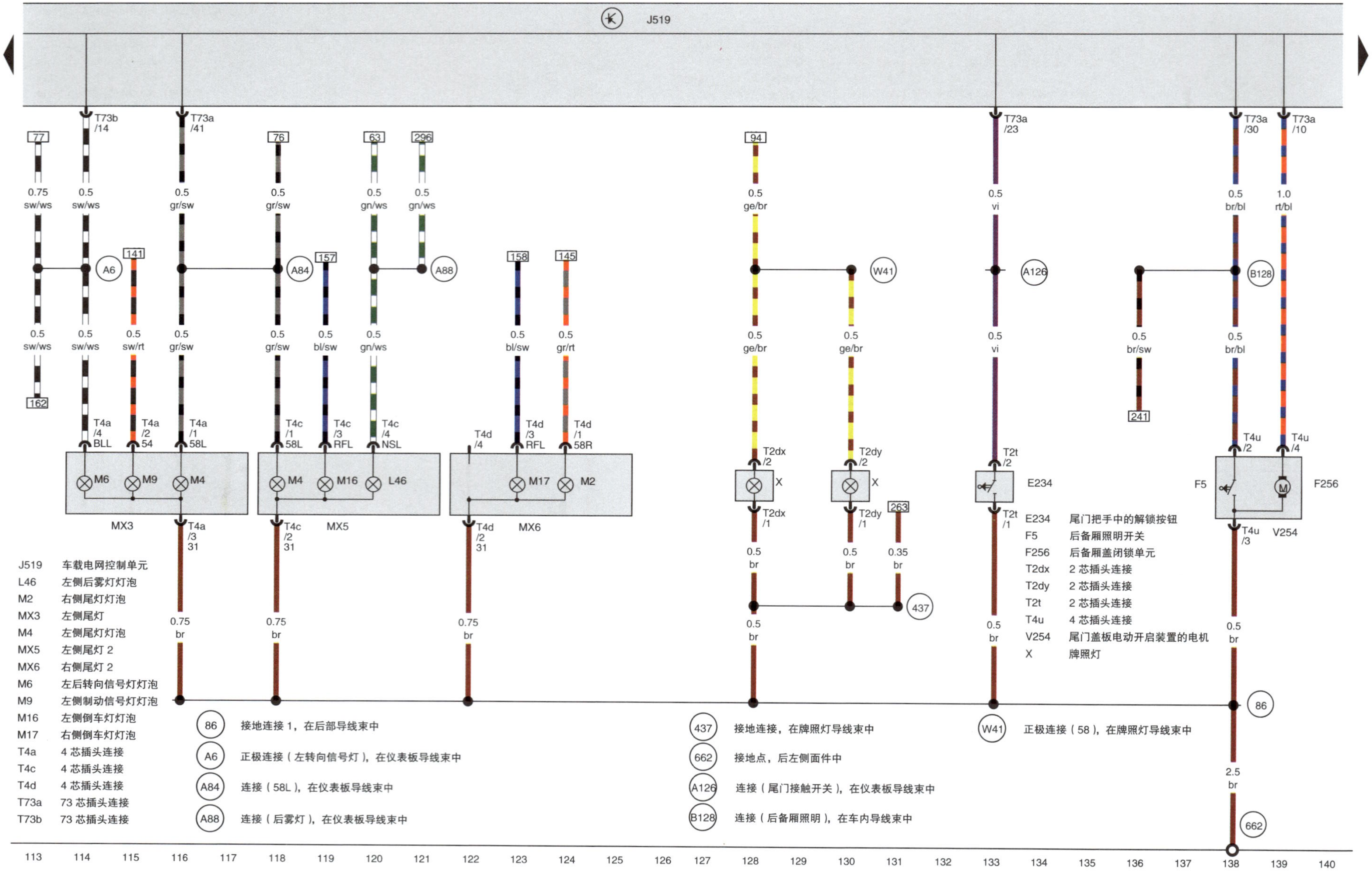

车载电网控制单元，右侧尾灯灯泡，右侧尾灯，右后转向信号灯灯泡，右侧制动信号灯灯泡，高位制动信号灯灯泡，驾驶员车门中央门锁电机，油箱盖锁止装置电机，倒车灯开关，驾驶员侧外后视镜警告灯泡，副驾驶员侧外后视镜警告灯泡

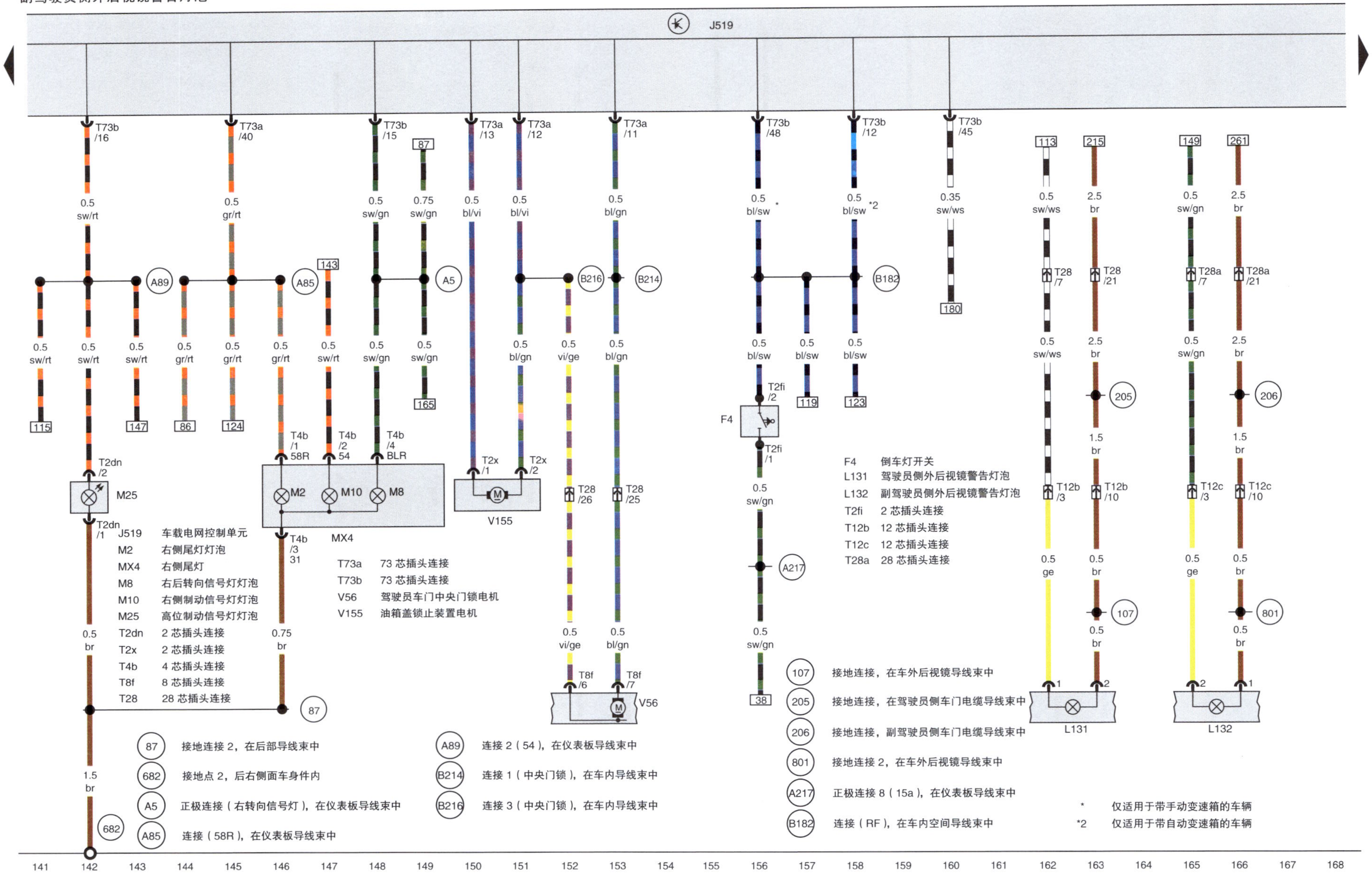

J519 车载电网控制单元
M2 右侧尾灯灯泡
MX4 右侧尾灯
M8 右后转向信号灯灯泡
M10 右侧制动信号灯灯泡
M25 高位制动信号灯灯泡
T2dn 2 芯插头连接
T2x 2 芯插头连接
T4b 4 芯插头连接
T8f 8 芯插头连接
T28 28 芯插头连接

T73a 73 芯插头连接
T73b 73 芯插头连接
V56 驾驶员车门中央门锁电机
V155 油箱盖锁止装置电机

F4 倒车灯开关
L131 驾驶员侧外后视镜警告灯泡
L132 副驾驶员侧外后视镜警告灯泡
T2fi 2 芯插头连接
T12b 12 芯插头连接
T12c 12 芯插头连接
T28a 28 芯插头连接

87 接地连接 2，在后部导线束中
682 接地点 2，后右侧面车身件内
A5 正极连接（右转向信号灯），在仪表板导线束中
A85 连接（58R），在仪表板导线束中

A89 连接 2（54），在仪表板导线束中
B214 连接 1（中央门锁），在车内导线束中
B216 连接 3（中央门锁），在车内导线束中

107 接地连接，在车外后视镜导线束中
205 接地连接，在驾驶员侧车门电缆导线束中
206 接地连接，副驾驶员侧车门电缆导线束中
801 接地连接 2，在车外后视镜导线束中
A217 正极连接 8（15a），在仪表板导线束中
B182 连接（RF），在车内空间导线束中

* 仅适用于带手动变速箱的车辆
*2 仅适用于带自动变速箱的车辆

转向信号灯开关，手动防眩目功能和远光灯瞬时接通功能开关，左侧转向柱开关，定速巡航装置开关，GRA设置按钮，前雾灯继电器，近光灯继电器，车载电网控制单元，右侧转向柱开关，间歇式刮水器运行开关，车窗玻璃刮水器间歇运行调节器，车窗玻璃清洗泵开关（自动刮水/清洗装置和大灯清洗装置），多功能显示器调用按钮，Reset（复位）按钮，车窗玻璃清洗泵

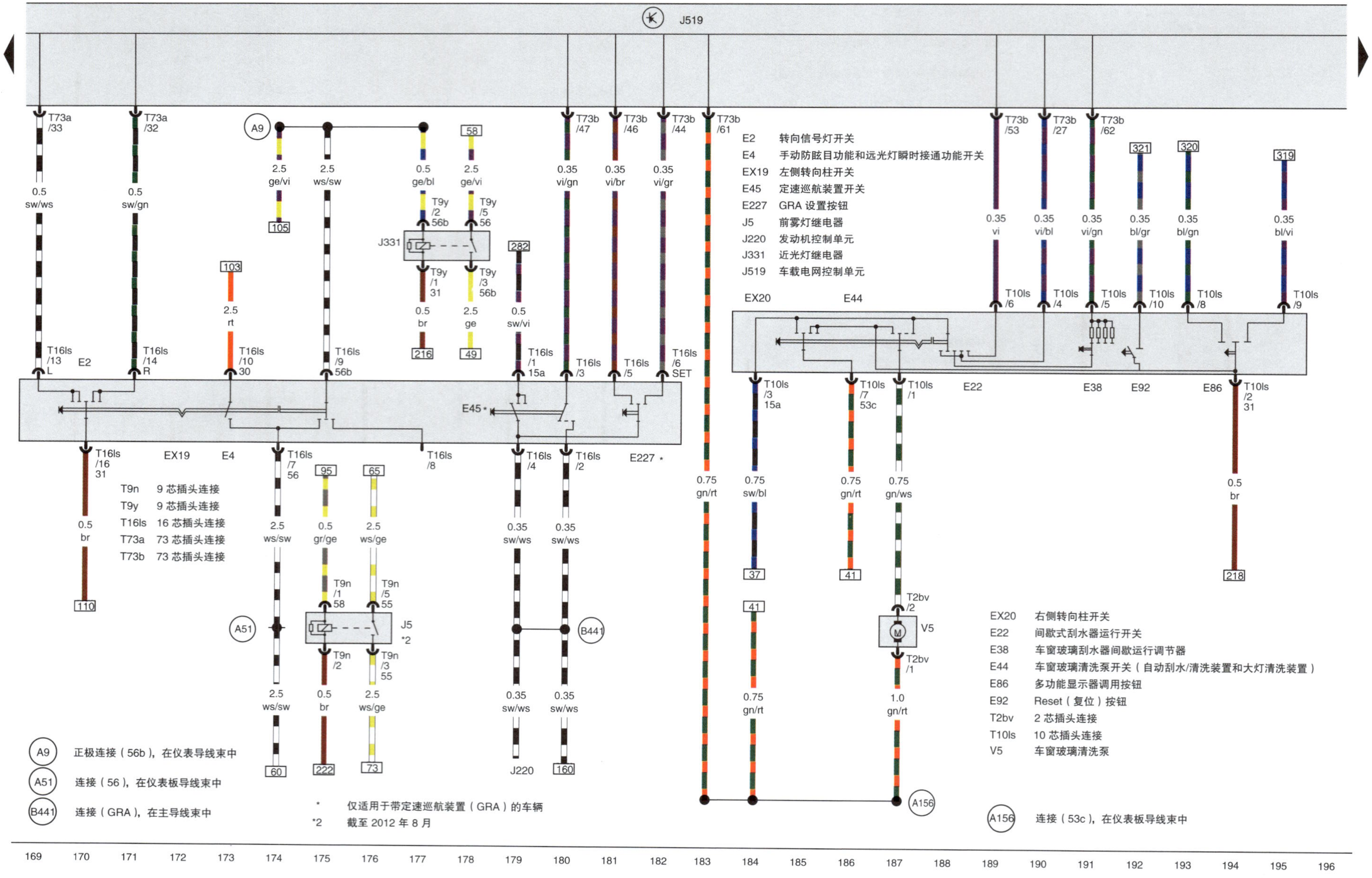

警报灯开关，安全气囊卷簧和带滑环的复位环，信号喇叭控制，安全气囊控制单元，车载电网控制单元，闪烁警报装置指示灯，驾驶员侧安全气囊引爆装置，驾驶员侧车窗玻璃刮水器电机

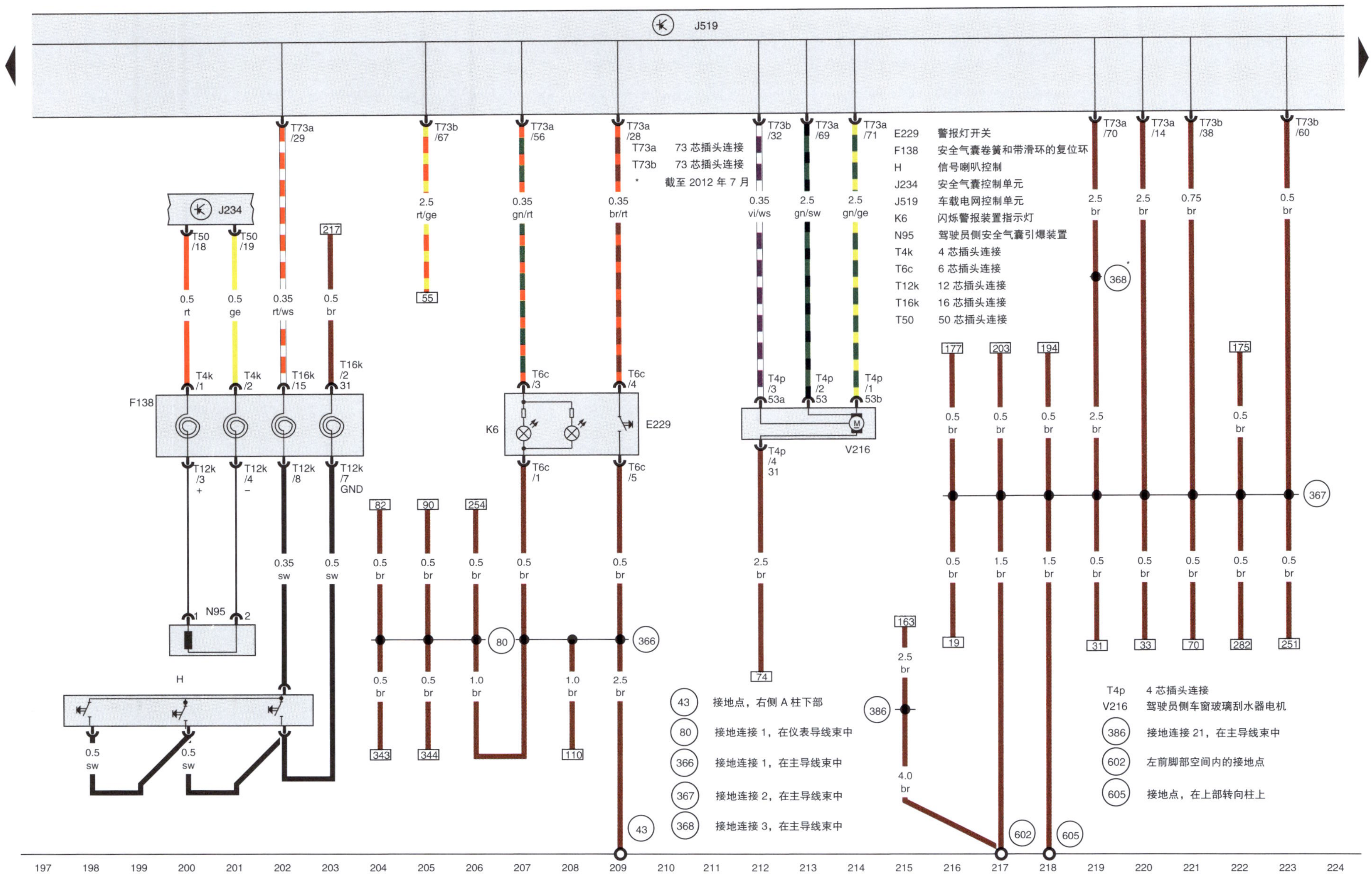

T73a	73 芯插头连接
T73b	73 芯插头连接
*	截至 2012 年 7 月
E229	警报灯开关
F138	安全气囊卷簧和带滑环的复位环
H	信号喇叭控制
J234	安全气囊控制单元
J519	车载电网控制单元
K6	闪烁警报装置指示灯
N95	驾驶员侧安全气囊引爆装置
T4k	4 芯插头连接
T6c	6 芯插头连接
T12k	12 芯插头连接
T16k	16 芯插头连接
T50	50 芯插头连接
T4p	4 芯插头连接
V216	驾驶员侧车窗玻璃刮水器电机

43 接地点，右侧 A 柱下部

80 接地连接 1，在仪表导线束中

366 接地连接 1，在主导线束中

367 接地连接 2，在主导线束中

368 接地连接 3，在主导线束中

386 接地连接 21，在主导线束中

602 左前脚部空间内的接地点

605 接地点，在上部转向柱上

高音喇叭，低音喇叭，车载电网控制单元，负导线中的调频频率分滤器，正导线中的调频频率分滤器，可加热式后窗玻璃，后备厢照明，阅读灯，左侧中部，阅读灯，右侧中部

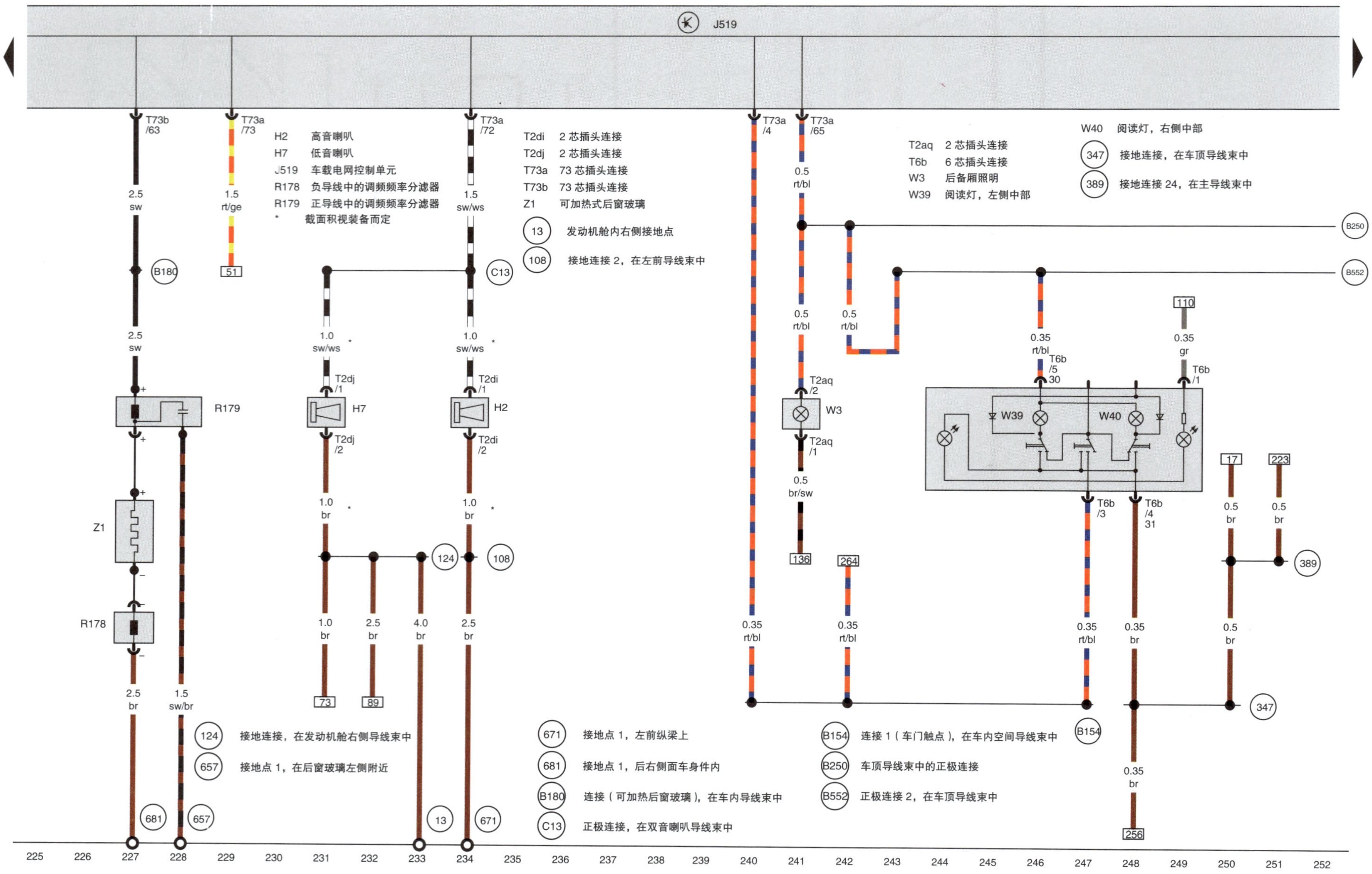

手套箱照明灯开关，驾驶员侧化妆镜接触开关，副驾驶员侧化妆镜接触开关，车载电网控制单元，手套箱照明灯，左后阅读灯，右后阅读灯，副驾驶员侧带照明功能的化妆镜，驾驶员侧带照明功能的化妆镜，后部车内照明，制动信号灯开关，绝缘二极管，点烟器照明灯泡，点烟器，12V插座，12V插座2

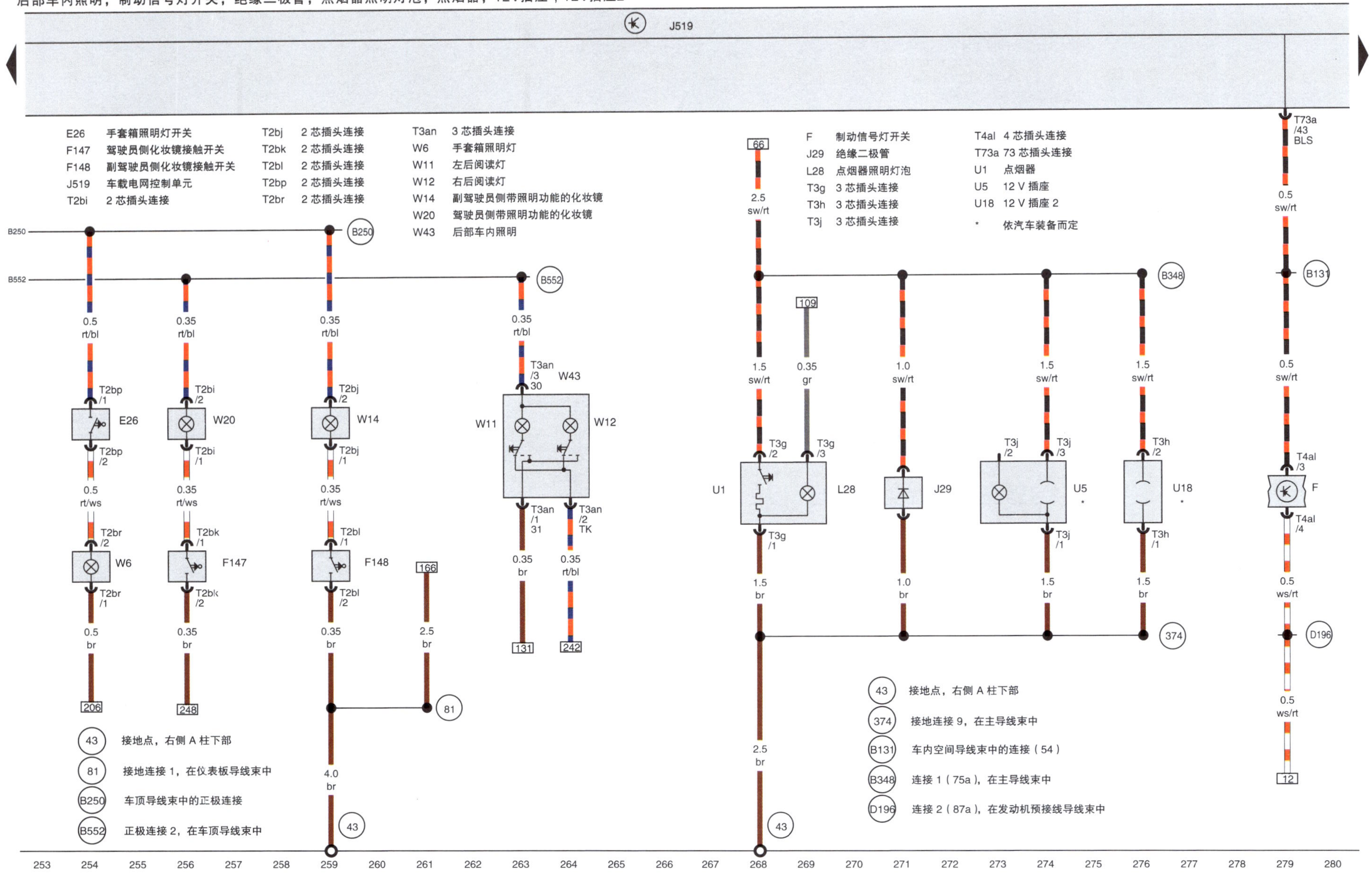

防盗锁止系统识读线圈，手制动器指示灯开关，制动液液位警告信号触点，防盗锁止系统控制单元，车载电网控制单元,仪表板，安全气囊指示灯，电子油门故障信号灯，ASR和ESP指示灯，选挡杆指示灯，燃油储备显示，发电机指示灯,后雾灯指示灯，ABS指示灯，发动机电子系统指示灯，电控机械式转向助力器指示灯，车门打开指示灯，灯泡失灵指示灯

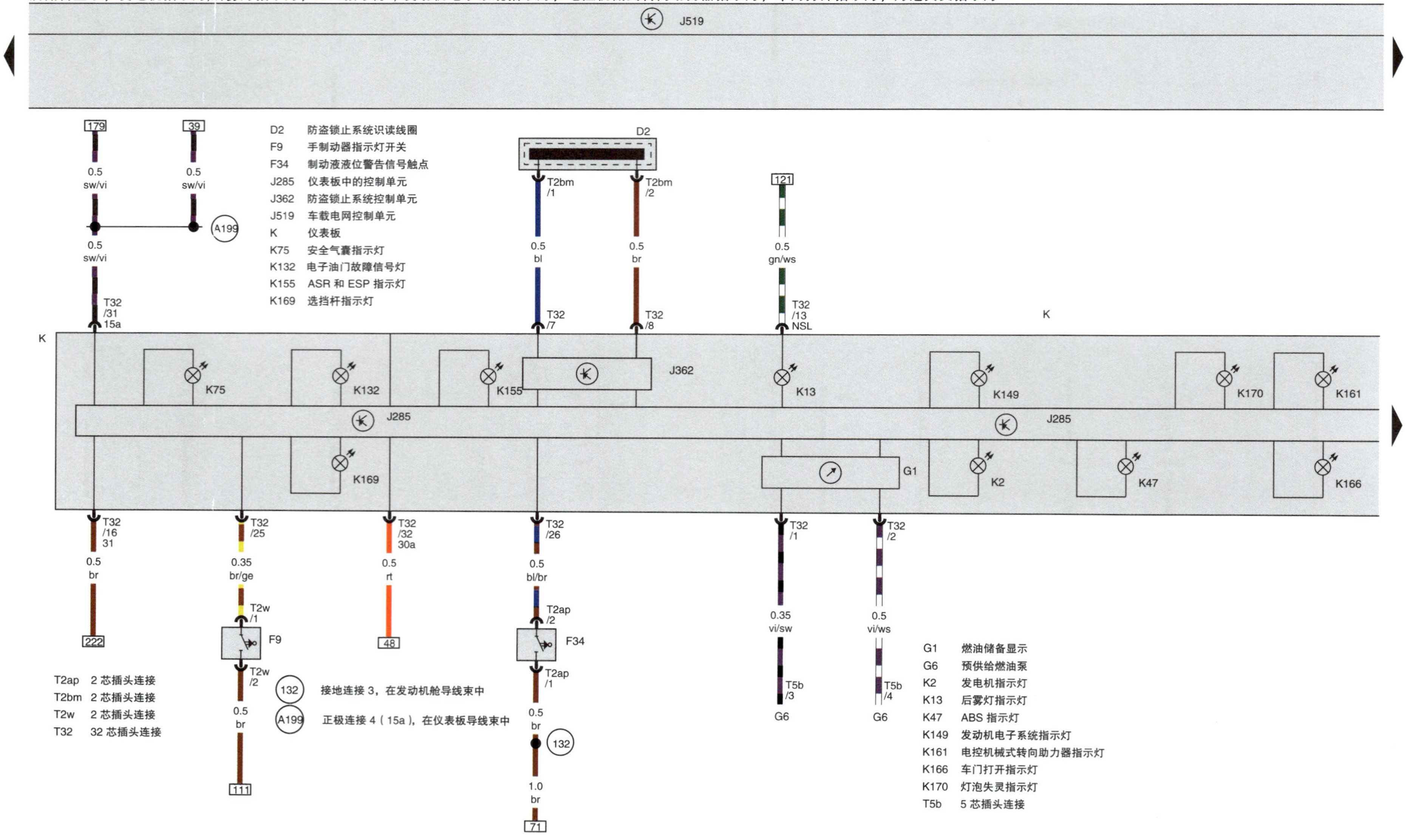

D2 防盗锁止系统识读线圈
F9 手制动器指示灯开关
F34 制动液液位警告信号触点
J285 仪表板中的控制单元
J362 防盗锁止系统控制单元
J519 车载电网控制单元
K 仪表板
K75 安全气囊指示灯
K132 电子油门故障信号灯
K155 ASR 和 ESP 指示灯
K169 选挡杆指示灯

T2ap 2 芯插头连接
T2bm 2 芯插头连接
T2w 2 芯插头连接
T32 32 芯插头连接

(132) 接地连接 3，在发动机舱导线束中
(A199) 正极连接 4（15a），在仪表板导线束中

G1 燃油储备显示
G6 预供给燃油泵
K2 发电机指示灯
K13 后雾灯指示灯
K47 ABS 指示灯
K149 发动机电子系统指示灯
K161 电控机械式转向助力器指示灯
K166 车门打开指示灯
K170 灯泡失灵指示灯
T5b 5 芯插头连接

281 282 283 284 285 286 287 288 289 290 291 292 293 294 295 296 297 298 299 300 301 302 303 304 305 306 307 308

油压开关，车外温度传感器，冷却液不足显示传感器，多功能显示器，车载电网控制单元，仪表板，GRA 指示灯，左侧转向信号灯指示灯，右侧转向信号指示灯，远光灯指示灯，机油压力指示灯，安全带警告指示灯，冷却液温度和冷却液不足显示指示灯，制动摩擦片指示灯，废气警告灯，发动机防盗锁止系统指示灯，制动系统指示灯，白天行车灯指示灯

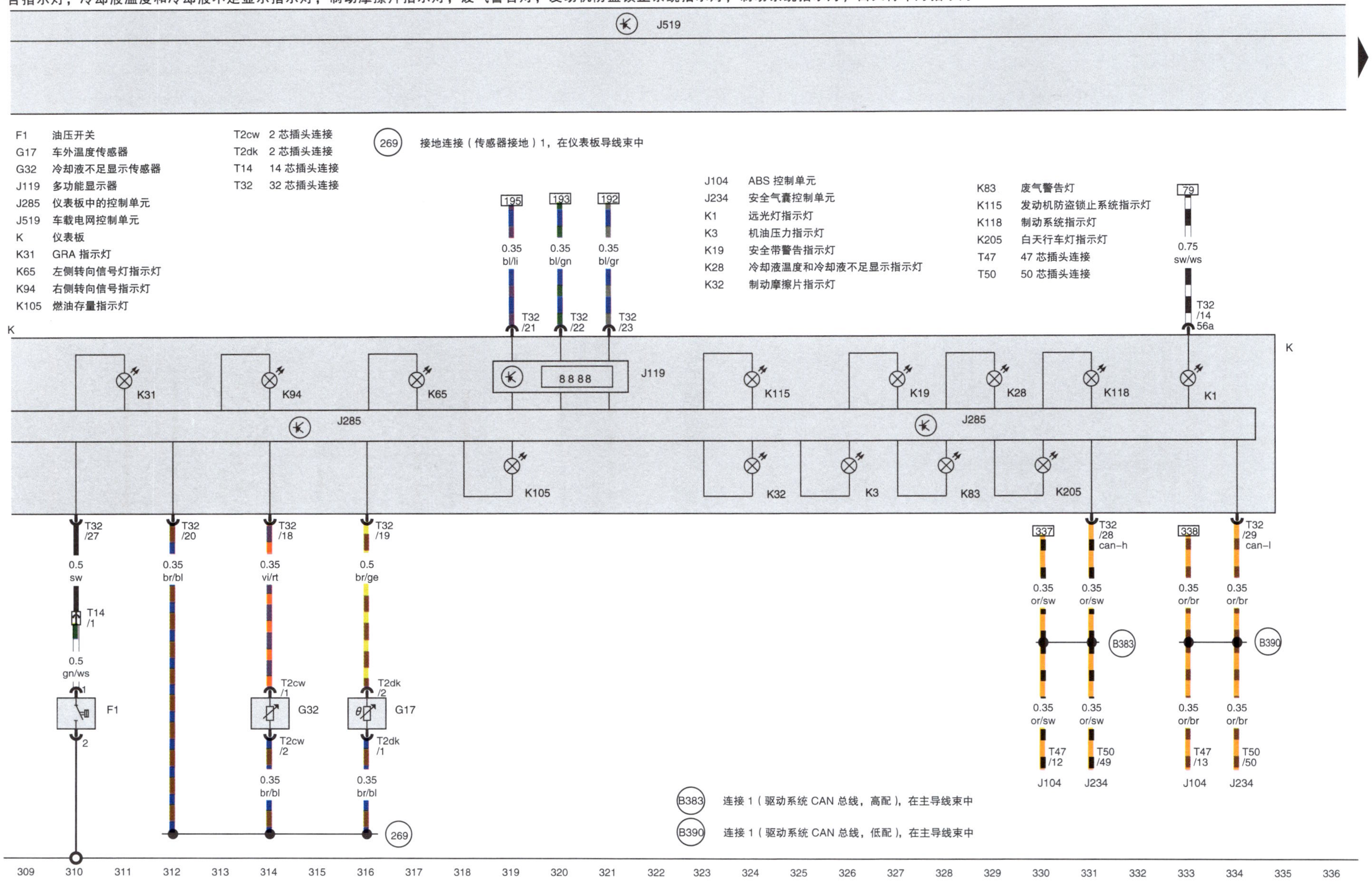

F1 油压开关
G17 车外温度传感器
G32 冷却液不足显示传感器
J119 多功能显示器
J285 仪表板中的控制单元
J519 车载电网控制单元
K 仪表板
K31 GRA 指示灯
K65 左侧转向信号灯指示灯
K94 右侧转向信号指示灯
K105 燃油存量指示灯

T2cw 2 芯插头连接
T2dk 2 芯插头连接
T14 14 芯插头连接
T32 32 芯插头连接

(269) 接地连接（传感器接地）1，在仪表板导线束中

J104 ABS 控制单元
J234 安全气囊控制单元
K1 远光灯指示灯
K3 机油压力指示灯
K19 安全带警告指示灯
K28 冷却液温度和冷却液不足显示指示灯
K32 制动摩擦片指示灯

K83 废气警告灯
K115 发动机防盗锁止系统指示灯
K118 制动系统指示灯
K205 白天行车灯指示灯
T47 47 芯插头连接
T50 50 芯插头连接

(B383) 连接 1（驱动系统 CAN 总线，高配），在主导线束中
(B390) 连接 1（驱动系统 CAN 总线，低配），在主导线束中

车载电网控制单元，数据总线诊断接口

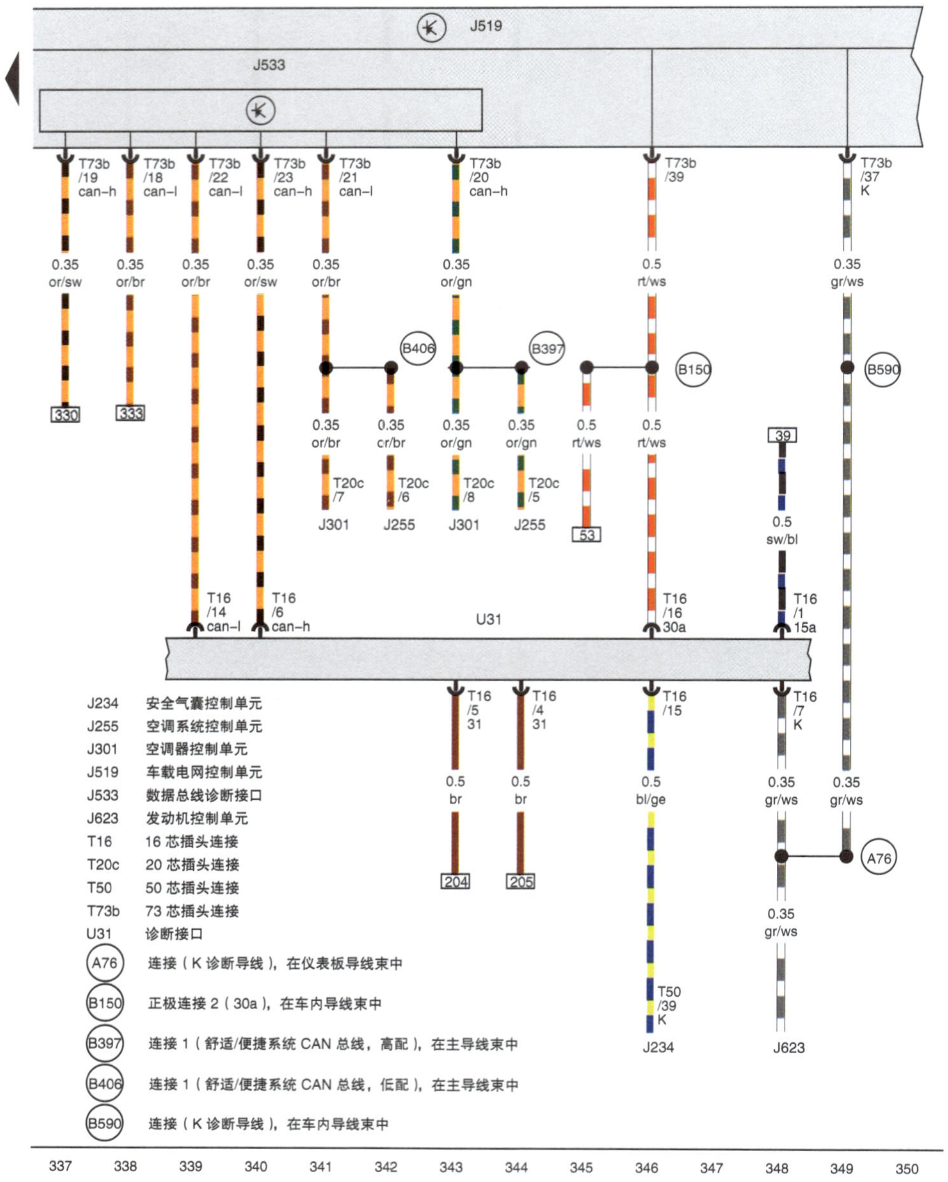

J234 安全气囊控制单元
J255 空调系统控制单元
J301 空调器控制单元
J519 车载电网控制单元
J533 数据总线诊断接口
J623 发动机控制单元
T16 16 芯插头连接
T20c 20 芯插头连接
T50 50 芯插头连接
T73b 73 芯插头连接
U31 诊断接口
A76 连接（K 诊断导线），在仪表板导线束中
B150 正极连接 2（30a），在车内导线束中
B397 连接 1（舒适/便捷系统 CAN 总线，高配），在主导线束中
B406 连接 1（舒适/便捷系统 CAN 总线，低配），在主导线束中
B590 连接（K 诊断导线），在车内导线束中

车载电网控制单元 -J519-（仅限带 PR 编号 AW0 的车辆）

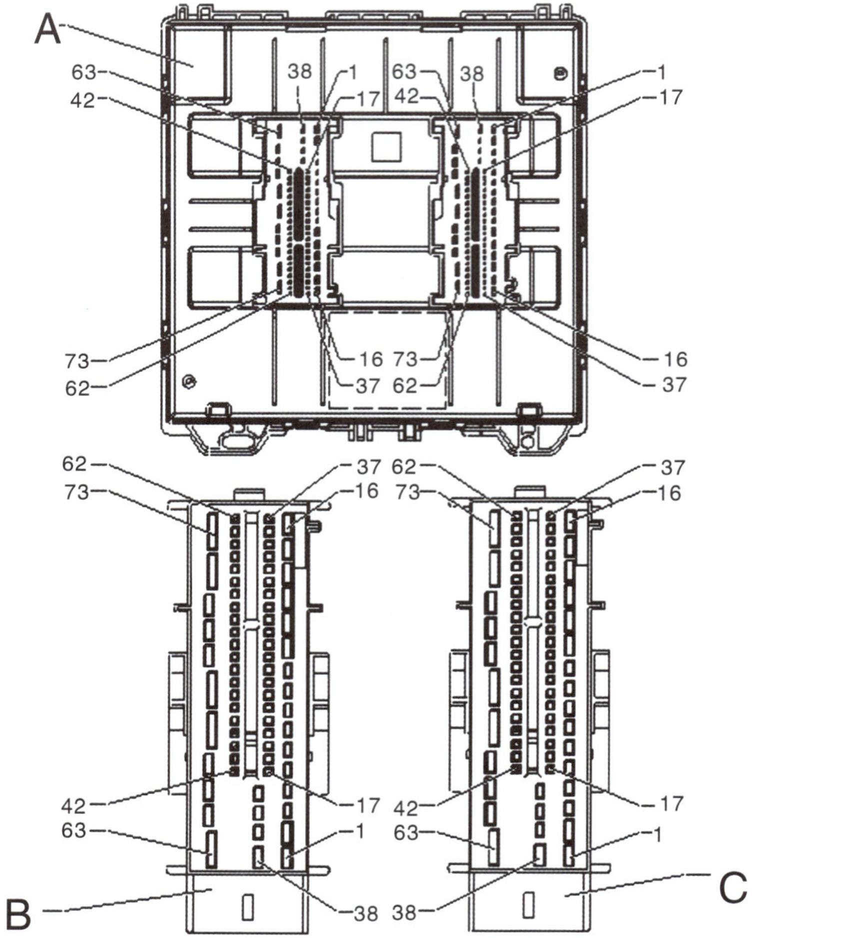

B- 73 芯黑色插头连接 -T73a- C- 73 芯白色插头连接 -T73b-

二、高配（AW1）

刮水器电机转换继电器1，车载电网控制单元，熔丝架A上的熔丝1，熔丝架A上的熔丝4，熔丝座B，熔丝架B上的熔丝19，熔丝架B上的熔丝28，熔丝架B上的熔丝29，刮水器电机转换继电器2，供电继电器2，端子15，熔丝座C，熔丝架B 上的熔丝30

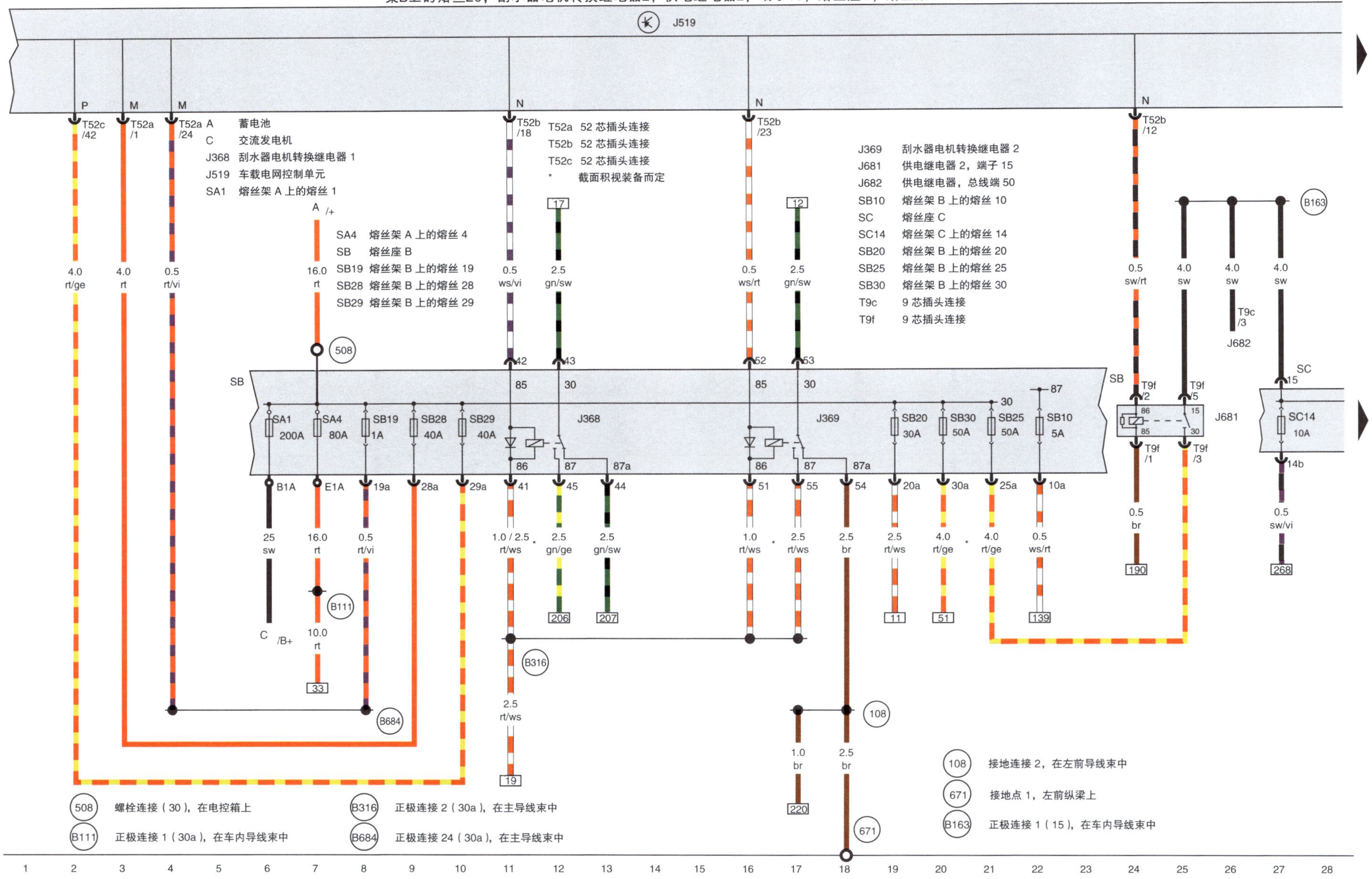

A　蓄电池
C　交流发电机
J368　刮水器电机转换继电器 1
J519　车载电网控制单元
SA1　熔丝架 A 上的熔丝 1
SA4　熔丝架 A 上的熔丝 4
SB　熔丝座 B
SB19　熔丝架 B 上的熔丝 19
SB28　熔丝架 B 上的熔丝 28
SB29　熔丝架 B 上的熔丝 29
T52a　52 芯插头连接
T52b　52 芯插头连接
T52c　52 芯插头连接
*　截面积视装备而定
J369　刮水器电机转换继电器 2
J681　供电继电器 2，端子 15
J682　供电继电器，总线端 50
SB10　熔丝架 B 上的熔丝 10
SC　熔丝座 C
SC14　熔丝架 C 上的熔丝 14
SB20　熔丝架 B 上的熔丝 20
SB25　熔丝架 B 上的熔丝 25
SB30　熔丝架 B 上的熔丝 30
T9c　9 芯插头连接
T9f　9 芯插头连接

508　螺栓连接（30），在电控箱上
B111　正极连接 1（30a），在车内导线束中
B316　正极连接 2（30a），在主导线束中
B684　正极连接 24（30a），在主导线束中
108　接地连接 2，在左前导线束中
671　接地点 1，左前纵梁上
B163　正极连接 1（15），在车内导线束中

车载电网控制单元，熔丝座C，供电继电器1，端子75，右侧前雾灯灯泡，右侧弯道灯灯泡

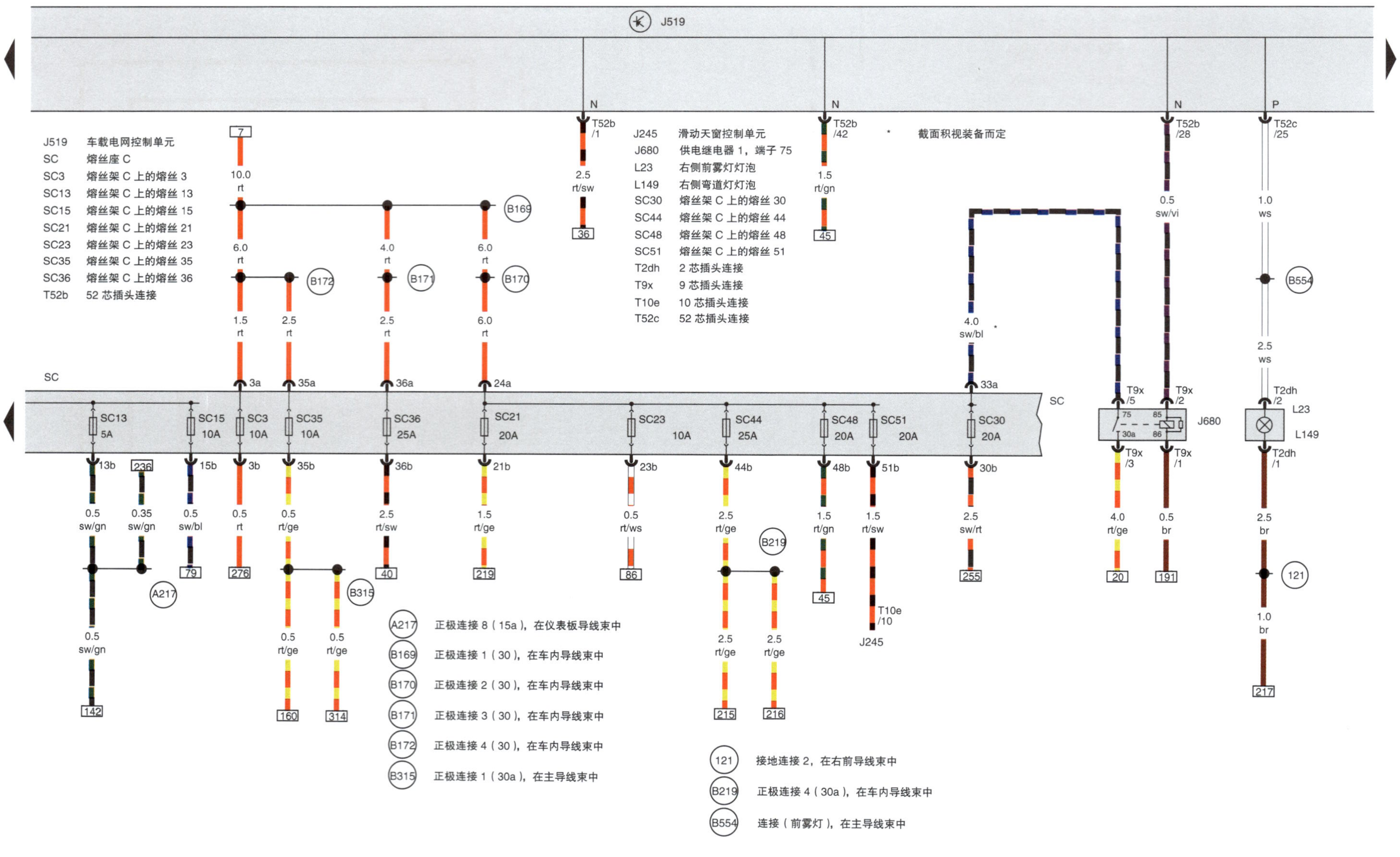

J519	车载电网控制单元
SC	熔丝座 C
SC3	熔丝架 C 上的熔丝 3
SC13	熔丝架 C 上的熔丝 13
SC15	熔丝架 C 上的熔丝 15
SC21	熔丝架 C 上的熔丝 21
SC23	熔丝架 C 上的熔丝 23
SC35	熔丝架 C 上的熔丝 35
SC36	熔丝架 C 上的熔丝 36
T52b	52 芯插头连接

J245	滑动天窗控制单元
J680	供电继电器 1，端子 75
L23	右侧前雾灯灯泡
L149	右侧弯道灯灯泡
SC30	熔丝架 C 上的熔丝 30
SC44	熔丝架 C 上的熔丝 44
SC48	熔丝架 C 上的熔丝 48
SC51	熔丝架 C 上的熔丝 51
T2dh	2 芯插头连接
T9x	9 芯插头连接
T10e	10 芯插头连接
T52c	52 芯插头连接

* 截面积视装备而定

A217	正极连接 8（15a），在仪表板导线束中
B169	正极连接 1（30），在车内导线束中
B170	正极连接 2（30），在车内导线束中
B171	正极连接 3（30），在车内导线束中
B172	正极连接 4（30），在车内导线束中
B315	正极连接 1（30a），在主导线束中

121	接地连接 2，在右前导线束中
B219	正极连接 4（30a），在车内导线束中
B554	连接（前雾灯），在主导线束中

29 30 31 32 33 34 35 36 37 38 39 40 41 42 43 44 45 46 47 48 49 50 51 52 53 54 55 56

车载电网控制单元，左侧前雾灯灯泡，左侧弯道灯灯泡，左侧白天行车灯灯泡，左前大灯，左侧停车灯灯泡，左前转向信号灯灯泡，左侧大灯照明距离调节伺服电机，开关和仪表照明调节器，大灯照明距离调节器，右前大灯，右侧停车灯灯泡，右前转向信号灯灯泡,右侧大灯照明距离调节伺服电机

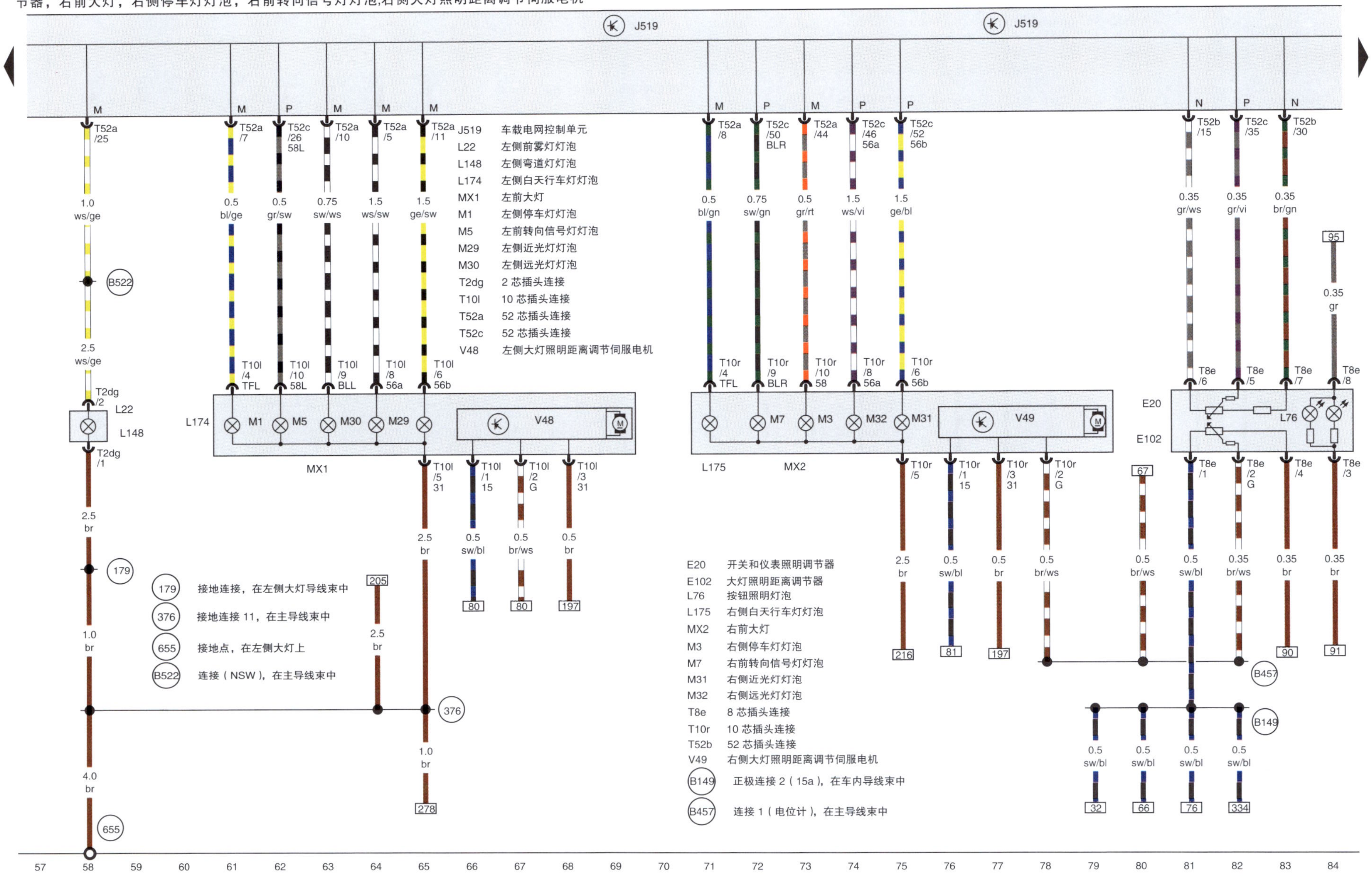

J519　车载电网控制单元
L22　左侧前雾灯灯泡
L148　左侧弯道灯灯泡
L174　左侧白天行车灯灯泡
MX1　左前大灯
M1　左侧停车灯灯泡
M5　左前转向信号灯灯泡
M29　左侧近光灯灯泡
M30　左侧远光灯灯泡
T2dg　2 芯插头连接
T10l　10 芯插头连接
T52a　52 芯插头连接
T52c　52 芯插头连接
V48　左侧大灯照明距离调节伺服电机

E20　开关和仪表照明调节器
E102　大灯照明距离调节器
L76　按钮照明灯泡
L175　右侧白天行车灯灯泡
MX2　右前大灯
M3　右侧停车灯灯泡
M7　右前转向信号灯灯泡
M31　右侧近光灯灯泡
M32　右侧远光灯灯泡
T8e　8 芯插头连接
T10r　10 芯插头连接
T52b　52 芯插头连接
V49　右侧大灯照明距离调节伺服电机
B149　正极连接 2（15a），在车内导线束中
B457　连接 1（电位计），在主导线束中

179　接地连接，在左侧大灯导线束中
376　接地连接 11，在主导线束中
655　接地点，在左侧大灯上
B522　连接（NSW），在主导线束中

车灯开关，前雾灯开关，后雾灯开关，车载电网控制单元，自动车灯控制指示灯，左侧后雾灯灯泡，右侧尾灯灯泡，左侧尾灯，左后转向信号灯灯泡，左侧制动信号灯灯泡，右侧倒车灯灯泡

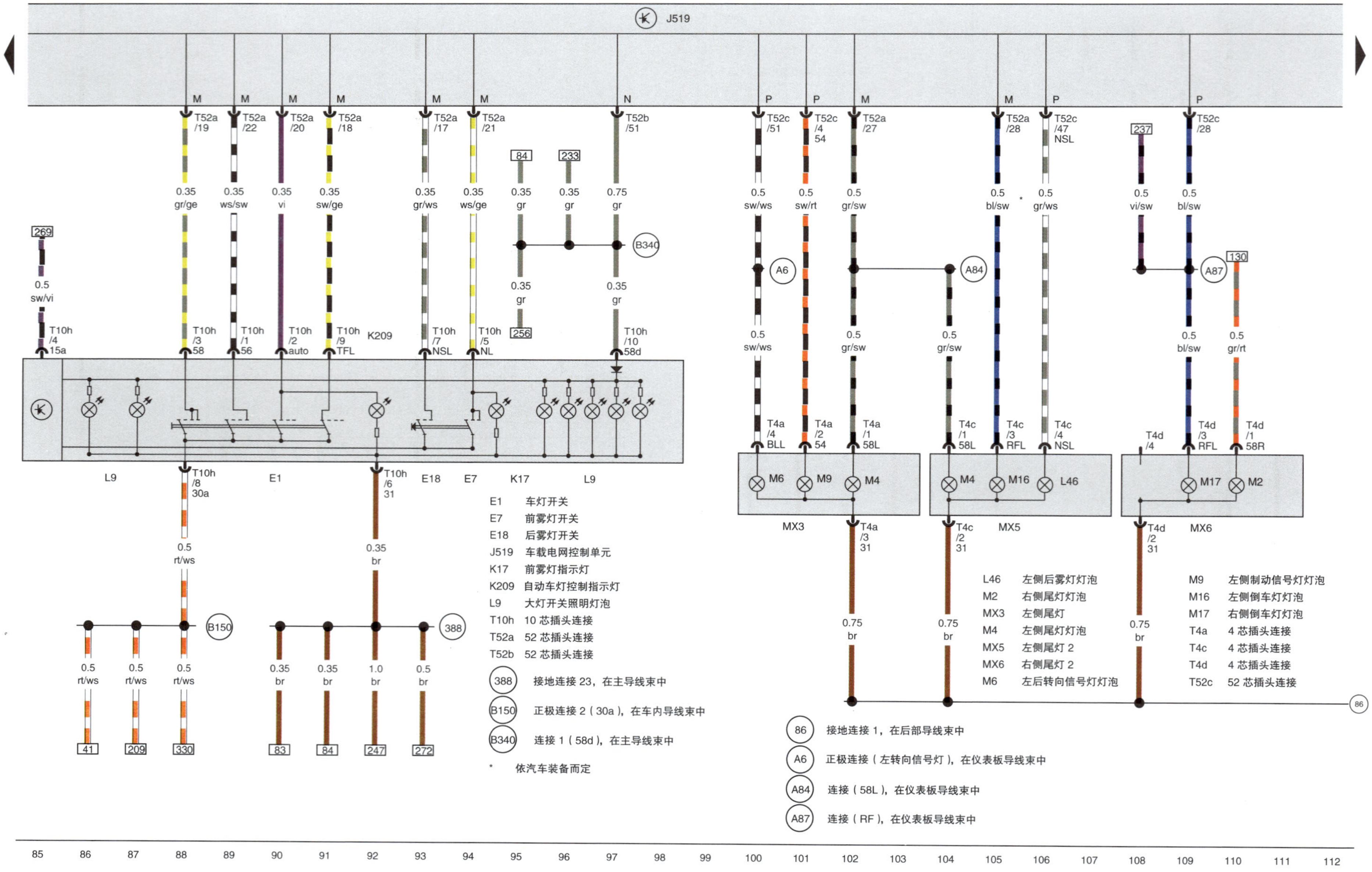

E1 车灯开关
E7 前雾灯开关
E18 后雾灯开关
J519 车载电网控制单元
K17 前雾灯指示灯
K209 自动车灯控制指示灯
L9 大灯开关照明灯泡
T10h 10 芯插头连接
T52a 52 芯插头连接
T52b 52 芯插头连接

(388) 接地连接 23，在主导线束中
(B150) 正极连接 2（30a），在车内导线束中
(B340) 连接 1（58d），在主导线束中
* 依汽车装备而定

L46 左侧后雾灯灯泡
M2 右侧尾灯灯泡
MX3 左侧尾灯
M4 左侧尾灯灯泡
MX5 左侧尾灯 2
MX6 右侧尾灯 2
M6 左后转向信号灯灯泡

M9 左侧制动信号灯灯泡
M16 左侧倒车灯灯泡
M17 右侧倒车灯灯泡
T4a 4 芯插头连接
T4c 4 芯插头连接
T4d 4 芯插头连接
T52c 52 芯插头连接

(86) 接地连接 1，在后部导线束中
(A6) 正极连接（左转向信号灯），在仪表板导线束中
(A84) 连接（58L），在仪表板导线束中
(A87) 连接（RF），在仪表板导线束中

尾门把手中的解锁按钮，后备厢照明开关，后备厢盖闭锁单元，车载电网控制单元，尾门盖板电动开启装置的电机，牌照灯，制动信号灯开关，右侧尾灯，右后转向信号灯灯泡，右侧制动信号灯灯泡，高位制动信号灯灯泡

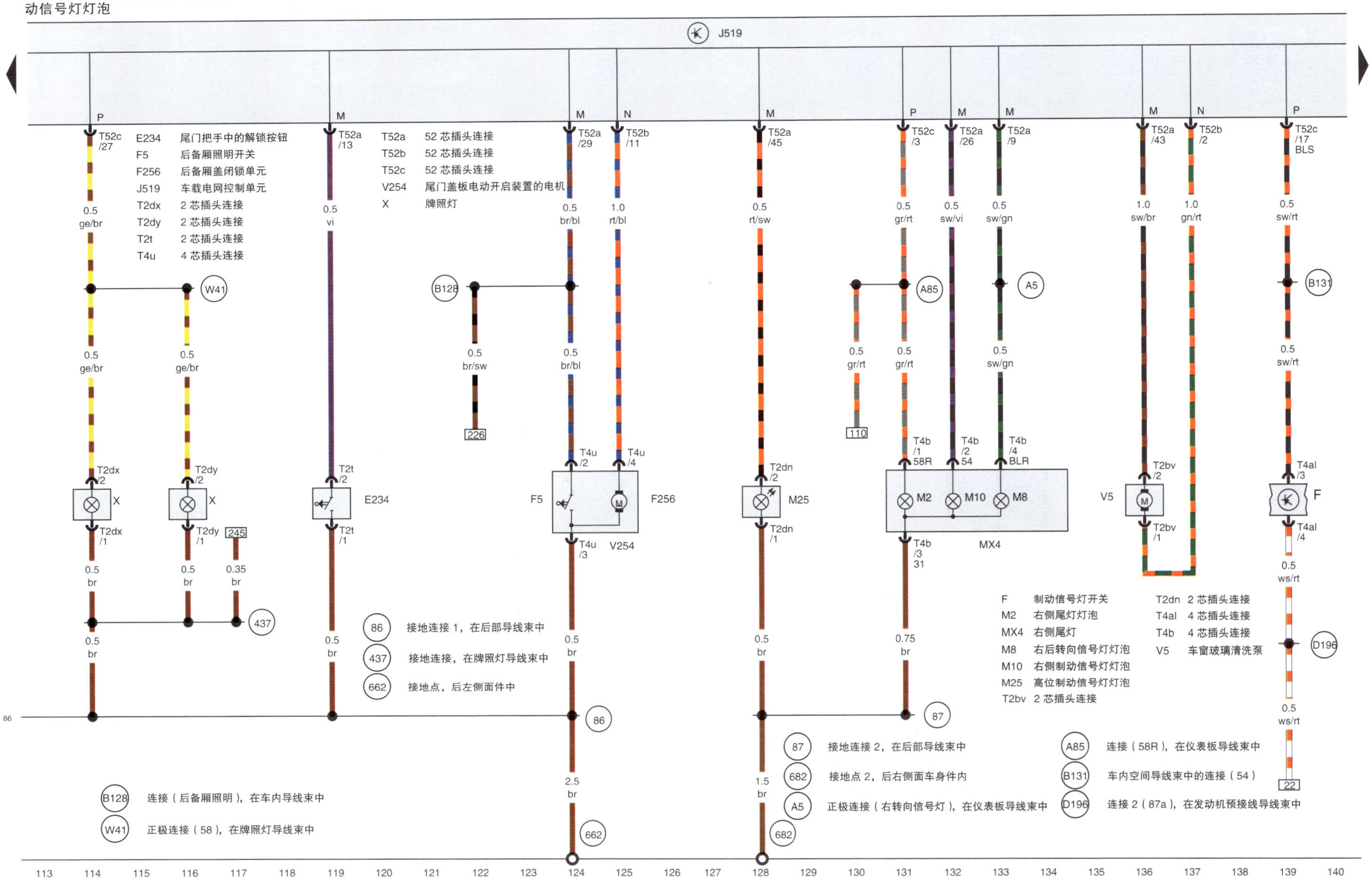

E234 尾门把手中的解锁按钮
F5 后备厢照明开关
F256 后备厢盖闭锁单元
J519 车载电网控制单元
T2dx 2 芯插头连接
T2dy 2 芯插头连接
T2t 2 芯插头连接
T4u 4 芯插头连接

T52a 52 芯插头连接
T52b 52 芯插头连接
T52c 52 芯插头连接
V254 尾门盖板电动开启装置的电机
X 牌照灯

86 接地连接 1，在后部导线束中
437 接地连接，在牌照灯导线束中
662 接地点，后左侧面件中

B128 连接（后备厢照明），在车内导线束中
W41 正极连接（58），在牌照灯导线束中

F 制动信号灯开关
M2 右侧尾灯灯泡
MX4 右侧尾灯
M8 右后转向信号灯灯泡
M10 右侧制动信号灯灯泡
M25 高位制动信号灯灯泡
T2bv 2 芯插头连接

T2dn 2 芯插头连接
T4al 4 芯插头连接
T4b 4 芯插头连接
V5 车窗玻璃清洗泵

87 接地连接 2，在后部导线束中
682 接地点 2，后右侧面车身件内
A5 正极连接（右转向信号灯），在仪表板导线束中

A85 连接（58R），在仪表板导线束中
B131 车内空间导线束中的连接（54）
D196 连接 2（87a），在发动机预接线导线束中

倒车灯开关，驾驶员侧车门控制单元，副驾驶员侧车门控制单元，车载电网控制单元，驾驶员侧外后视镜警告灯泡，副驾驶员侧外后视镜警告灯泡，油箱盖锁止装置电机，右侧转向柱开关，间歇式刮水器运行开关，车窗玻璃刮水器间歇运行调节器，车窗玻璃清洗泵开关（自动刮水/清洗装置和大灯清洗装置），转向柱电子装置控制单元

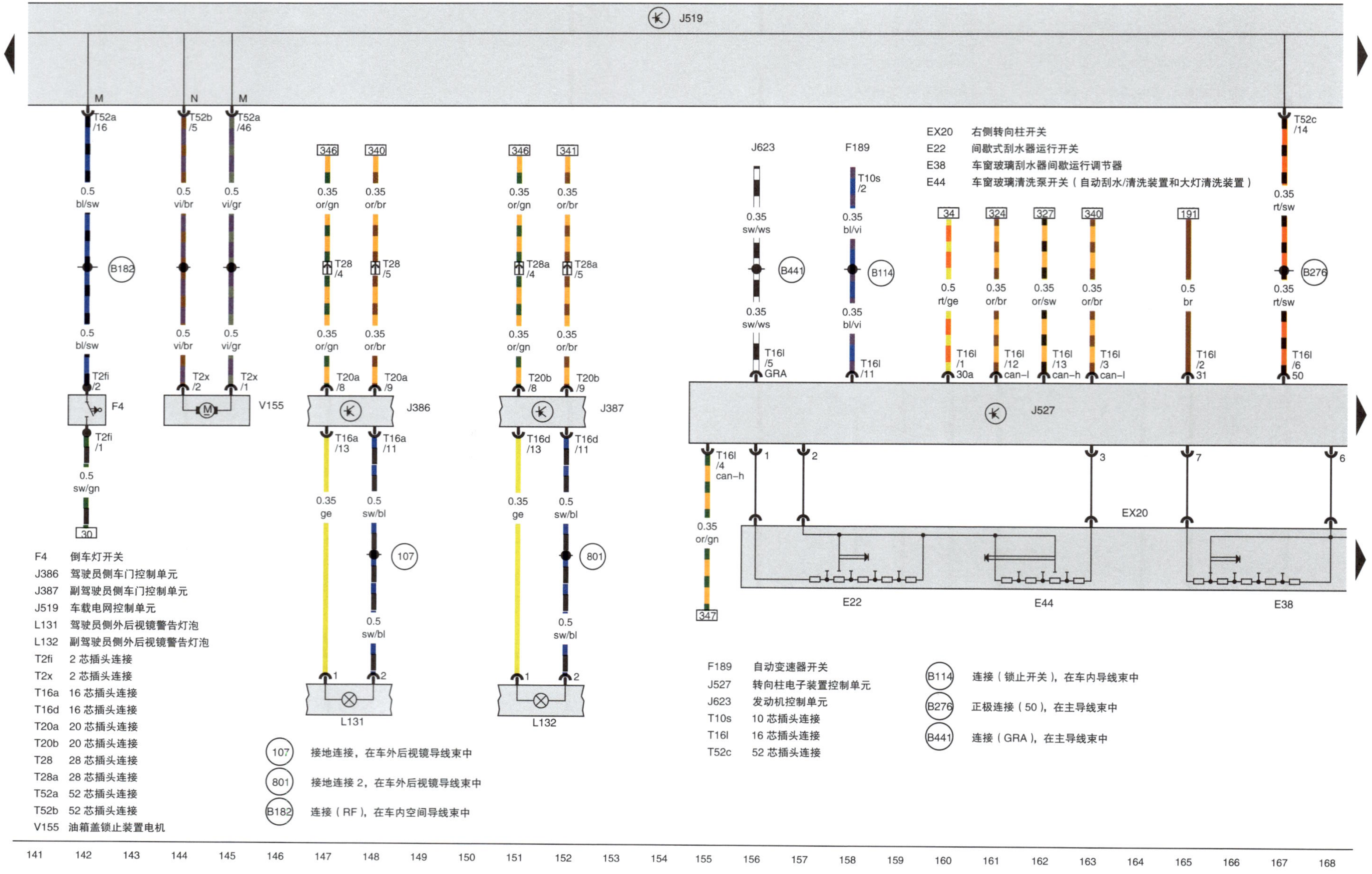

EX20　右侧转向柱开关
E22　间歇式刮水器运行开关
E38　车窗玻璃刮水器间歇运行调节器
E44　车窗玻璃清洗泵开关（自动刮水/清洗装置和大灯清洗装置）

F4　倒车灯开关
J386　驾驶员侧车门控制单元
J387　副驾驶员侧车门控制单元
J519　车载电网控制单元
L131　驾驶员侧外后视镜警告灯泡
L132　副驾驶员侧外后视镜警告灯泡
T2fi　2 芯插头连接
T2x　2 芯插头连接
T16a　16 芯插头连接
T16d　16 芯插头连接
T20a　20 芯插头连接
T20b　20 芯插头连接
T28　28 芯插头连接
T28a　28 芯插头连接
T52a　52 芯插头连接
T52b　52 芯插头连接
V155　油箱盖锁止装置电机

(107)　接地连接，在车外后视镜导线束中
(801)　接地连接 2，在车外后视镜导线束中
(B182)　连接（RF），在车内空间导线束中

F189　自动变速器开关
J527　转向柱电子装置控制单元
J623　发动机控制单元
T10s　10 芯插头连接
T16l　16 芯插头连接
T52c　52 芯插头连接

(B114)　连接（锁止开关），在车内导线束中
(B276)　正极连接（50），在主导线束中
(B441)　连接（GRA），在主导线束中

点火启动开关，转向信号灯开关，手动防眩目功能和远光灯瞬时接通功能开关，左侧转向柱开关，右侧转向柱开关，定速巡航装置开关，GRA 设置按钮，车载电网控制单元，转向柱电子装置控制单元，安全气囊卷簧和带滑环的复位环，信号喇叭控制

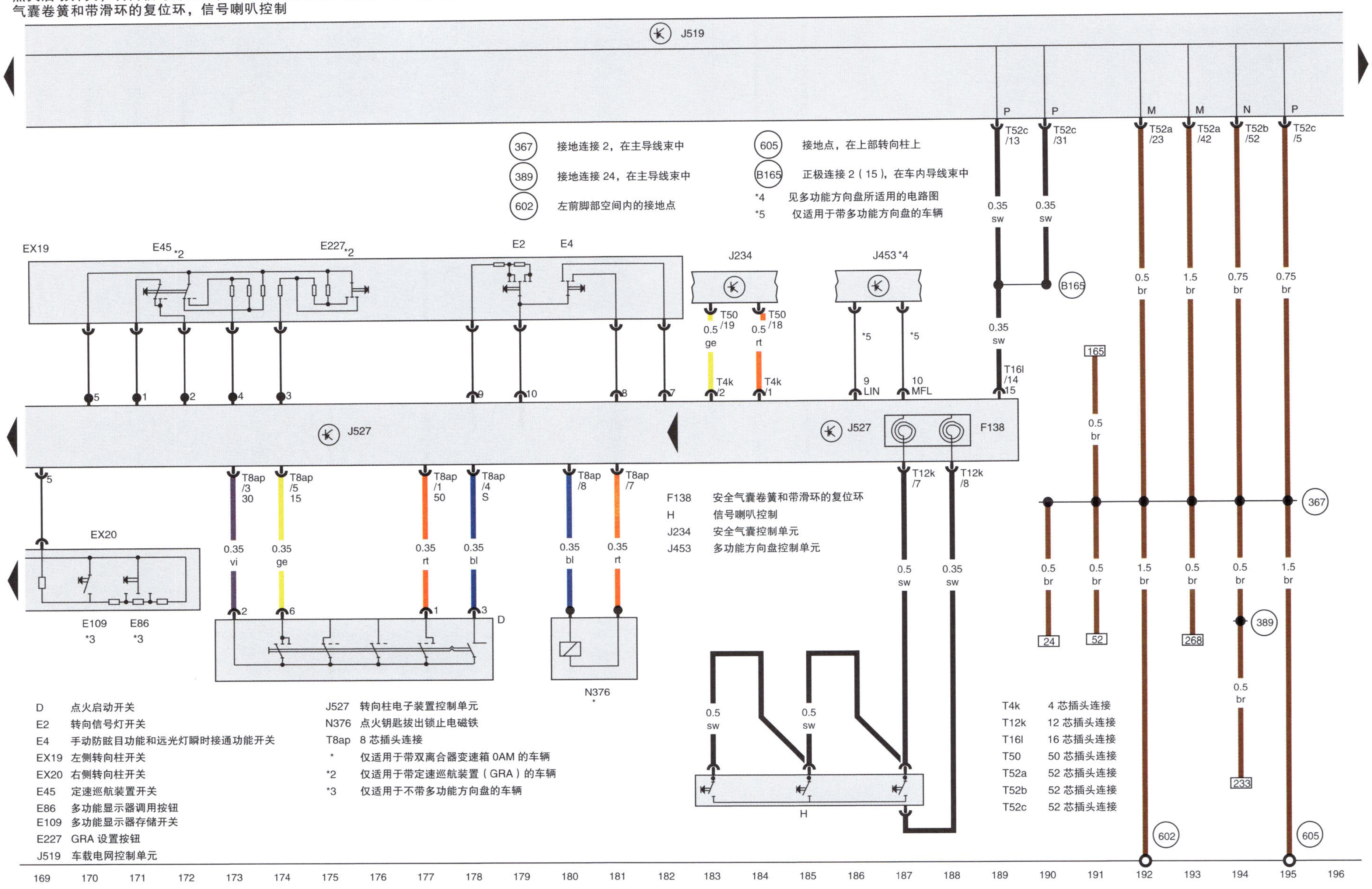

367 接地连接 2，在主导线束中

389 接地连接 24，在主导线束中

602 左前脚部空间内的接地点

605 接地点，在上部转向柱上

B165 正极连接 2（15），在车内导线束中

*4 见多功能方向盘所适用的电路图

*5 仅适用于带多功能方向盘的车辆

F138 安全气囊卷簧和带滑环的复位环

H 信号喇叭控制

J234 安全气囊控制单元

J453 多功能方向盘控制单元

D 点火启动开关

E2 转向信号灯开关

E4 手动防眩目功能和远光灯瞬时接通功能开关

EX19 左侧转向柱开关

EX20 右侧转向柱开关

E45 定速巡航装置开关

E86 多功能显示器调用按钮

E109 多功能显示器存储开关

E227 GRA 设置按钮

J519 车载电网控制单元

J527 转向柱电子装置控制单元

N376 点火钥匙拔出锁止电磁铁

T8ap 8 芯插头连接

* 仅适用于带双离合器变速箱 0AM 的车辆

*2 仅适用于带定速巡航装置（GRA）的车辆

*3 仅适用于不带多功能方向盘的车辆

T4k 4 芯插头连接

T12k 12 芯插头连接

T16l 16 芯插头连接

T50 50 芯插头连接

T52a 52 芯插头连接

T52b 52 芯插头连接

T52c 52 芯插头连接

手套箱照明灯开关，发动机舱盖接触开关，车载电网控制单元，驾驶员侧车窗玻璃刮水器电机，手套箱照明灯，高音喇叭，低音喇叭，双音喇叭继电器，可加热后窗玻璃继电器，可加热式后窗玻璃

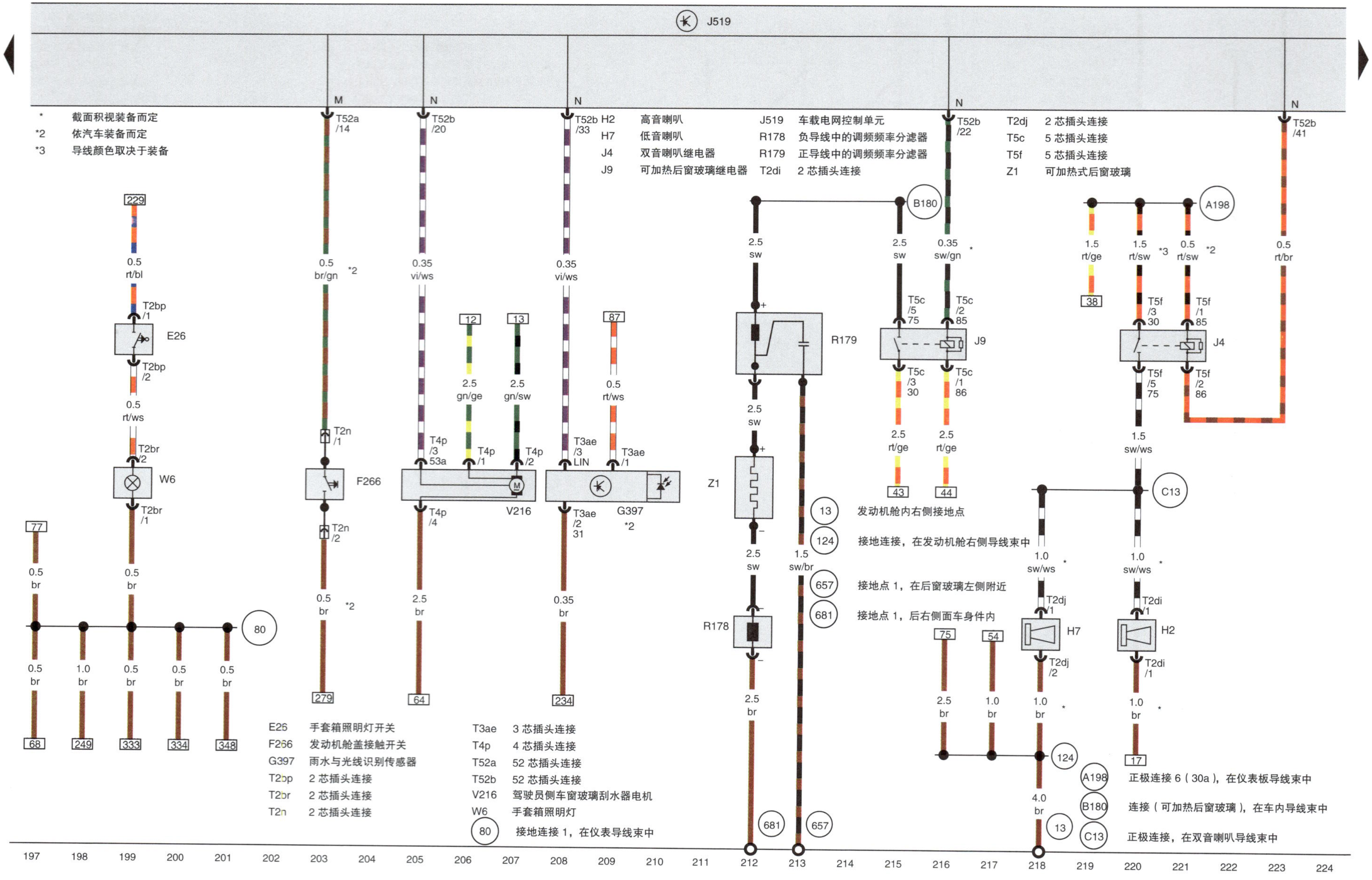

* 截面积视装备而定

*2 依汽车装备而定

*3 导线颜色取决于装备

E26	手套箱照明灯开关
F266	发动机舱盖接触开关
G397	雨水与光线识别传感器
T2bp	2 芯插头连接
T2br	2 芯插头连接
T2n	2 芯插头连接
T3ae	3 芯插头连接
T4p	4 芯插头连接
T52a	52 芯插头连接
T52b	52 芯插头连接
V216	驾驶员侧车窗玻璃刮水器电机
W6	手套箱照明灯
80	接地连接 1，在仪表导线束中
H2	高音喇叭
H7	低音喇叭
J4	双音喇叭继电器
J9	可加热后窗玻璃继电器
J519	车载电网控制单元
R178	负导线中的调频频率分滤器
R179	正导线中的调频频率分滤器
T2di	2 芯插头连接
T2dj	2 芯插头连接
T5c	5 芯插头连接
T5f	5 芯插头连接
Z1	可加热式后窗玻璃
13	发动机舱内右侧接地点
124	接地连接，在发动机舱右侧导线束中
657	接地点 1，在后窗玻璃左侧附近
681	接地点 1，后右侧面车身件内
A198	正极连接 6（30a），在仪表板导线束中
B180	连接（可加热后窗玻璃），在车内导线束中
C13	正极连接，在双音喇叭导线束中

车载电网控制单元，前部车内照明灯，后备厢照明，阅读灯，右侧中部，自动防眩的车内后视镜，警报灯开关，副驾驶员侧带照明功能的化妆镜，驾驶员侧带照明功能的化妆镜，后部车内照明

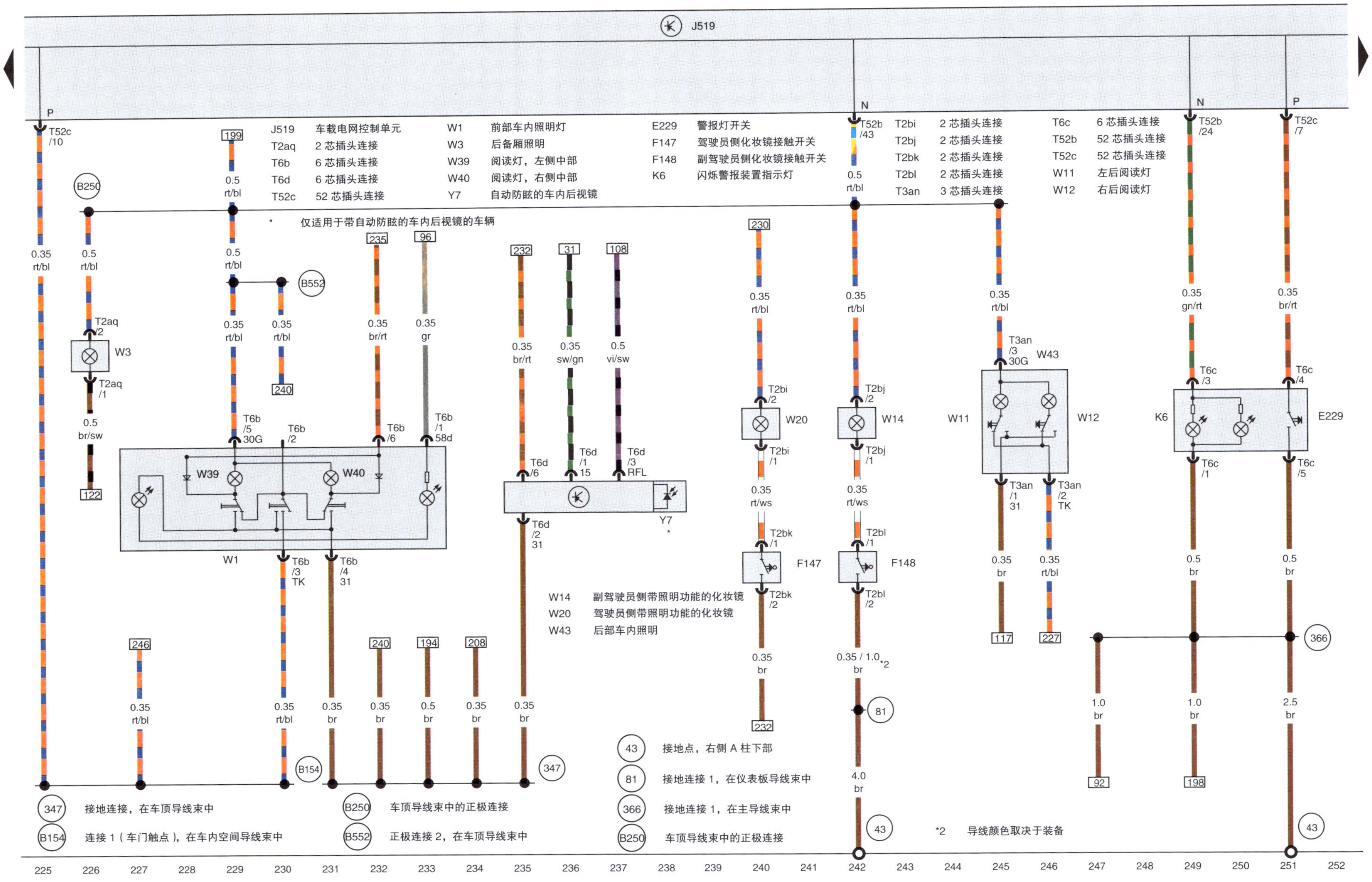

绝缘二极管，车载电网控制单元，点烟器照明灯泡，点烟器,12V插座，防盗锁止系统识读线圈，手制动器指示灯开关，制动液液位警告信号触点，防盗锁止系统控制单元，仪表板

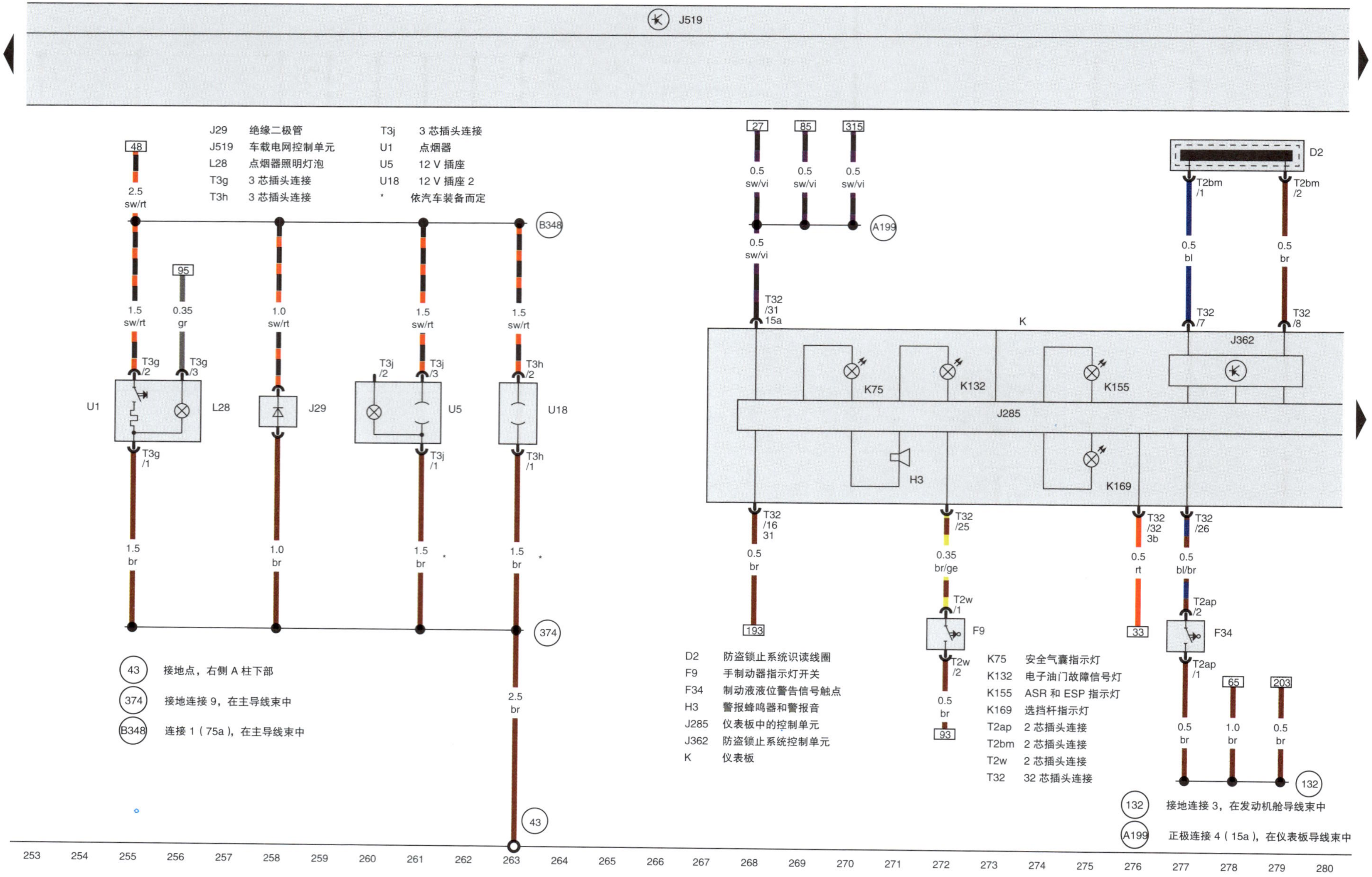

J29	绝缘二极管	T3j	3 芯插头连接
J519	车载电网控制单元	U1	点烟器
L28	点烟器照明灯泡	U5	12 V 插座
T3g	3 芯插头连接	U18	12 V 插座 2
T3h	3 芯插头连接	*	依汽车装备而定

- (43) 接地点，右侧 A 柱下部
- (374) 接地连接 9，在主导线束中
- (B348) 连接 1（75a），在主导线束中

D2	防盗锁止系统识读线圈
F9	手制动器指示灯开关
F34	制动液液位警告信号触点
H3	警报蜂鸣器和警报音
J285	仪表板中的控制单元
J362	防盗锁止系统控制单元
K	仪表板

K75	安全气囊指示灯
K132	电子油门故障信号灯
K155	ASR 和 ESP 指示灯
K169	选挡杆指示灯
T2ap	2 芯插头连接
T2bm	2 芯插头连接
T2w	2 芯插头连接
T32	32 芯插头连接

- (132) 接地连接 3，在发动机舱导线束中
- (A199) 正极连接 4（15a），在仪表板导线束中

车载电网控制单元，燃油泵控制单元，仪表板，油压开关，车外温度传感器，冷却液不足显示传感器

G1 燃油储备显示
J285 仪表板中的控制单元
J519 车载电网控制单元
J538 燃油泵控制单元
K 仪表板
K2 发电机指示灯
K3 机油压力指示灯
K31 GRA 指示灯
K47 ABS 指示灯
K65 左侧转向信号灯指示灯
K94 右侧转向信号指示灯
K149 发动机电子系统指示灯
K161 电控机械式转向助力器指示灯
T10a 10 芯插头连接
T10n 10 芯插头连接
T32 32 芯插头连接
F1 油压开关
F22 油压开关
G3 冷却液温度表
G17 车外温度传感器
G32 冷却液不足显示传感器
J285 仪表板中的控制单元
K 仪表板
K19 安全带警告指示灯
K28 冷却液温度和冷却液不足显示指示灯
K38 油位指示灯
K115 发动机防盗锁止系统指示灯
K118 制动系统指示灯
T1o 1 芯插头连接
T2cw 2 芯插头连接
T2dk 2 芯插头连接
T14 14 芯插头连接
T32 32 芯插头连接
(269) 接地连接（传感器接地）1，在仪表板导线束中
* 仅用于带 1.4 l 发动机的车辆
*2 仅用于带 1.8 l 发动机 Total Flex 的车辆

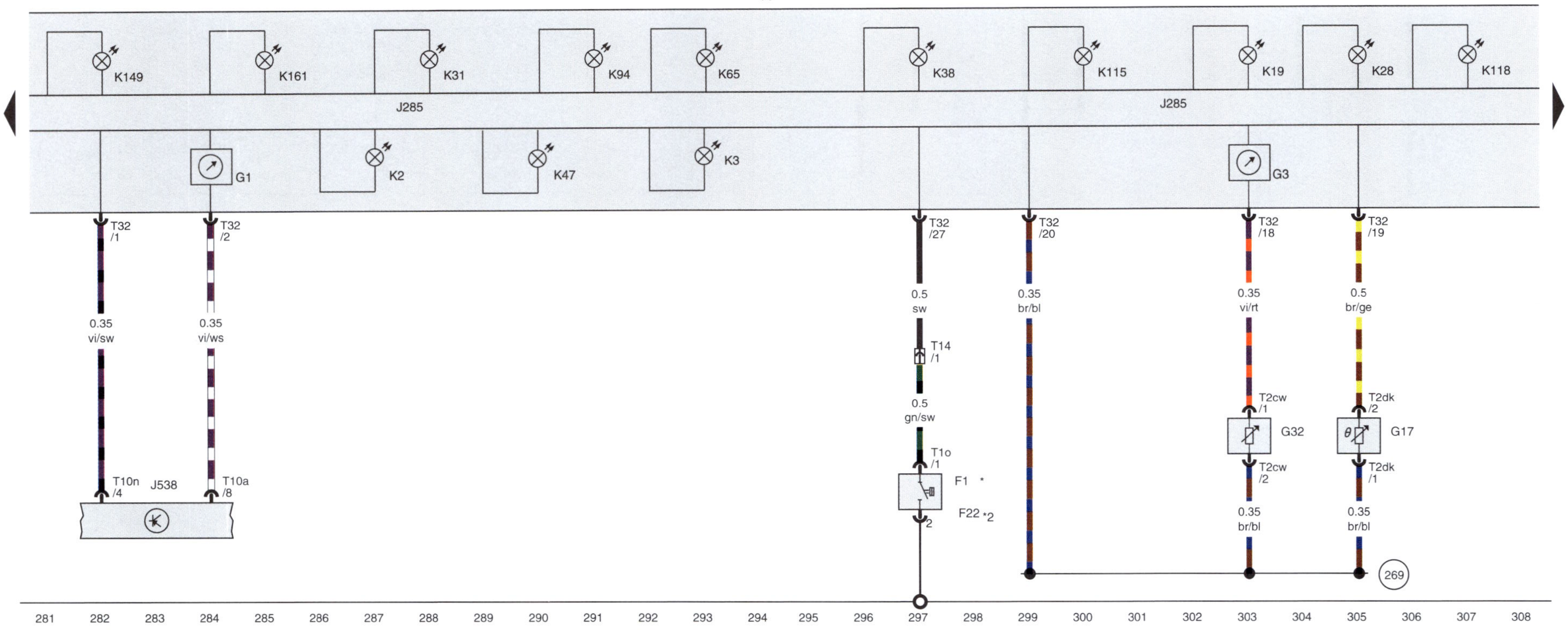

车载电网控制单元，数据总线诊断接口，仪表板诊断接口

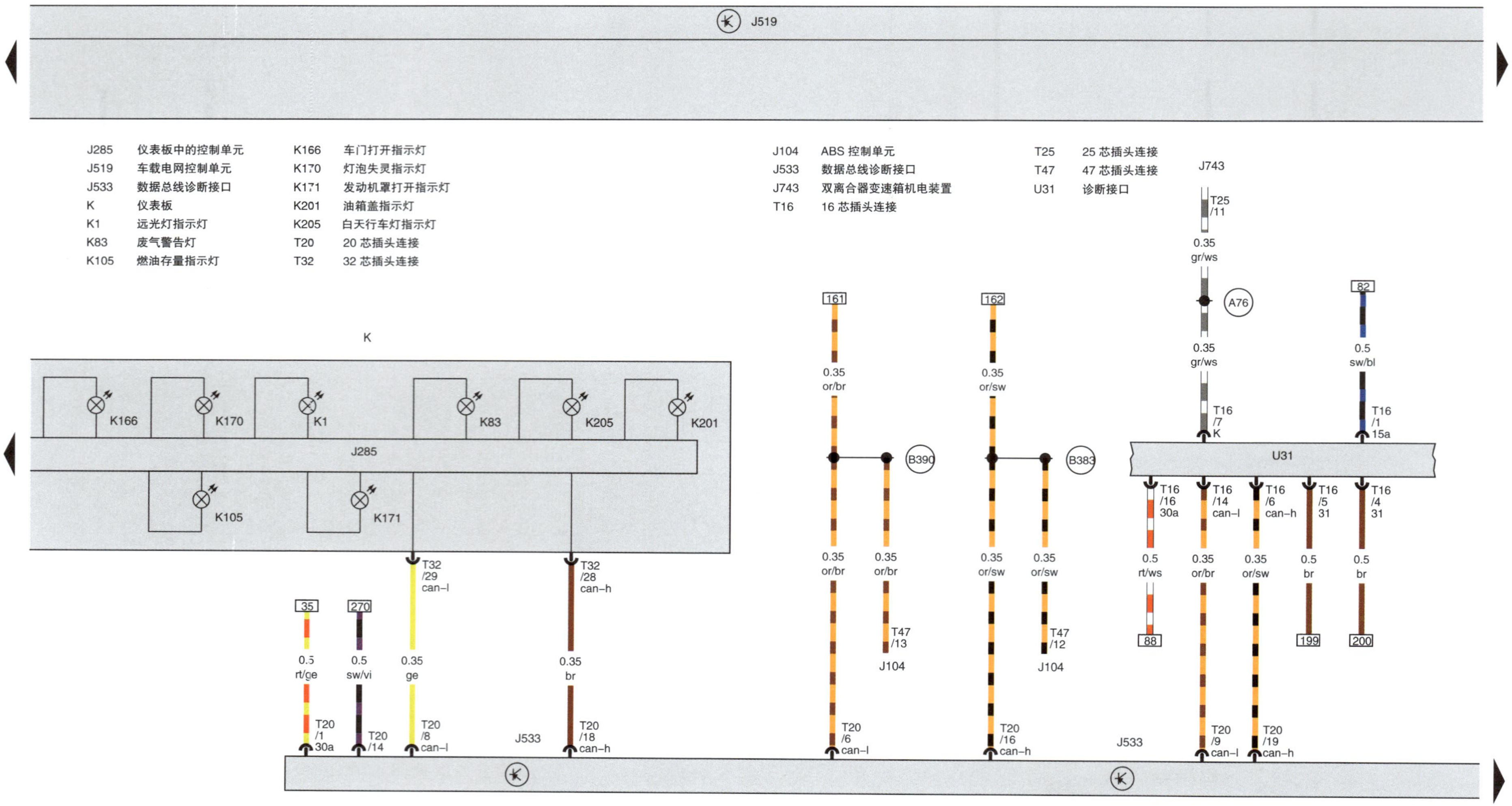

J285	仪表板中的控制单元	K166	车门打开指示灯
J519	车载电网控制单元	K170	灯泡失灵指示灯
J533	数据总线诊断接口	K171	发动机罩打开指示灯
K	仪表板	K201	油箱盖指示灯
K1	远光灯指示灯	K205	白天行车灯指示灯
K83	废气警告灯	T20	20 芯插头连接
K105	燃油存量指示灯	T32	32 芯插头连接

J104	ABS 控制单元	T25	25 芯插头连接
J533	数据总线诊断接口	T47	47 芯插头连接
J743	双离合器变速箱机电装置	U31	诊断接口
T16	16 芯插头连接		

A76 连接（K 诊断导线），在仪表板导线束中

B383 连接 1（驱动系统 CAN 总线，高配），在主导线束中

B390 连接 1（驱动系统 CAN 总线，低配），在主导线束中

309 310 311 312 313 314 315 316 317 318 319 320 321 322 323 324 325 326 327 328 329 330 331 332 333 334 335 336

车载电网控制单元，数据总线诊断接口

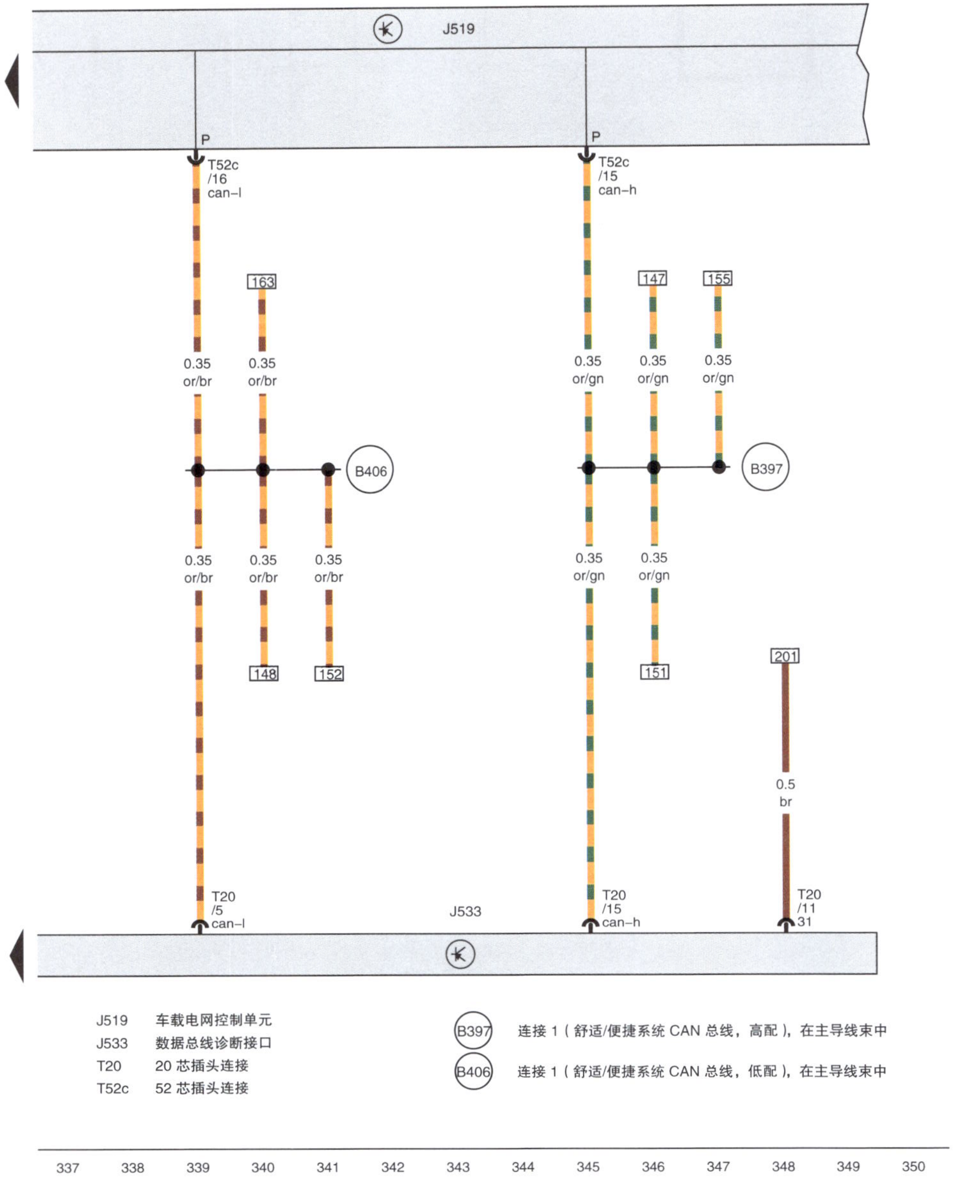

J519 车载电网控制单元
J533 数据总线诊断接口
T20 20 芯插头连接
T52c 52 芯插头连接

B397 连接 1（舒适/便捷系统 CAN 总线，高配），在主导线束中

B406 连接 1（舒适/便捷系统 CAN 总线，低配），在主导线束中

车载电网控制单元 –J519–（仅限带 PR 编号 AW1 的车辆）

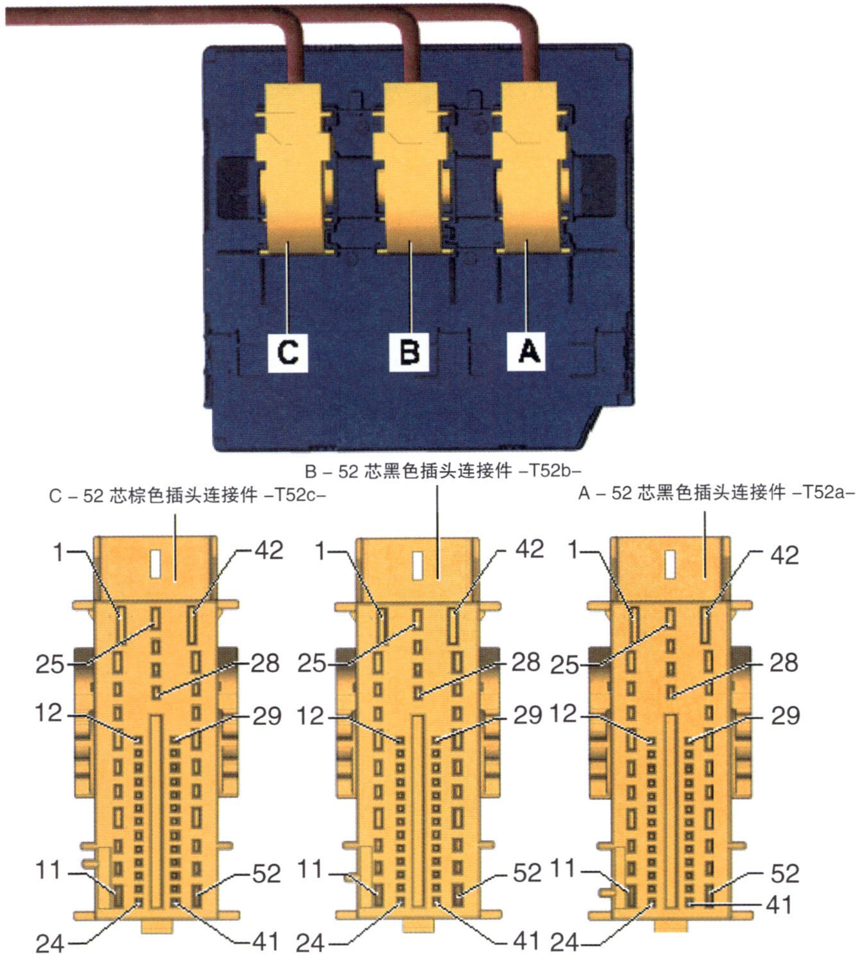

第二节　发动机控制系统

一、1.4L汽油发动机（CBFA）

蓄电池，启动电机，交流发电机，车载电网控制单元，熔丝座B

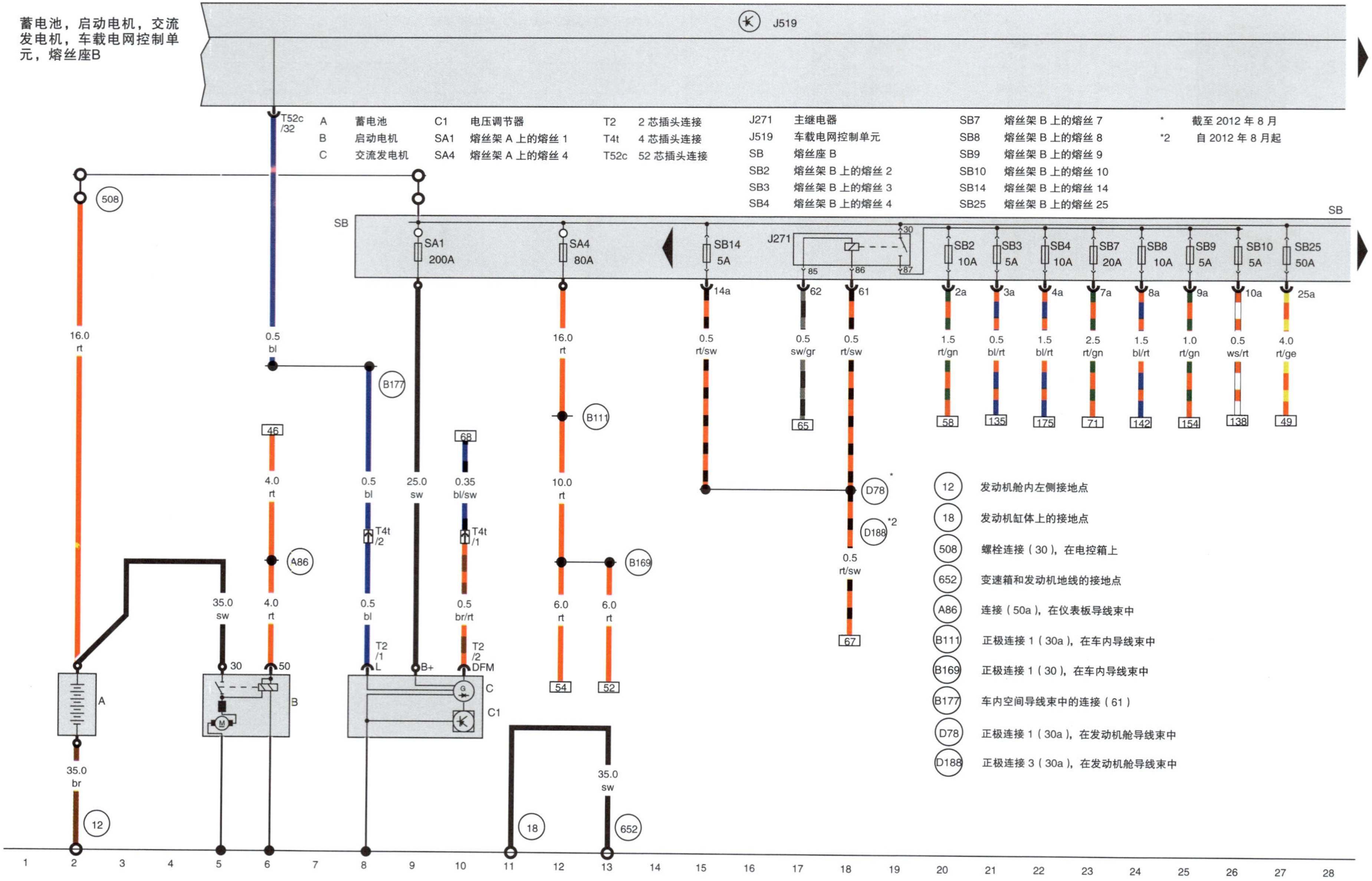

燃油存量传感器，车载电网控制单元，燃油泵控制单元，熔丝座B，冷却液循环泵，供电继电器2，端子15，供电继电器，总线端50，熔丝座C

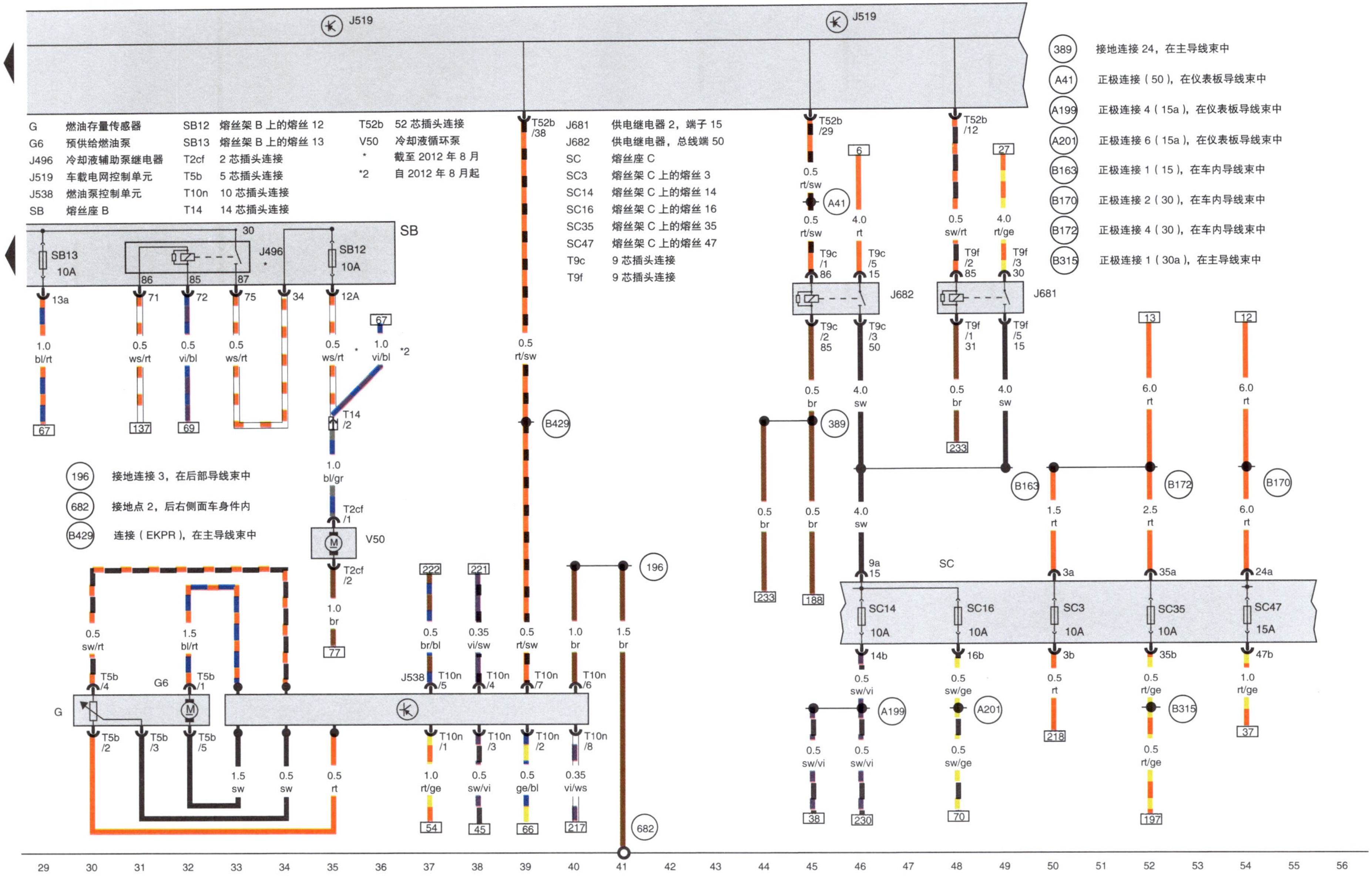

G	燃油存量传感器	SB12	熔丝架 B 上的熔丝 12	T52b	52 芯插头连接
G6	预供给燃油泵	SB13	熔丝架 B 上的熔丝 13	V50	冷却液循环泵
J496	冷却液辅助泵继电器	T2cf	2 芯插头连接	*	截至 2012 年 8 月
J519	车载电网控制单元	T5b	5 芯插头连接	*2	自 2012 年 8 月起
J538	燃油泵控制单元	T10n	10 芯插头连接		
SB	熔丝座 B	T14	14 芯插头连接		

J681	供电继电器 2，端子 15
J682	供电继电器，总线端 50
SC	熔丝座 C
SC3	熔丝架 C 上的熔丝 3
SC14	熔丝架 C 上的熔丝 14
SC16	熔丝架 C 上的熔丝 16
SC35	熔丝架 C 上的熔丝 35
SC47	熔丝架 C 上的熔丝 47
T9c	9 芯插头连接
T9f	9 芯插头连接

389	接地连接 24，在主导线束中
A41	正极连接（50），在仪表板导线束中
A199	正极连接 4（15a），在仪表板导线束中
A201	正极连接 6（15a），在仪表板导线束中
B163	正极连接 1（15），在车内导线束中
B170	正极连接 2（30），在车内导线束中
B172	正极连接 4（30），在车内导线束中
B315	正极连接 1（30a），在主导线束中

196	接地连接 3，在后部导线束中
682	接地点 2，后右侧面车身件内
B429	连接（EKPR），在主导线束中

发动机控制单元，带功率输出级的点火线圈1，带功率输出级的点火线圈2，带功率输出级的点火线圈3，带功率输出级的点火线圈4，火花塞插头，火花塞

E45	定速巡航装置开关
J496	冷却液辅助泵继电器
J527	转向柱电子装置控制单元
J623	发动机控制单元，排水槽内中部
T5aa	5 芯插头连接
T16l	16 芯插头连接
T94	94 芯插头连接
*	自 2012 年 8 月起
*2	截至 2012 年 8 月

N70	带功率输出级的点火线圈 1
N127	带功率输出级的点火线圈 2
N291	带功率输出级的点火线圈 3
N292	带功率输出级的点火线圈 4
P	火花塞插头
Q	火花塞
T4af	4 芯插头连接
T4ag	4 芯插头连接
T4ah	4 芯插头连接
T4ai	4 芯插头连接
T14	14 芯插头连接
T60	60 芯插头连接

15	汽缸盖上的接地点
108	接地连接 2，在左前导线束中
281	接地连接 1-，在发动机预接线导线束中
306	接地连接（点火线圈），在发动机预接线导线束中
671	接地点 1，左前纵梁上
D206	连接 4（87a），在发动机预接线导线束中

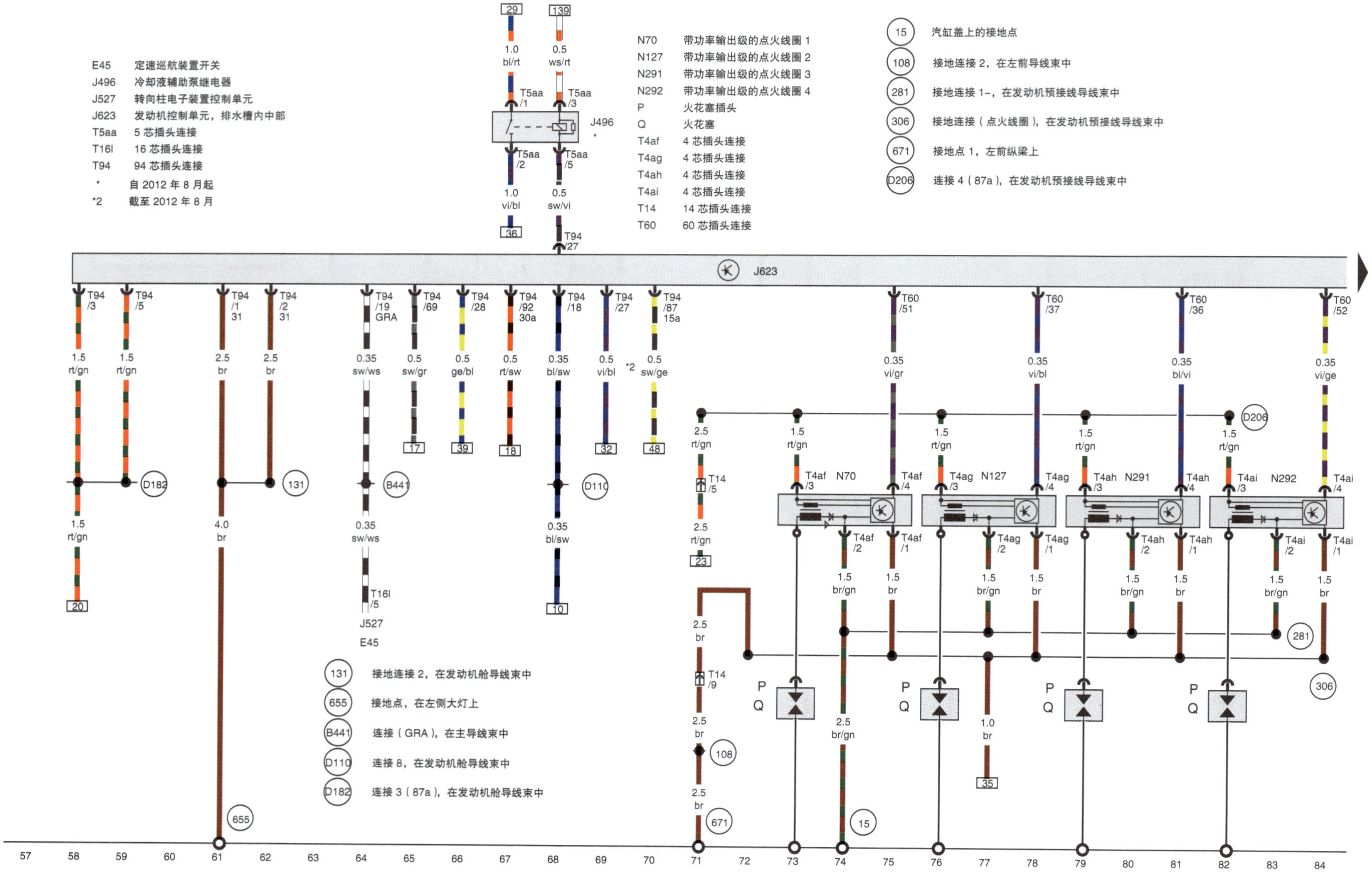

131	接地连接 2，在发动机舱导线束中
655	接地点，在左侧大灯上
B441	连接（GRA），在主导线束中
D110	连接 8，在发动机舱导线束中
D182	连接 3（87a），在发动机舱导线束中

油门踏板位置传感器，油门踏板位置传感器2，节气门控制单元，爆震传感器 1，冷凝器出口上的冷却液温度传感器，燃油压力传感器,发动机控制单元

G79	油门踏板位置传感器
G185	油门踏板位置传感器 2
G186	电控油门操纵机构的节气门驱动装置
G187	电控油门操纵机构的节气门驱动装置角度传感器 1
G188	电控油门操纵机构的节气门驱动装置角度传感器 2
J338	节气门控制单元
J623	发动机控制单元，排水槽内中部
T6h	6 芯插头连接
T6x	6 芯插头连接
T60	60 芯插头连接
T94	94 芯插头连接

G61	爆震传感器 1
G83	冷凝器出口上的冷却液温度传感器
G247	燃油压力传感器
T2ex	2 芯插头连接
T2r	2 芯插头连接
T3al	3 芯插头连接
T60	60 芯插头连接
T94	94 芯插头连接
220	接地连接（传感器接地），在发动机导线束中

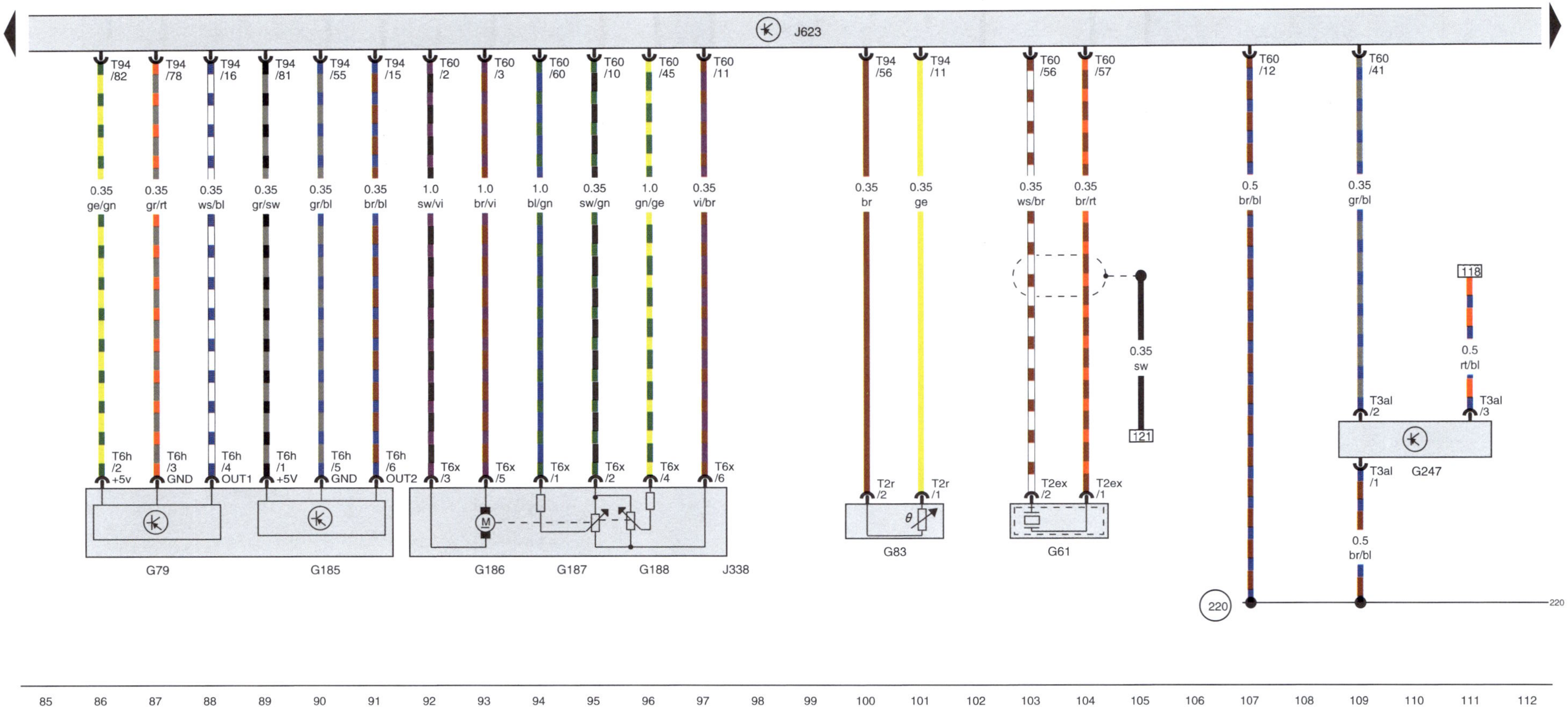

霍尔传感器，进气管压力传感器，进气温度传感器 2，发动机控制单元，发动机转速传感器，冷却液温度传感器，离合器位置传感器

G31　增压压力传感器
G40　霍尔传感器
G42　进气温度传感器
G71　进气管压力传感器
G299　进气温度传感器 2
J623　发动机控制单元，排水槽内中部
T3b　3 芯插头连接
T4aj　4 芯插头连接
T4bf　4 芯插头连接
T60　60 芯插头连接

(220)　接地连接（传感器接地），在发动机导线束中
(D101)　连接 1，在发动机舱导线束中
(D103)　连接 3，在发动机舱导线束中
(D107)　连接 5，在发动机舱导线束中

G28　发动机转速传感器
G62　冷却液温度传感器
G476　离合器位置传感器
T2dp　2 芯插头连接
T3v　3 芯插头连接
T4x　4 芯插头连接
T5m　5 芯插头连接
T94　94 芯插头连接

*　仅适用于带手动变速箱的车辆
*2　散热器风扇接口
(D196)　连接 2（87a），在发动机预接线导线束中

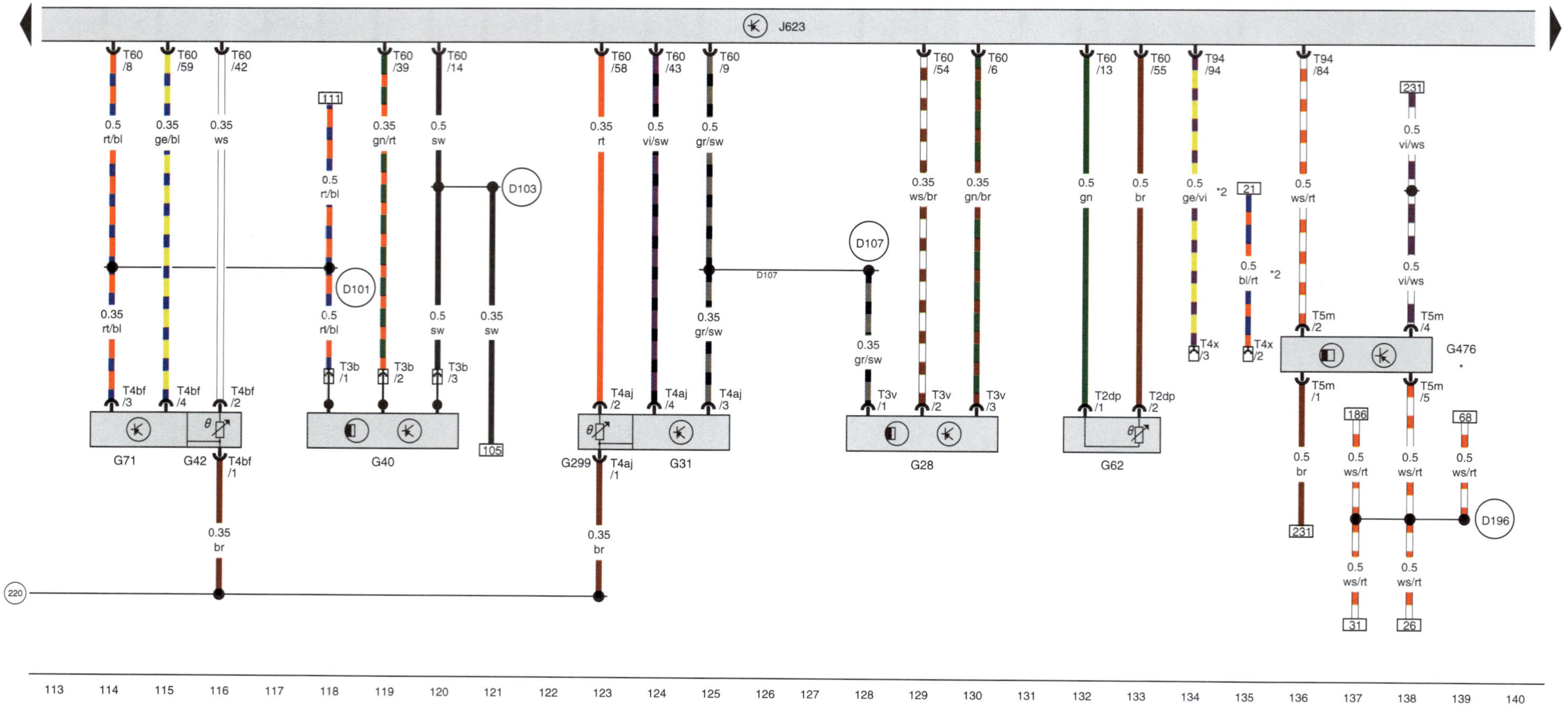

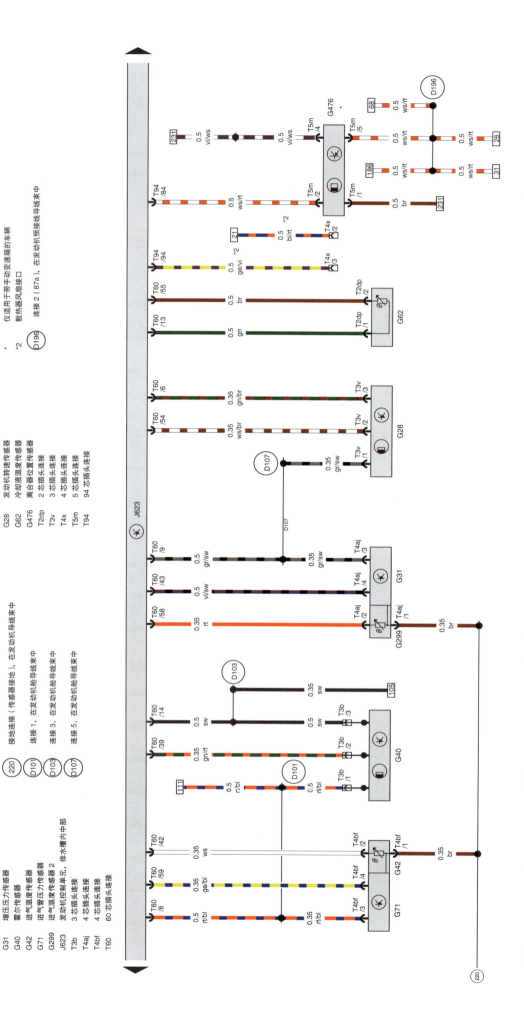

发动机控制单元，增压压力限制电磁阀，活性炭罐电磁阀1，凸轮轴调节阀1，涡轮增压器循环空气阀，燃油压力调节阀，汽缸1喷油阀，汽缸2喷油阀，汽缸3喷油阀，汽缸4喷油阀

J623　发动机控制单元，排水槽内中部
N75　增压压力限制电磁阀
N80　活性炭罐电磁阀 1
N205　凸轮轴调节阀 1
N249　涡轮增压器循环空气阀
N276　燃油压力调节阀
T2dt　2 芯插头连接
T2du　2 芯插头连接
T2dv　2 芯插头连接
T2eb　2 芯插头连接
T2ed　2 芯插头连接
T14　14 芯插头连接
T60　60 芯插头连接

N30　汽缸 1 喷油阀
N31　汽缸 2 喷油阀
N32　汽缸 3 喷油阀
N33　汽缸 4 喷油阀
T2cg　2 芯插头连接
T2ch　2 芯插头连接
T2ci　2 芯插头连接
T2cj　2 芯插头连接
D189　连接（87a），在发动机预接线导线束中

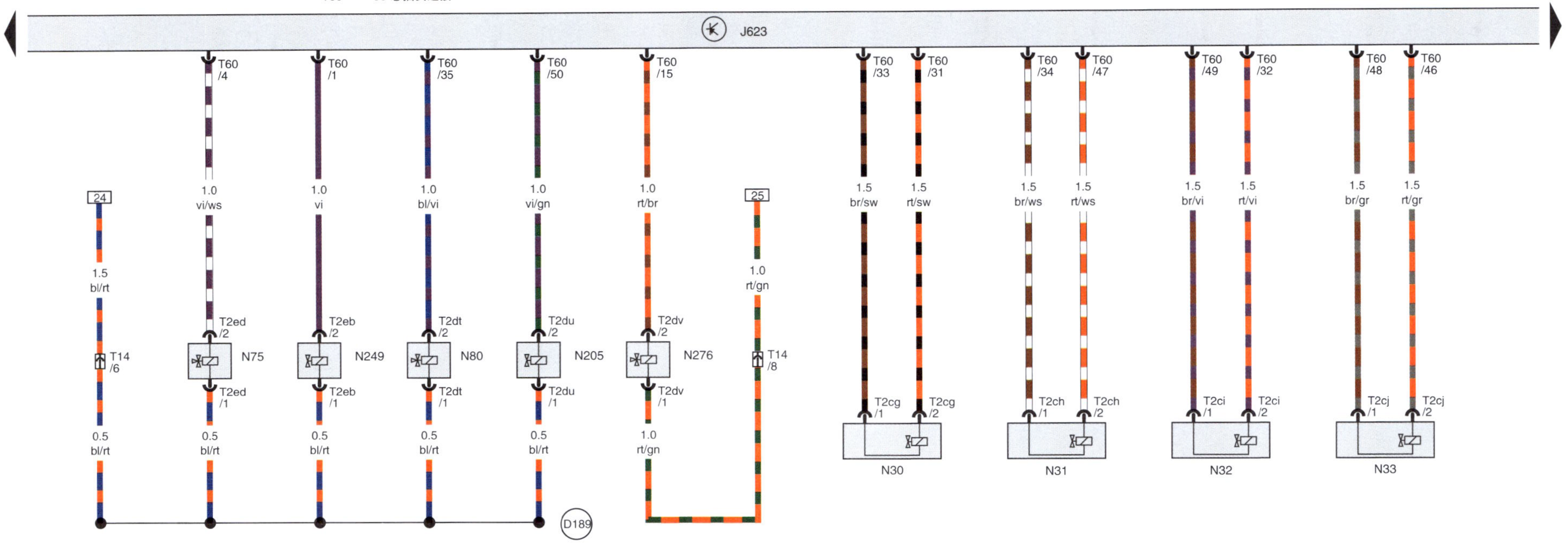

141 142 143 144 145 146 147 148 149 150 151 152 153 154 155 156 157 158 159 160 161 162 163 164 165 166 167 168

氧传感器，尾气催化净化器下游的氧传感器，发动机控制单元，制动信号灯开关，制动踏板开关，ABS控制单元

G39 氧传感器
G130 尾气催化净化器下游的氧传感器
J623 发动机控制单元，排水槽内中部
T4ao 4 芯插头连接
T4bz 4 芯插头连接
T94 94 芯插头连接
Z19 氧传感器加热
Z29 尾气催化净化器后的氧传感器 1 加热装置
* 导线颜色取决于装备
*2 仅适用于带双离合器变速箱的车辆
*3 仅适用于带手动变速箱的车辆

F 制动信号灯开关
F47 制动踏板开关
J104 ABS 控制单元
T4al 4 芯插头连接
T47 47 芯插头连接

B131 车内空间导线束中的连接（54）
B383 连接 1（驱动系统 CAN 总线，高配），在主导线束中
B390 连接 1（驱动系统 CAN 总线，低配），在主导线束中
E30 连接（87a），在发动机导线束中

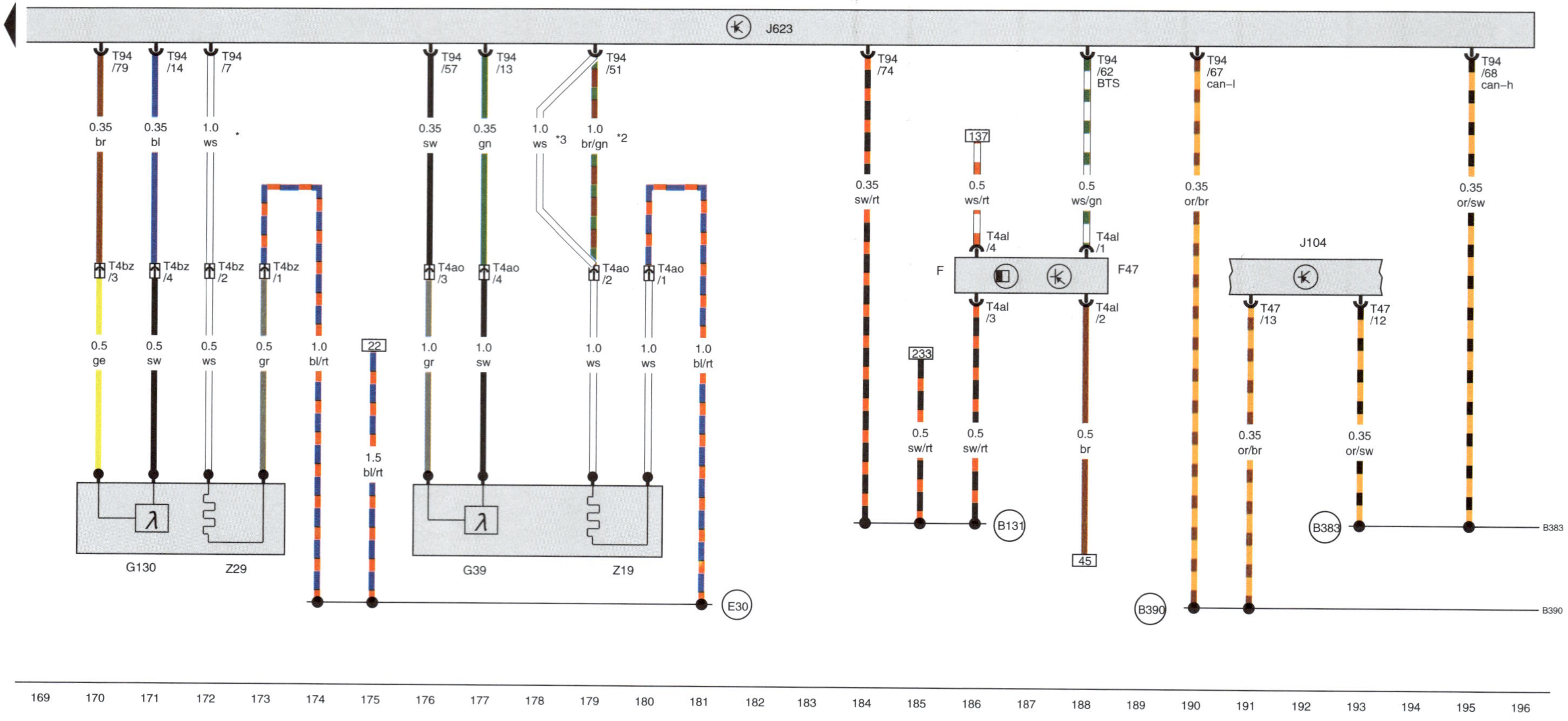

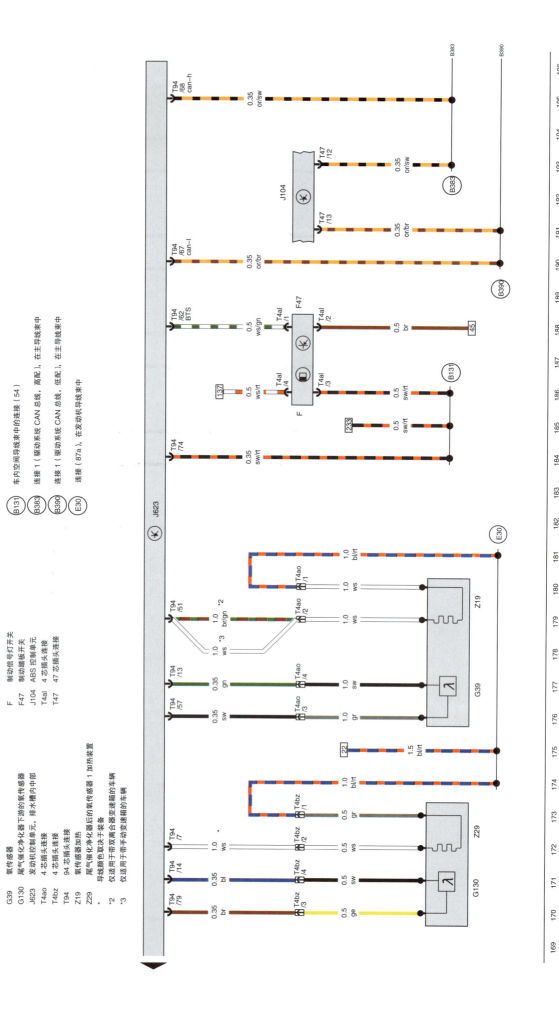

仪表板中的控制单元，车载电网控制单元，数据总线诊断接口，冷却液不足显示传感器

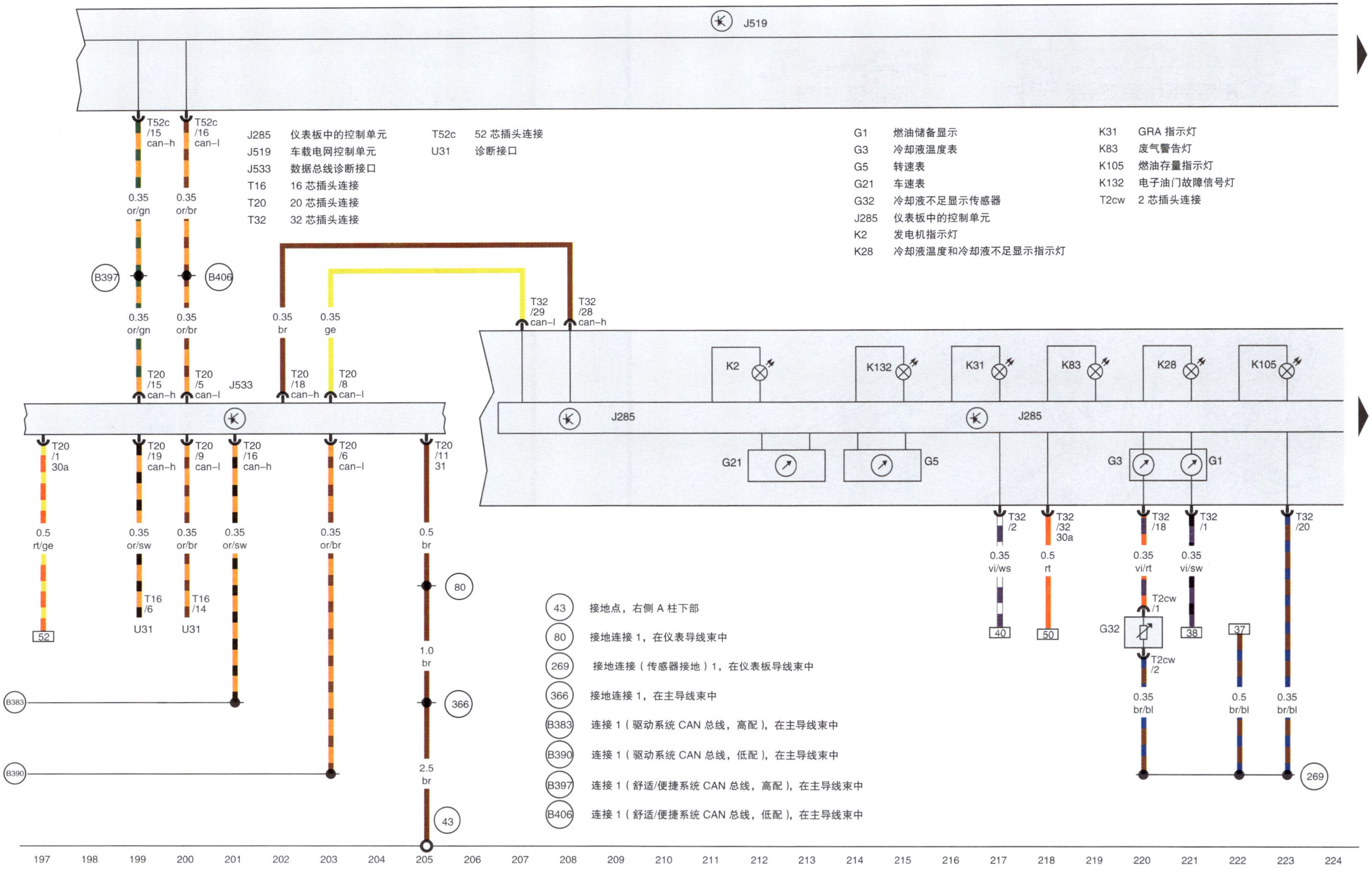

J285 仪表板中的控制单元
J519 车载电网控制单元
J533 数据总线诊断接口
T16 16 芯插头连接
T20 20 芯插头连接
T32 32 芯插头连接
T52c 52 芯插头连接
U31 诊断接口

G1 燃油储备显示
G3 冷却液温度表
G5 转速表
G21 车速表
G32 冷却液不足显示传感器
J285 仪表板中的控制单元
K2 发电机指示灯
K28 冷却液温度和冷却液不足显示指示灯

K31 GRA 指示灯
K83 废气警告灯
K105 燃油存量指示灯
K132 电子油门故障信号灯
T2cw 2 芯插头连接

(43) 接地点，右侧 A 柱下部
(80) 接地连接 1，在仪表导线束中
(269) 接地连接（传感器接地）1，在仪表板导线束中
(366) 接地连接 1，在主导线束中
(B383) 连接 1（驱动系统 CAN 总线，高配），在主导线束中
(B390) 连接 1（驱动系统 CAN 总线，低配），在主导线束中
(B397) 连接 1（舒适/便捷系统 CAN 总线，高配），在主导线束中
(B406) 连接 1（舒适/便捷系统 CAN 总线，低配），在主导线束中

油压开关，仪表板中的控制单元，车载电网控制单元

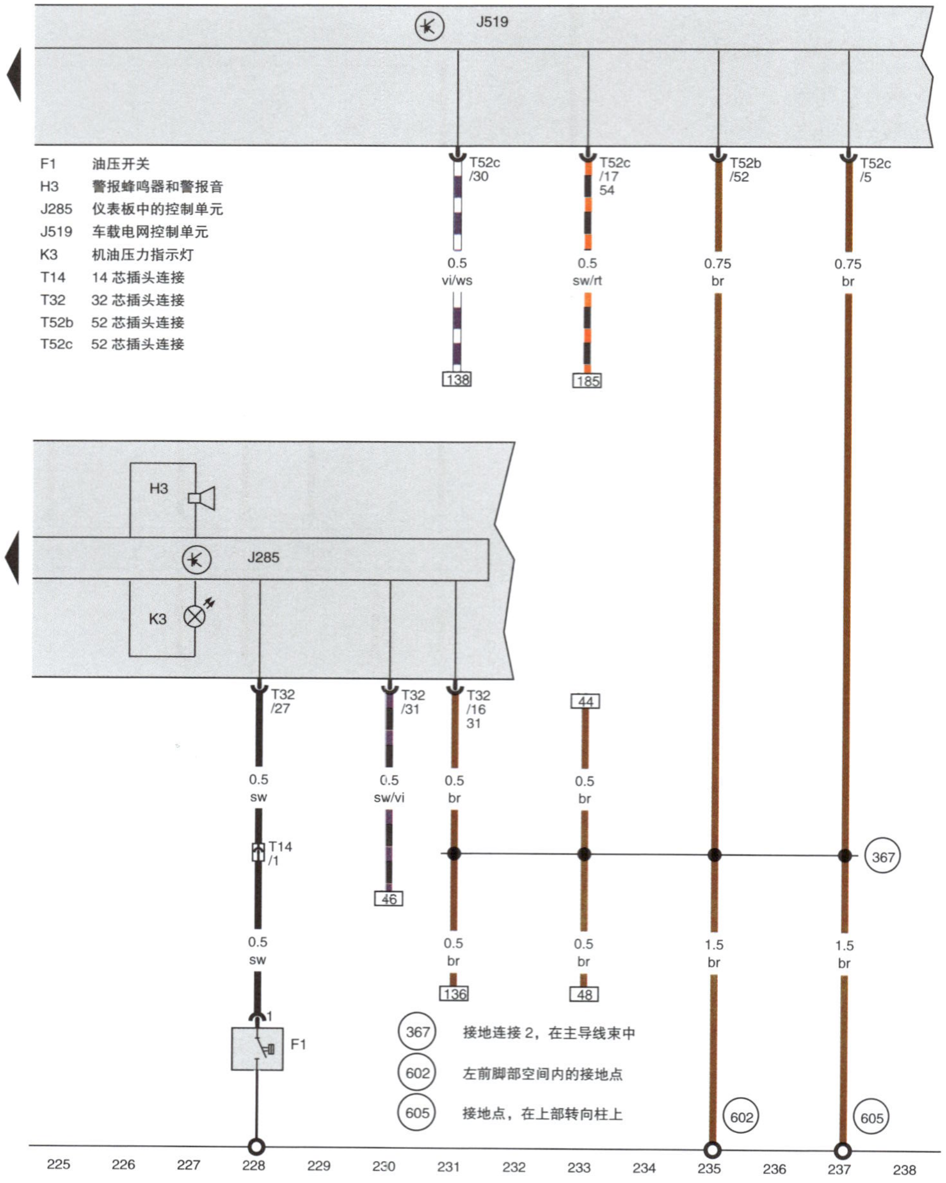

F1 油压开关
H3 警报蜂鸣器和警报音
J285 仪表板中的控制单元
J519 车载电网控制单元
K3 机油压力指示灯
T14 14 芯插头连接
T32 32 芯插头连接
T52b 52 芯插头连接
T52c 52 芯插头连接

(367) 接地连接 2，在主导线束中
(602) 左前脚部空间内的接地点
(605) 接地点，在上部转向柱上

发动机控制单元 -J623-针脚位置图

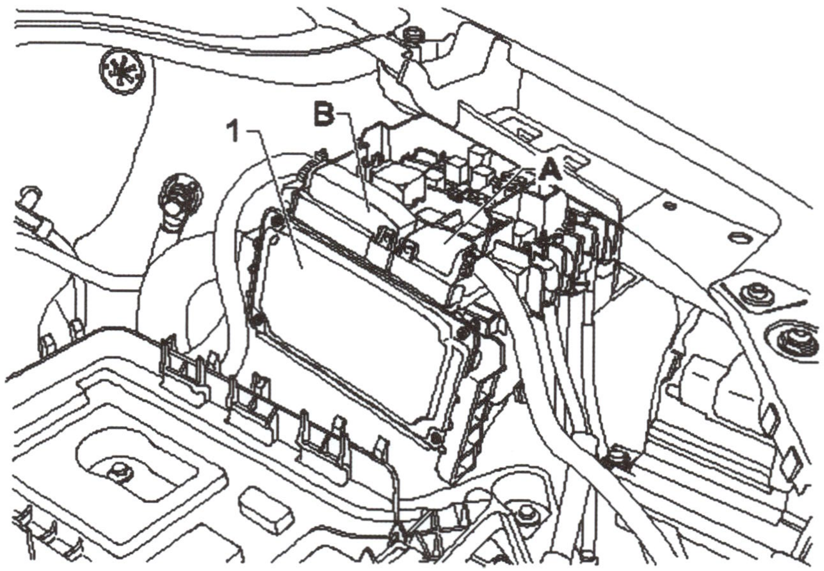

安装位置在发动机舱左侧继电器熔丝盒旁

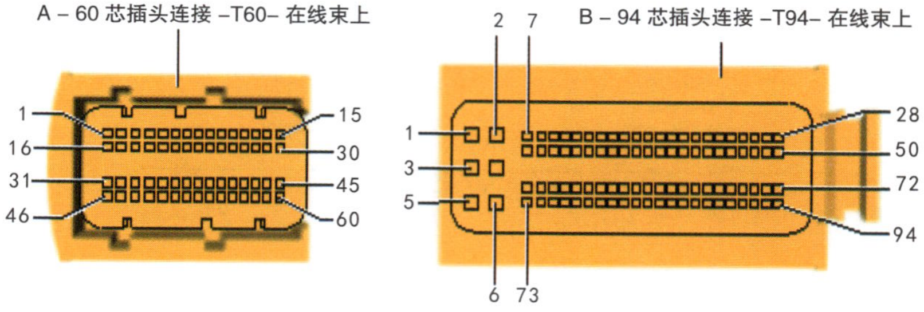

154芯插头连接-T154-由插头A和B构成

二、1.4L汽油发动机（CFBA）控制系统

蓄电池，启动电机，交流发电机，车载电网控制单元，熔丝座B

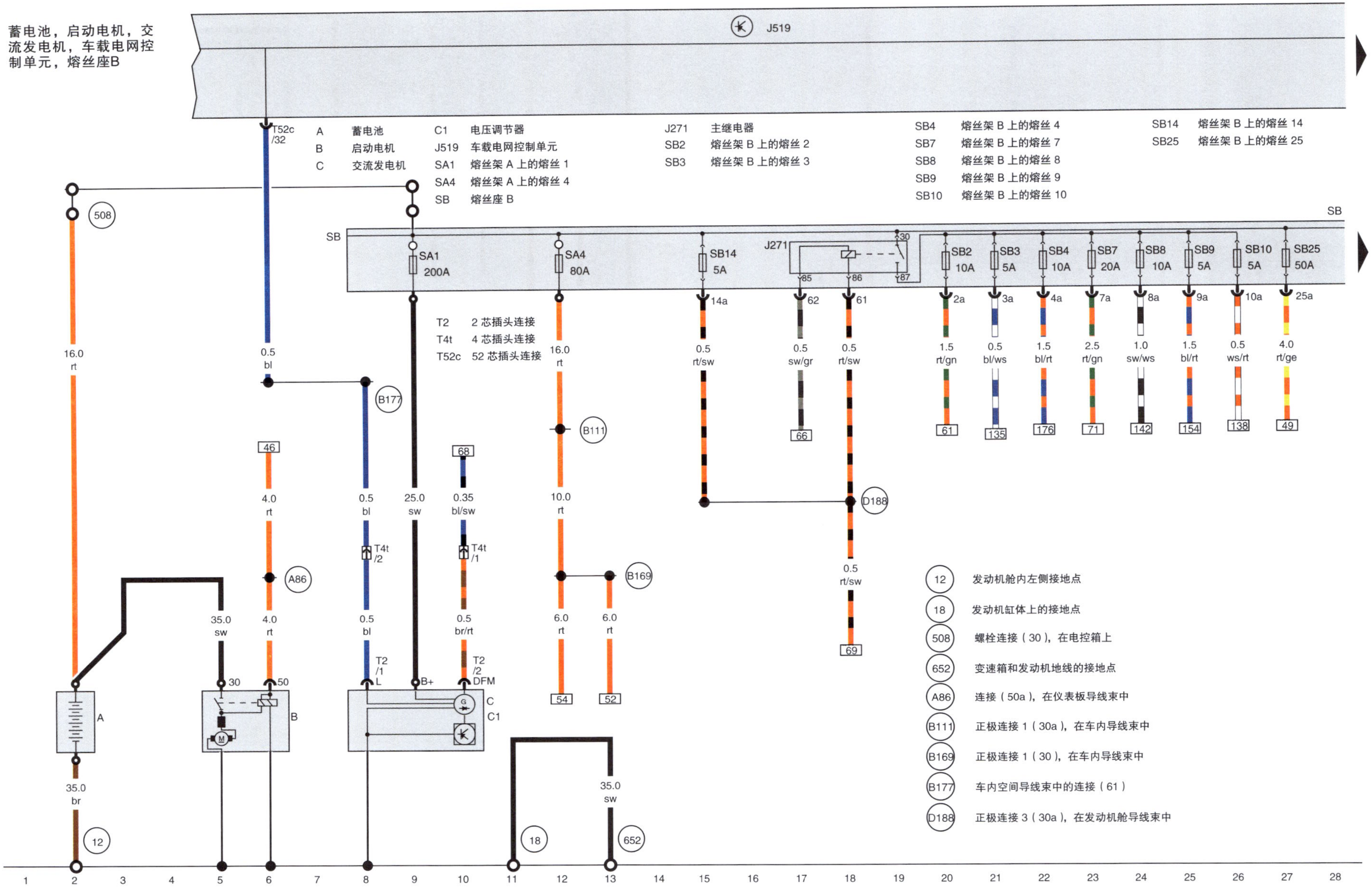

A	蓄电池
B	启动电机
C	交流发电机
C1	电压调节器
J519	车载电网控制单元
SA1	熔丝架 A 上的熔丝 1
SA4	熔丝架 A 上的熔丝 4
SB	熔丝座 B
J271	主继电器
SB2	熔丝架 B 上的熔丝 2
SB3	熔丝架 B 上的熔丝 3
SB4	熔丝架 B 上的熔丝 4
SB7	熔丝架 B 上的熔丝 7
SB8	熔丝架 B 上的熔丝 8
SB9	熔丝架 B 上的熔丝 9
SB10	熔丝架 B 上的熔丝 10
SB14	熔丝架 B 上的熔丝 14
SB25	熔丝架 B 上的熔丝 25
T2	2 芯插头连接
T4t	4 芯插头连接
T52c	52 芯插头连接

12	发动机舱内左侧接地点
18	发动机缸体上的接地点
508	螺栓连接（30），在电控箱上
652	变速箱和发动机地线的接地点
A86	连接（50a），在仪表板导线束中
B111	正极连接 1（30a），在车内导线束中
B169	正极连接 1（30），在车内导线束中
B177	车内空间导线束中的连接（61）
D188	正极连接 3（30a），在发动机舱导线束中

燃油存量传感器，燃油泵控制单元，熔丝座B，车载电网控制单元，供电继电器2，端子15，供电继电器，总线端50，熔丝座C

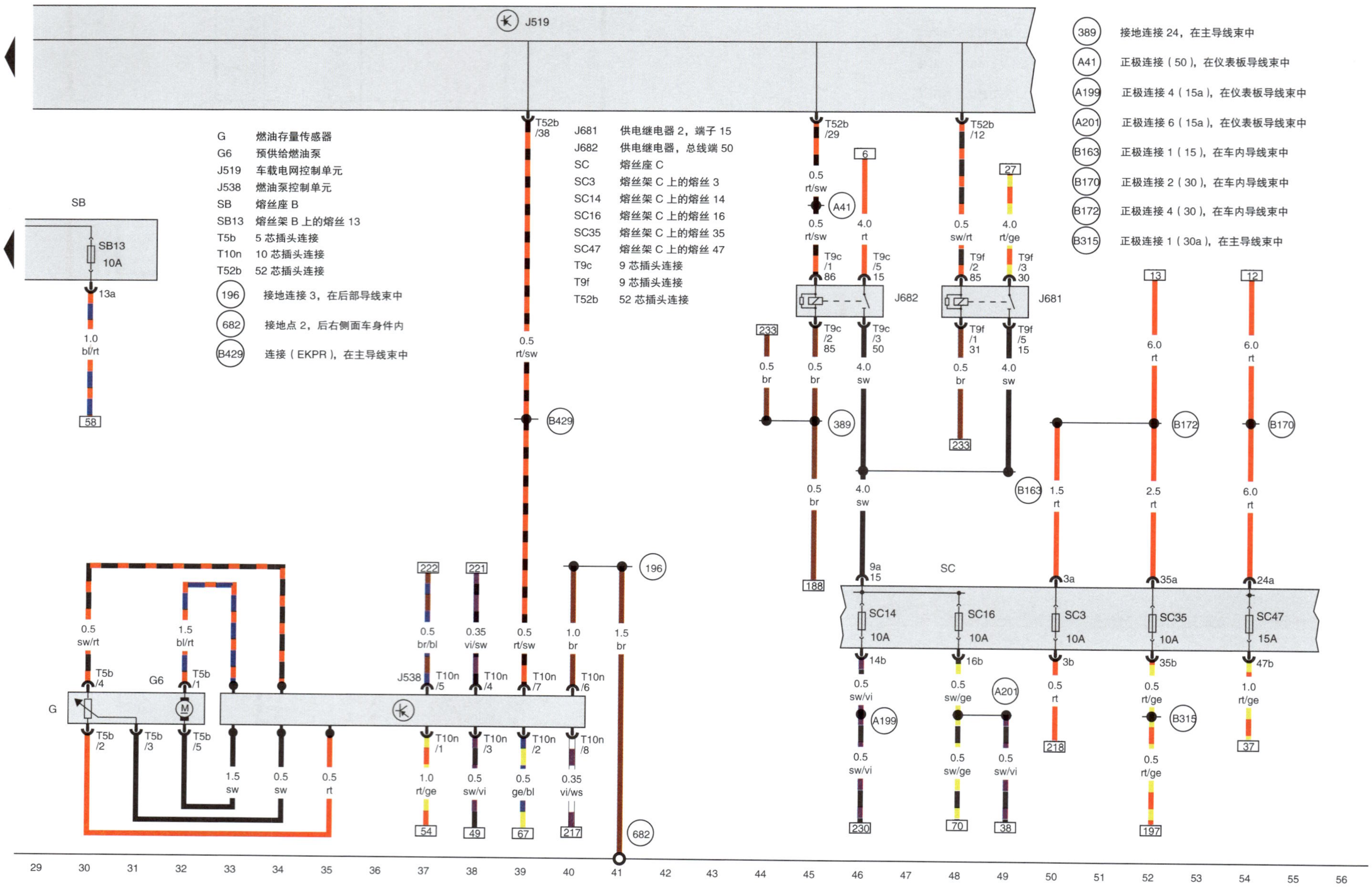

G　燃油存量传感器
G6　预供给燃油泵
J519　车载电网控制单元
J538　燃油泵控制单元
SB　熔丝座 B
SB13　熔丝架 B 上的熔丝 13
T5b　5 芯插头连接
T10n　10 芯插头连接
T52b　52 芯插头连接
196　接地连接 3，在后部导线束中
682　接地点 2，后右侧面车身件内
B429　连接（EKPR），在主导线束中

J681　供电继电器 2，端子 15
J682　供电继电器，总线端 50
SC　熔丝座 C
SC3　熔丝架 C 上的熔丝 3
SC14　熔丝架 C 上的熔丝 14
SC16　熔丝架 C 上的熔丝 16
SC35　熔丝架 C 上的熔丝 35
SC47　熔丝架 C 上的熔丝 47
T9c　9 芯插头连接
T9f　9 芯插头连接
T52b　52 芯插头连接

389　接地连接 24，在主导线束中
A41　正极连接（50），在仪表板导线束中
A199　正极连接 4（15a），在仪表板导线束中
A201　正极连接 6（15a），在仪表板导线束中
B163　正极连接 1（15），在车内导线束中
B170　正极连接 2（30），在车内导线束中
B172　正极连接 4（30），在车内导线束中
B315　正极连接 1（30a），在主导线束中

发动机控制单元，冷却液循环泵，带功率输出级的点火线圈1，带功率输出级的点火线圈2，带功率输出级的点火线圈3，带功率输出级的点火线圈4，火花塞插头，火花塞

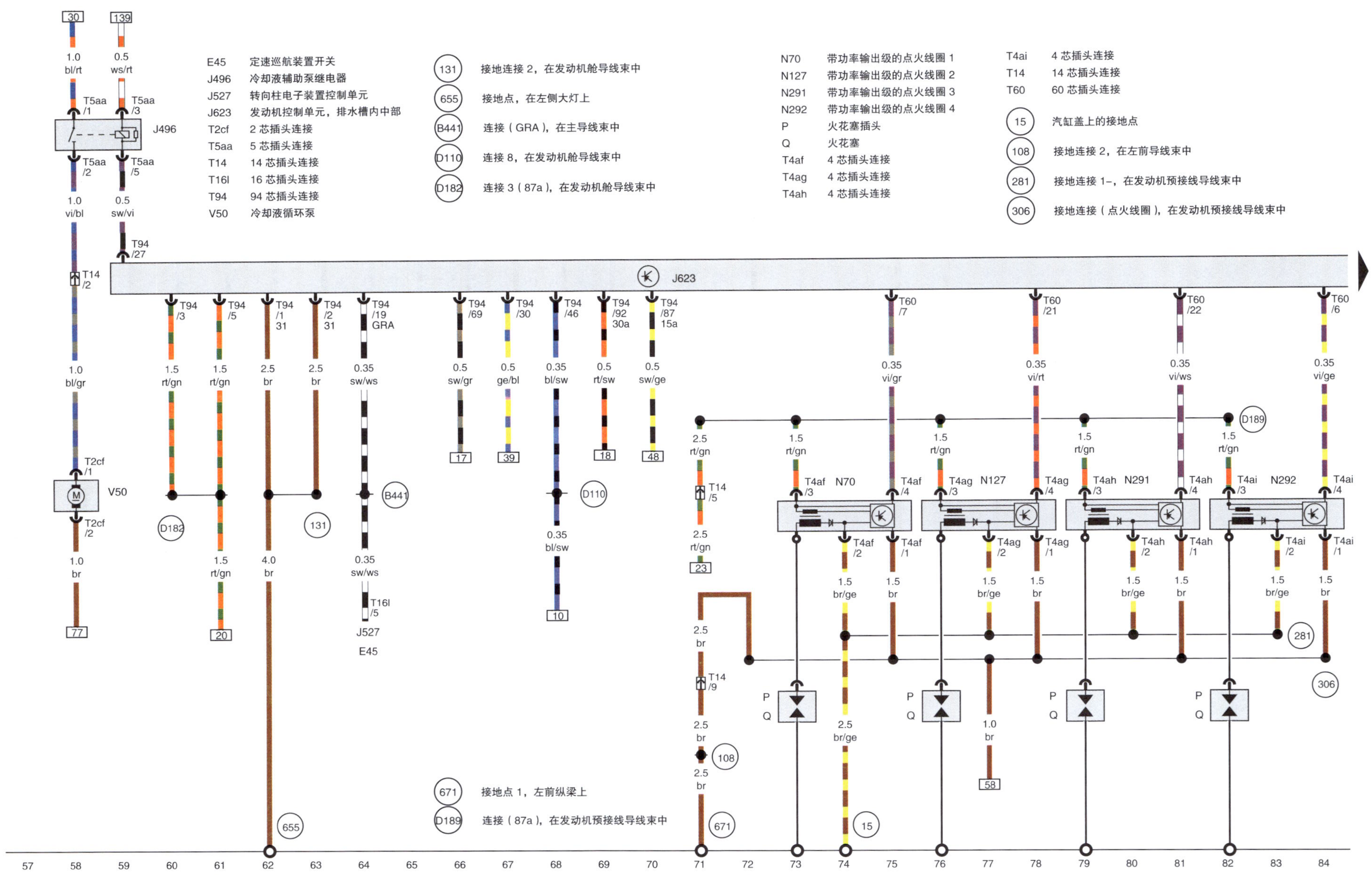

E45 定速巡航装置开关
J496 冷却液辅助泵继电器
J527 转向柱电子装置控制单元
J623 发动机控制单元，排水槽内中部
T2cf 2 芯插头连接
T5aa 5 芯插头连接
T14 14 芯插头连接
T16l 16 芯插头连接
T94 94 芯插头连接
V50 冷却液循环泵

(131) 接地连接 2，在发动机舱导线束中
(655) 接地点，在左侧大灯上
(B441) 连接（GRA），在主导线束中
(D110) 连接 8，在发动机舱导线束中
(D182) 连接 3（87a），在发动机舱导线束中

N70 带功率输出级的点火线圈 1
N127 带功率输出级的点火线圈 2
N291 带功率输出级的点火线圈 3
N292 带功率输出级的点火线圈 4
P 火花塞插头
Q 火花塞
T4af 4 芯插头连接
T4ag 4 芯插头连接
T4ah 4 芯插头连接

T4ai 4 芯插头连接
T14 14 芯插头连接
T60 60 芯插头连接
(15) 汽缸盖上的接地点
(108) 接地连接 2，在左前导线束中
(281) 接地连接 1–，在发动机预接线导线束中
(306) 接地连接（点火线圈），在发动机预接线导线束中

(671) 接地点 1，左前纵梁上
(D189) 连接（87a），在发动机预接线导线束中

油门踏板位置传感器，油门踏板位置传感器2，节气门控制单元，发动机控制单元，爆震传感器1，冷凝器出口上的冷却液温度传感器，燃油压力传感器

G79	油门踏板位置传感器
G185	油门踏板位置传感器 2
G186	电控油门操纵机构的节气门驱动装置
G187	电控油门操纵机构的节气门驱动装置角度传感器 1
G188	电控油门操纵机构的节气门驱动装置角度传感器 2
J338	节气门控制单元
J623	发动机控制单元，排水槽内中部
T6h	6 芯插头连接
T6x	6 芯插头连接
T60	60 芯插头连接
T94	94 芯插头连接
G61	爆震传感器 1
G83	冷凝器出口上的冷却液温度传感器
G247	燃油压力传感器
T2ex	2 芯插头连接
T2r	2 芯插头连接
T3al	3 芯插头连接
(220)	接地连接（传感器接地），在发动机导线束中

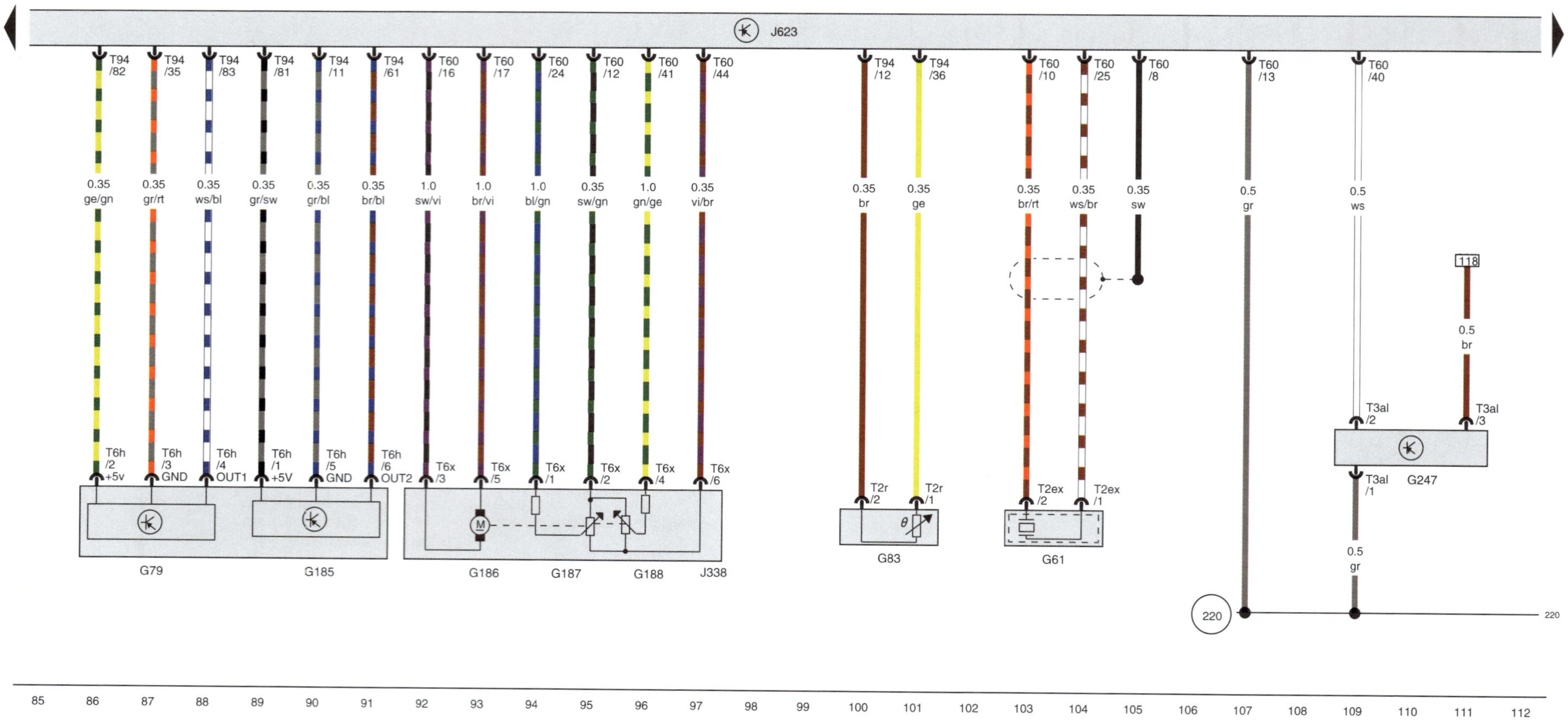

霍尔传感器，进气管压力传感器，进气温度传感器2，发动机控制单元，发动机转速传感器，冷却液温度传感器，离合器位置传感器

G31	增压压力传感器
G40	霍尔传感器
G42	进气温度传感器
G71	进气管压力传感器
G299	进气温度传感器 2
J623	发动机控制单元，排水槽内中部
T3b	3 芯插头连接
T4aj	4 芯插头连接
T4bf	4 芯插头连接
T60	60 芯插头连接

220	接地连接（传感器接地），在发动机导线束中
D101	连接 1，在发动机舱导线束中
D107	连接 5，在发动机舱导线束中

G28	发动机转速传感器
G62	冷却液温度传感器
G476	离合器位置传感器
T2dp	2 芯插头连接
T3v	3 芯插头连接
T4x	4 芯插头连接
T5m	5 芯插头连接
T94	94 芯插头连接
*	仅适用于带手动变速箱的车辆
*2	散热器风扇接口

D107	连接 5，在发动机舱导线束中
D109	连接 7，在发动机舱导线束中
D196	连接 2（87a），在发动机预接线导线束中

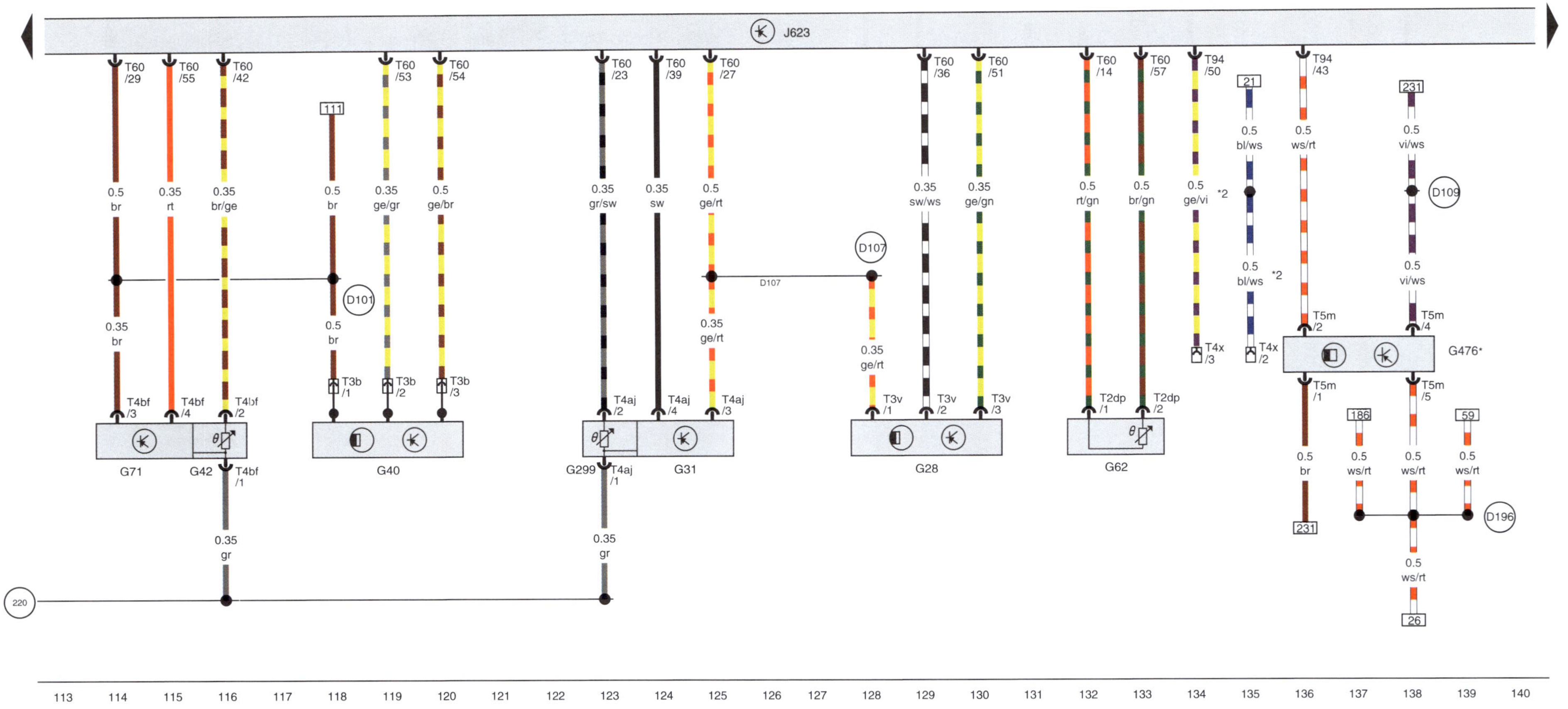

发动机控制单元，增压压力限制电磁阀，活性炭罐电磁阀1,凸轮轴调节阀1，涡轮增压器循环空气阀，燃油压力调节阀，汽缸1喷油阀，汽缸2喷油阀，汽缸3喷油阀，汽缸4喷油阀

J623	发动机控制单元，排水槽内中部
N75	增压压力限制电磁阀
N80	活性炭罐电磁阀 1
N205	凸轮轴调节阀 1
N249	涡轮增压器循环空气阀
N276	燃油压力调节阀
T2dt	2 芯插头连接
T2du	2 芯插头连接
T2dv	2 芯插头连接
T2eb	2 芯插头连接
T2ed	2 芯插头连接
T14	14 芯插头连接
T60	60 芯插头连接
N30	汽缸 1 喷油阀
N31	汽缸 2 喷油阀
N32	汽缸 3 喷油阀
N33	汽缸 4 喷油阀
T2cg	2 芯插头连接
T2ch	2 芯插头连接
T2ci	2 芯插头连接
T2cj	2 芯插头连接
D206	连接 4（87a），在发动机预接线导线束中

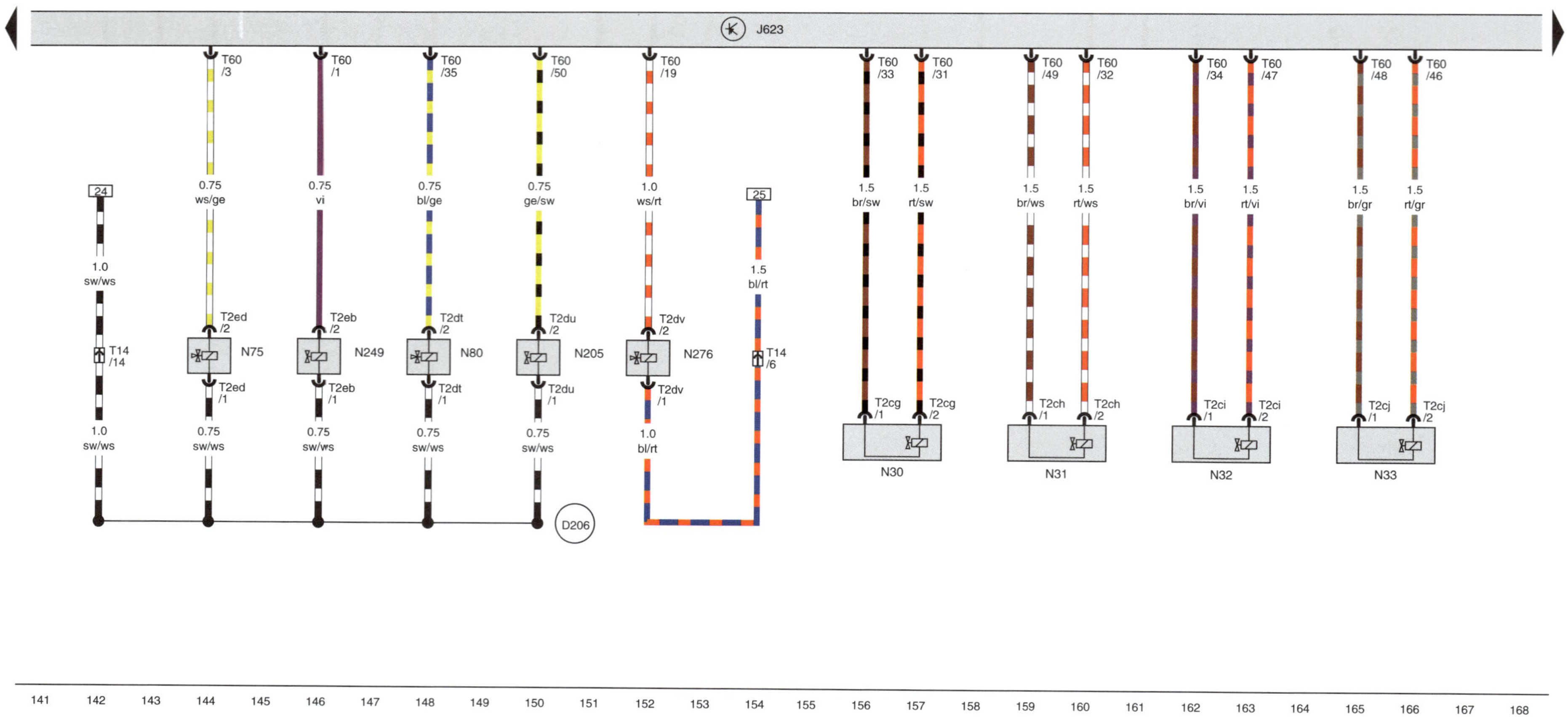

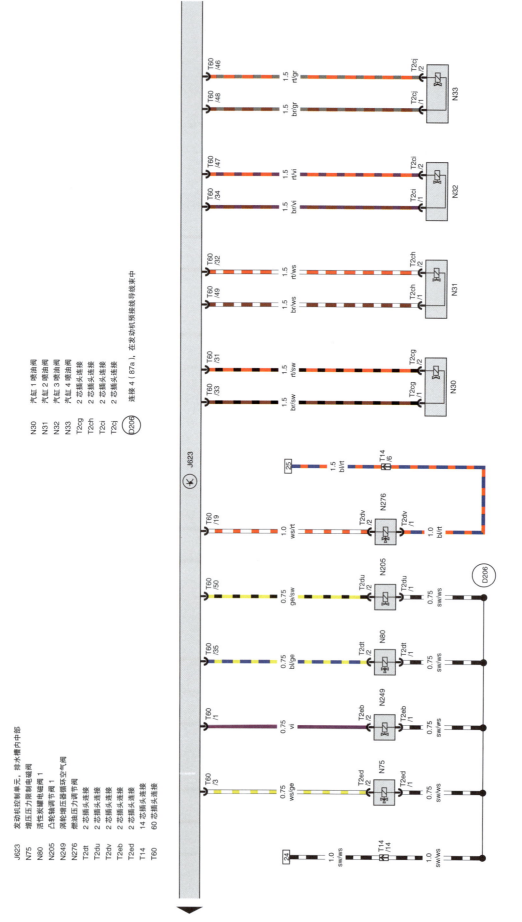

氧传感器，尾气催化净化器下游的氧传感器，制动信号灯开关，制动踏板开关，ABS 控制单元，发动机控制单元

G39　氧传感器
G130　尾气催化净化器下游的氧传感器
J623　发动机控制单元，排水槽内中部
T4ao　4 芯插头连接
T6w　6 芯插头连接
T94　94 芯插头连接
Z19　氧传感器加热
Z29　尾气催化净化器后的氧传感器 1 加热装置

F　制动信号灯开关
F47　制动踏板开关
J104　ABS 控制单元
T4al　4 芯插头连接
T47　47 芯插头连接

(B131)　车内空间导线束中的连接（54）
(B383)　连接 1（驱动系统 CAN 总线，高配），在主导线束中
(B390)　连接 1（驱动系统 CAN 总线，低配），在主导线束中
(E30)　连接（87a），在发动机导线束中

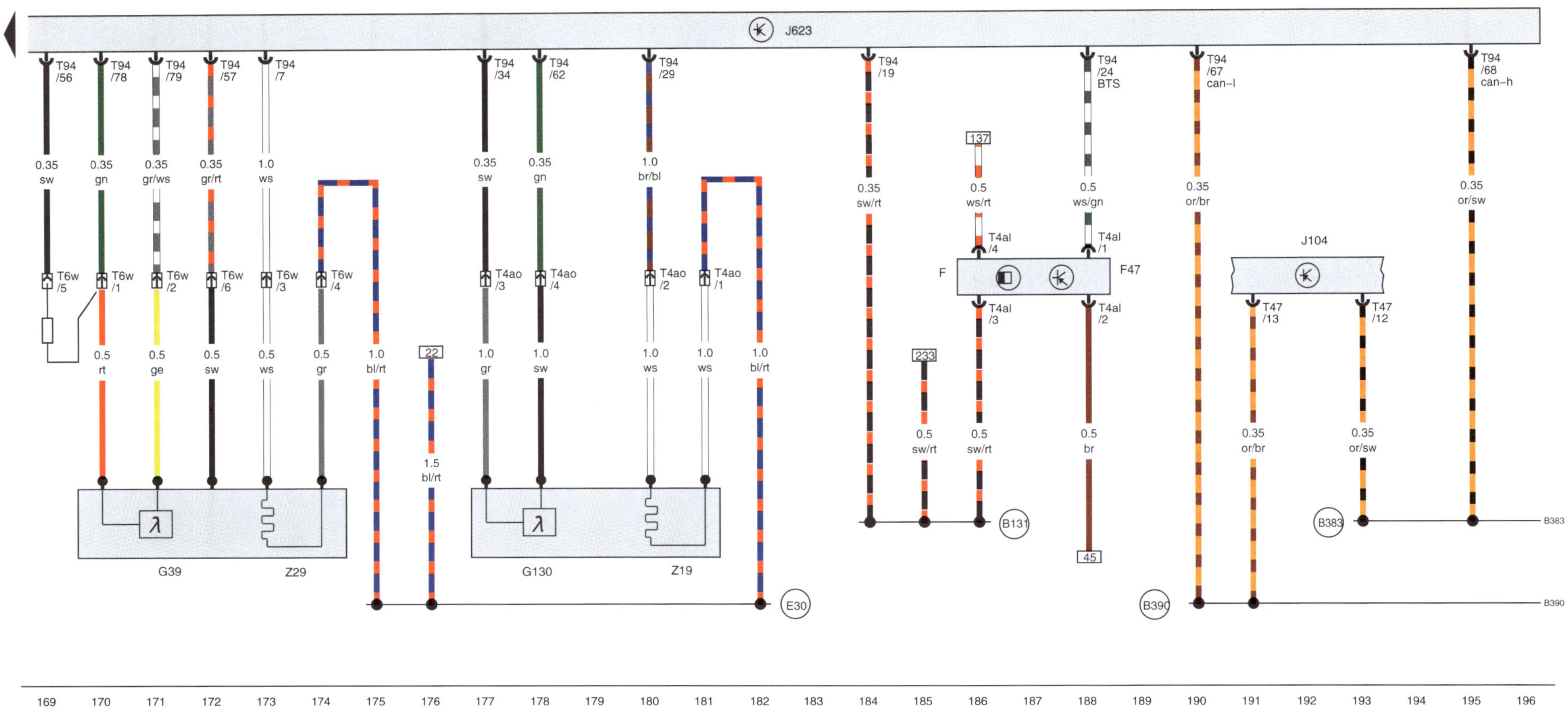

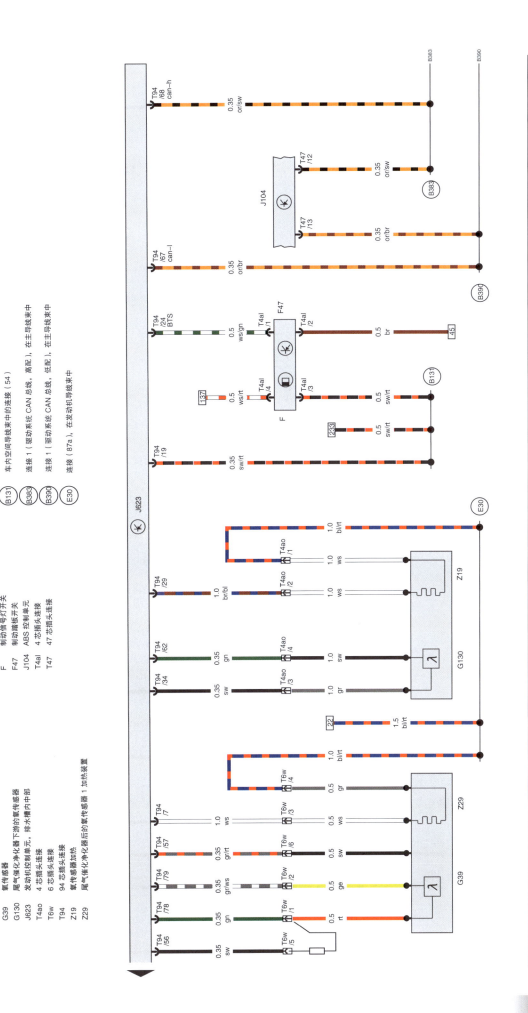

仪表板中的控制单元，车载电网控制单元，数据总线诊断接口，冷却液不足显示传感器

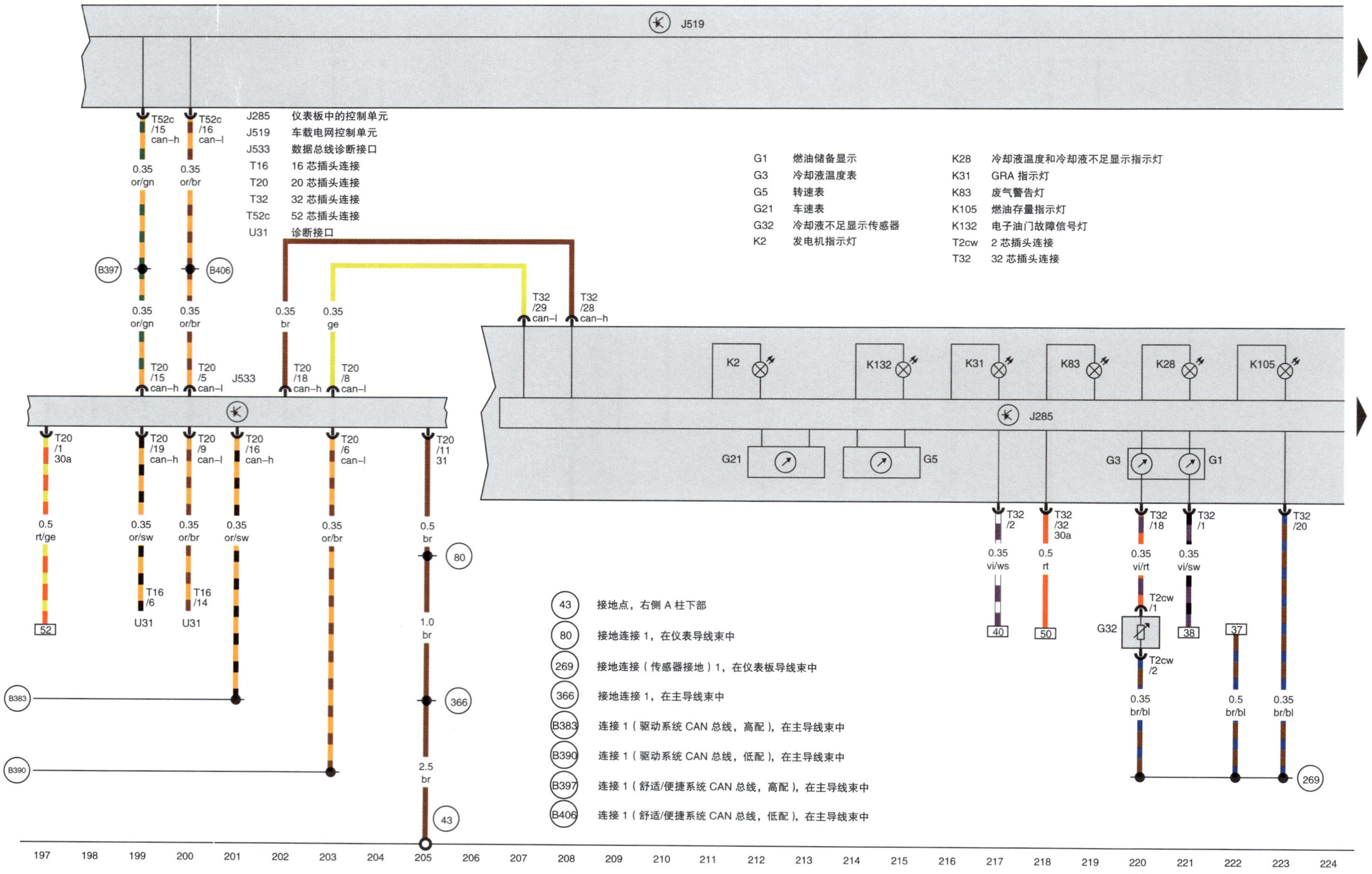

J285	仪表板中的控制单元
J519	车载电网控制单元
J533	数据总线诊断接口
T16	16 芯插头连接
T20	20 芯插头连接
T32	32 芯插头连接
T52c	52 芯插头连接
U31	诊断接口

G1	燃油储备显示
G3	冷却液温度表
G5	转速表
G21	车速表
G32	冷却液不足显示传感器
K2	发电机指示灯

K28	冷却液温度和冷却液不足显示指示灯
K31	GRA 指示灯
K83	废气警告灯
K105	燃油存量指示灯
K132	电子油门故障信号灯
T2cw	2 芯插头连接
T32	32 芯插头连接

43	接地点，右侧 A 柱下部
80	接地连接 1，在仪表导线束中
269	接地连接（传感器接地）1，在仪表板导线束中
366	接地连接 1，在主导线束中
B383	连接 1（驱动系统 CAN 总线，高配），在主导线束中
B390	连接 1（驱动系统 CAN 总线，低配），在主导线束中
B397	连接 1（舒适/便捷系统 CAN 总线，高配），在主导线束中
B406	连接 1（舒适/便捷系统 CAN 总线，低配），在主导线束中

油压开关，仪表板中的控制单元，车载电网控制单元

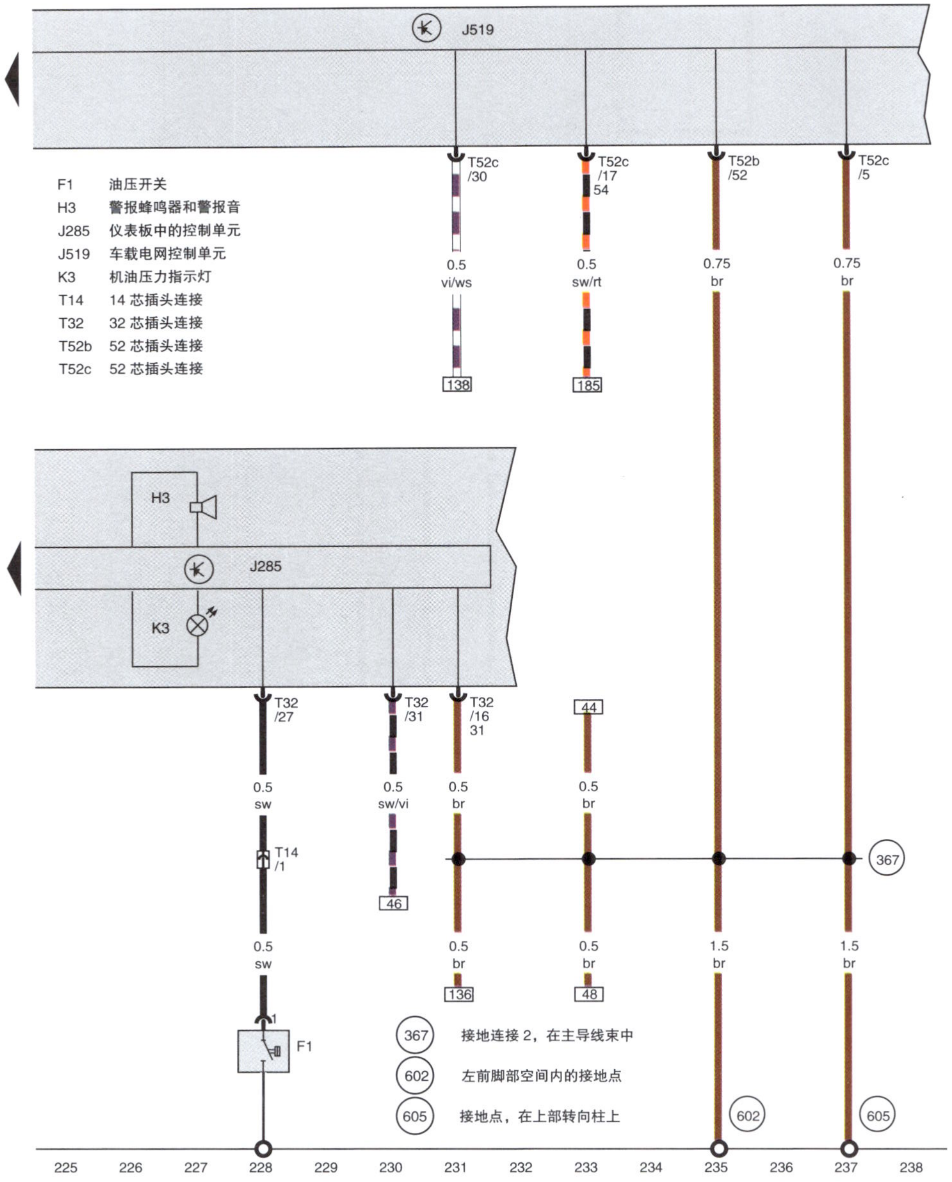

F1 油压开关
H3 警报蜂鸣器和警报音
J285 仪表板中的控制单元
J519 车载电网控制单元
K3 机油压力指示灯
T14 14 芯插头连接
T32 32 芯插头连接
T52b 52 芯插头连接
T52c 52 芯插头连接

367 接地连接 2，在主导线束中
602 左前脚部空间内的接地点
605 接地点，在上部转向柱上

组合仪表 –K– / 组合仪表中的控制单元 –J285– / 防盗锁止系统控制单元 –J362–

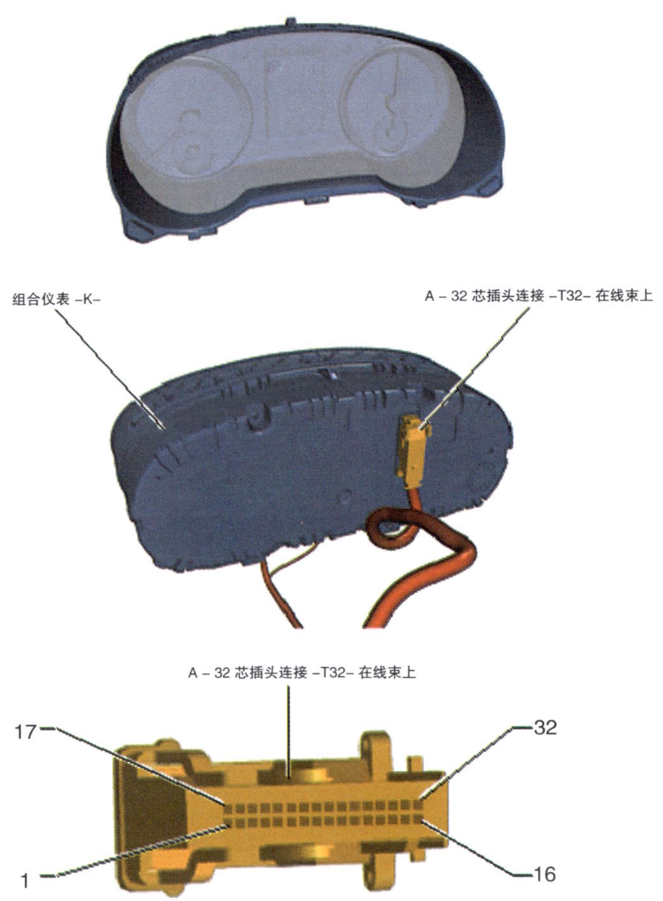

三、1.6L汽油发动机（CLRA）控制系统

蓄电池，启动电机，交流发电机，电压调节器，主继电器，车载电网控制单元，熔丝座B，熔丝座C

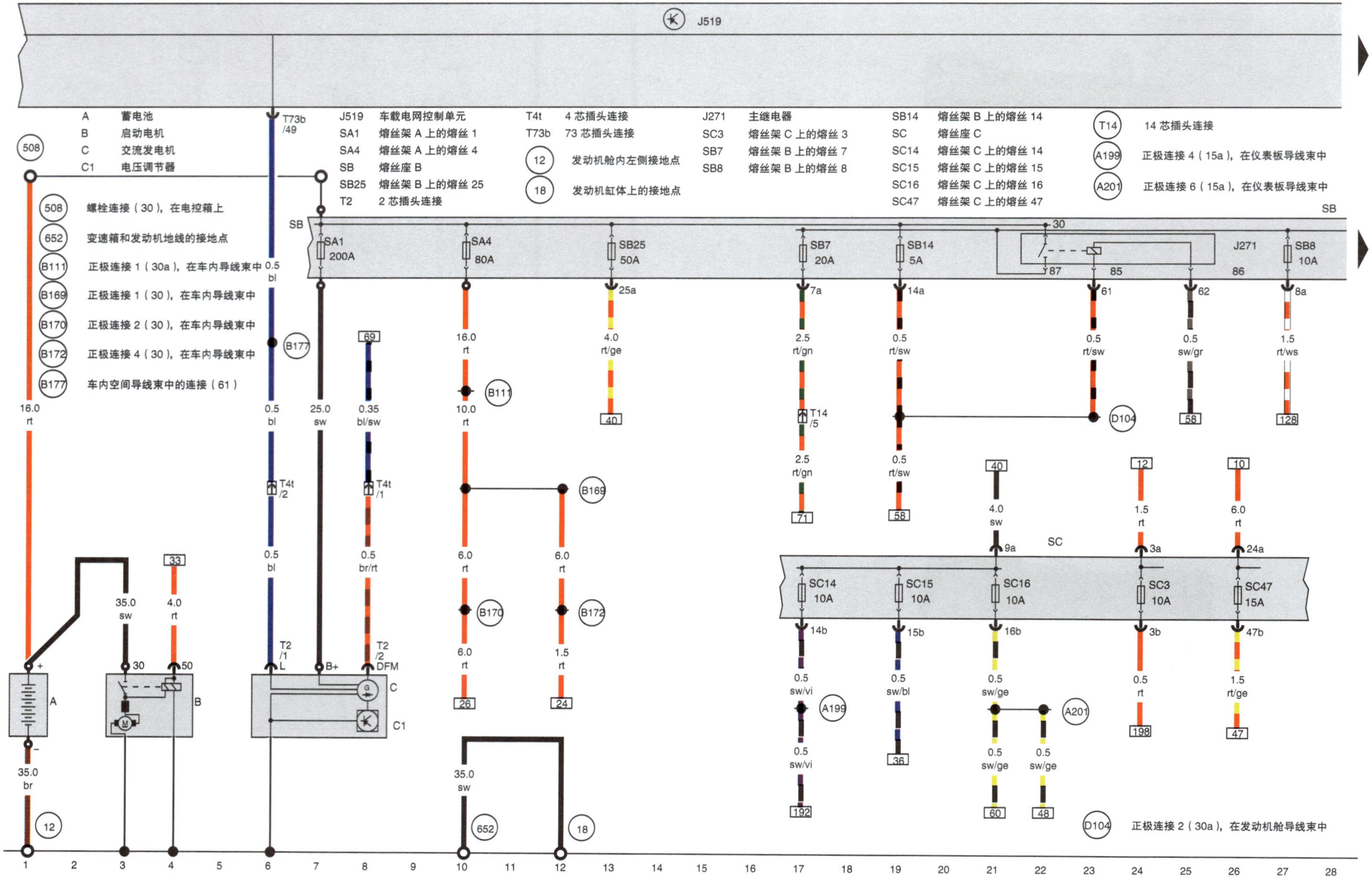

端子15供电继电器，车载电网控制单元，供电继电器2，端子15，供电继电器，总线端50，熔丝座B，燃油存量传感器，预供给燃油泵，燃油泵继电器，燃油供应继电器

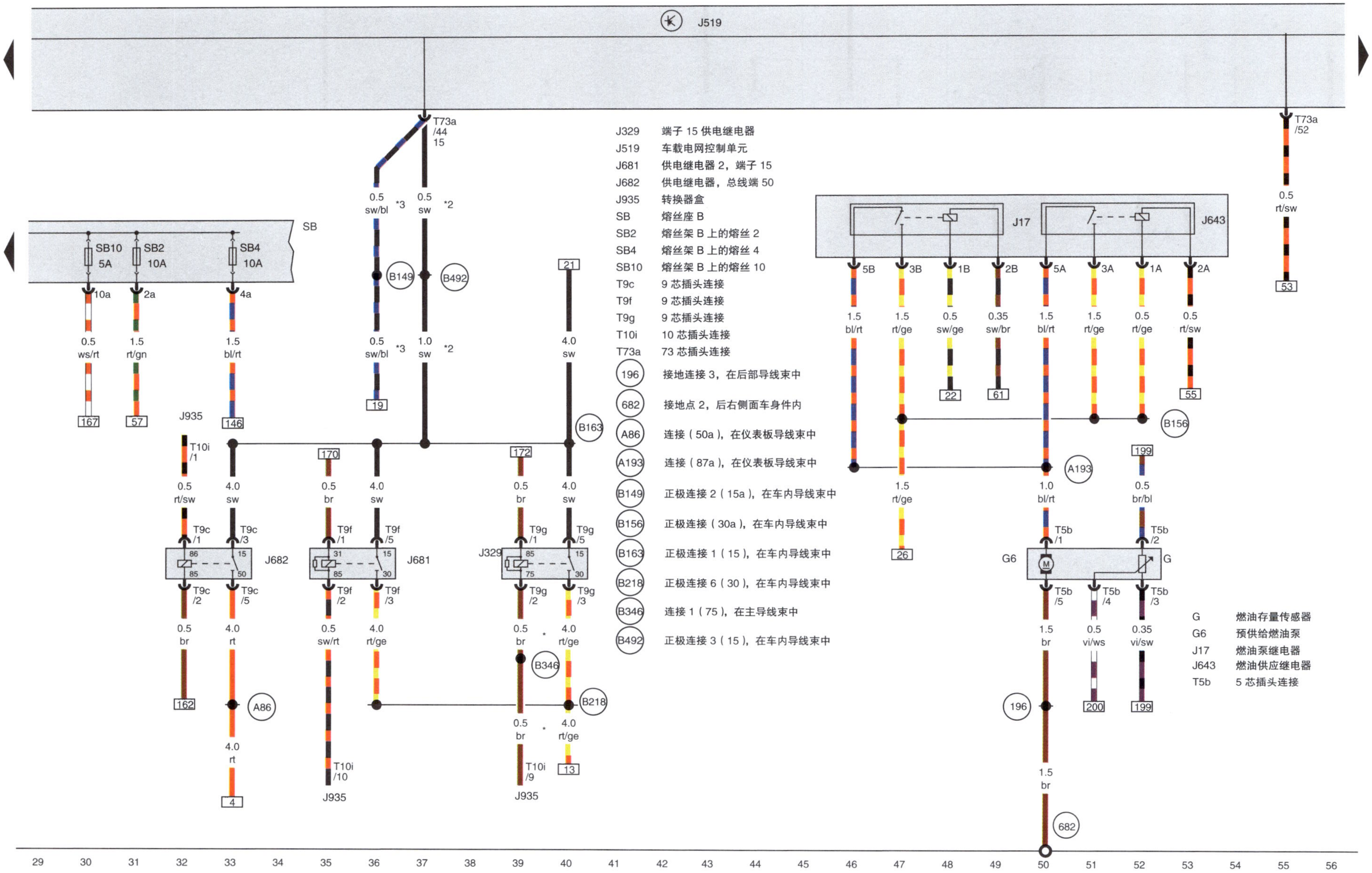

J329 端子 15 供电继电器
J519 车载电网控制单元
J681 供电继电器 2，端子 15
J682 供电继电器，总线端 50
J935 转换器盒
SB 熔丝座 B
SB2 熔丝架 B 上的熔丝 2
SB4 熔丝架 B 上的熔丝 4
SB10 熔丝架 B 上的熔丝 10
T9c 9 芯插头连接
T9f 9 芯插头连接
T9g 9 芯插头连接
T10i 10 芯插头连接
T73a 73 芯插头连接
196 接地连接 3，在后部导线束中
682 接地点 2，后右侧面车身件内
A86 连接（50a），在仪表板导线束中
A193 连接（87a），在仪表板导线束中
B149 正极连接 2（15a），在车内导线束中
B156 正极连接（30a），在车内导线束中
B163 正极连接 1（15），在车内导线束中
B218 正极连接 6（30），在车内导线束中
B346 连接 1（75），在主导线束中
B492 正极连接 3（15），在车内导线束中

G 燃油存量传感器
G6 预供给燃油泵
J17 燃油泵继电器
J643 燃油供应继电器
T5b 5 芯插头连接

发动机控制单元，车载电网控制单元，带功率输出级的点火线圈1，带功率输出级的点火线圈2，带功率输出级的点火线圈3，带功率输出级的点火线圈4，火花塞插头，火花塞

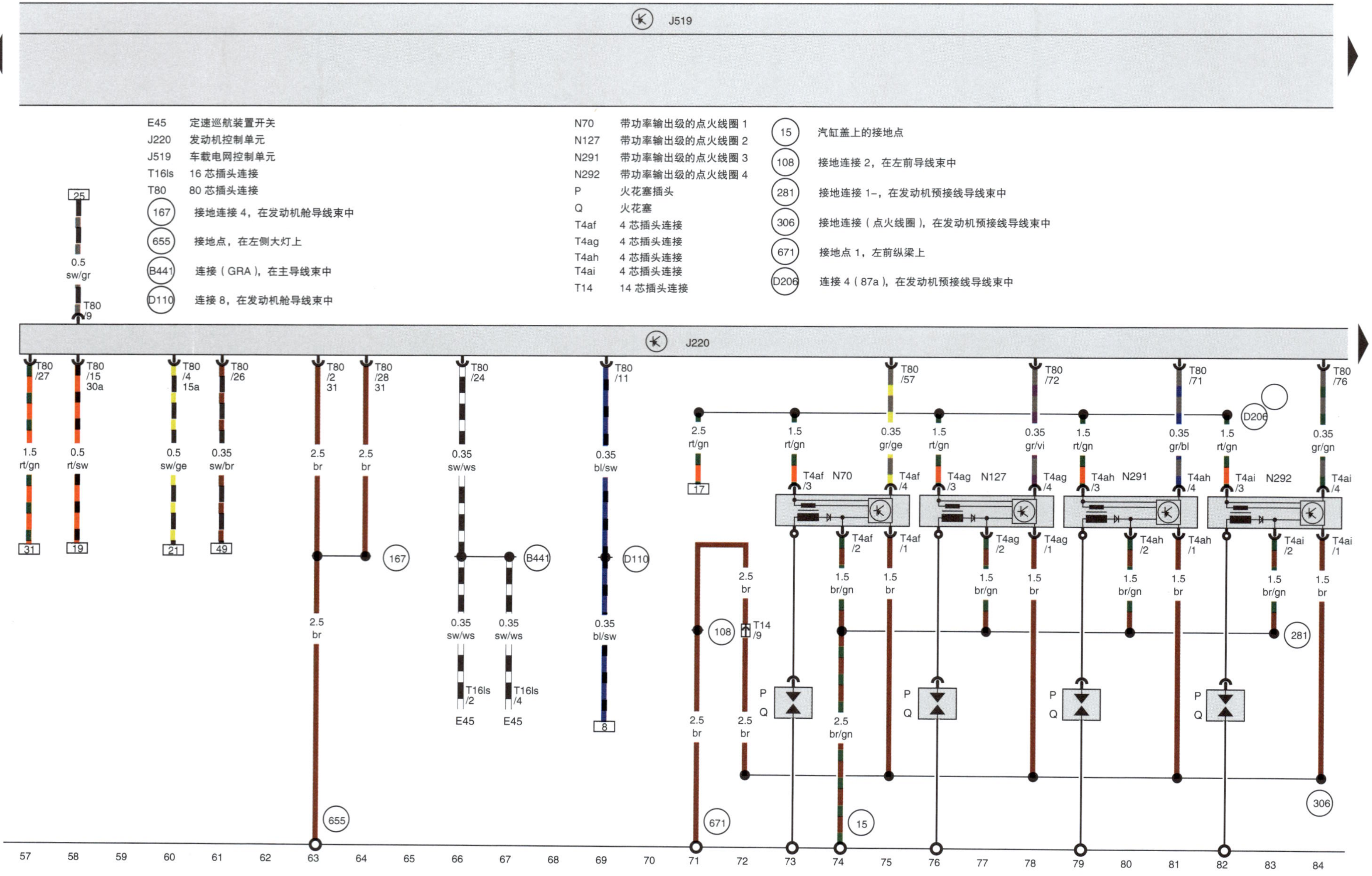

E45 定速巡航装置开关
J220 发动机控制单元
J519 车载电网控制单元
T16ls 16 芯插头连接
T80 80 芯插头连接
(167) 接地连接 4，在发动机舱导线束中
(655) 接地点，在左侧大灯上
(B441) 连接（GRA），在主导线束中
(D110) 连接 8，在发动机舱导线束中

N70 带功率输出级的点火线圈 1
N127 带功率输出级的点火线圈 2
N291 带功率输出级的点火线圈 3
N292 带功率输出级的点火线圈 4
P 火花塞插头
Q 火花塞
T4af 4 芯插头连接
T4ag 4 芯插头连接
T4ah 4 芯插头连接
T4ai 4 芯插头连接
T14 14 芯插头连接

(15) 汽缸盖上的接地点
(108) 接地连接 2，在左前导线束中
(281) 接地连接 1-，在发动机预接线导线束中
(306) 接地连接（点火线圈），在发动机预接线导线束中
(671) 接地点 1，左前纵梁上
(D206) 连接 4（87a），在发动机预接线导线束中

霍尔传感器，冷却液温度传感器，电控油门操纵机构的节气门驱动装置，电控油门操纵机构的节气门驱动装置角度传感器1，电控油门操纵机构的节气门驱动装置角度传感器2，发动机控制单元，节气门控制单元，车载电网控制单元，发动机转速传感器，进气温度传感器，爆震传感器1，进气管压力传感器

G40	霍尔传感器
G62	冷却液温度传感器
G186	电控油门操纵机构的节气门驱动装置
G187	电控油门操纵机构的节气门驱动装置角度传感器 1
G188	电控油门操纵机构的节气门驱动装置角度传感器 2
J220	发动机控制单元
J338	节气门控制单元
J519	车载电网控制单元
T2dp	2 芯插头连接
T3b	3 芯插头连接
T6x	6 芯插头连接
T80	80 芯插头连接
G28	发动机转速传感器
G42	进气温度传感器
G61	爆震传感器 1
G71	进气管压力传感器
T2ex	2 芯插头连接
T3v	3 芯插头连接
T4bf	4 芯插头连接
220	接地连接（传感器接地），在发动机导线束中
D101	连接 1，在发动机舱导线束中

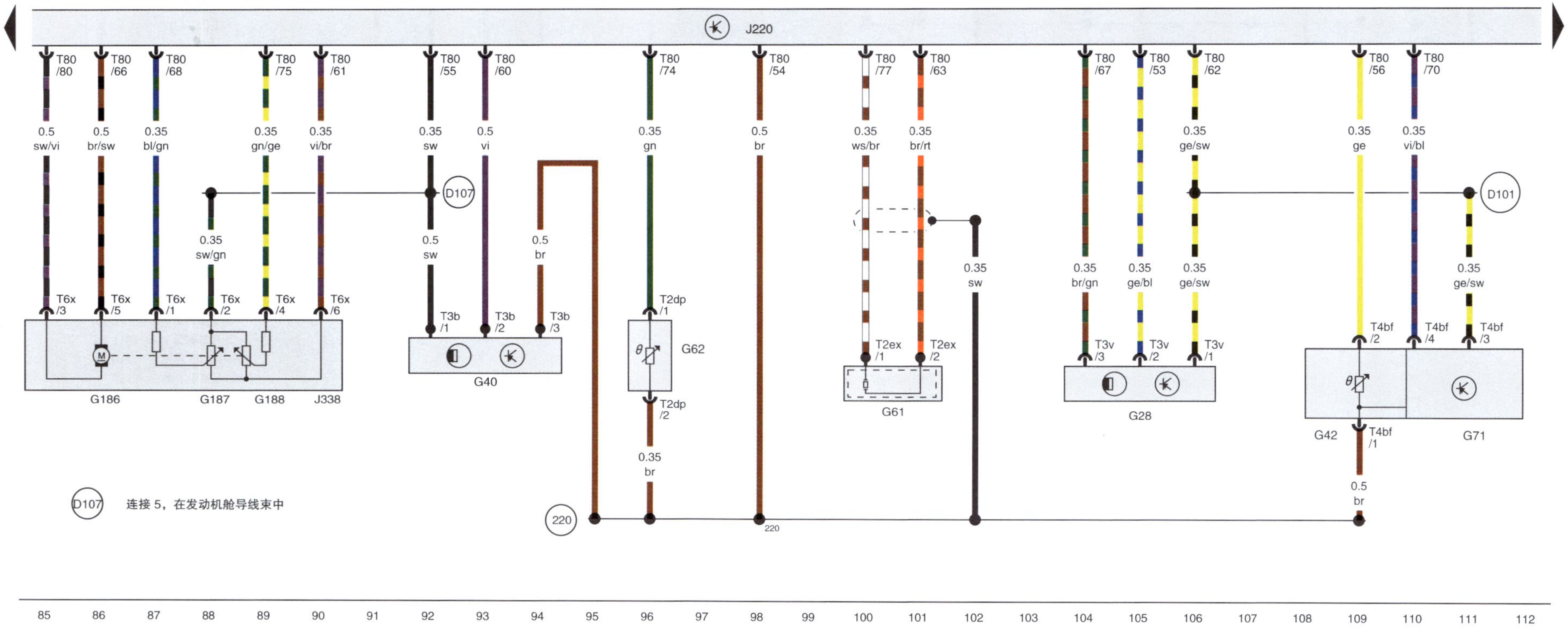

D107 连接 5，在发动机舱导线束中

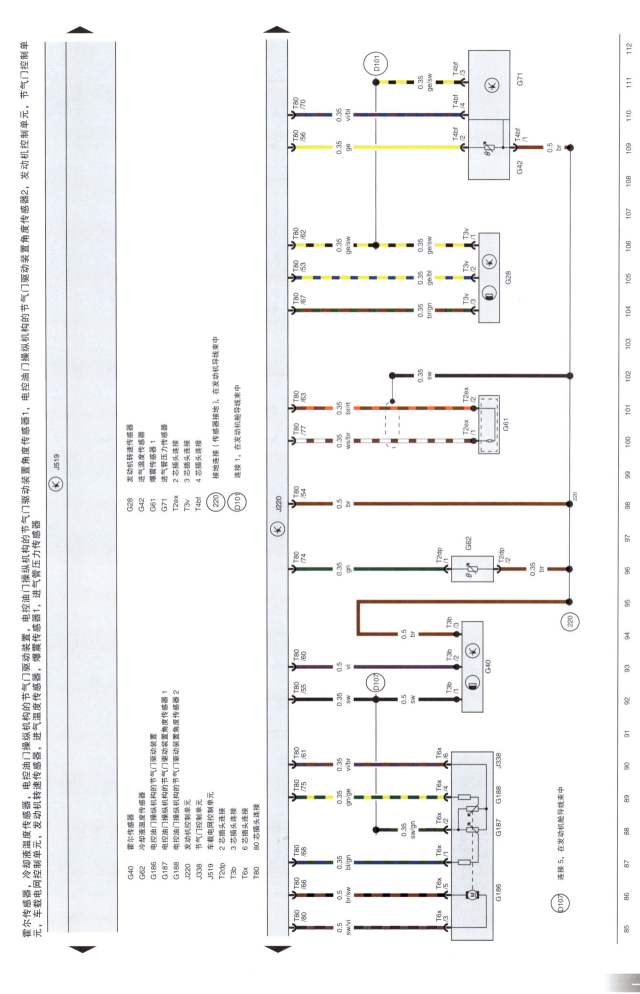

油门踏板位置传感器，油门踏板位置传感器2，活性炭罐电磁阀1，汽缸1喷油阀，汽缸2喷油阀，汽缸3喷油阀，汽缸4喷油阀

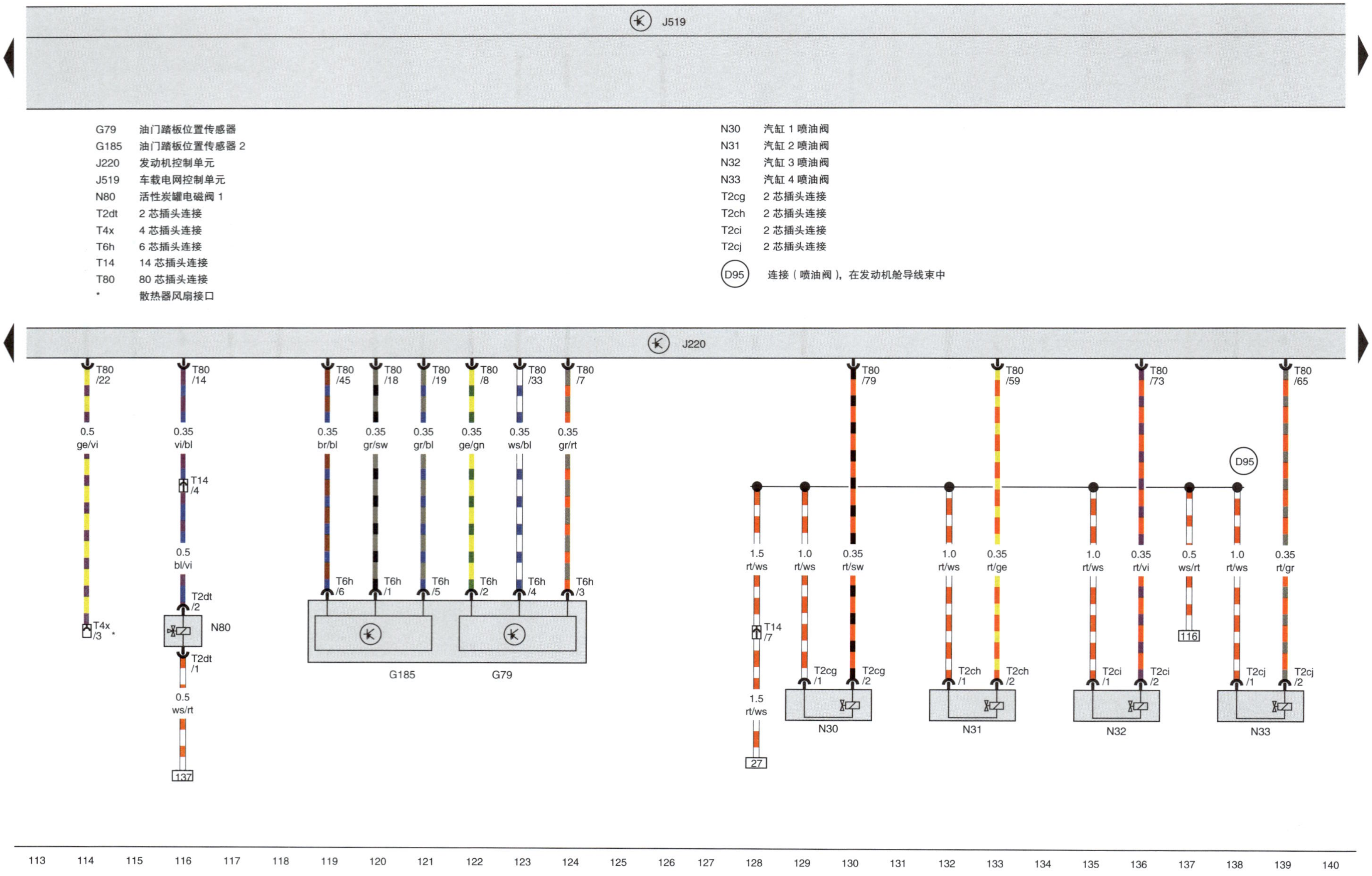

G79	油门踏板位置传感器
G185	油门踏板位置传感器 2
J220	发动机控制单元
J519	车载电网控制单元
N80	活性炭罐电磁阀 1
T2dt	2 芯插头连接
T4x	4 芯插头连接
T6h	6 芯插头连接
T14	14 芯插头连接
T80	80 芯插头连接
*	散热器风扇接口
N30	汽缸 1 喷油阀
N31	汽缸 2 喷油阀
N32	汽缸 3 喷油阀
N33	汽缸 4 喷油阀
T2cg	2 芯插头连接
T2ch	2 芯插头连接
T2ci	2 芯插头连接
T2cj	2 芯插头连接
D95	连接（喷油阀），在发动机舱导线束中

冷凝器出口上的冷却液温度传感器，尾气催化净化器下游的氧传感器，发动机控制单元，车载电网控制单元，氧传感器加热，尾气催化净化器后的氧传感器1加热装置，制动信号灯开关，离合器位置传感器

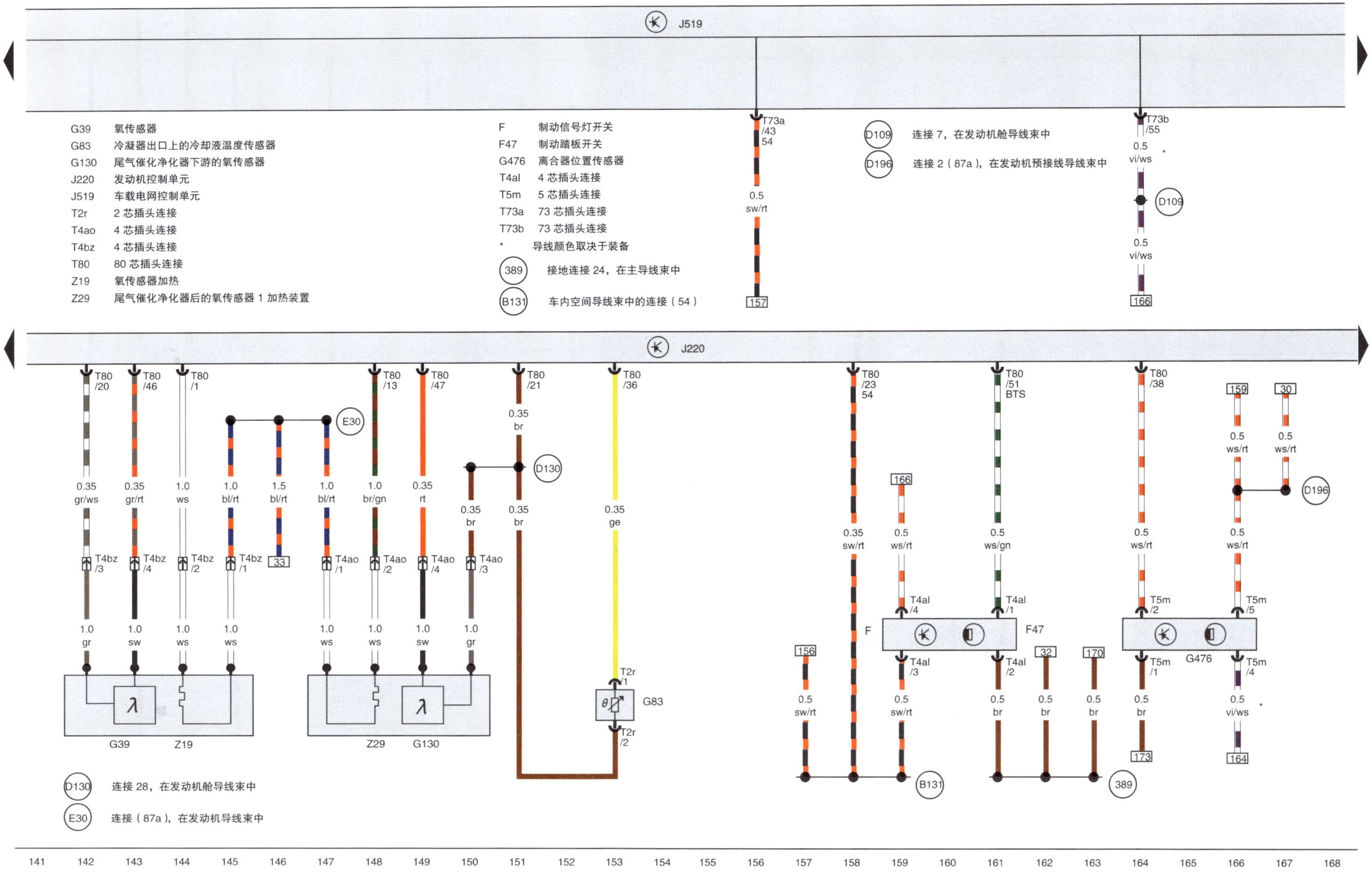

G39	氧传感器
G83	冷凝器出口上的冷却液温度传感器
G130	尾气催化净化器下游的氧传感器
J220	发动机控制单元
J519	车载电网控制单元
T2r	2 芯插头连接
T4ao	4 芯插头连接
T4bz	4 芯插头连接
T80	80 芯插头连接
Z19	氧传感器加热
Z29	尾气催化净化器后的氧传感器 1 加热装置
F	制动信号灯开关
F47	制动踏板开关
G476	离合器位置传感器
T4al	4 芯插头连接
T5m	5 芯插头连接
T73a	73 芯插头连接
T73b	73 芯插头连接
*	导线颜色取决于装备
389	接地连接 24，在主导线束中
B131	车内空间导线束中的连接（54）
D109	连接 7，在发动机舱导线束中
D196	连接 2（87a），在发动机预接线导线束中
D130	连接 28，在发动机舱导线束中
E30	连接（87a），在发动机导线束中

发动机控制单元，车载电网控制单元，多功能显示器，仪表板中的控制单元，数据总线诊断接口，仪表板，电子油门故障信号灯

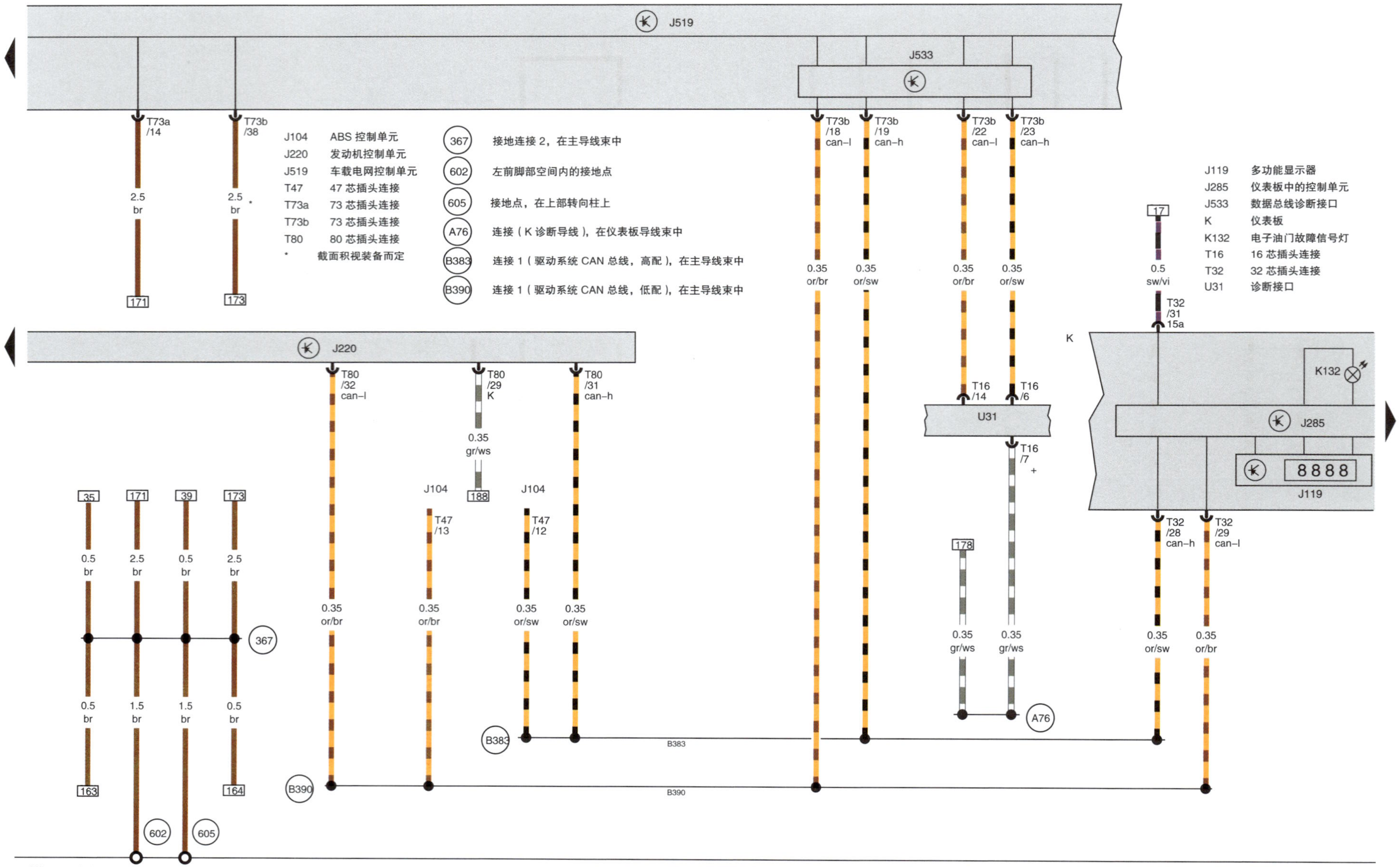

J104	ABS 控制单元
J220	发动机控制单元
J519	车载电网控制单元
T47	47 芯插头连接
T73a	73 芯插头连接
T73b	73 芯插头连接
T80	80 芯插头连接
*	截面积视装备而定
367	接地连接 2，在主导线束中
602	左前脚部空间内的接地点
605	接地点，在上部转向柱上
A76	连接（K 诊断导线），在仪表板导线束中
B383	连接 1（驱动系统 CAN 总线，高配），在主导线束中
B390	连接 1（驱动系统 CAN 总线，低配），在主导线束中

J119	多功能显示器
J285	仪表板中的控制单元
J533	数据总线诊断接口
K	仪表板
K132	电子油门故障信号灯
T16	16 芯插头连接
T32	32 芯插头连接
U31	诊断接口

169 170 171 172 173 174 175 176 177 178 179 180 181 182 183 184 185 186 187 188 189 190 191 192 193 194 195 196

油压开关，冷却液不足显示传感器，警报蜂鸣器和警报音，仪表板中的控制单元，仪表板，机油压力指示灯，GRA 指示灯,废气警告灯，燃油存量指示灯

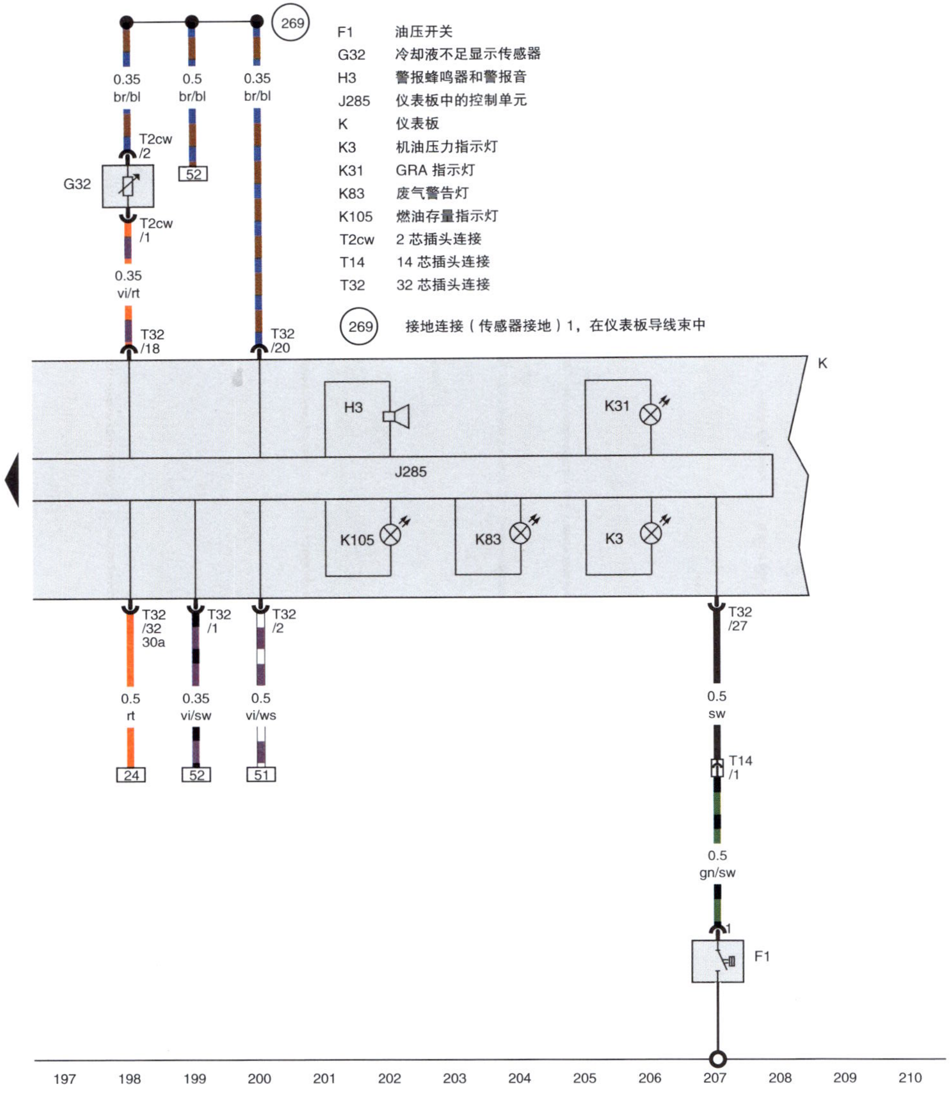

F1 油压开关
G32 冷却液不足显示传感器
H3 警报蜂鸣器和警报音
J285 仪表板中的控制单元
K 仪表板
K3 机油压力指示灯
K31 GRA 指示灯
K83 废气警告灯
K105 燃油存量指示灯
T2cw 2 芯插头连接
T14 14 芯插头连接
T32 32 芯插头连接
(269) 接地连接（传感器接地）1，在仪表板导线束中

A－发动机控制单元 -J220-（安装位置在发动机舱左侧继电器熔丝盒旁）

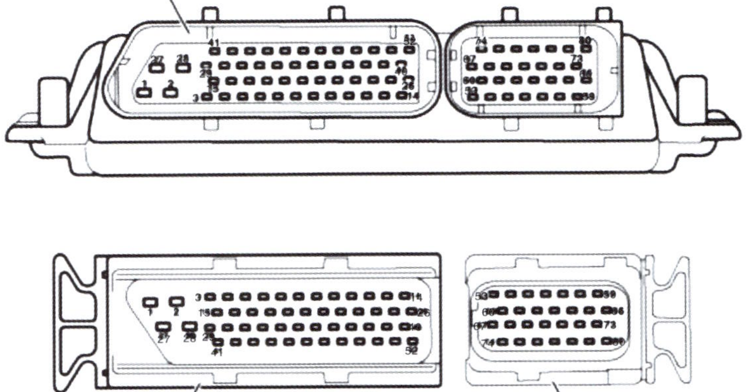

B－52 芯插头连接 -T80- 在线束上

C－28 芯插头连接 -T80- 在线束上

提示：80芯插头连接-T80-由插头B和C构成

四、1.8L汽油发动机（CEAA）控制系统

蓄电池，启动电机，交流发电机，电压调节器，车载电网控制单元，熔丝架C上的熔丝47，供电继电器2，端子15，供电继电器，总线端50，熔丝架C上的熔丝14，熔丝架C上的熔丝16

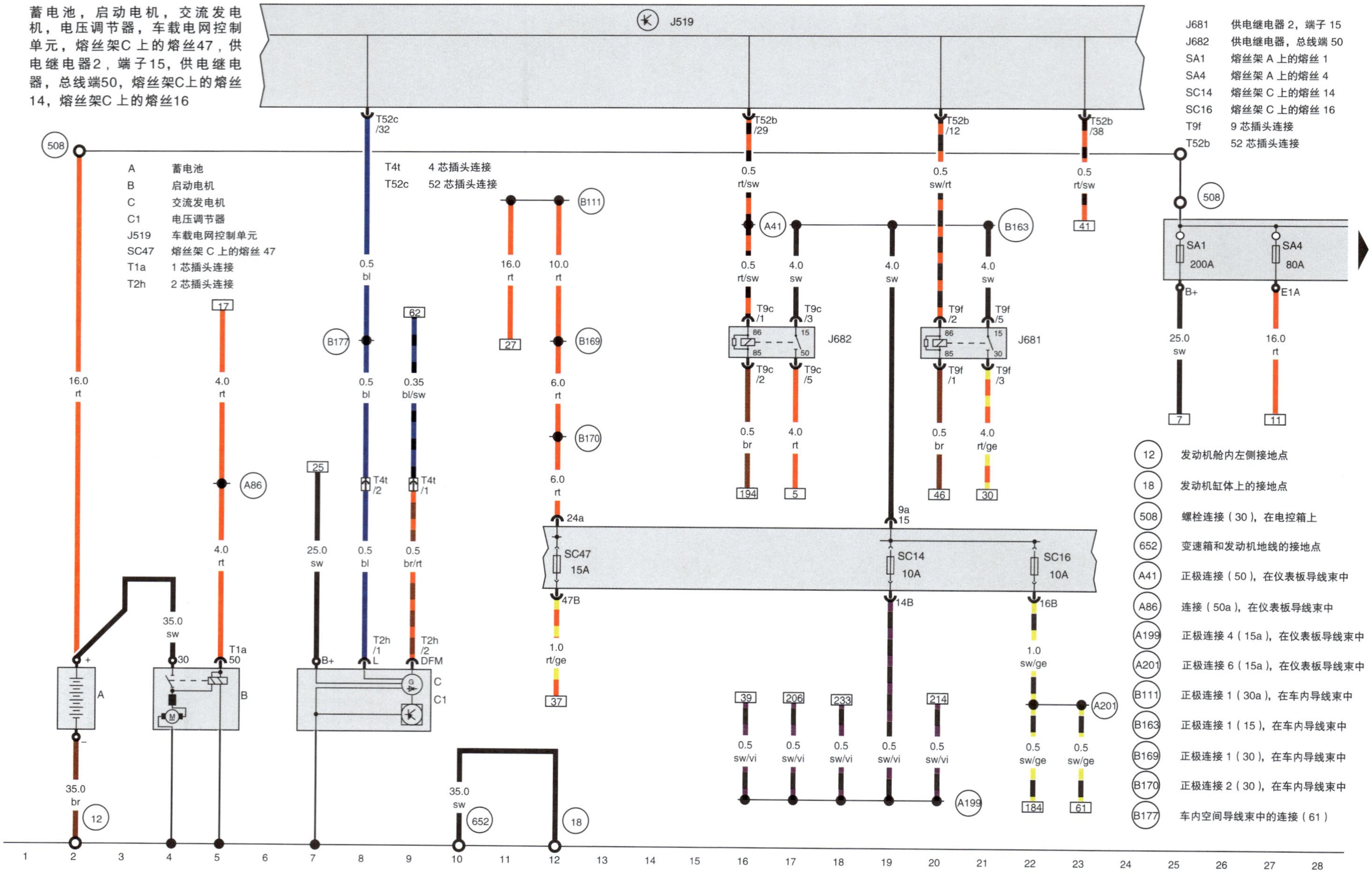

A	蓄电池
B	启动电机
C	交流发电机
C1	电压调节器
J519	车载电网控制单元
SC47	熔丝架 C 上的熔丝 47
T1a	1 芯插头连接
T2h	2 芯插头连接
T4t	4 芯插头连接
T52c	52 芯插头连接

J681	供电继电器 2，端子 15
J682	供电继电器，总线端 50
SA1	熔丝架 A 上的熔丝 1
SA4	熔丝架 A 上的熔丝 4
SC14	熔丝架 C 上的熔丝 14
SC16	熔丝架 C 上的熔丝 16
T9f	9 芯插头连接
T52b	52 芯插头连接

12	发动机舱内左侧接地点
18	发动机缸体上的接地点
508	螺栓连接（30），在电控箱上
652	变速箱和发动机地线的接地点
A41	正极连接（50），在仪表板导线束中
A86	连接（50a），在仪表板导线束中
A199	正极连接 4（15a），在仪表板导线束中
A201	正极连接 6（15a），在仪表板导线束中
B111	正极连接 1（30a），在车内导线束中
B163	正极连接 1（15），在车内导线束中
B169	正极连接 1（30），在车内导线束中
B170	正极连接 2（30），在车内导线束中
B177	车内空间导线束中的连接（61）

燃油存量传感器，预供给燃油泵，熔丝架B上的熔丝25，冷却液继续循环继电器，主继电器

G	燃油存量传感器
G6	预供给燃油泵
J538	燃油泵控制单元
SB4	熔丝架 B 上的熔丝 4
SB8	熔丝架 B 上的熔丝 8
SB9	熔丝架 B 上的熔丝 9
SB13	熔丝架 B 上的熔丝 13
SB25	熔丝架 B 上的熔丝 25
T5b	5 芯插头连接
T10n	10 芯插头连接

196	接地连接 3，在后部导线束中
682	接地点 2，后右侧面车身件内
B429	连接（EKPR），在主导线束中

J151	冷却液继续循环继电器
J271	主继电器
SB2	熔丝架 B 上的熔丝 2
SB7	熔丝架 B 上的熔丝 7
SB10	熔丝架 B 上的熔丝 10
SB14	熔丝架 B 上的熔丝 14
T5aa	5 芯插头连接
T14	14 芯插头连接
*	自 2012 年 8 月起

367	接地连接 2，在主导线束中
602	左前脚部空间内的接地点
605	接地点，在上部转向柱上
D78	正极连接 1（30a），在发动机舱导线束中
D182	连接 3（87a），在发动机舱导线束中
D196	连接 2（87a），在发动机预接线导线束中

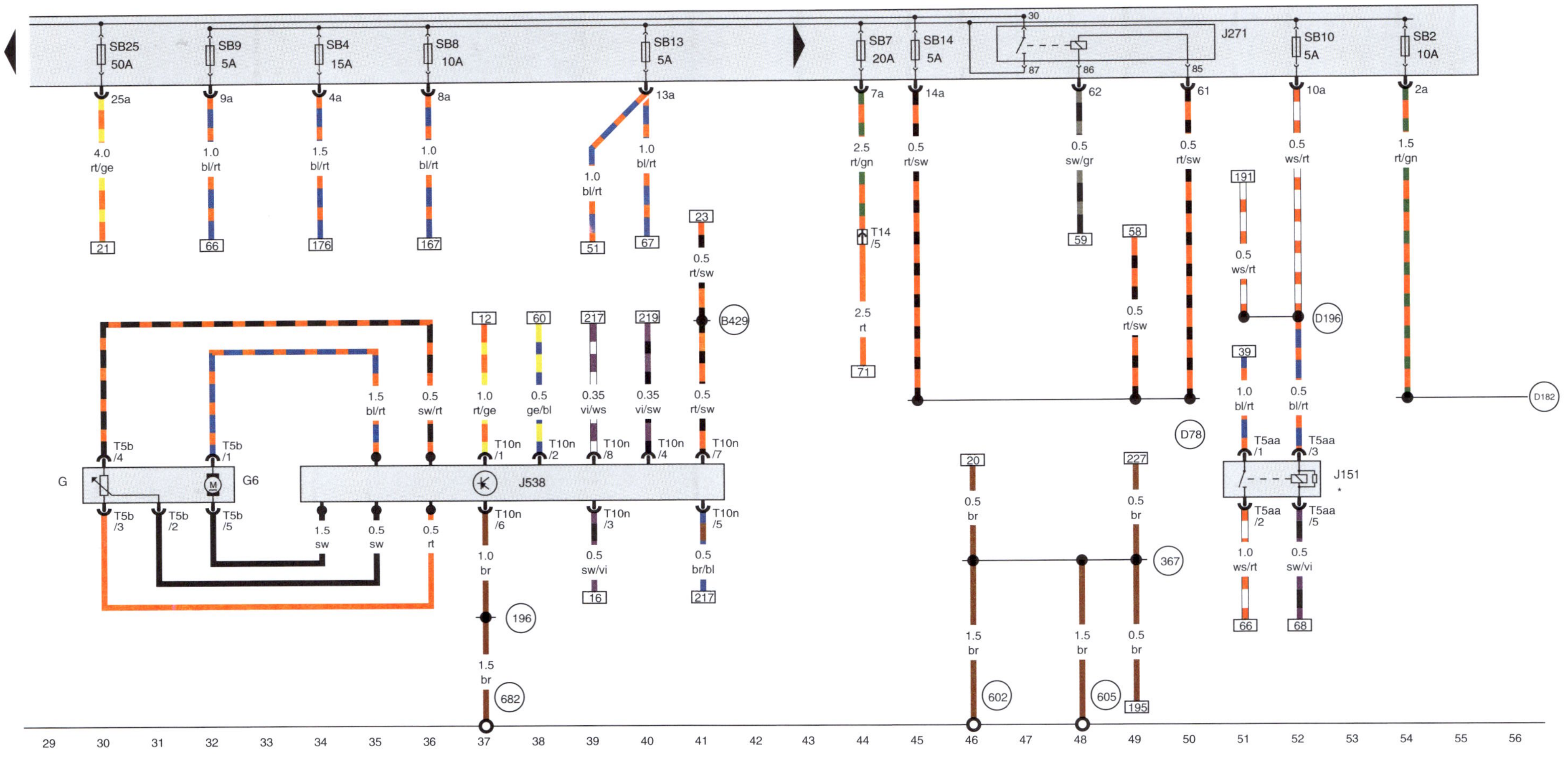

发动机控制单元，发动机部件供电继电器，冷却液继续补给泵，带功率输出级的点火线圈1，带功率输出级的点火线圈2，火花塞插头，火花塞

J151	冷却液继续循环继电器
J623	发动机控制单元
J757	发动机部件供电继电器
T2cf	2 芯插头连接
T2cg	2 芯插头连接
T5aa	5 芯插头连接
T5ab	5 芯插头连接
T94	94 芯插头连接
V51	冷却液继续补给泵
(108)	接地连接 2，在左前导线束中
(131)	接地连接 2，在发动机舱导线束中
(655)	接地点，在左侧大灯上
(671)	接地点 1，左前纵梁上
(D110)	连接 8，在发动机舱导线束中
(D182)	连接 3（87a），在发动机舱导线束中
(D183)	连接 4（87a），在发动机舱导线束中
*	截至 2012 年 8 月
N70	带功率输出级的点火线圈 1
N127	带功率输出级的点火线圈 2
N291	带功率输出级的点火线圈 3
N292	带功率输出级的点火线圈 4
P	火花塞插头
Q	火花塞
T4af	4 芯插头连接
T4ag	4 芯插头连接
T4ah	4 芯插头连接
T4ai	4 芯插头连接
T14	14 芯插头连接
T60	60 芯插头连接
(15)	汽缸盖上的接地点
(281)	接地连接 1-，在发动机预接线导线束中
(306)	接地连接（点火线圈），在发动机预接线导线束中
(D206)	连接 4（87a），在发动机预接线导线束中

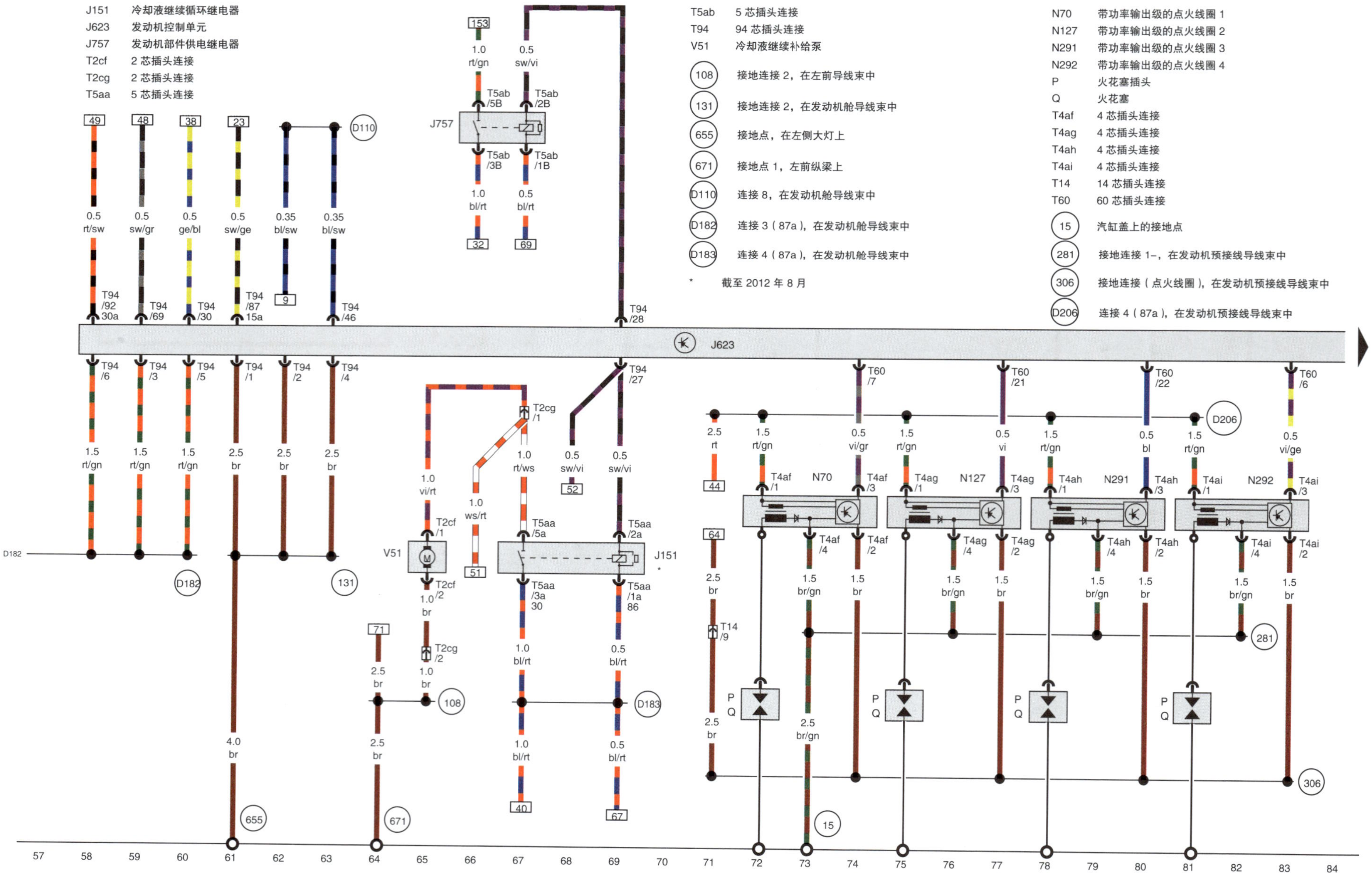

进气温度传感器，冷却液温度传感器，电控油门操纵机构的节气门驱动装置，电控油门操纵机构的节气门驱动装置角度传感器1，电控油门操纵机构的节气门驱动装置角度传感器2，节气门控制单元,霍尔传感器，爆震传感器1，发动机控制单元

F378	机油压力降低开关
G42	进气温度传感器
G62	冷却液温度传感器
G186	电控油门操纵机构的节气门驱动装置
G187	电控油门操纵机构的节气门驱动装置角度传感器 1
G188	电控油门操纵机构的节气门驱动装置角度传感器 2
J338	节气门控制单元
J623	发动机控制单元
T2dp	2 芯插头连接
T2dz	2 芯插头连接
T6x	6 芯插头连接
T14	14 芯插头连接
T60	60 芯插头连接
T94	94 芯插头连接
220	接地连接（传感器接地），在发动机导线束中
*	依汽车装备而定
G40	霍尔传感器
G61	爆震传感器 1
G247	燃油压力传感器
T3al	3 芯插头连接
T3b	3 芯插头连接
T3w	3 芯插头连接
T6aq	6 芯插头连接
D101	连接 1，在发动机舱导线束中
D103	连接 3，在发动机舱导线束中
D107	连接 5，在发动机舱导线束中

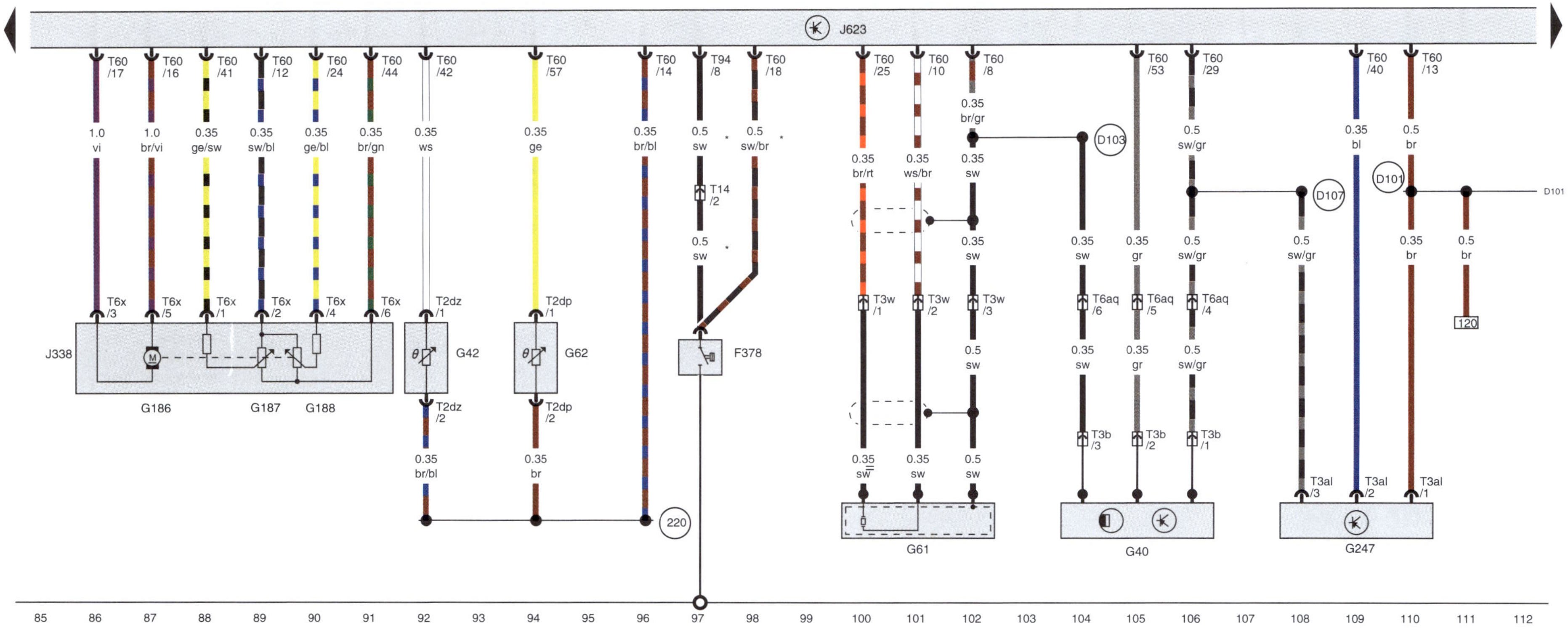

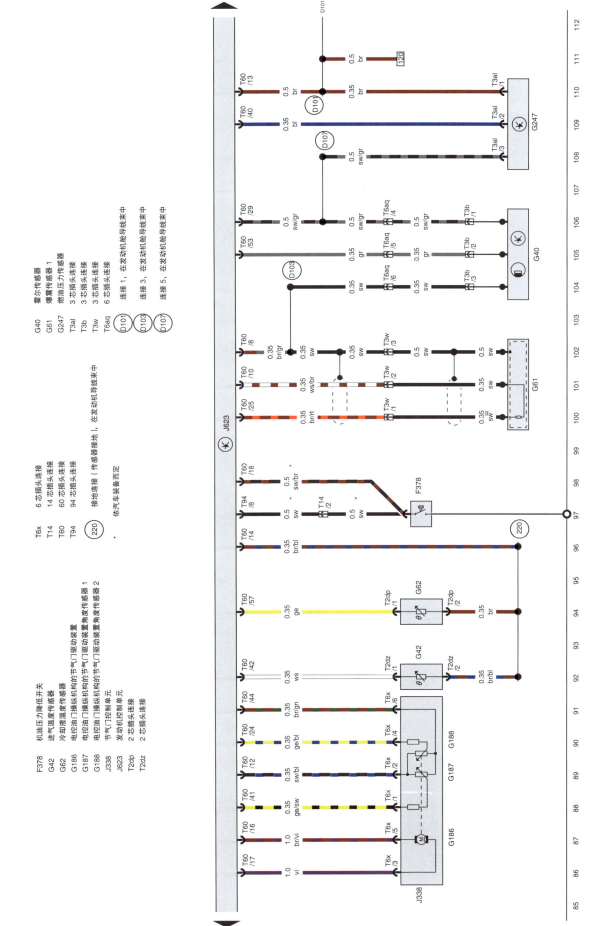

发动机转速传感器，增压压力传感器，冷凝器出口上的冷却液温度传感器，发动机控制单元，汽缸1喷油阀，汽缸2喷油阀，汽缸3喷油阀，汽缸4 喷油阀

G28	发动机转速传感器
G31	增压压力传感器
G83	冷凝器出口上的冷却液温度传感器
G336	进气管风门电位计
J623	发动机控制单元
T2r	2 芯插头连接
T3as	3 芯插头连接
T3v	3 芯插头连接
T4aj	4 芯插头连接
T6aq	6 芯插头连接
T14	14 芯插头连接
T60	60 芯插头连接
T94	94 芯插头连接

D101	连接 1，在发动机舱导线束中
D109	连接 7，在发动机舱导线束中

N30	汽缸 1 喷油阀
N31	汽缸 2 喷油阀
N32	汽缸 3 喷油阀
N33	汽缸 4 喷油阀
T2cg	2 芯插头连接
T2ch	2 芯插头连接
T2ci	2 芯插头连接
T2cj	2 芯插头连接
T8i	8 芯插头连接

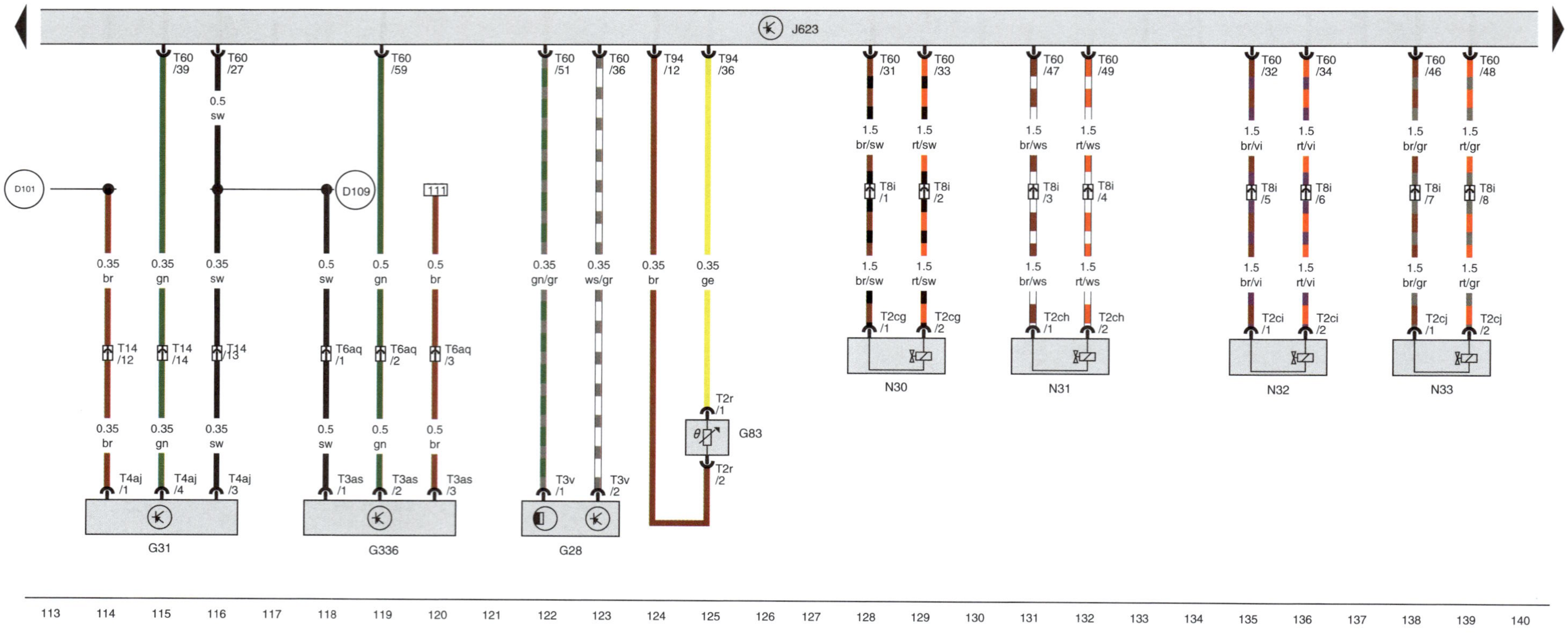

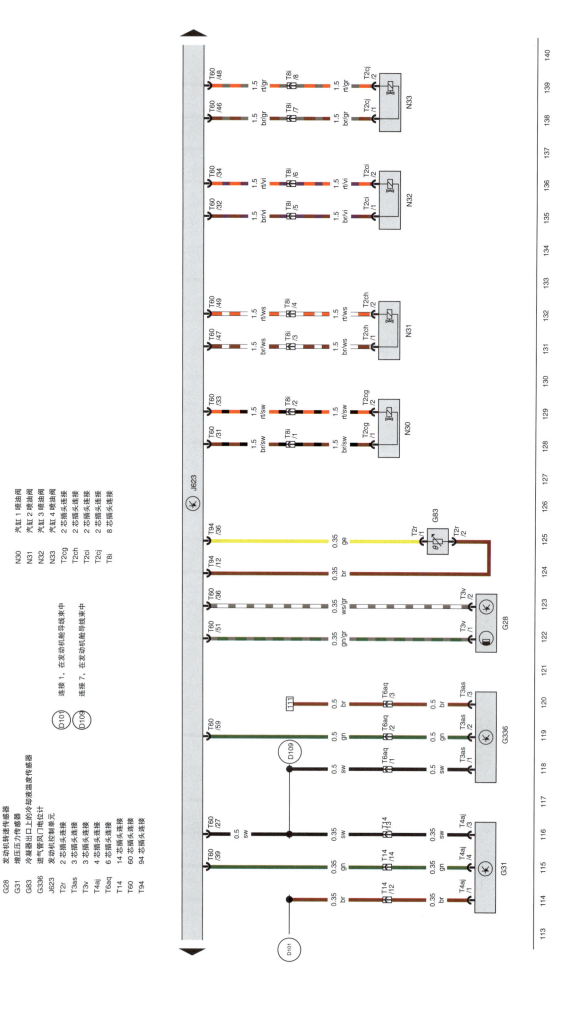

油门踏板位置传感器，油门踏板位置传感器2，发动机控制单元，燃油压力调节阀，活性炭罐电磁阀1，凸轮轴调节阀1，进气管风门阀门，机油压力调节阀

G79	油门踏板位置传感器	N75	增压压力限制电磁阀
G185	油门踏板位置传感器 2	N80	活性炭罐电磁阀 1
J623	发动机控制单元	N205	凸轮轴调节阀 1
N276	燃油压力调节阀	N249	涡轮增压器循环空气阀
T2dv	2 芯插头连接	N316	进气管风门阀门
T4x	4 芯插头连接	N428	机油压力调节阀
T6h	6 芯插头连接	T2bt	2 芯插头连接
T14	14 芯插头连接	T2ds	2 芯插头连接
T60	60 芯插头连接	T2dt	2 芯插头连接
T94	94 芯插头连接	T2du	2 芯插头连接
*	散热器风扇接口	T2eb	2 芯插头连接
		T2ed	2 芯插头连接

D189 连接（87a），在发动机预接线导线束中

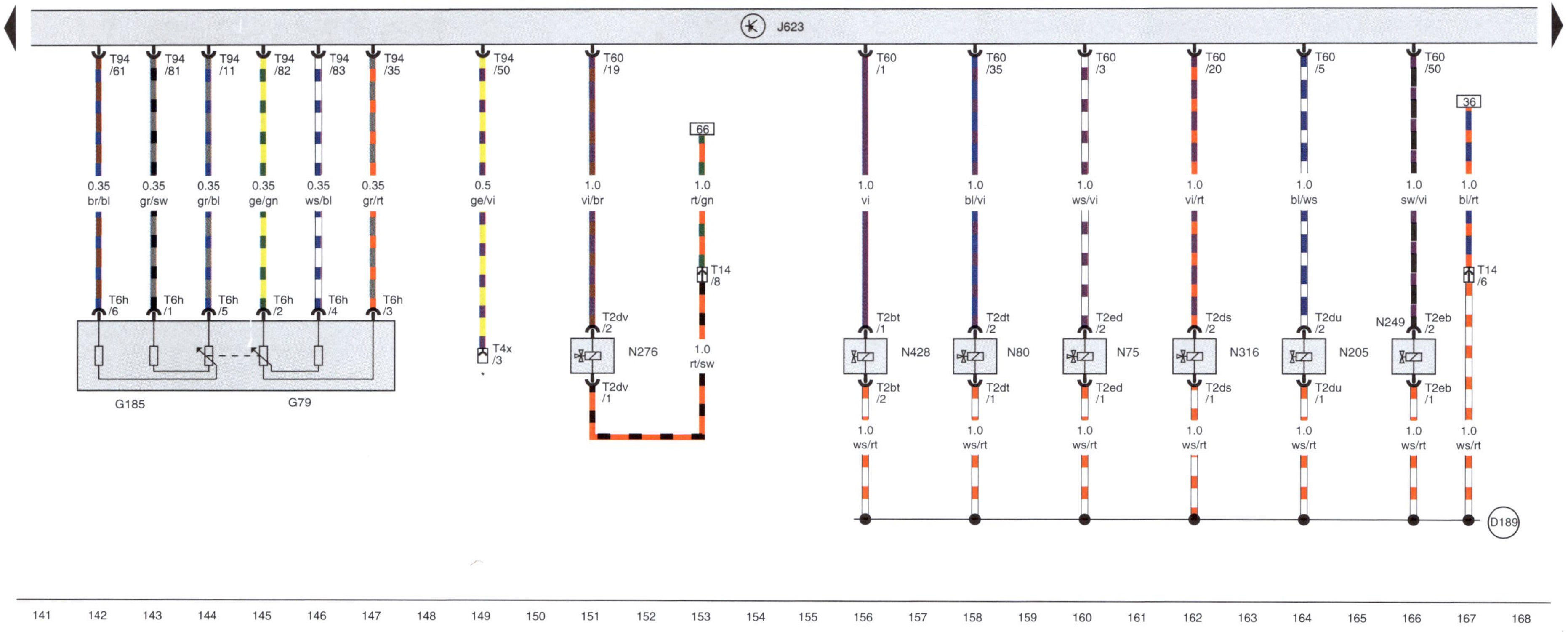

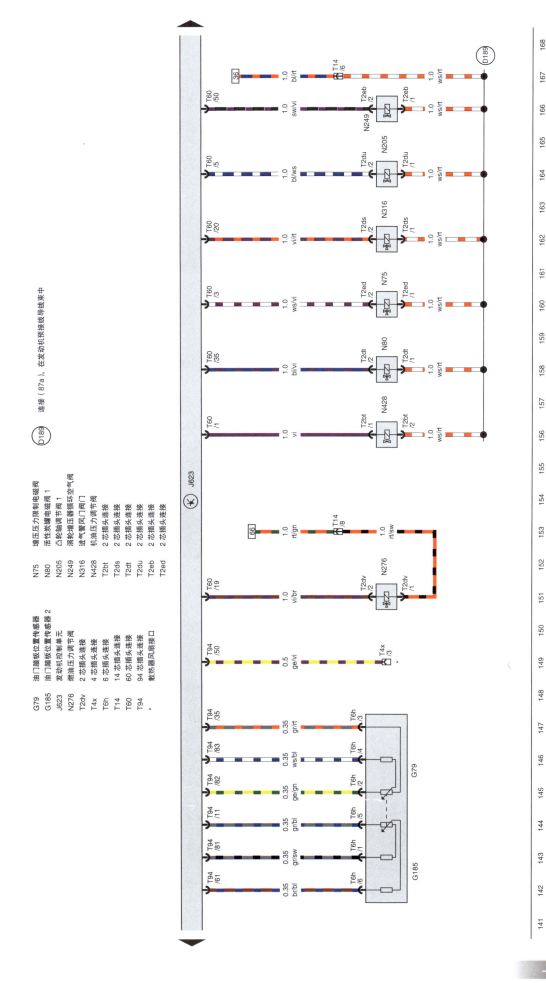

尾气催化净化器下游的氧传感器，发动机控制单元，氧传感器加热，尾气催化净化器后的氧传感器1加热装置，制动信号灯开关，空气质量计

G39　氧传感器
G130　尾气催化净化器下游的氧传感器
J623　发动机控制单元
T4ao　4 芯插头连接
T6w　6 芯插头连接
T94　94 芯插头连接
Z19　氧传感器加热
Z29　尾气催化净化器后的氧传感器 1 加热装置
E30　连接（87a），在发动机导线束中

E45　定速巡航装置开关
F　制动信号灯开关
F47　制动踏板开关
G70　空气质量计
J527　转向柱电子装置控制单元
T4al　4 芯插头连接
T5d　5 芯插头连接
T16l　16 芯插头连接
389　接地连接 24，在主导线束中
B131　车内空间导线束中的连接（54）
B441　连接（GRA），在主导线束中

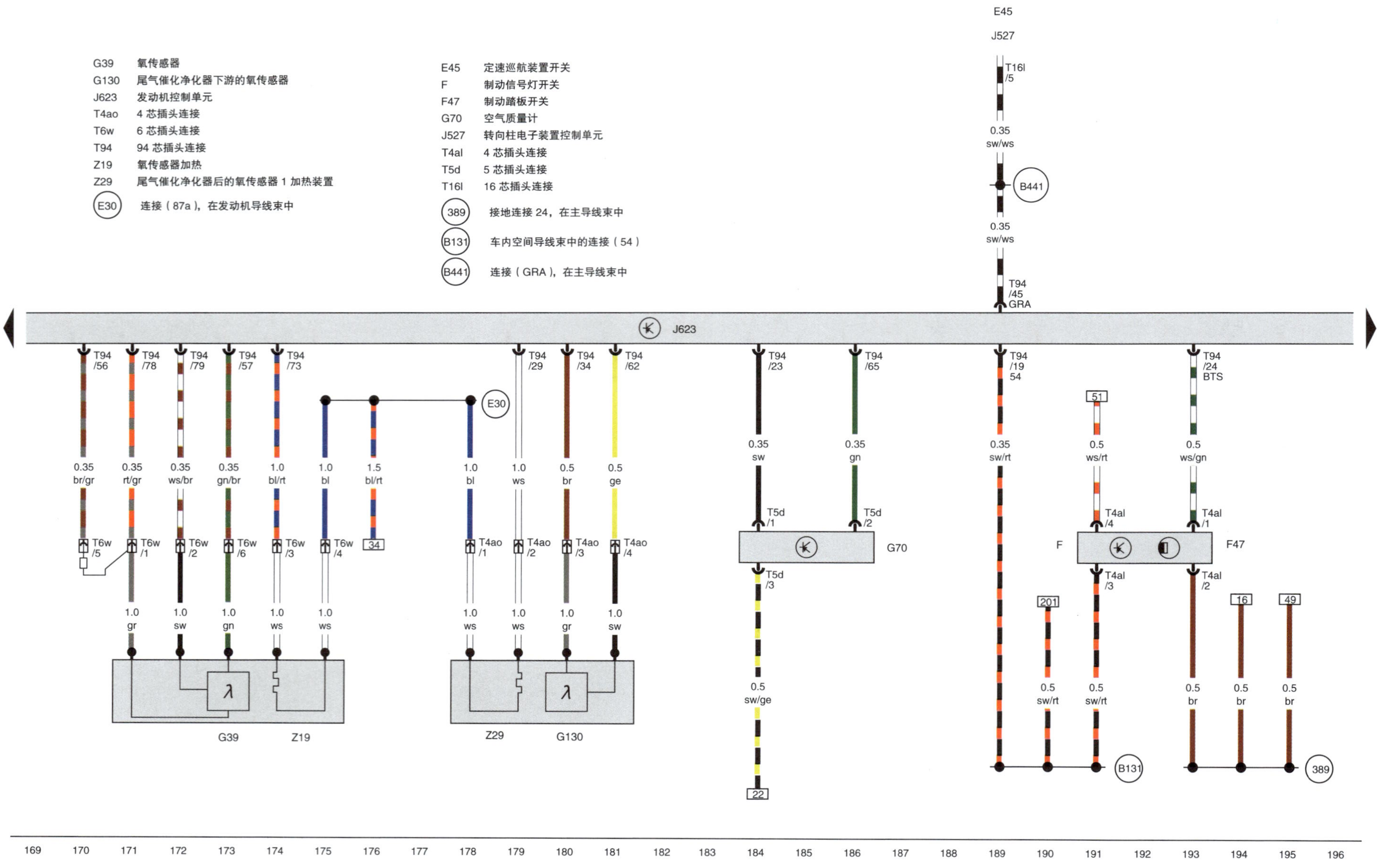

数据总线诊断接口，发动机控制单元，油压开关，燃油储备显示，冷却液温度表，警报蜂鸣器和警报音，仪表板，GRA指示灯，燃油存量指示灯，电子油门故障信号灯

J104	ABS 控制单元
J519	车载电网控制单元
J533	数据总线诊断接口
J623	发动机控制单元
T16	16 芯插头连接
T20	20 芯插头连接
T47	47 芯插头连接
T52c	52 芯插头连接
T94	94 芯插头连接
U31	诊断接口

F22	油压开关
G1	燃油储备显示
G3	冷却液温度表
G32	冷却液不足显示传感器
H3	警报蜂鸣器和警报音
J119	多功能显示器
J285	仪表板中的控制单元
K	仪表板
K31	GRA 指示灯
K105	燃油存量指示灯
K132	电子油门故障信号灯
T1o	1 芯插头连接
T2cw	2 芯插头连接
T14	14 芯插头连接
T32	32 芯插头连接
269	接地连接（传感器接地）1，在仪表板导线束中

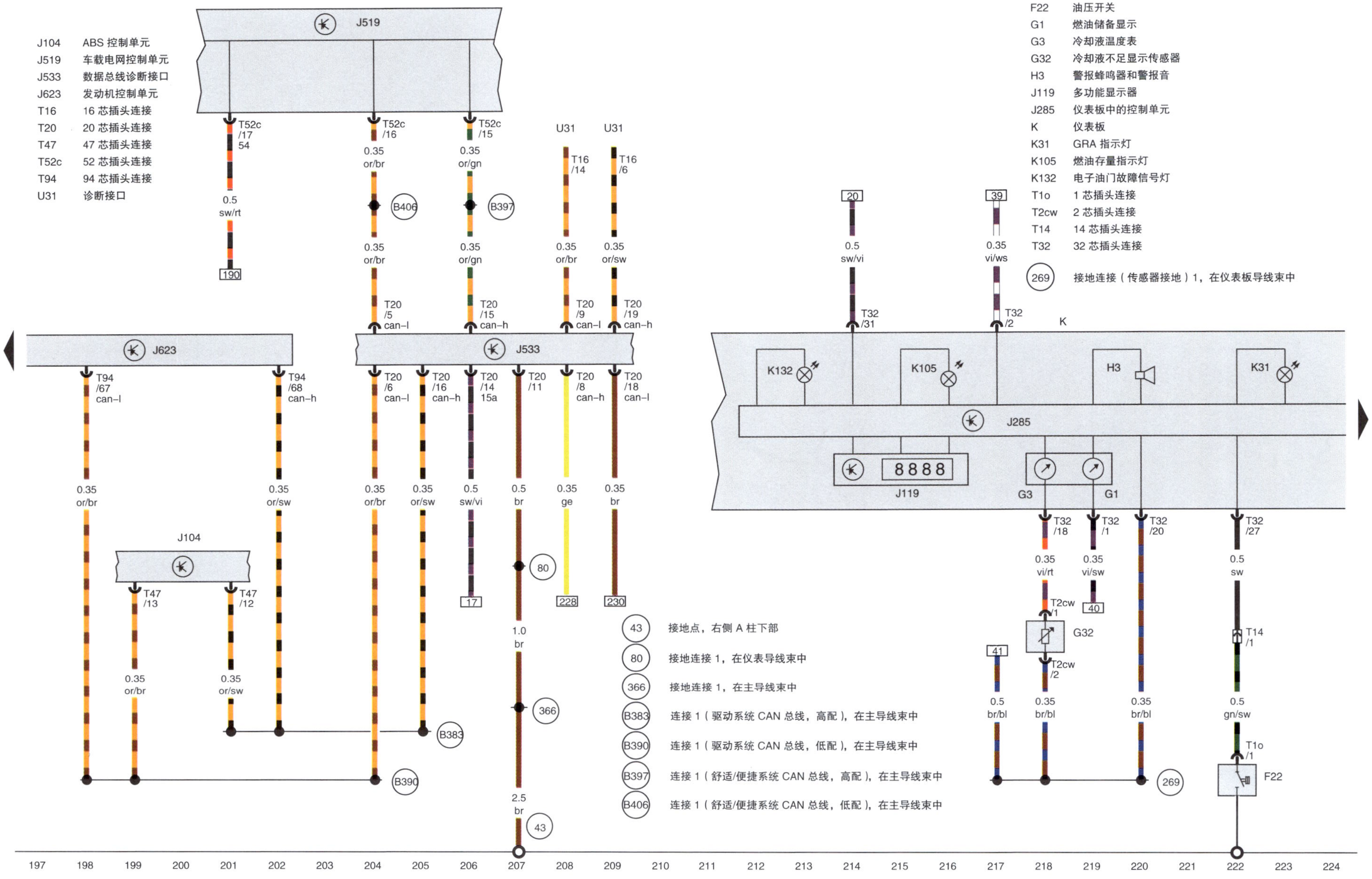

43	接地点，右侧 A 柱下部
80	接地连接 1，在仪表导线束中
366	接地连接 1，在主导线束中
B383	连接 1（驱动系统 CAN 总线，高配），在主导线束中
B390	连接 1（驱动系统 CAN 总线，低配），在主导线束中
B397	连接 1（舒适/便捷系统 CAN 总线，高配），在主导线束中
B406	连接 1（舒适/便捷系统 CAN 总线，低配），在主导线束中

仪表板，机油压力指示灯，废气警告灯

G266	机油油位和机油温度传感器
J285	仪表板中的控制单元
K	仪表板
K3	机油压力指示灯
K38	油位指示灯
K83	废气警告灯
T6z	6 芯插头连接
T32	32 芯插头连接
(132)	接地连接 3，在发动机舱导线束中
(376)	接地连接 11，在主导线束中
(655)	接地点，在左侧大灯上

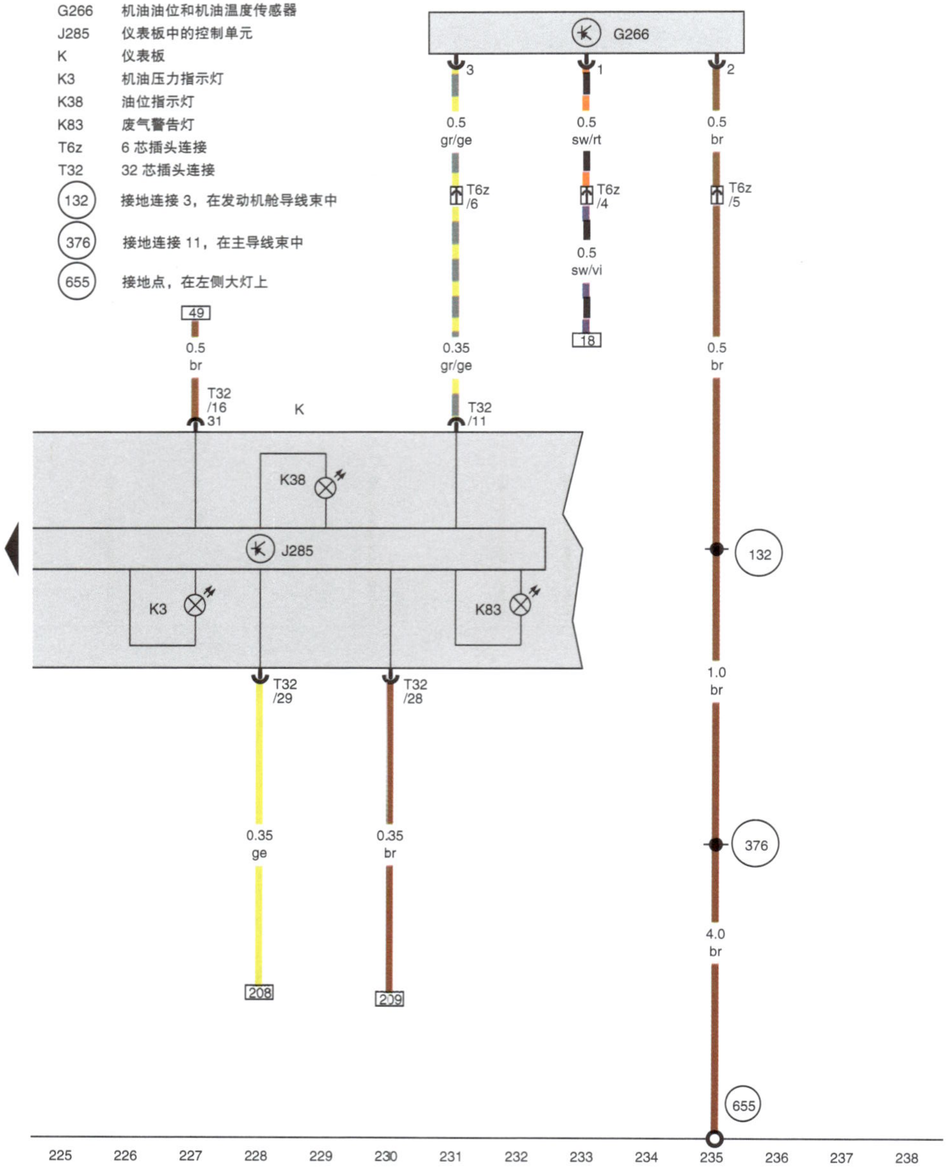

数据总线诊断接口 -J533- （仅限带 PR 编号 AW1 的车辆）

安装位置靠近转向柱，中控台旁边

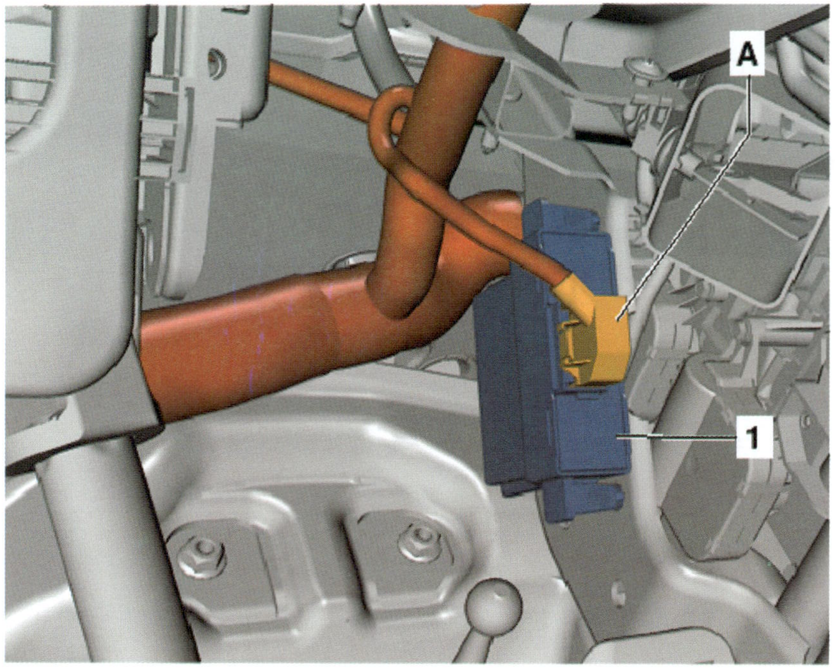

-A- 20 芯插头连接 -T20- 在线束上

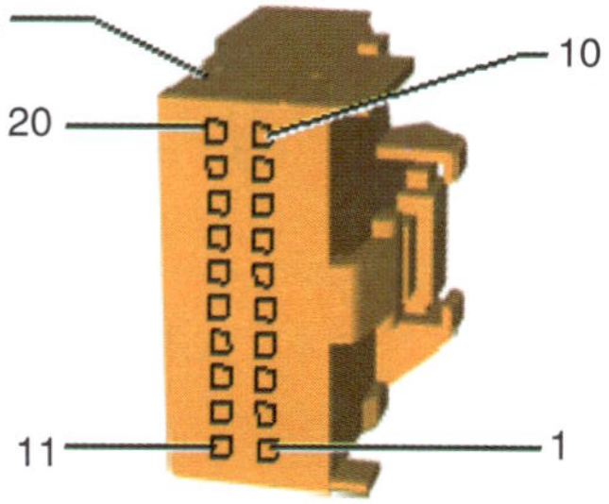

第三节　自动变速箱控制系统

一、6挡自动变速箱

多功能开关，自动变速箱控制单元，车载电网控制单元，自动变速器开关，选挡杆挡位P锁止开关，齿轮油温度传感器,变速箱输入转速传感器，变速箱输出转速传感器

F125	多功能开关
J217	自动变速箱控制单元
J519	车载电网控制单元
J533	数据总线诊断接口
SC20	熔丝架 C 上的熔丝 20
T10o	10 芯插头连接
T52	52 芯插头连接
T73b	73 芯插头连接
114	接地连接，在自动变速箱导线束中
655	接地点，在左侧大灯上
A189	正极连接 5（30a），在仪表板导线束中
D109	连接 7，在发动机舱导线束中
*	导线颜色取决于装备
N88	电磁阀 1
N89	电磁阀 2
N90	电磁阀 3
N91	电磁阀 4
N92	电磁阀 5
N93	电磁阀 6
N282	电磁阀 9
N283	电磁阀 10
T14e	14 芯插头连接

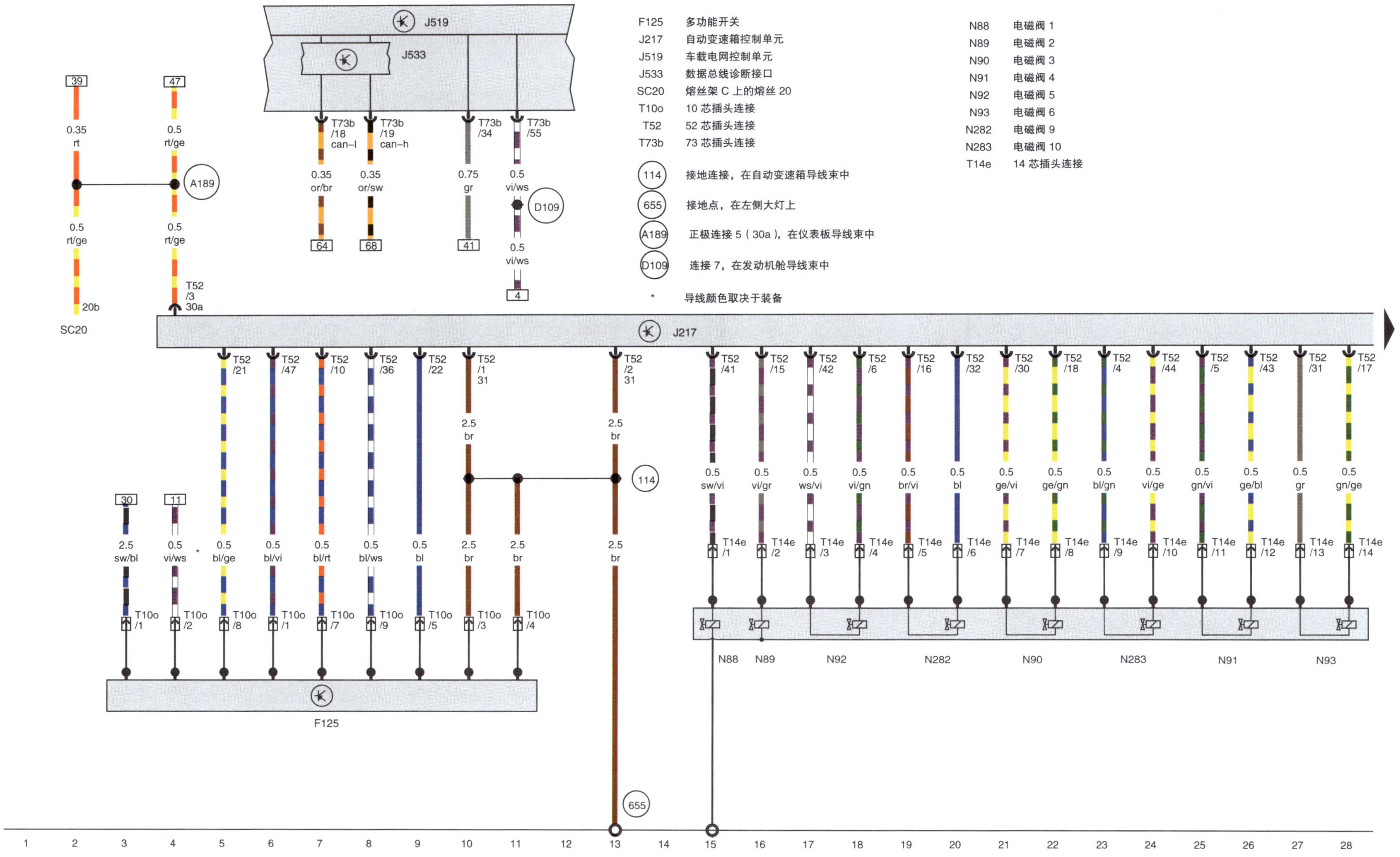

自动变速器开关，选挡杆挡位P锁止开关，齿轮油温度传感器,变速箱输入转速传感器，变速箱输出转速传感器，自动变速箱控制单元，排挡杆挡位指示照明灯，选挡杆位置显示

F189 自动变速器开关
F319 选挡杆挡位 P 锁止开关
G93 齿轮油温度传感器
G182 变速箱输入转速传感器
G195 变速箱输出转速传感器
J217 自动变速箱控制单元
N376 点火钥匙拔出锁止电磁铁
SC25 熔丝架 C 上的熔丝 25
T8 8 芯插头连接
T10 10 芯插头连接
T10s 10 芯插头连接
T52 52 芯插头连接

(43) 接地点，右侧 A 柱下部
(366) 接地连接 1，在主导线束中
(388) 接地连接 23，在主导线束中
(B114) 连接（锁止开关），在车内导线束中
(B340) 连接 1（58d），在主导线束中
(U8) 正极连接（15a），在自动变速箱导线束中

L101 排挡杆挡位指示照明灯
SC14 熔丝架 C 上的熔丝 14
T10s 10 芯插头连接
T10v 10 芯插头连接
Y6 选挡杆位置显示
(A199) 正极连接 4（15a），在仪表板导线束中
* 截至 2012 年 8 月
*2 自 2012 年 8 月起
*3 导线颜色取决于装备

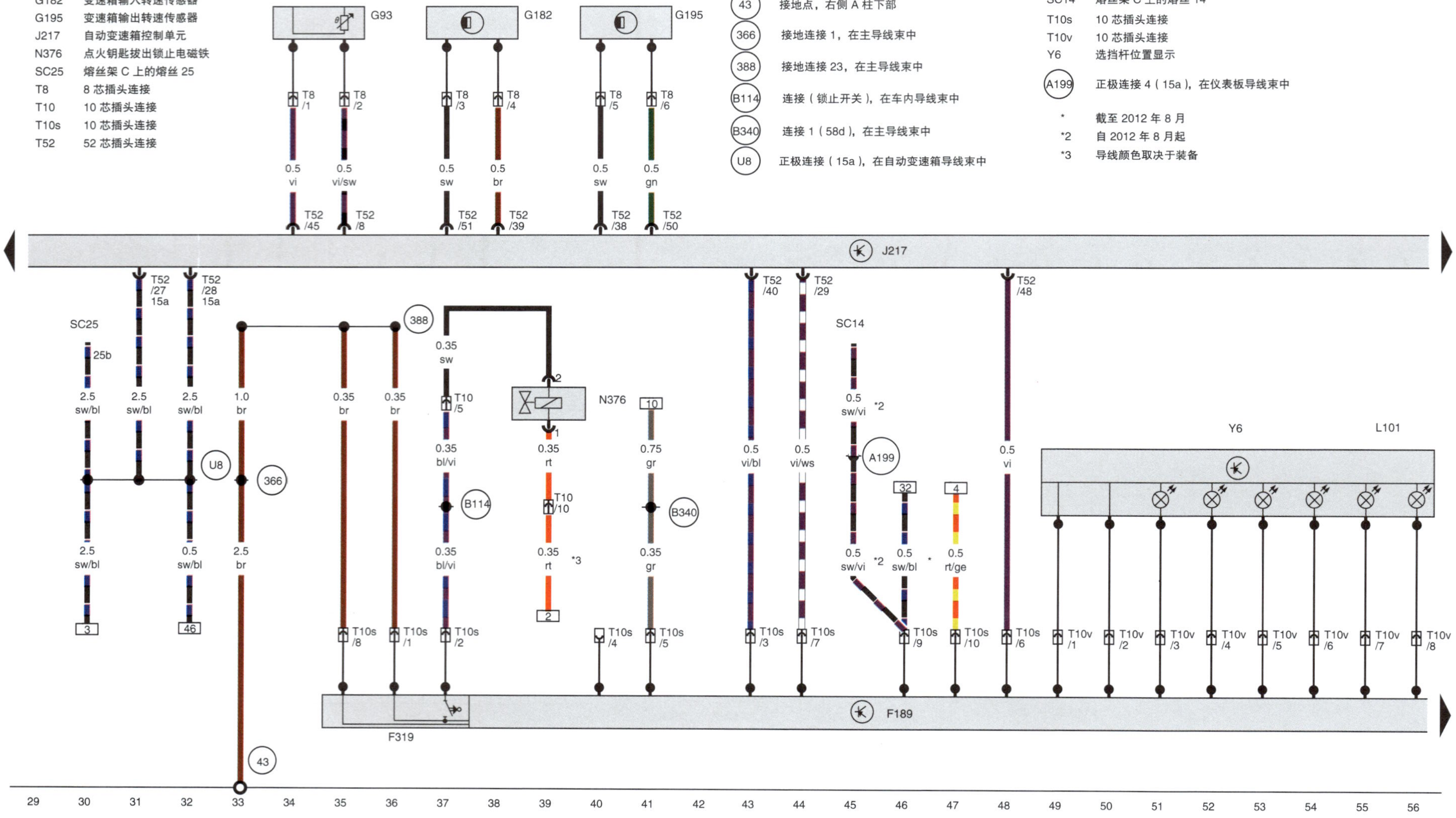

自动变速器开关，自动变速箱控制单元，仪表板中的控制单元，换挡杆锁电磁铁

F189	自动变速器开关
J119	多功能显示器
J217	自动变速箱控制单元
J285	仪表板中的控制单元
N110	换挡杆锁电磁铁
T2p	2 芯插头连接
T16	16 芯插头连接
T32	32 芯插头连接
T52	52 芯插头连接
U31	诊断接口
(A76)	连接（K 诊断导线），在仪表板导线束中
(B383)	连接 1（驱动系统 CAN 总线，高配），在主导线束中
(B390)	连接 1（驱动系统 CAN 总线，低配），在主导线束中

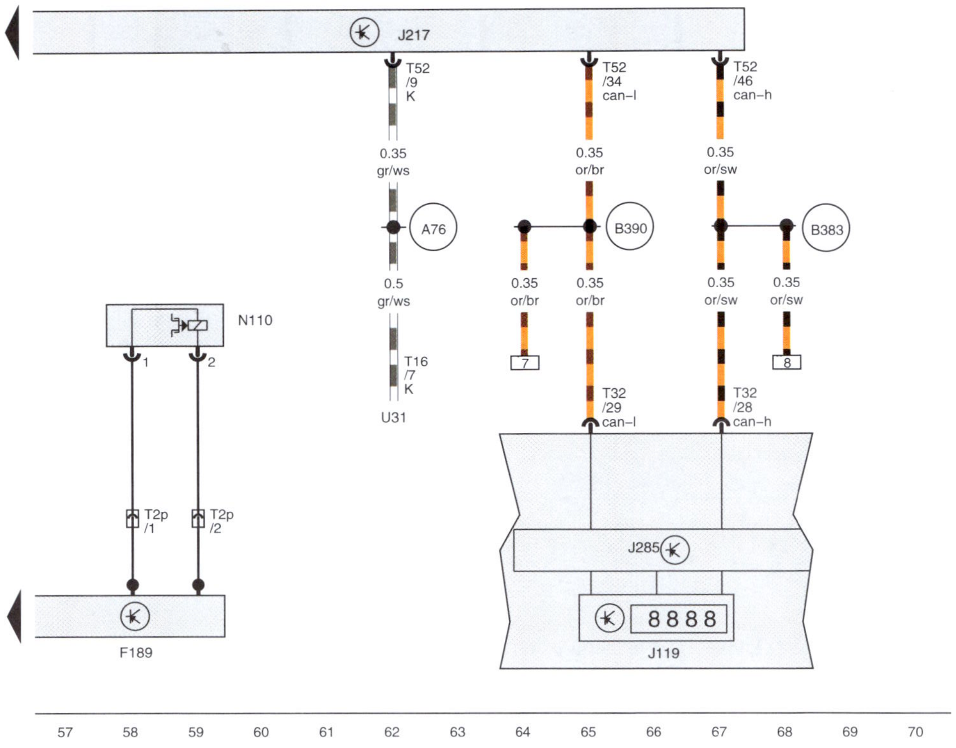

自动变速箱控制单元J217安装位置在排水槽右侧

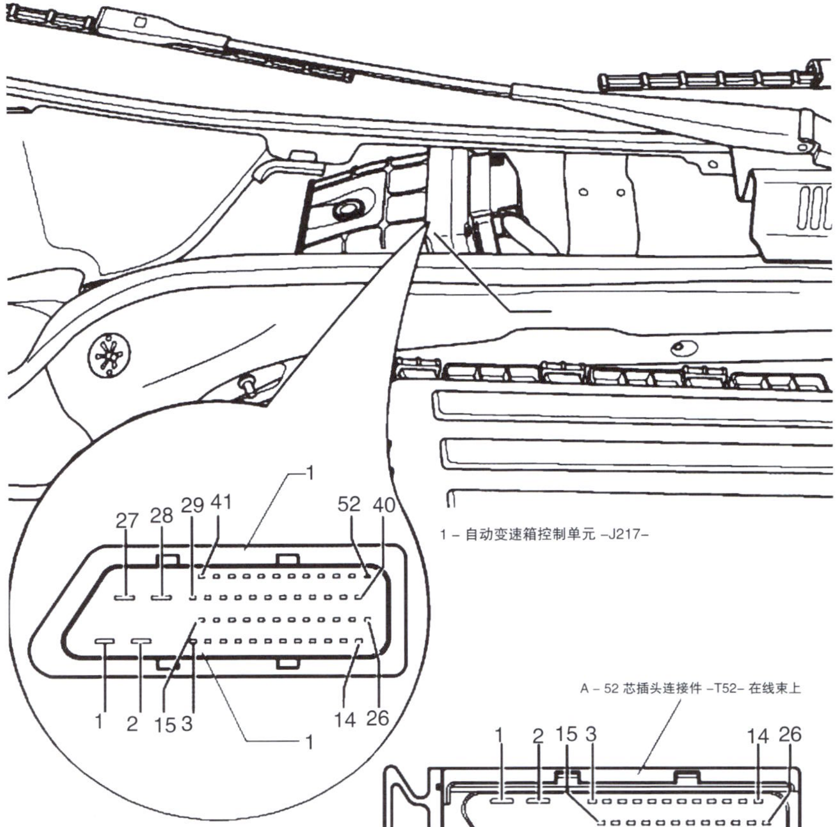

1 – 自动变速箱控制单元 –J217–

A – 52 芯插头连接件 –T52– 在线束上

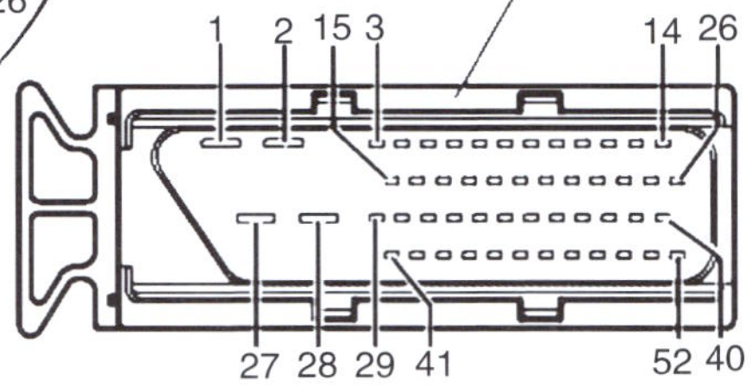

二、7挡双离合器变速箱 0AM（S tronic）

转向柱电子装置控制单元，换挡杆传感器控制单元，双离合器变速箱机电装置，换挡杆锁电磁铁

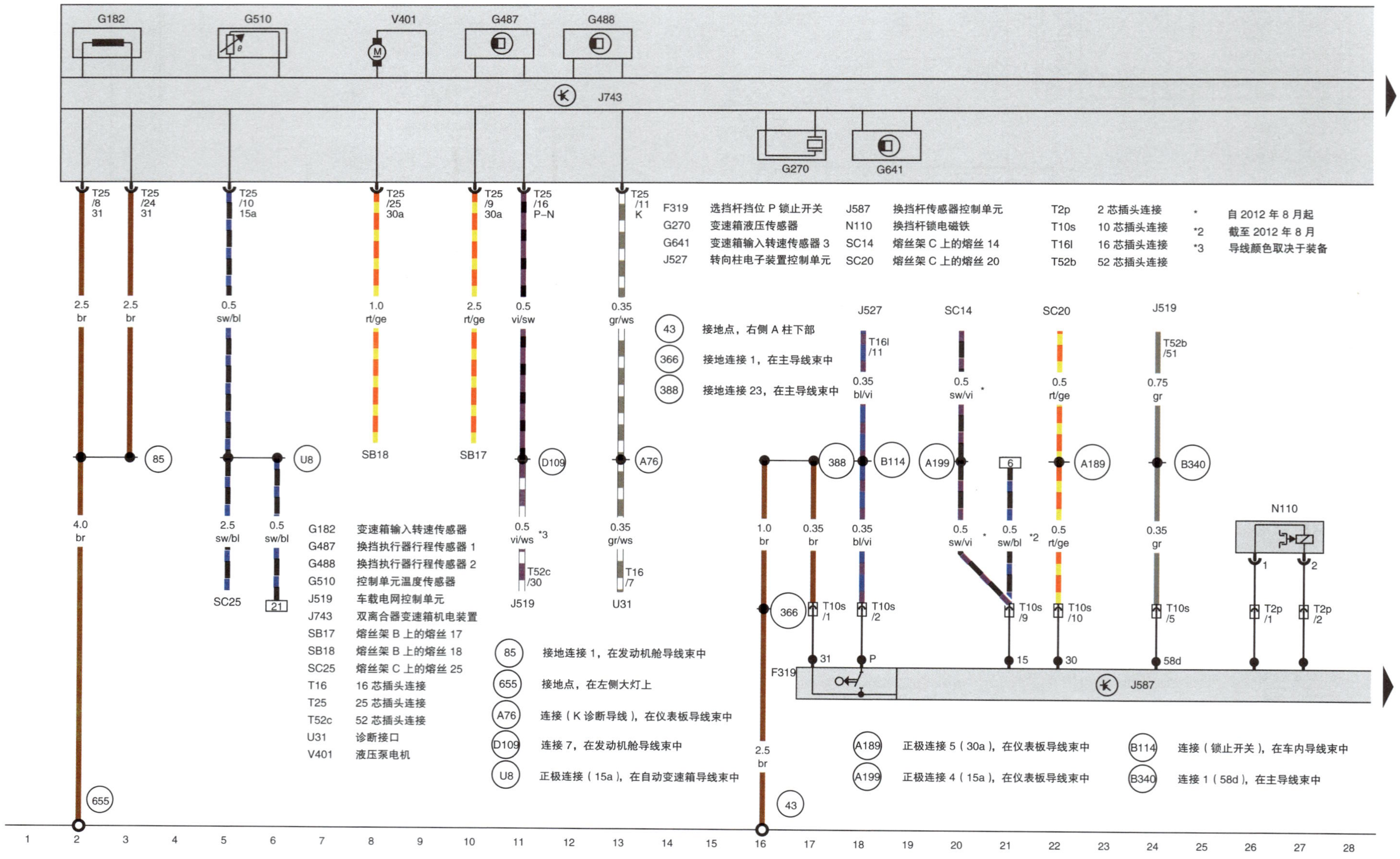

换挡杆传感器控制单元，双离合器变速箱机电装置，选挡杆位置显示，仪表板中的控制单元，数据总线诊断接口

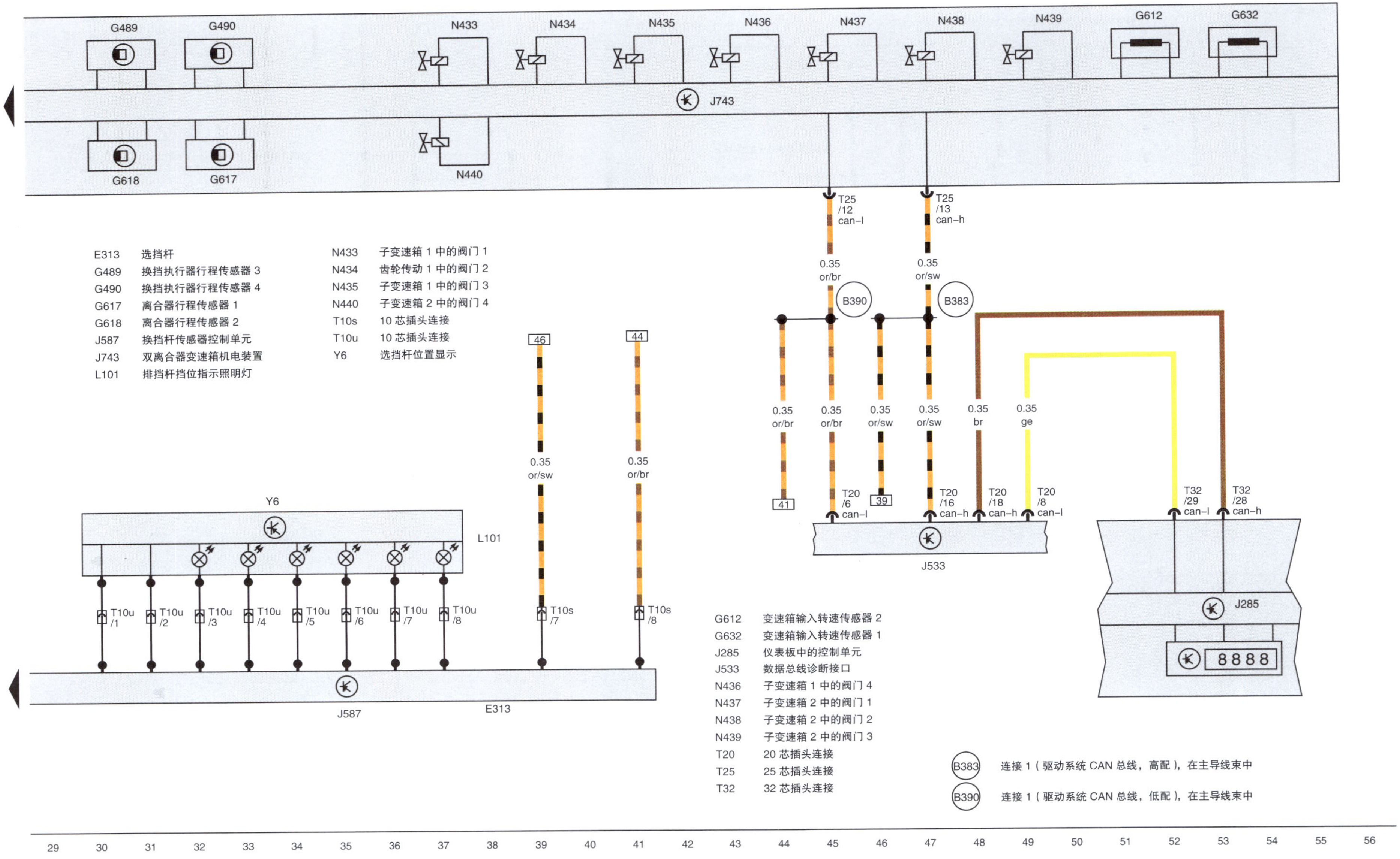

E313　选挡杆
G489　换挡执行器行程传感器 3
G490　换挡执行器行程传感器 4
G617　离合器行程传感器 1
G618　离合器行程传感器 2
J587　换挡杆传感器控制单元
J743　双离合器变速箱机电装置
L101　排挡杆挡位指示照明灯

N433　子变速箱 1 中的阀门 1
N434　齿轮传动 1 中的阀门 2
N435　子变速箱 1 中的阀门 3
N440　子变速箱 2 中的阀门 4
T10s　10 芯插头连接
T10u　10 芯插头连接
Y6　选挡杆位置显示

G612　变速箱输入转速传感器 2
G632　变速箱输入转速传感器 1
J285　仪表板中的控制单元
J533　数据总线诊断接口
N436　子变速箱 1 中的阀门 4
N437　子变速箱 2 中的阀门 1
N438　子变速箱 2 中的阀门 2
N439　子变速箱 2 中的阀门 3
T20　20 芯插头连接
T25　25 芯插头连接
T32　32 芯插头连接

B383　连接 1（驱动系统 CAN 总线，高配），在主导线束中
B390　连接 1（驱动系统 CAN 总线，低配），在主导线束中

第四节 空调系统

一、Climatic 空调

高压传感器，空调器控制单元，新鲜空气和循环空气风门开关，左侧温度风门伺服电机电位计，蒸发器出风口温度传感器，温度选择旋钮电位计，可加热后窗玻璃指示灯，新鲜空气和车内空气循环运行模式指示灯，温度风门伺服电机，车内空气循环风门伺服电机

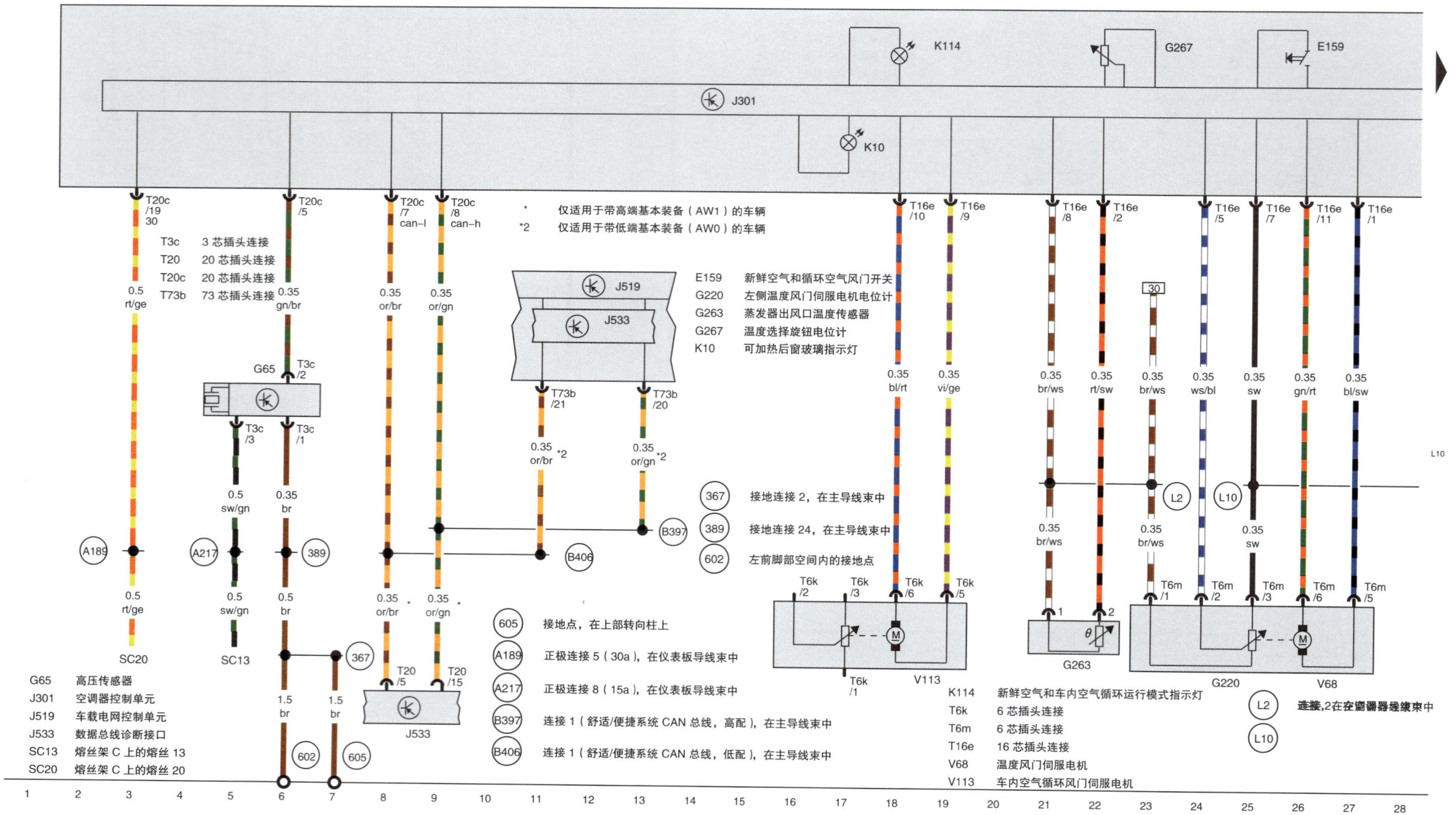

* 仅适用于带高端基本装备（AW1）的车辆

*2 仅适用于带低端基本装备（AW0）的车辆

T3c	3 芯插头连接
T20	20 芯插头连接
T20c	20 芯插头连接
T73b	73 芯插头连接

E159	新鲜空气和循环空气风门开关
G220	左侧温度风门伺服电机电位计
G263	蒸发器出风口温度传感器
G267	温度选择旋钮电位计
K10	可加热后窗玻璃指示灯

367	接地连接 2，在主导线束中
389	接地连接 24，在主导线束中
602	左前脚部空间内的接地点

605	接地点，在上部转向柱上
A189	正极连接 5（30a），在仪表板导线束中
A217	正极连接 8（15a），在仪表板导线束中
B397	连接 1（舒适/便捷系统 CAN 总线，高配），在主导线束中
B406	连接 1（舒适/便捷系统 CAN 总线，低配），在主导线束中

G65	高压传感器
J301	空调器控制单元
J519	车载电网控制单元
J533	数据总线诊断接口
SC13	熔丝架 C 上的熔丝 13
SC20	熔丝架 C 上的熔丝 20

K114	新鲜空气和车内空气循环运行模式指示灯
T6k	6 芯插头连接
T6m	6 芯插头连接
T16e	16 芯插头连接
V68	温度风门伺服电机
V113	车内空气循环风门伺服电机

L2	连接 2，在空调器线束中
L10	

空调器开关，可加热驾驶员座椅调节器，可加热副驾驶员座椅调节器，可加热后窗玻璃按钮，气流分配风门伺服电机电位计，空调器控制单元，空调压缩机调节阀，气流分配风门伺服电机，新鲜空气鼓风机开关，带过热熔丝的新鲜空气鼓风机串联电阻，新鲜空气鼓风机

E30	空调器开关
E94	可加热驾驶员座椅调节器
E95	可加热副驾驶员座椅调节器
E230	可加热后窗玻璃按钮
G645	气流分配风门伺服电机电位计
J301	空调器控制单元
J774	可加热前座椅控制单元
N280	空调压缩机调节阀
T4t	4 芯插头连接
T6aj	6 芯插头连接
T8z	8 芯插头连接
T10c	10 芯插头连接
T16e	16 芯插头连接
T20c	20 芯插头连接
V428	气流分配风门伺服电机
E9	新鲜空气鼓风机开关
N24	带过热熔丝的新鲜空气鼓风机串联电阻
SC33	熔丝架 C 上的熔丝 33
T4f	4 芯插头连接
T5	5 芯插头连接
T10a	10 芯插头连接
V2	新鲜空气鼓风机
*	仅适用于带座椅加热的车辆
132	接地连接 3，在发动机舱导线束中
376	接地连接 11，在主导线束中
655	接地点，在左侧大灯上
B431	连接（座椅加热），在主导线束中
L10	连接 2，在空调器导线束中

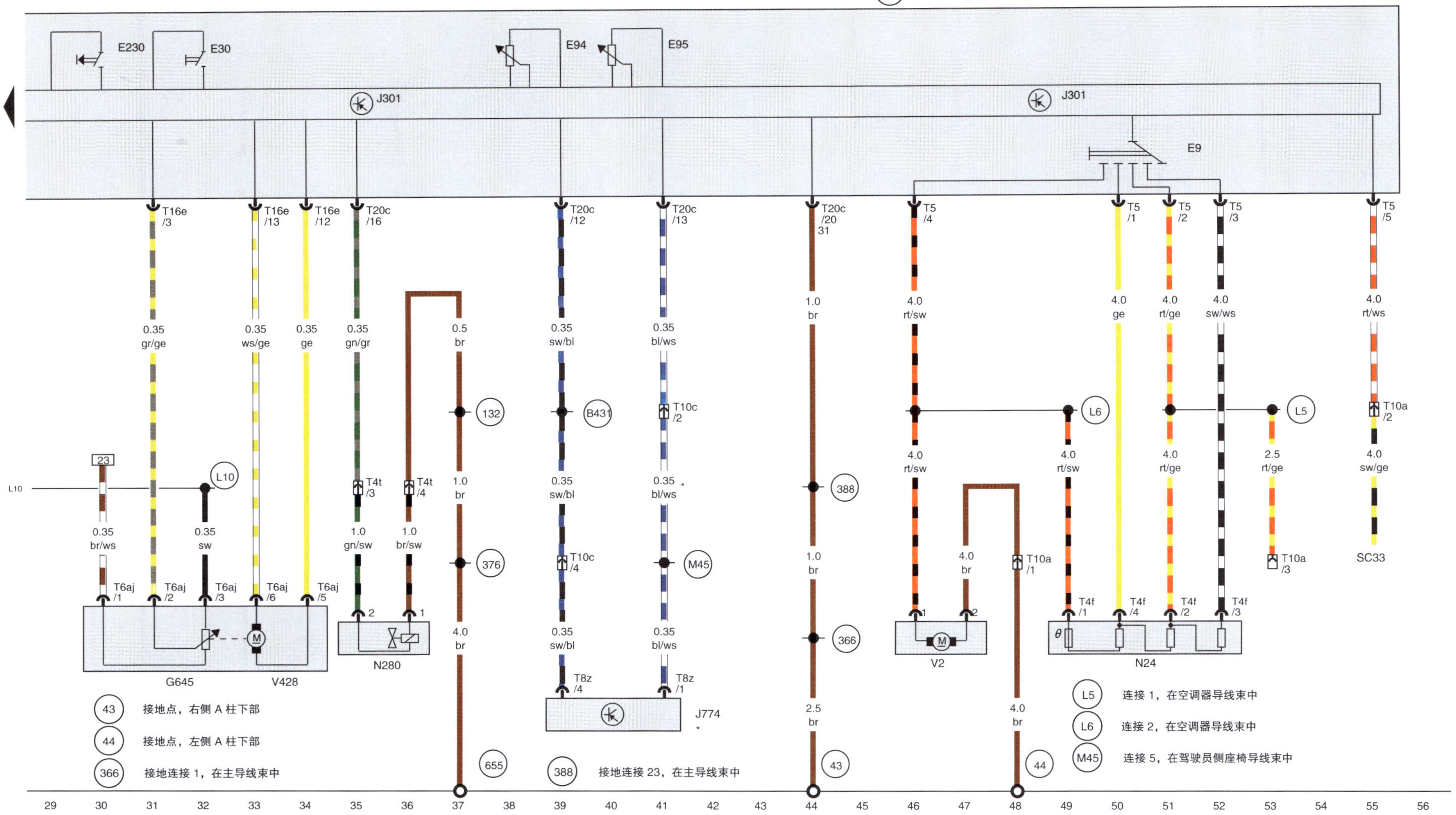

43	接地点，右侧 A 柱下部
44	接地点，左侧 A 柱下部
366	接地连接 1，在主导线束中
388	接地连接 23，在主导线束中
L5	连接 1，在空调器导线束中
L6	连接 2，在空调器导线束中
M45	连接 5，在驾驶员侧座椅导线束中

29 30 31 32 33 34 35 36 37 38 39 40 41 42 43 44 45 46 47 48 49 50 51 52 53 54 55 56

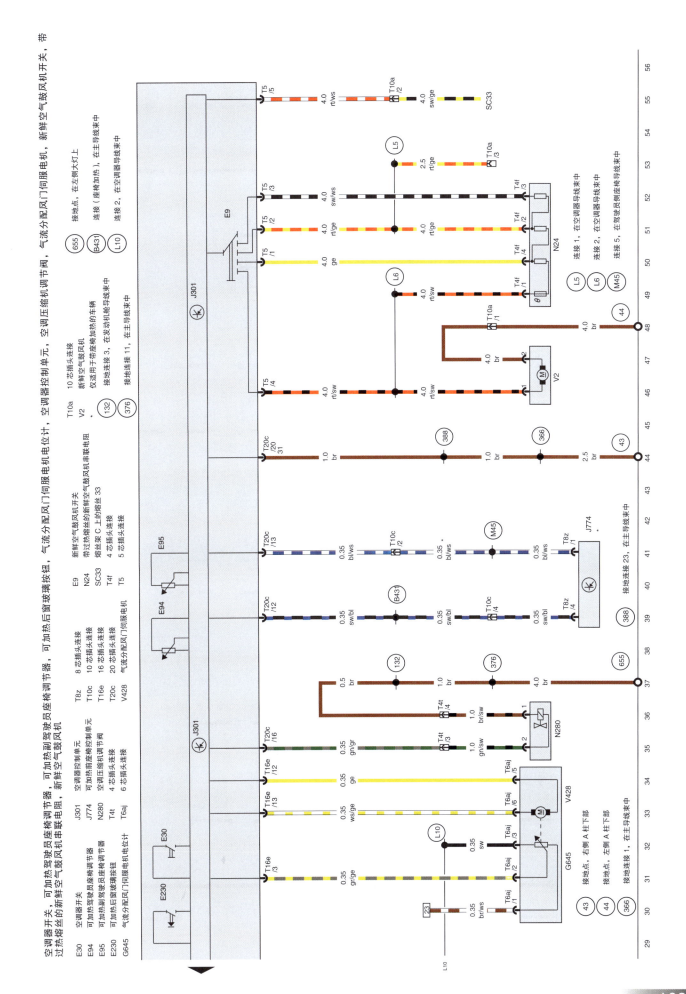

二、Climatic自动空调

高压传感器，空调系统控制单元，车载电网控制单元，新鲜空气鼓风机控制单元，空调压缩机调节阀，新鲜空气鼓风机

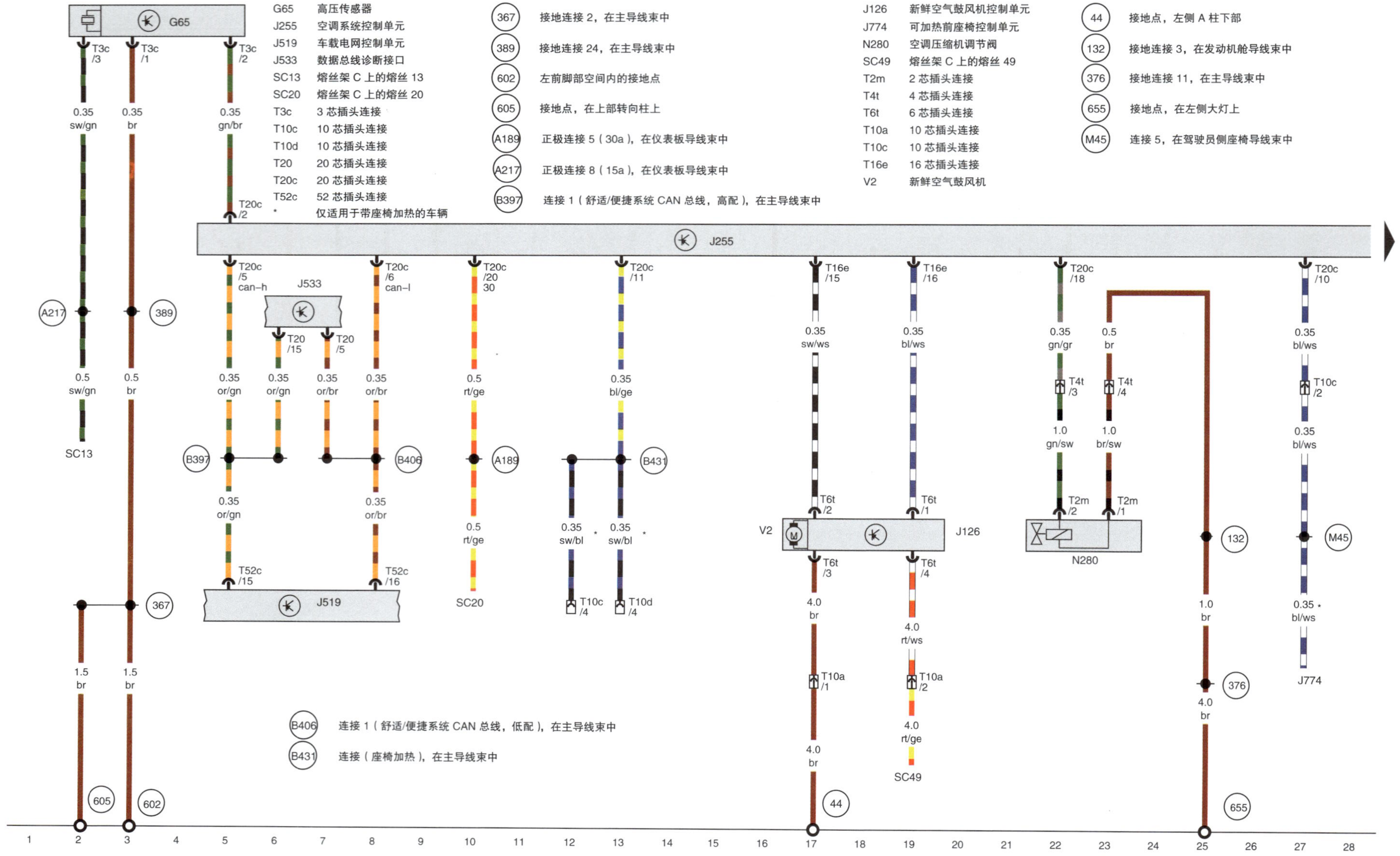

G65 高压传感器
J255 空调系统控制单元
J519 车载电网控制单元
J533 数据总线诊断接口
SC13 熔丝架 C 上的熔丝 13
SC20 熔丝架 C 上的熔丝 20
T3c 3 芯插头连接
T10c 10 芯插头连接
T10d 10 芯插头连接
T20 20 芯插头连接
T20c 20 芯插头连接
T52c 52 芯插头连接
* 仅适用于带座椅加热的车辆

367 接地连接 2，在主导线束中
389 接地连接 24，在主导线束中
602 左前脚部空间内的接地点
605 接地点，在上部转向柱上
A189 正极连接 5（30a），在仪表板导线束中
A217 正极连接 8（15a），在仪表板导线束中
B397 连接 1（舒适/便捷系统 CAN 总线，高配），在主导线束中

J126 新鲜空气鼓风机控制单元
J774 可加热前座椅控制单元
N280 空调压缩机调节阀
SC49 熔丝架 C 上的熔丝 49
T2m 2 芯插头连接
T4t 4 芯插头连接
T6t 6 芯插头连接
T10a 10 芯插头连接
T10c 10 芯插头连接
T16e 16 芯插头连接
V2 新鲜空气鼓风机

44 接地点，左侧 A 柱下部
132 接地连接 3，在发动机舱导线束中
376 接地连接 11，在主导线束中
655 接地点，在左侧大灯上
M45 连接 5，在驾驶员侧座椅导线束中

B406 连接 1（舒适/便捷系统 CAN 总线，低配），在主导线束中
B431 连接（座椅加热），在主导线束中

阳光照射光电传感器，日照光电传感器2，左侧出风口温度传感器，右侧出风口温度传感器，空调系统控制单元，左侧温度风门伺服电机电位计，左侧脚部空间出风口温度传感器，右侧脚部空间出风口温度传感器，蒸发器温度传感器，左侧温度风门伺服电机

G107	阳光照射光电传感器
G134	日照光电传感器 2
G150	左侧出风口温度传感器
G151	右侧出风口温度传感器
J255	空调系统控制单元
T2bh	2 芯插头连接
T2bq	2 芯插头连接
T4by	4 芯插头连接
T4n	4 芯插头连接
T20c	20 芯插头连接

43	接地点，右侧 A 柱下部
366	接地连接 1，在主导线束中
388	接地连接 23，在主导线束中
L7	连接 3，在空调器导线束中
L8	连接 4，在空调器导线束中
L9	连接 1，在空调器导线束中

G220	左侧温度风门伺服电机电位计
G261	左侧脚部空间出风口温度传感器
G262	右侧脚部空间出风口温度传感器
G308	蒸发器温度传感器
T2da	2 芯插头连接
T2db	2 芯插头连接
T2j	2 芯插头连接
T6p	6 芯插头连接
T16e	16 芯插头连接
T16g	16 芯插头连接
V158	左侧温度风门伺服电机

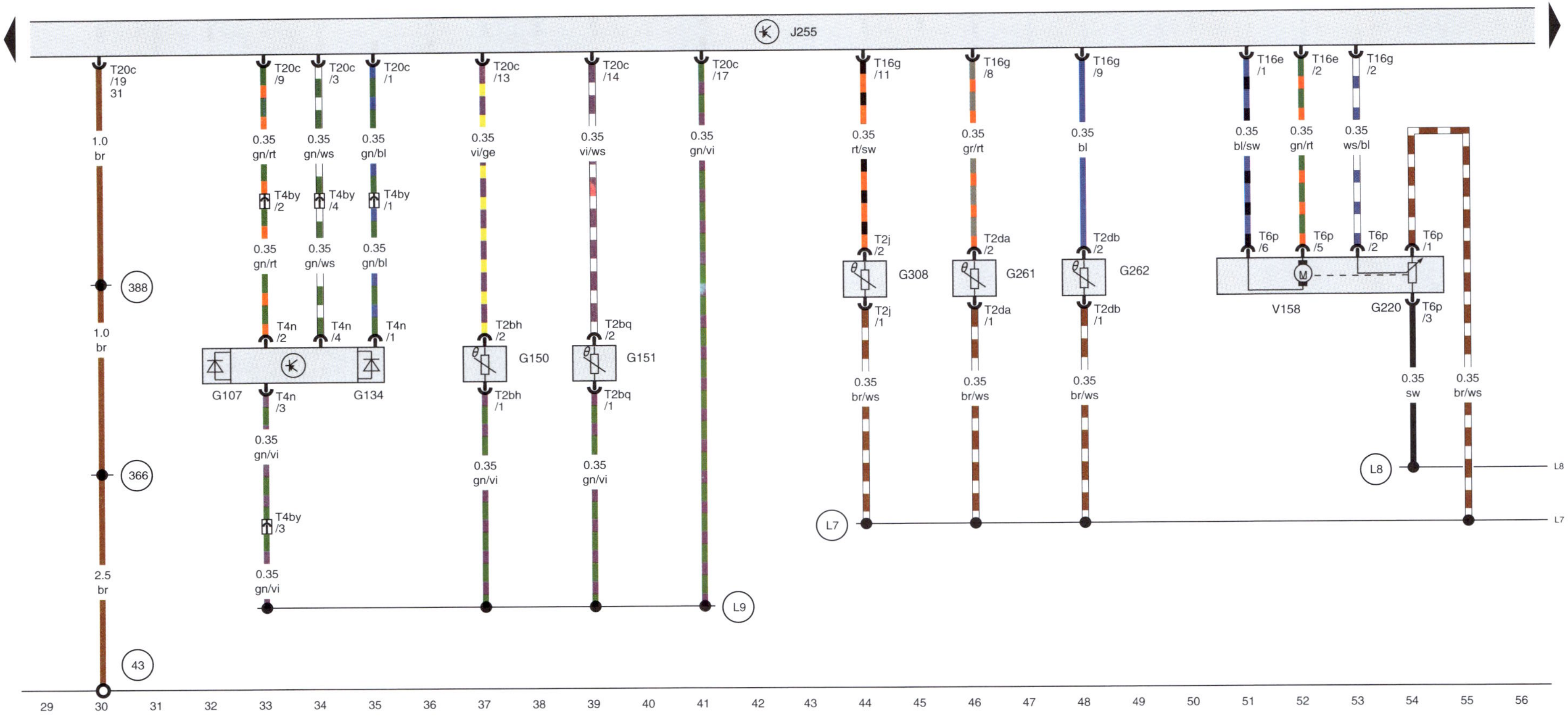

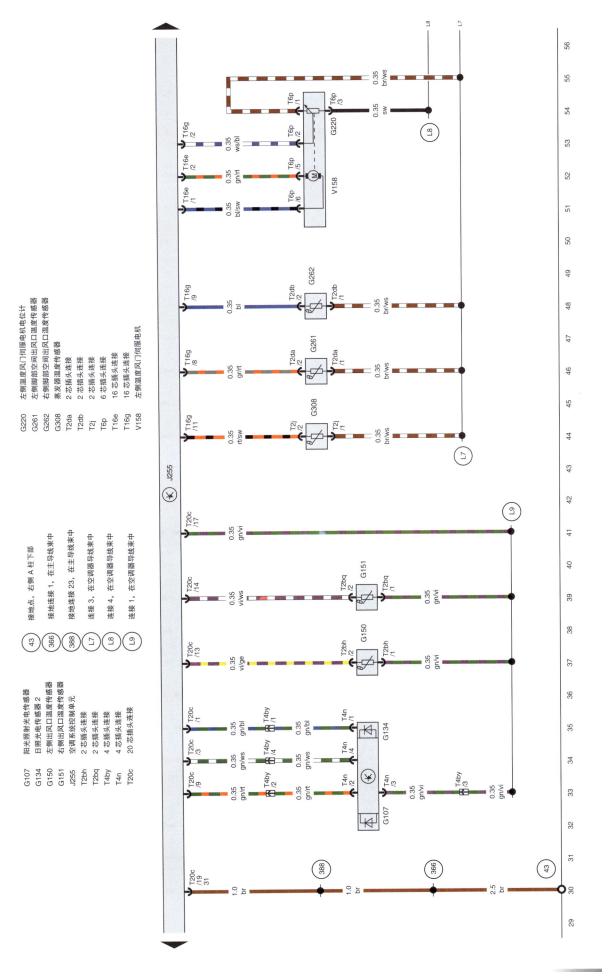

除霜风门伺服电机电位计，右侧温度风门伺服电机电位计，除霜风门伺服电机，右侧温度风门伺服电机，中央风门伺服电机电位计，新鲜空气－车内空气循环－速滞压力风门伺服电机电位计，空调系统控制单元，中央风门伺服电机，新鲜空气/车内空气循环/速滞压力风门伺服电机

G135	除霜风门伺服电机电位计
G221	右侧温度风门伺服电机电位计
J255	空调系统控制单元
T6q	6 芯插头连接
T6t	6 芯插头连接
T16e	16 芯插头连接
T16g	16 芯插头连接
V107	除霜风门伺服电机
V159	右侧温度风门伺服电机
G112	中央风门伺服电机电位计
G644	新鲜空气－车内空气循环－速滞压力风门伺服电机电位计
T6n	6 芯插头连接
T6r	6 芯插头连接
V70	中央风门伺服电机
V425	新鲜空气/车内空气循环/速滞压力风门伺服电机
L7	连接 3，在空调器导线束中
L8	连接 4，在空调器导线束中

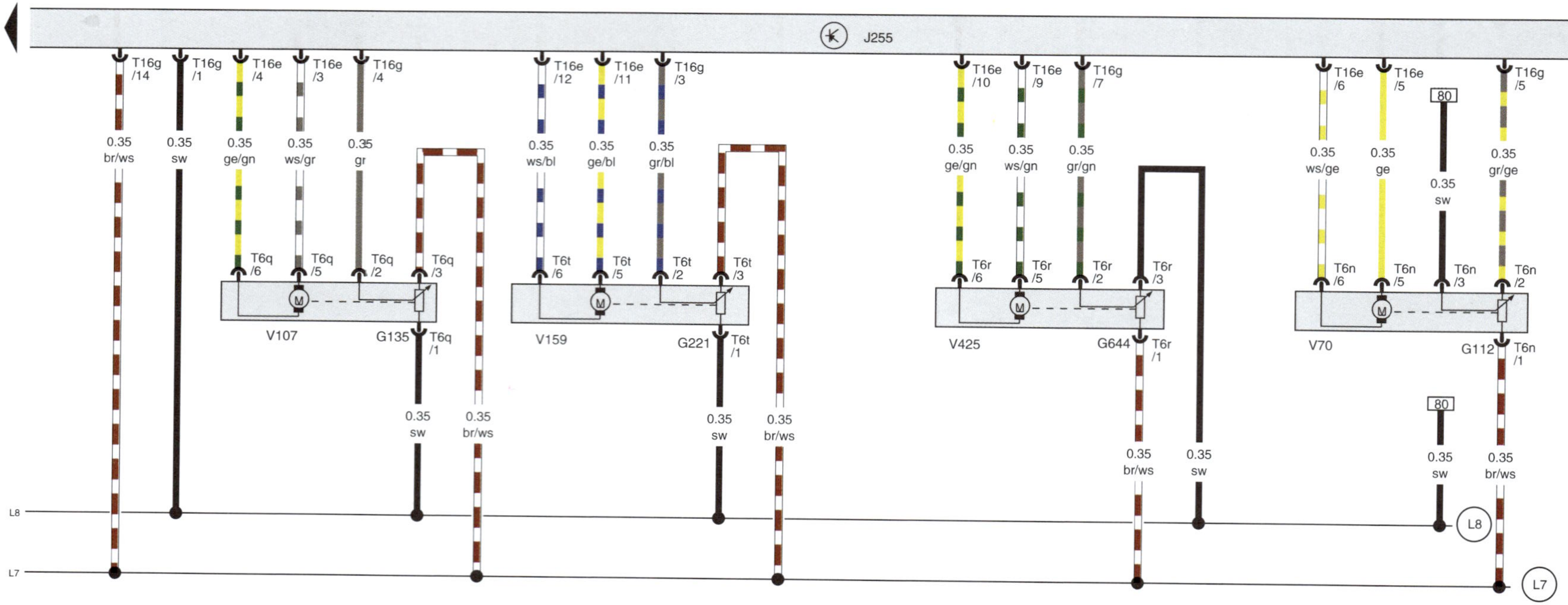

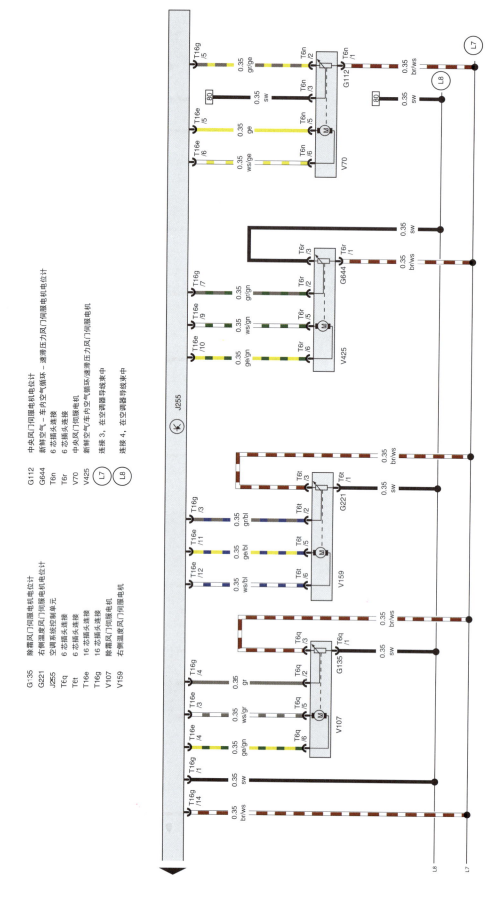

第五节　ABS与ESP

右后转速传感器，右前转速传感器，左后转速传感器，左前转速传感器，ABS控制单元，真空传感器

G44	右后转速传感器
G45	右前转速传感器
G46	左后转速传感器
G47	左前转速传感器
J104	ABS 控制单元
N133	右后 ABS 进液阀
N134	左后 ABS 进液阀
SB16	熔丝架 B 上的熔丝 16
SB23	熔丝架 B 上的熔丝 23
T2ar	2 芯插头连接
T2as	2 芯插头连接
T2at	2 芯插头连接
T2au	2 芯插头连接
T47	47 芯插头连接
F	制动信号灯开关
G200	横向加速度传感器
G202	偏转率传感器
G419	ESP 传感器单元
G608	真空传感器
N101	左前 ABS 进液阀
N135	右后 ABS 排液阀
N136	左后 ABS 排液阀
SC14	熔丝架 C 上的熔丝 14
T4al	4 芯插头连接
T4bn	4 芯插头连接
T47	47 芯插头连接
V64	ABS　液压泵

*	仅适用于带液压制动力增强系统（HBV）的车辆
*2	仅适用于带高端基本装备（AW1）的车辆
*3	截面积视装备而定
43	接地点，右侧 A 柱下部
366	接地连接 1，在主导线束中

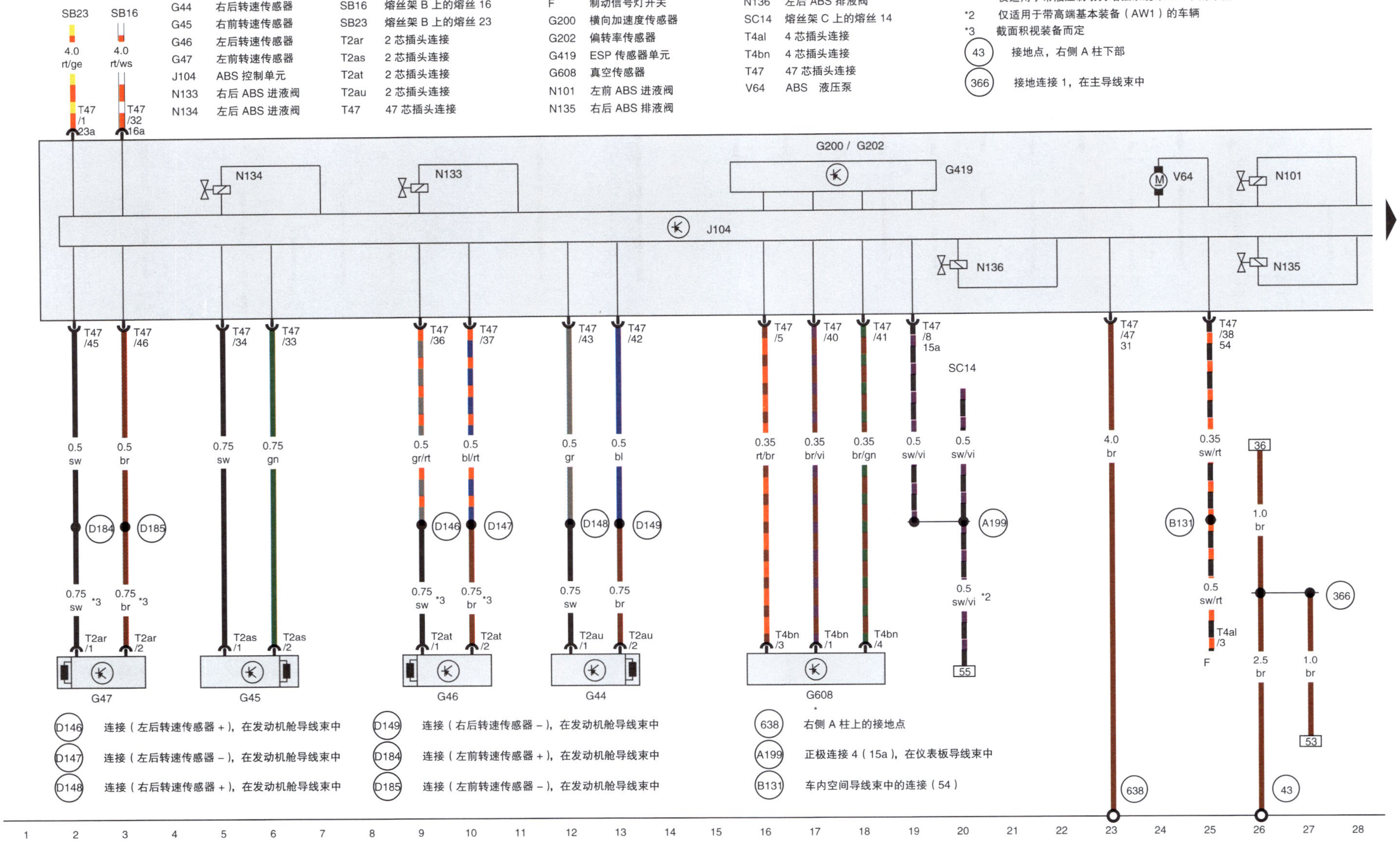

D146	连接（左后转速传感器 +），在发动机舱导线束中
D147	连接（左后转速传感器 –），在发动机舱导线束中
D148	连接（右后转速传感器 +），在发动机舱导线束中
D149	连接（右后转速传感器 –），在发动机舱导线束中
D184	连接（左前转速传感器 +），在发动机舱导线束中
D185	连接（左前转速传感器 –），在发动机舱导线束中
638	右侧 A 柱上的接地点
A199	正极连接 4（15a），在仪表板导线束中
B131	车内空间导线束中的连接（54）

轮胎监控显示按钮，ABS控制单元，车载电网控制单元，数据总线诊断接口

E492	轮胎监控显示按钮	T6ak	6 芯插头连接
G201	制动压力传感器 1	T47	47 芯插头连接
J104	ABS 控制单元	388	接地连接 23，在主导线束中
L76	按钮照明灯泡	A217	正极连接 8（15a），在仪表板导线束中
N99	右前 ABS 进液阀	B340	连接 1（58d），在主导线束中
N100	右前 ABS 排液阀	B383	连接 1（驱动系统 CAN 总线，高配），在主导线束中
N102	左前 ABS 排液阀	B390	连接 1（驱动系统 CAN 总线，低配），在主导线束中
N227	动态行驶控制高压转换阀 1		
N228	动态行驶控制高压转换阀 2		
SC13	熔丝架 C 上的熔丝 13		

* 仅适用于带轮胎充气压力监控的车辆

*2 仅适用于带高端基本装备（AW1）的车辆

*3 仅适用于带低端基本装备（AW0）的车辆

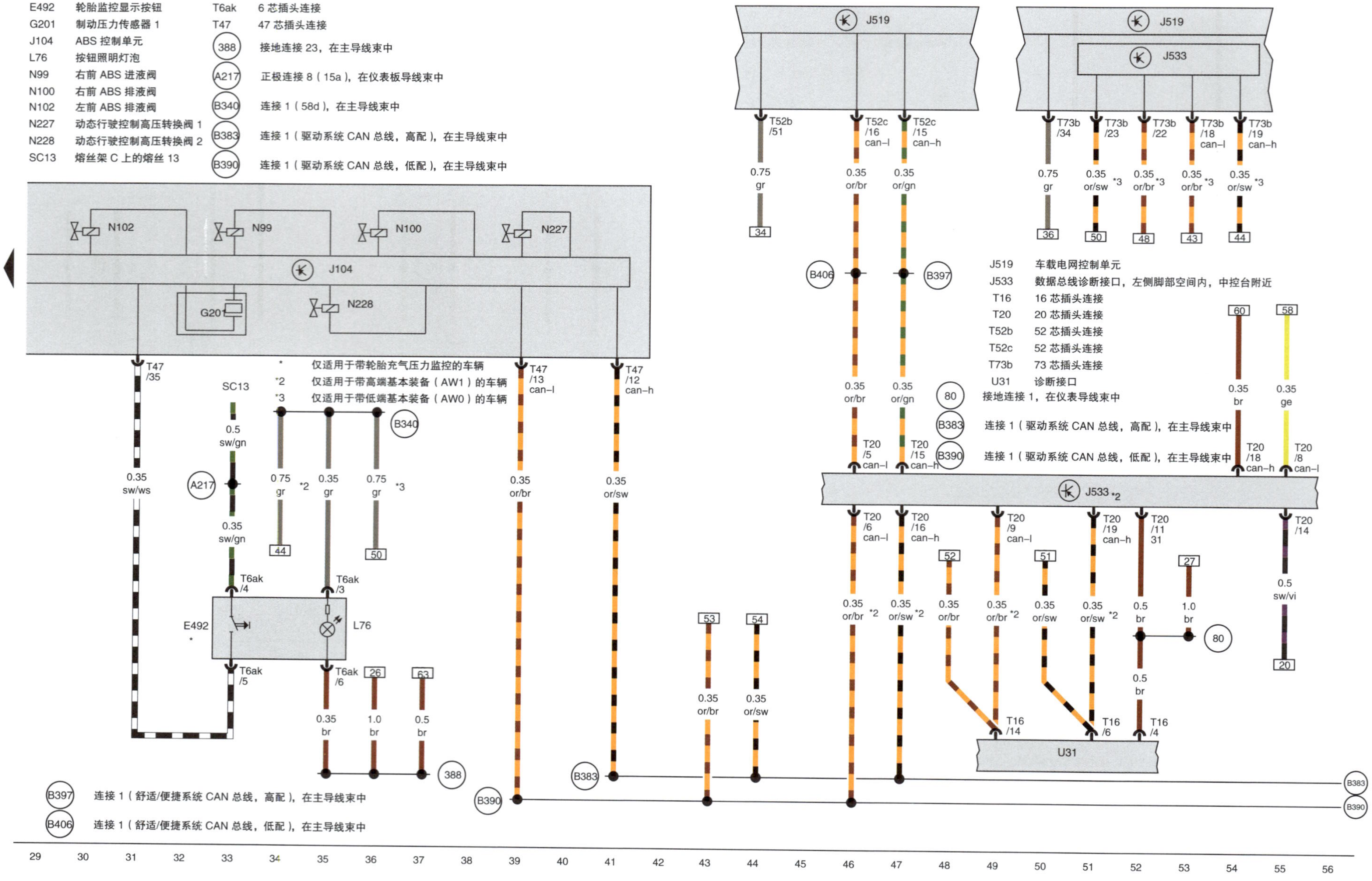

J519	车载电网控制单元
J533	数据总线诊断接口，左侧脚部空间内，中控台附近
T16	16 芯插头连接
T20	20 芯插头连接
T52b	52 芯插头连接
T52c	52 芯插头连接
T73b	73 芯插头连接
U31	诊断接口
80	接地连接 1，在仪表导线束中
B383	连接 1（驱动系统 CAN 总线，高配），在主导线束中
B390	连接 1（驱动系统 CAN 总线，低配），在主导线束中

B397	连接 1（舒适/便捷系统 CAN 总线，高配），在主导线束中
B406	连接 1（舒适/便捷系统 CAN 总线，低配），在主导线束中

手制动器指示灯开关，制动液液位警告信号触点，仪表板中的控制单元

F9	手制动器指示灯开关
F34	制动液液位警告信号触点
H3	警报蜂鸣器和警报音
J285	仪表板中的控制单元
K47	ABS 指示灯
K118	制动系统指示灯
K155	ASR 和 ESP 指示灯
K220	轮胎压力监控显示指示灯
T2ap	2 芯插头连接
T2w	2 芯插头连接
T32	32 芯插头连接

132	接地连接 3，在发动机舱导线束中
376	接地连接 11，在主导线束中
655	接地点，在左侧大灯上
B383	连接 1（驱动系统 CAN 总线，高配），在主导线束中
B390	连接 1（驱动系统 CAN 总线，低配），在主导线束中
*	截面积视装备而定
*2	仅适用于带低端基本装备（AW0）的车辆
*3	仅适用于带高端基本装备（AW1）的车辆

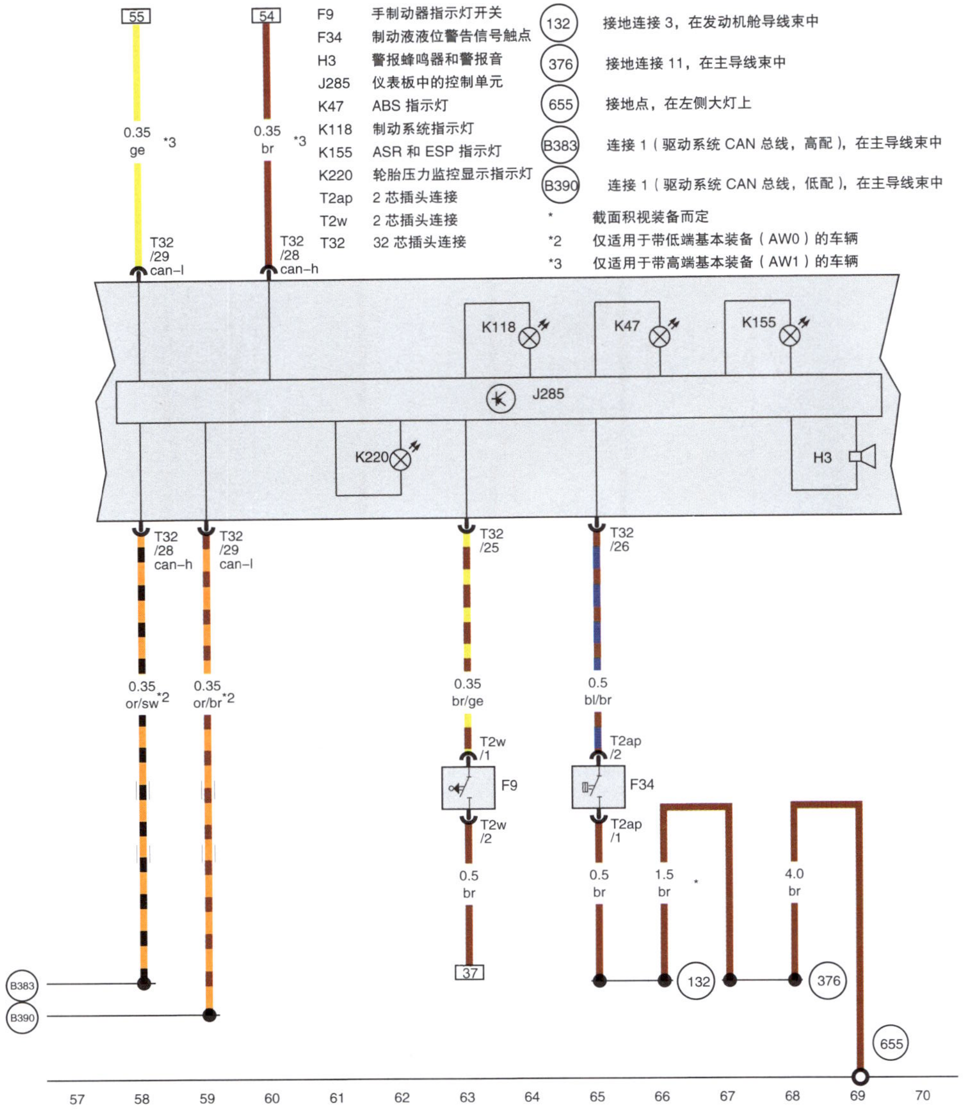

ABS 防抱死系统控制单元 -J104- 安装位置在发动机舱内的右侧前围板上

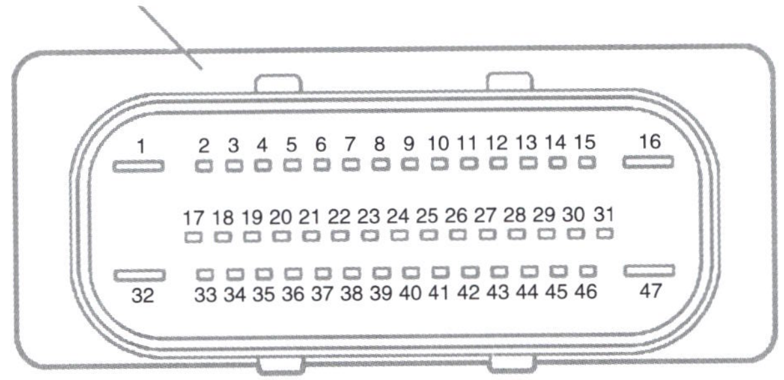

B – 47 芯插头连接 -T47- 在线束上

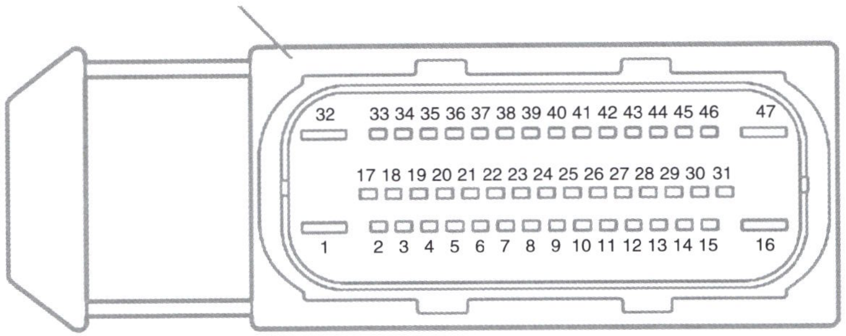

第六节　安全气囊系统（不带后排侧气囊）

安全气囊卷簧和带滑环的复位环，安全气囊控制单元，驾驶员侧安全气囊引爆装置，驾驶员侧安全带开关，副驾驶员侧安全带开关，副驾驶员侧座椅占用传感器，副驾驶员侧安全气囊引爆装置1，驾驶员侧头部安全气囊引爆装置，副驾驶员侧头部安全气囊引爆装置

E24	驾驶员侧安全带开关
E25	副驾驶员侧安全带开关
F138	安全气囊卷簧和带滑环的复位环
G128	副驾驶员侧座椅占用传感器
J234	安全气囊控制单元
N95	驾驶员侧安全气囊引爆装置
N131	副驾驶员侧安全气囊引爆装置 1
N251	驾驶员侧头部安全气囊引爆装置
N252	副驾驶员侧头部安全气囊引爆装置

SC9	熔丝架 C 上的熔丝 9
T2be	2 芯插头连接
T2ej	2 芯插头连接
T2ek	2 芯插头连接
T2q	2 芯插头连接
T3q	3 芯插头连接
T4k	4 芯插头连接
T12k	12 芯插头连接
T50	50 芯插头连接

(109)	安全气囊导线束中的接地连接
(A200)	正极连接 5（15a），在仪表板导线束中
*	仅适用于带头部安全气囊的车辆

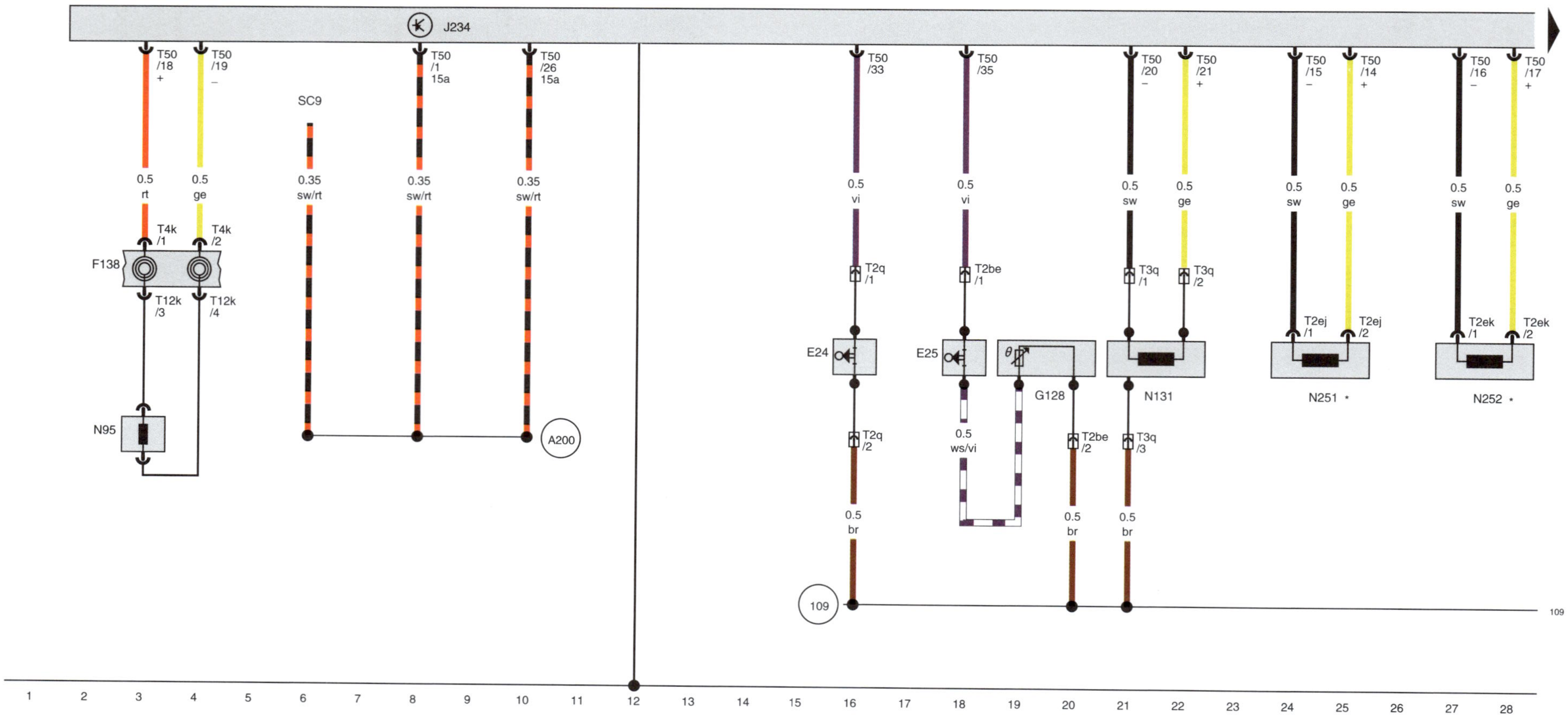

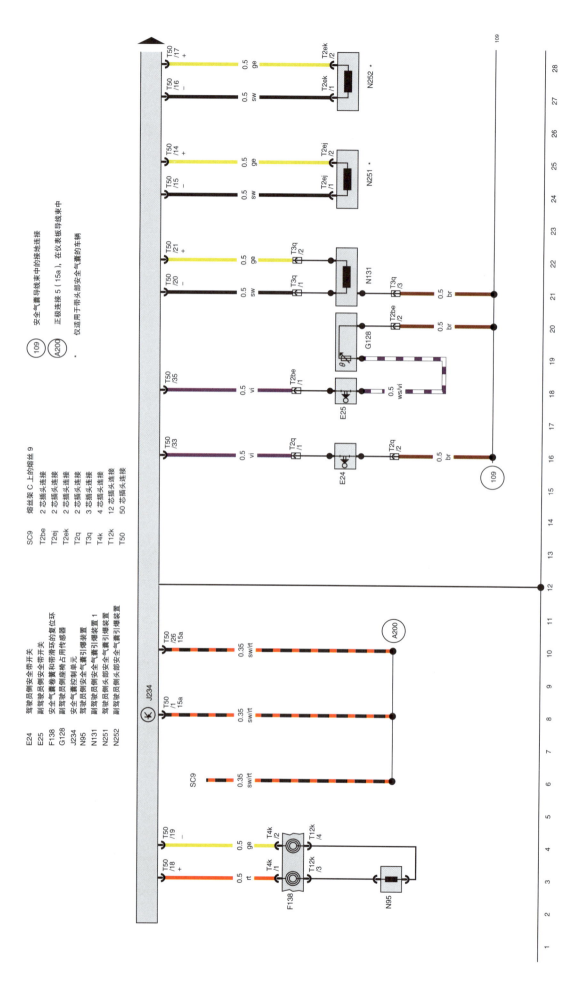

安全气囊控制单元，驾驶员侧安全带拉紧器引爆装置1，副驾驶员侧安全带拉紧器引爆装置 1，驾驶员侧侧面安全气囊引爆装置，副驾驶员侧侧面安全气囊引爆装置，驾驶员侧侧面安全气囊碰撞传感器，副驾驶员侧侧面安全气囊碰撞传感器，驾驶员侧后部侧面安全气囊碰撞传感器，副驾驶员侧后部侧面安全气囊碰撞传感器，车载电网控制单元

G179	驾驶员侧侧面安全气囊碰撞传感器
G180	副驾驶员侧侧面安全气囊碰撞传感器
G256	驾驶员侧后部侧面安全气囊碰撞传感器
G257	副驾驶员侧后部侧面安全气囊碰撞传感器
J234	安全气囊控制单元
J519	车载电网控制单元
J533	数据总线诊断接口
N153	驾驶员侧安全带拉紧器引爆装置 1
N154	副驾驶员侧安全带拉紧器引爆装置 1
N199	驾驶员侧侧面安全气囊引爆装置
N200	副驾驶员侧侧面安全气囊引爆装置
T2gb	2 芯插头连接
T2gf	2 芯插头连接
T3k	3 芯插头连接
T3l	3 芯插头连接
T28	28 芯插头连接
T28a	28 芯插头连接
T50	50 芯插头连接
T73b	73 芯插头连接

(109) 安全气囊导线束中的接地连接

* 仅适用于带低端基本装备（AW0）的车辆

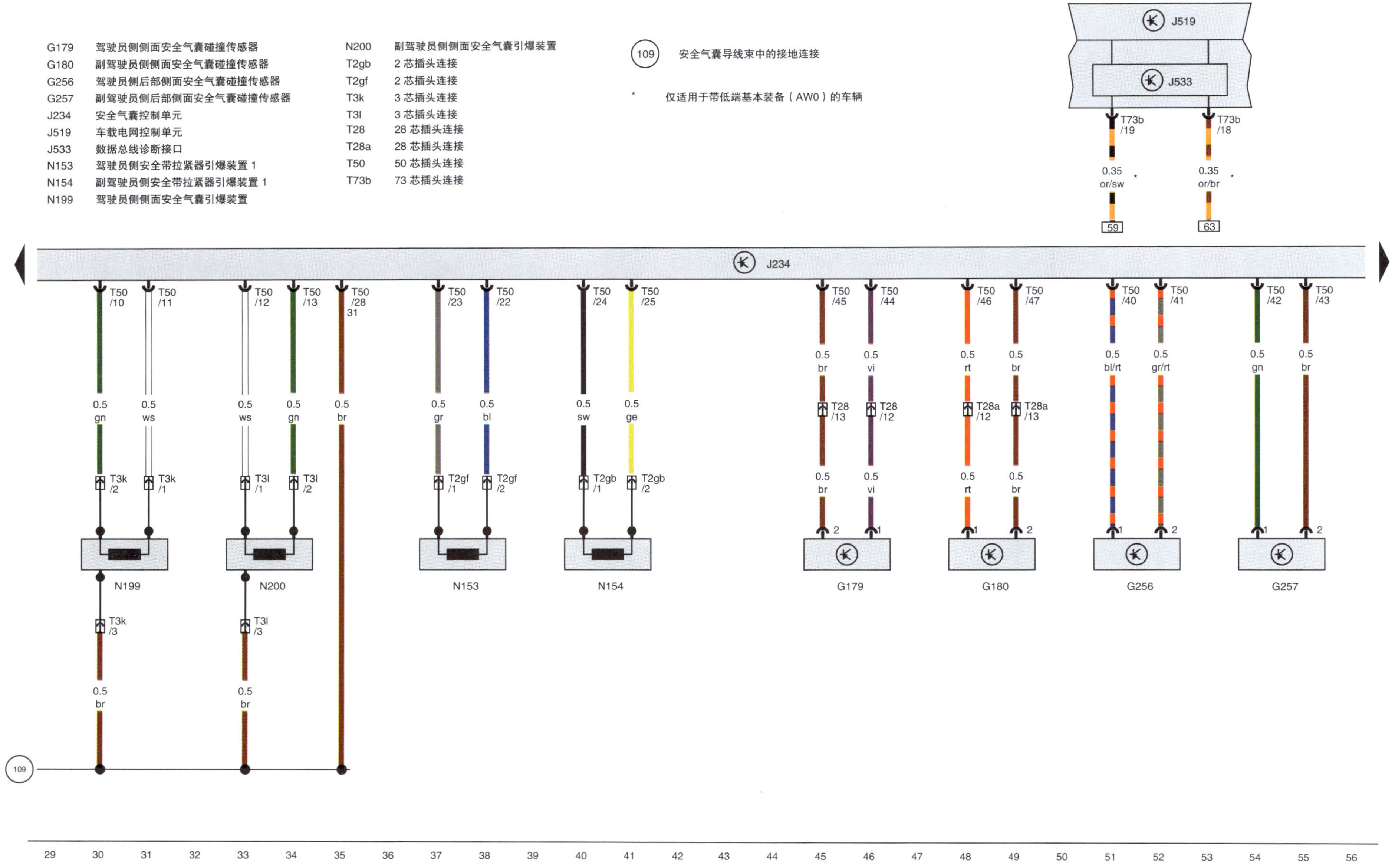

安全气囊控制单元，车载电网控制单元，数据总线诊断接口，仪表板，诊断接口

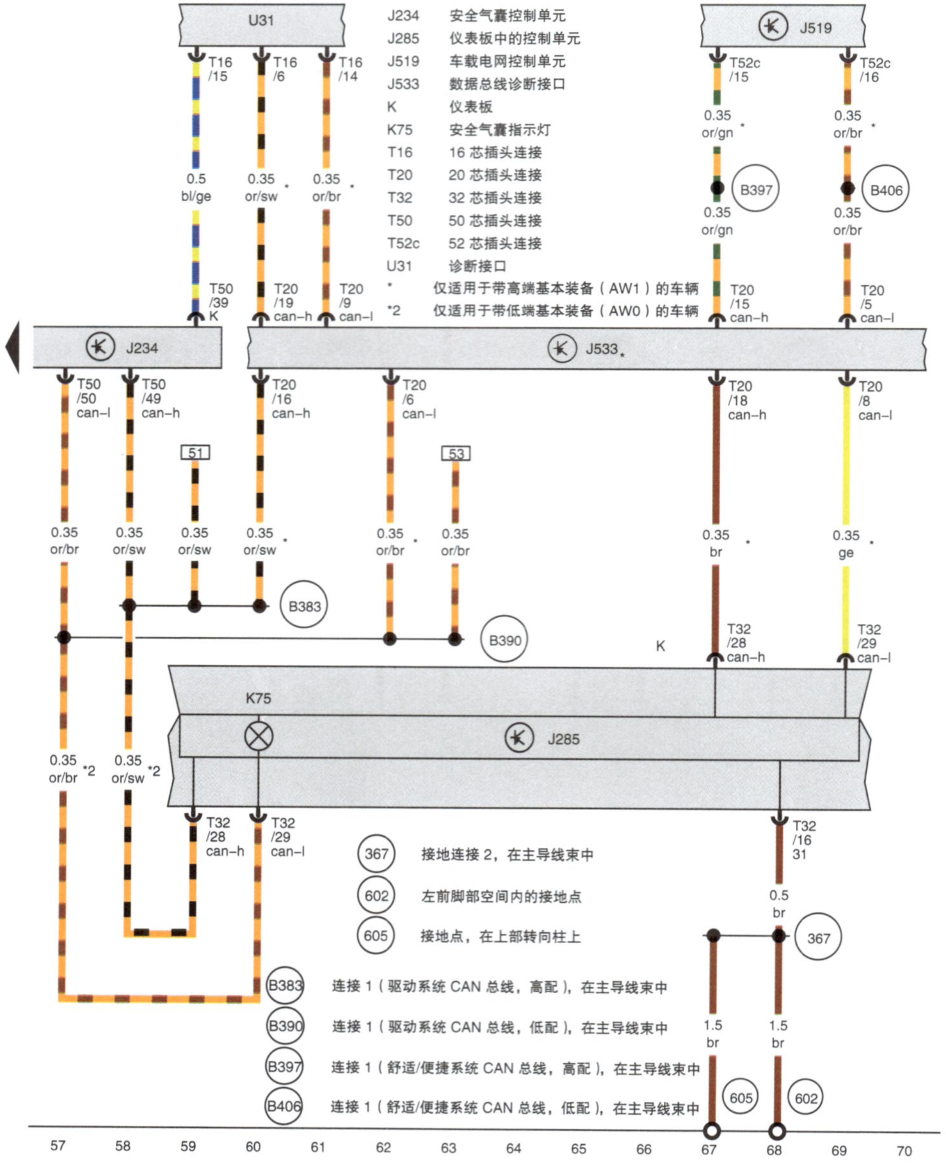

602接地点、605接地点位置图

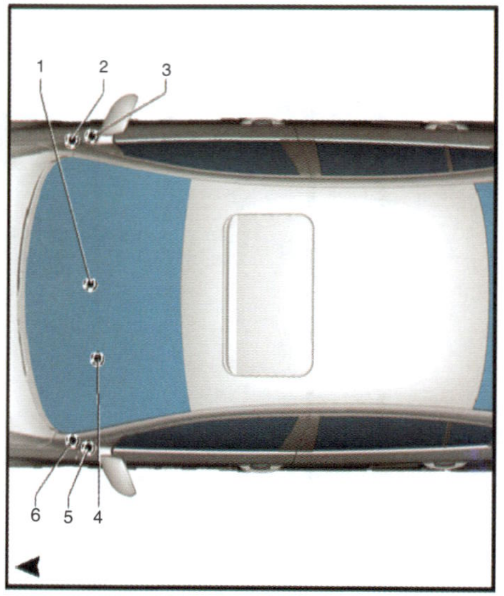

4 – 605接地点，在上部转向柱上
拧紧力矩：5 N・m
在转向柱上部的接地点-箭头-

5 – 602左前脚部空间内的接地点
拧紧力矩：9 N・m
左前脚部空间内的接地点-A-

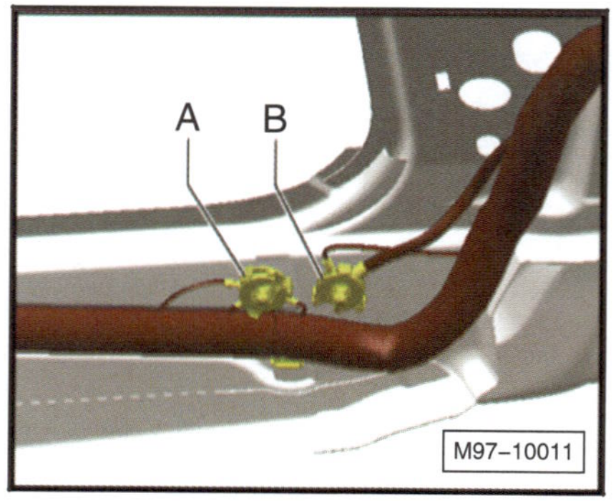

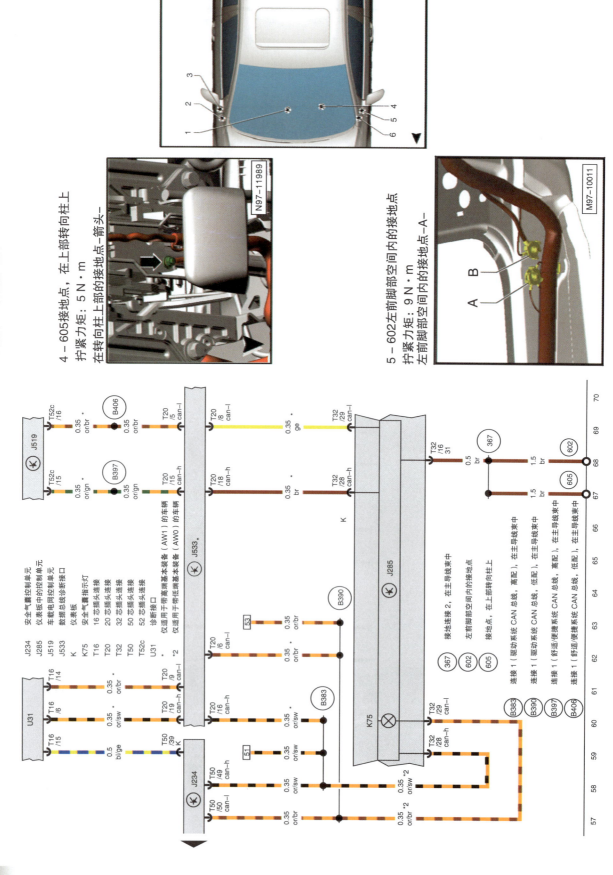

第四章　高尔夫电路图识读

第一节　基本装备

闪烁报警灯开关，前盖接触电机，车外温度传感器，高音喇叭，低音喇叭，车载电网控制单元

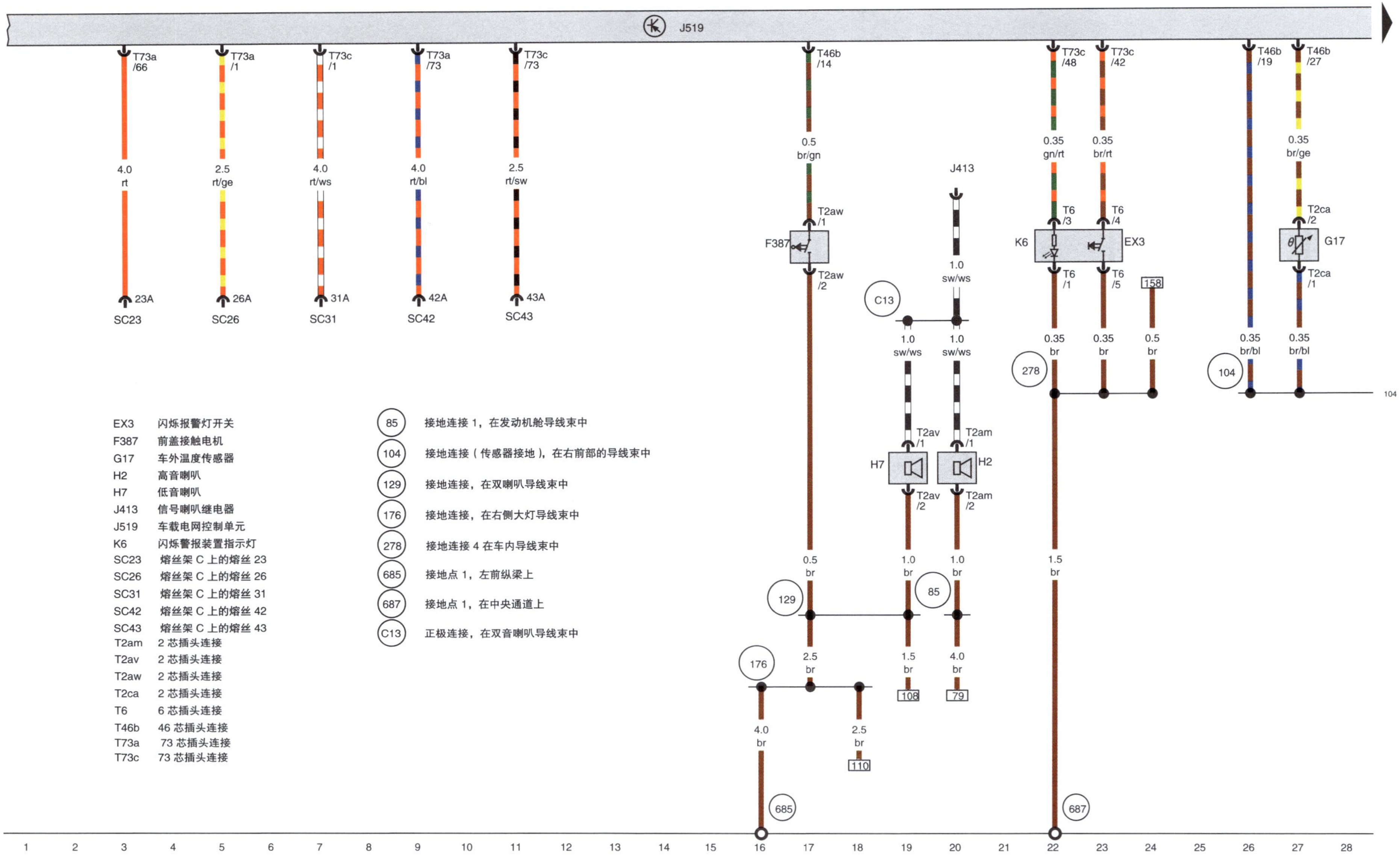

EX3	闪烁报警灯开关
F387	前盖接触电机
G17	车外温度传感器
H2	高音喇叭
H7	低音喇叭
J413	信号喇叭继电器
J519	车载电网控制单元
K6	闪烁警报装置指示灯
SC23	熔丝架 C 上的熔丝 23
SC26	熔丝架 C 上的熔丝 26
SC31	熔丝架 C 上的熔丝 31
SC42	熔丝架 C 上的熔丝 42
SC43	熔丝架 C 上的熔丝 43
T2am	2 芯插头连接
T2av	2 芯插头连接
T2aw	2 芯插头连接
T2ca	2 芯插头连接
T6	6 芯插头连接
T46b	46 芯插头连接
T73a	73 芯插头连接
T73c	73 芯插头连接

85	接地连接 1，在发动机舱导线束中
104	接地连接（传感器接地），在右前部的导线束中
129	接地连接，在双喇叭导线束中
176	接地连接，在右侧大灯导线束中
278	接地连接 4 在车内导线束中
685	接地点 1，左前纵梁上
687	接地点 1，在中央通道上
C13	正极连接，在双音喇叭导线束中

车内后视镜，防眩车内后视镜按钮，冷却液不足显示传感器,车窗玻璃清洗液液位传感器，车窗玻璃清洗泵，前部车内照明灯，手套箱照明灯开关，驾驶员侧化妆镜接触开关，副驾驶员侧化妆镜接触开关，车载电网控制单元，后部车内照明，后备厢照明，手套箱照明灯，副驾驶员侧带照明功能的化妆镜，驾驶员侧带照明功能的化妆镜

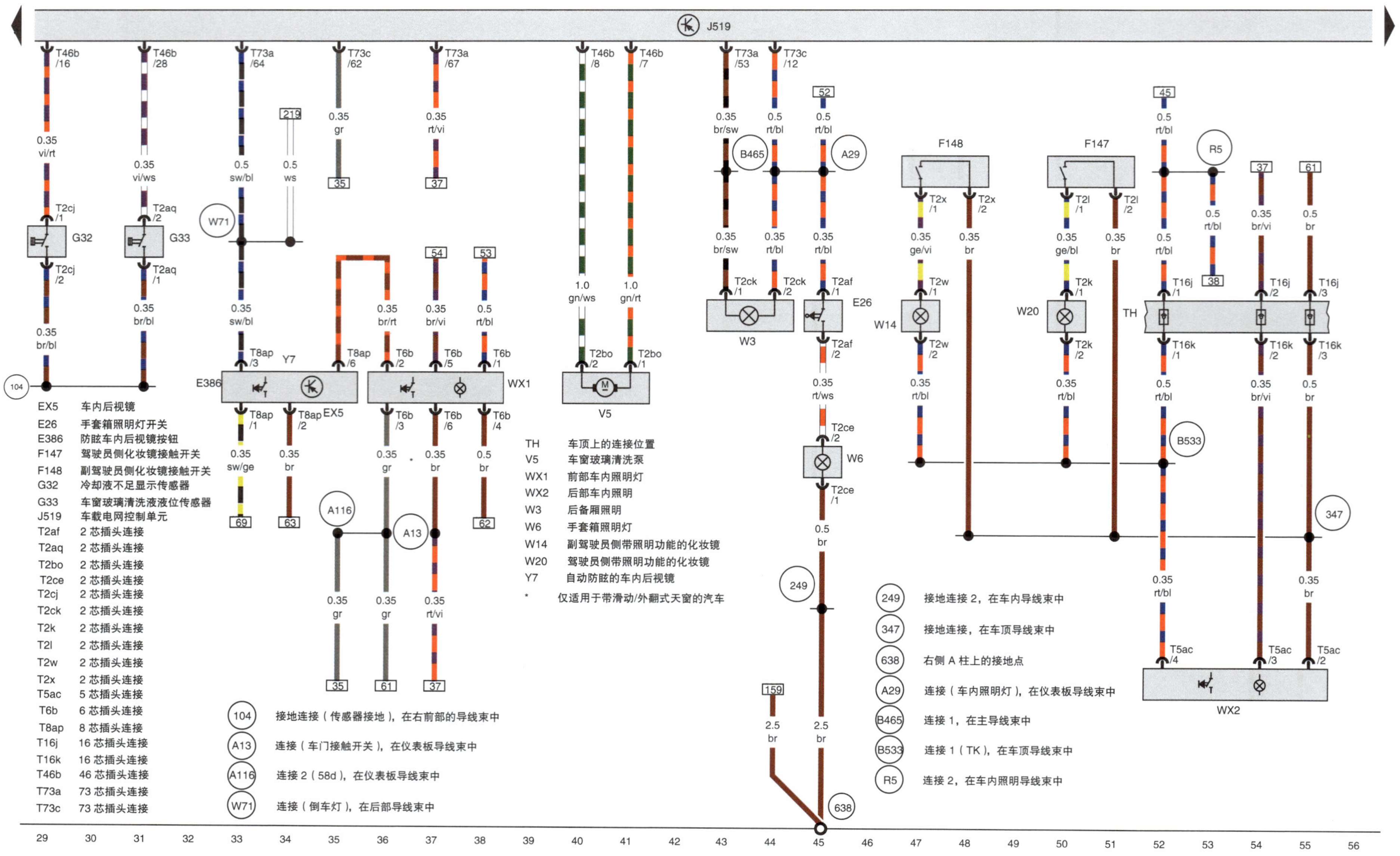

EX5 车内后视镜
E26 手套箱照明灯开关
E386 防眩车内后视镜按钮
F147 驾驶员侧化妆镜接触开关
F148 副驾驶员侧化妆镜接触开关
G32 冷却液不足显示传感器
G33 车窗玻璃清洗液液位传感器
J519 车载电网控制单元
T2af 2 芯插头连接
T2aq 2 芯插头连接
T2bo 2 芯插头连接
T2ce 2 芯插头连接
T2cj 2 芯插头连接
T2ck 2 芯插头连接
T2k 2 芯插头连接
T2l 2 芯插头连接
T2w 2 芯插头连接
T2x 2 芯插头连接
T5ac 5 芯插头连接
T6b 6 芯插头连接
T8ap 8 芯插头连接
T16j 16 芯插头连接
T16k 16 芯插头连接
T46b 46 芯插头连接
T73a 73 芯插头连接
T73c 73 芯插头连接

TH 车顶上的连接位置
V5 车窗玻璃清洗泵
WX1 前部车内照明灯
WX2 后部车内照明
W3 后备厢照明
W6 手套箱照明灯
W14 副驾驶员侧带照明功能的化妆镜
W20 驾驶员侧带照明功能的化妆镜
Y7 自动防眩的车内后视镜
* 仅适用于带滑动/外翻式天窗的汽车

104 接地连接（传感器接地），在右前部的导线束中
A13 连接（车门接触开关），在仪表板导线束中
A116 连接 2（58d），在仪表板导线束中
W71 连接（倒车灯），在后部导线束中

249 接地连接 2，在车内导线束中
347 接地连接，在车顶导线束中
638 右侧 A 柱上的接地点
A29 连接（车内照明灯），在仪表板导线束中
B465 连接 1，在主导线束中
B533 连接 1（TK），在车顶导线束中
R5 连接 2，在车内照明导线束中

车灯开关，开关和仪表照明调节器，车载电网控制单元，倒车灯开关，制动液液位警告信号触点，刮水器电机控制单元

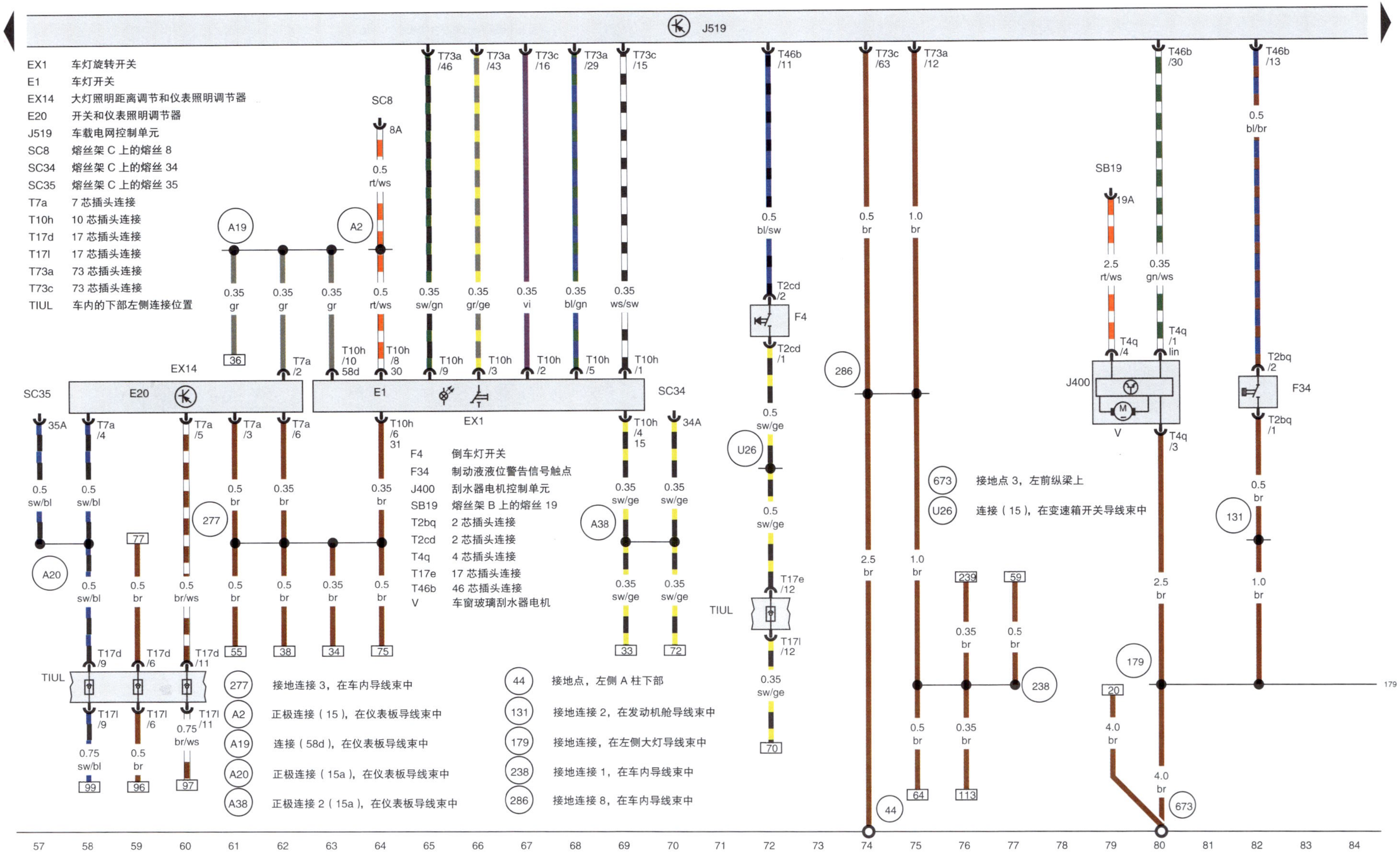

J519
EX1 车灯旋转开关
E1 车灯开关
EX14 大灯照明距离调节和仪表照明调节器
E20 开关和仪表照明调节器
J519 车载电网控制单元
SC8 熔丝架 C 上的熔丝 8
SC34 熔丝架 C 上的熔丝 34
SC35 熔丝架 C 上的熔丝 35
T7a 7 芯插头连接
T10h 10 芯插头连接
T17d 17 芯插头连接
T17l 17 芯插头连接
T73a 73 芯插头连接
T73c 73 芯插头连接
TIUL 车内的下部左侧连接位置
F4 倒车灯开关
F34 制动液液位警告信号触点
J400 刮水器电机控制单元
SB19 熔丝架 B 上的熔丝 19
T2bq 2 芯插头连接
T2cd 2 芯插头连接
T4q 4 芯插头连接
T17e 17 芯插头连接
T46b 46 芯插头连接
V 车窗玻璃刮水器电机
673 接地点 3，左前纵梁上
U26 连接（15），在变速箱开关导线束中
277 接地连接 3，在车内导线束中
A2 正极连接（15），在仪表板导线束中
A19 连接（58d），在仪表板导线束中
A20 正极连接（15a），在仪表板导线束中
A38 正极连接 2（15a），在仪表板导线束中
44 接地点，左侧 A 柱下部
131 接地连接 2，在发动机舱导线束中
179 接地连接，在左侧大灯导线束中
238 接地连接 1，在车内导线束中
286 接地连接 8，在车内导线束中
57 58 59 60 61 62 63 64 65 66 67 68 69 70 71 72 73 74 75 76 77 78 79 80 81 82 83 84

车载电网控制单元，左侧前雾灯灯泡，左侧白天行车灯灯泡,左前大灯，左前转向信号灯灯泡，左侧近光灯灯泡，左侧远光灯灯泡，左侧大灯照明距离调节伺服电机，右侧前雾灯灯泡，右侧白天行车灯灯泡，右前大灯，右前转向信号灯灯泡，右侧近光灯灯泡，右侧远光灯灯泡，右侧大灯照明距离调节伺服电机

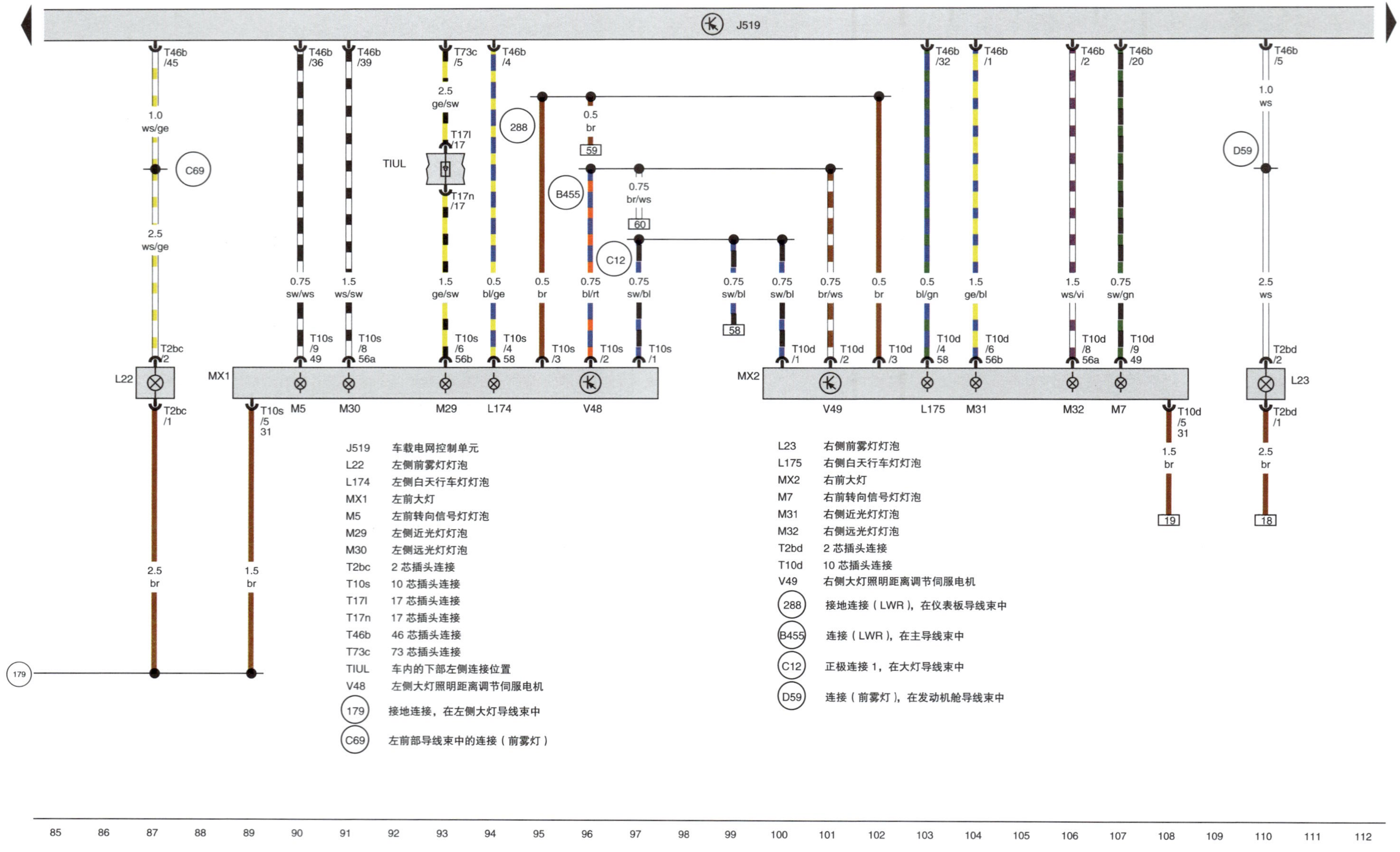

J519	车载电网控制单元
L22	左侧前雾灯灯泡
L174	左侧白天行车灯灯泡
MX1	左前大灯
M5	左前转向信号灯灯泡
M29	左侧近光灯灯泡
M30	左侧远光灯灯泡
T2bc	2 芯插头连接
T10s	10 芯插头连接
T17l	17 芯插头连接
T17n	17 芯插头连接
T46b	46 芯插头连接
T73c	73 芯插头连接
TIUL	车内的下部左侧连接位置
V48	左侧大灯照明距离调节伺服电机
(179)	接地连接，在左侧大灯导线束中
(C69)	左前部导线束中的连接（前雾灯）

L23	右侧前雾灯灯泡
L175	右侧白天行车灯灯泡
MX2	右前大灯
M7	右前转向信号灯灯泡
M31	右侧近光灯灯泡
M32	右侧远光灯灯泡
T2bd	2 芯插头连接
T10d	10 芯插头连接
V49	右侧大灯照明距离调节伺服电机
(288)	接地连接（LWR），在仪表板导线束中
(B455)	连接（LWR），在主导线束中
(C12)	正极连接 1，在大灯导线束中
(D59)	连接（前雾灯），在发动机舱导线束中

点火启动开关，间歇式刮水器运行开关，多功能显示器调用按钮，选挡杆，点火钥匙防拔出锁电磁铁，转向信号灯开关，定速巡航装置开关，GRA 设置按钮，车载电网控制单元，转向柱电子装置控制单元

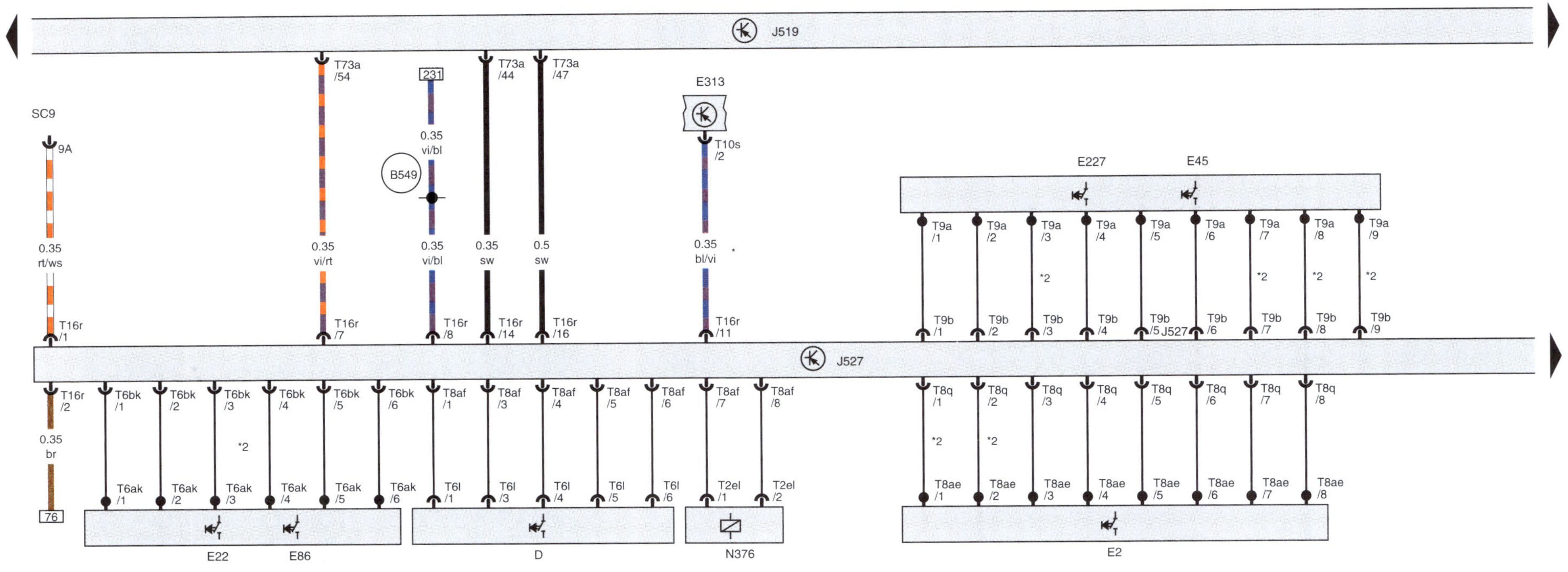

D	点火启动开关	T6bk	6 芯插头连接
E2	转向信号灯开关	T6l	6 芯插头连接
E22	间歇式刮水器运行开关	T8ae	8 芯插头连接
E45	定速巡航装置开关	T8af	8 芯插头连接
E86	多功能显示器调用按钮	T8q	8 芯插头连接
E227	GRA 设置按钮	T10s	10 芯插头连接
E313	选挡杆	T16r	16 芯插头连接
J519	车载电网控制单元	T73a	73 芯插头连接
J527	转向柱电子装置控制单元	T9a	9 芯插头连接
N376	点火钥匙防拔出锁电磁铁	T9b	9 芯插头连接
SC9	熔丝架 C 上的熔丝 9	*	导线颜色取决于装备
T2el	2 芯插头连接	*2	依汽车装备而定
T6ak	6 芯插头连接		

(B549) 连接 2（LIN 总线），在主导线束中

113 114 115 116 117 118 119 120 121 122 123 124 125 126 127 128 129 130 131 132 133 134 135 136 137 138 139 140

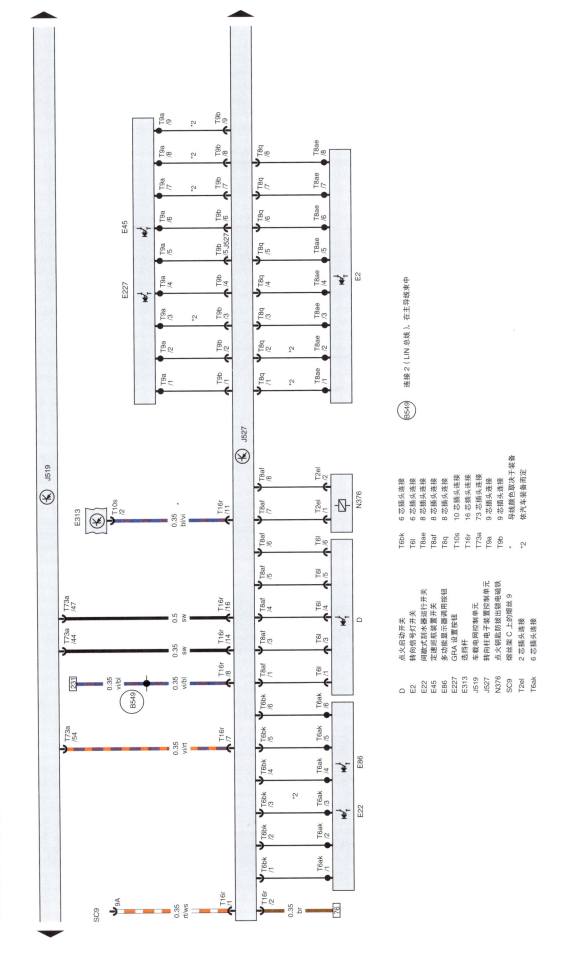

信号喇叭控制，安全气囊控制单元，车载电网控制单元，转向柱电子装置控制单元，发动机控制单元，驾驶员侧安全气囊引爆装置，新鲜空气鼓风机控制单元，新鲜空气鼓风机，车内空气循环风门伺服电机

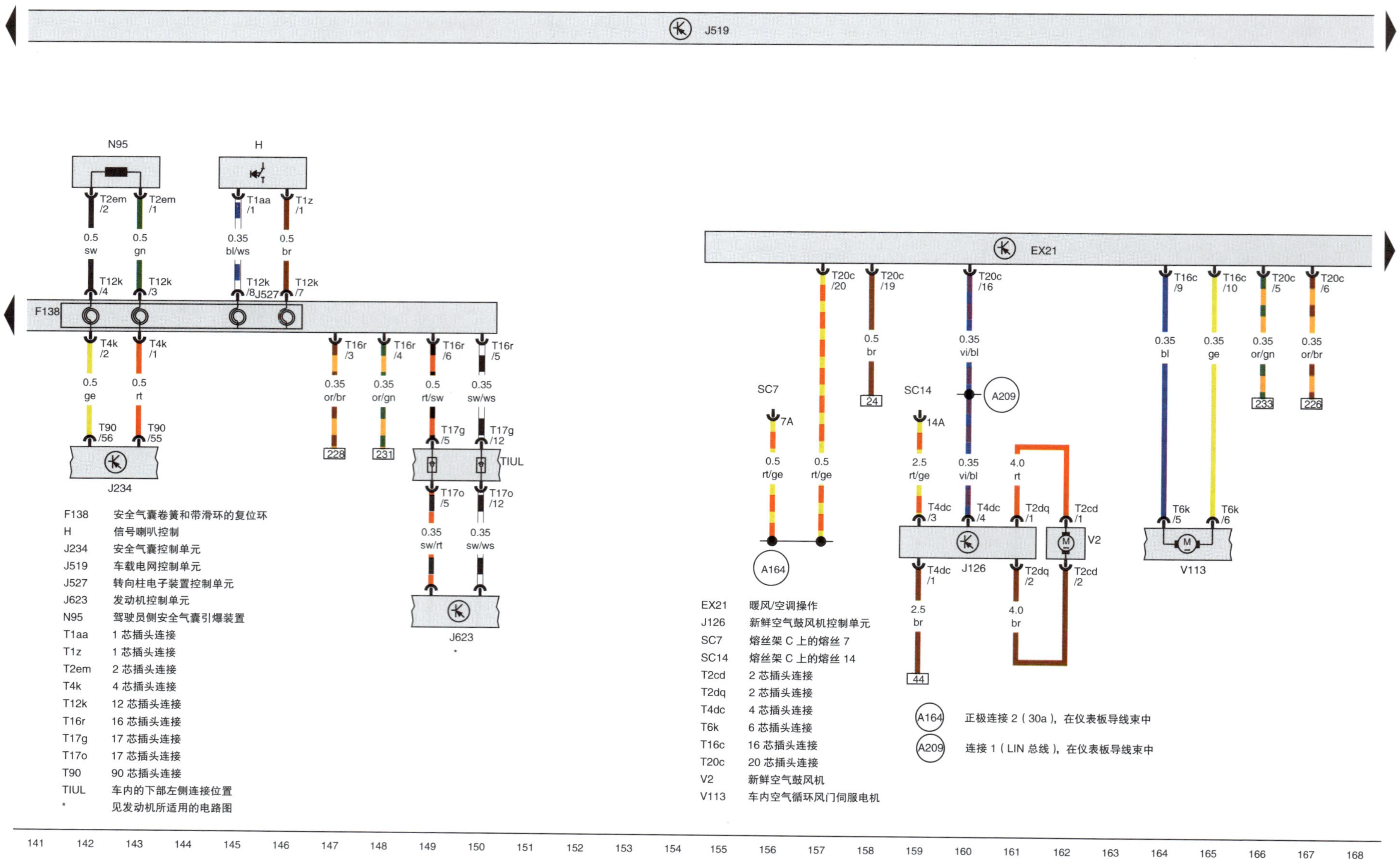

F138	安全气囊卷簧和带滑环的复位环
H	信号喇叭控制
J234	安全气囊控制单元
J519	车载电网控制单元
J527	转向柱电子装置控制单元
J623	发动机控制单元
N95	驾驶员侧安全气囊引爆装置
T1aa	1 芯插头连接
T1z	1 芯插头连接
T2em	2 芯插头连接
T4k	4 芯插头连接
T12k	12 芯插头连接
T16r	16 芯插头连接
T17g	17 芯插头连接
T17o	17 芯插头连接
T90	90 芯插头连接
TIUL	车内的下部左侧连接位置
*	见发动机所适用的电路图

EX21	暖风/空调操作
J126	新鲜空气鼓风机控制单元
SC7	熔丝架 C 上的熔丝 7
SC14	熔丝架 C 上的熔丝 14
T2cd	2 芯插头连接
T2dq	2 芯插头连接
T4dc	4 芯插头连接
T6k	6 芯插头连接
T16c	16 芯插头连接
T20c	20 芯插头连接
V2	新鲜空气鼓风机
V113	车内空气循环风门伺服电机

A164 正极连接 2（30a），在仪表板导线束中

A209 连接 1（LIN 总线），在仪表板导线束中

温度风门伺服电机电位计，气流分配风门伺服电机电位计，车载电网控制单元，温度风门伺服电机，气流分配风门伺服电机，左侧尾灯，右侧尾灯，左后转向信号灯灯泡，右后转向信号灯灯泡，左侧制动信号灯和尾灯灯泡，右侧制动信号灯和尾灯灯泡，左侧牌照灯，右侧牌照灯

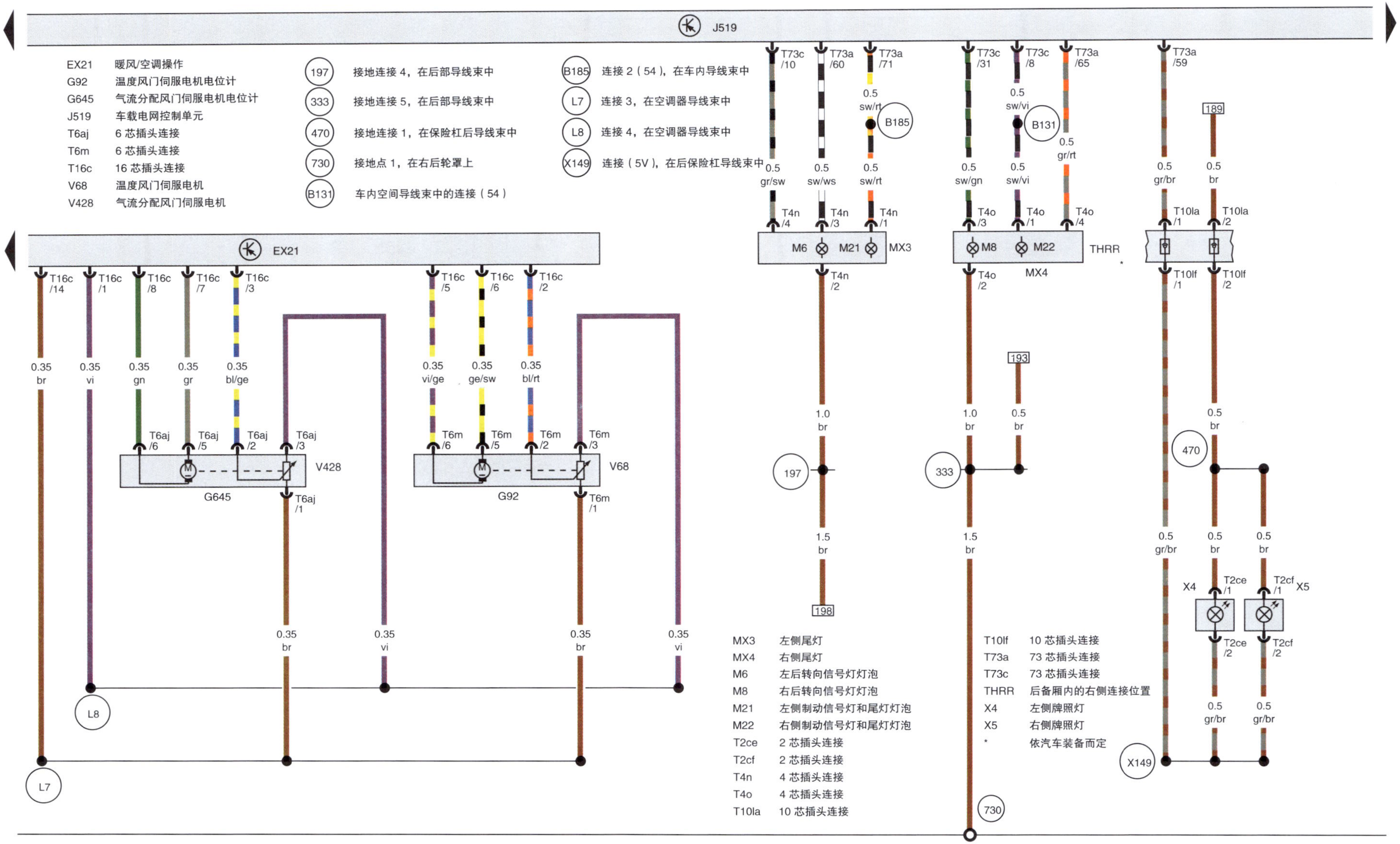

EX21	暖风/空调操作
G92	温度风门伺服电机电位计
G645	气流分配风门伺服电机电位计
J519	车载电网控制单元
T6aj	6 芯插头连接
T6m	6 芯插头连接
T16c	16 芯插头连接
V68	温度风门伺服电机
V428	气流分配风门伺服电机
197	接地连接 4，在后部导线束中
333	接地连接 5，在后部导线束中
470	接地连接 1，在保险杠后导线束中
730	接地点 1，在右后轮罩上
B131	车内空间导线束中的连接（54）
B185	连接 2（54），在车内导线束中
L7	连接 3，在空调器导线束中
L8	连接 4，在空调器导线束中
X149	连接（5V），在后保险杠导线束中

MX3	左侧尾灯
MX4	右侧尾灯
M6	左后转向信号灯灯泡
M8	右后转向信号灯灯泡
M21	左侧制动信号灯和尾灯灯泡
M22	右侧制动信号灯和尾灯灯泡
T2ce	2 芯插头连接
T2cf	2 芯插头连接
T4n	4 芯插头连接
T4o	4 芯插头连接
T10la	10 芯插头连接
T10lf	10 芯插头连接
T73a	73 芯插头连接
T73c	73 芯插头连接
THRR	后备厢内的右侧连接位置
X4	左侧牌照灯
X5	右侧牌照灯
*	依汽车装备而定

169 170 171 172 173 174 175 176 177 178 179 180 181 182 183 184 185 186 187 188 189 190 191 192 193 194 195 196

车载电网控制单元，高位制动信号灯灯泡，后窗玻璃刮水器电机，可加热式后窗玻璃，油箱盖板中的中央门锁执行元件，左侧后雾灯灯泡，右侧后雾灯灯泡，右侧尾灯灯泡，左侧尾灯灯泡，左侧尾灯2，右侧尾灯2，左侧倒车灯灯泡，右侧倒车灯灯泡

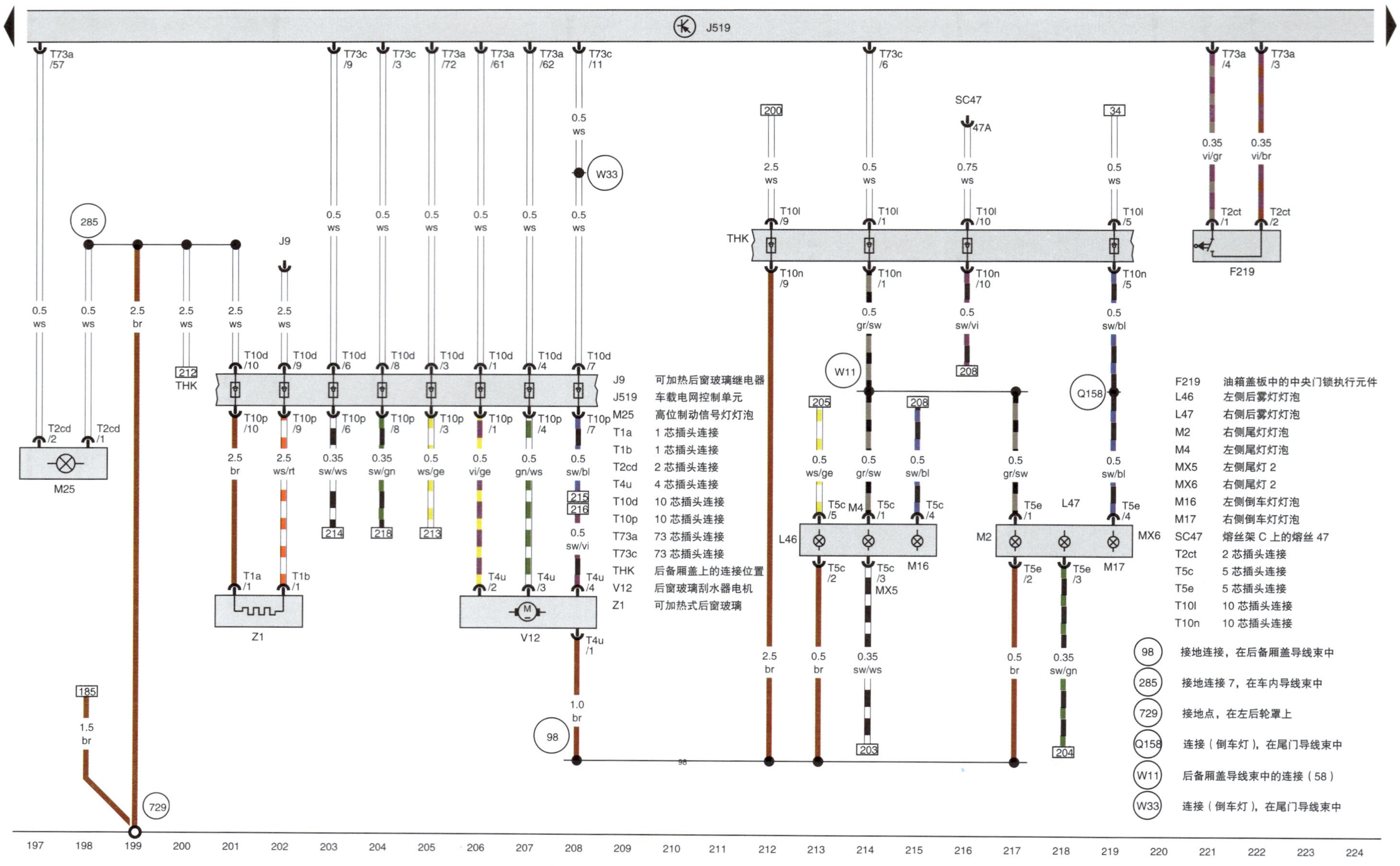

J9 可加热后窗玻璃继电器
J519 车载电网控制单元
M25 高位制动信号灯灯泡
T1a 1 芯插头连接
T1b 1 芯插头连接
T2cd 2 芯插头连接
T4u 4 芯插头连接
T10d 10 芯插头连接
T10p 10 芯插头连接
T73a 73 芯插头连接
T73c 73 芯插头连接
THK 后备厢盖上的连接位置
V12 后窗玻璃刮水器电机
Z1 可加热式后窗玻璃

F219 油箱盖板中的中央门锁执行元件
L46 左侧后雾灯灯泡
L47 右侧后雾灯灯泡
M2 右侧尾灯灯泡
M4 左侧尾灯灯泡
MX5 左侧尾灯 2
MX6 右侧尾灯 2
M16 左侧倒车灯灯泡
M17 右侧倒车灯灯泡
SC47 熔丝架 C 上的熔丝 47
T2ct 2 芯插头连接
T5c 5 芯插头连接
T5e 5 芯插头连接
T10l 10 芯插头连接
T10n 10 芯插头连接

98 接地连接，在后备厢盖导线束中
285 接地连接 7，在车内导线束中
729 接地点，在左后轮罩上
Q158 连接（倒车灯），在尾门导线束中
W11 后备厢盖导线束中的连接（58）
W33 连接（倒车灯），在尾门导线束中

车载电网控制单元，数据总线诊断接口，仪表板，防盗锁止系统识读线圈，仪表板中的控制单元

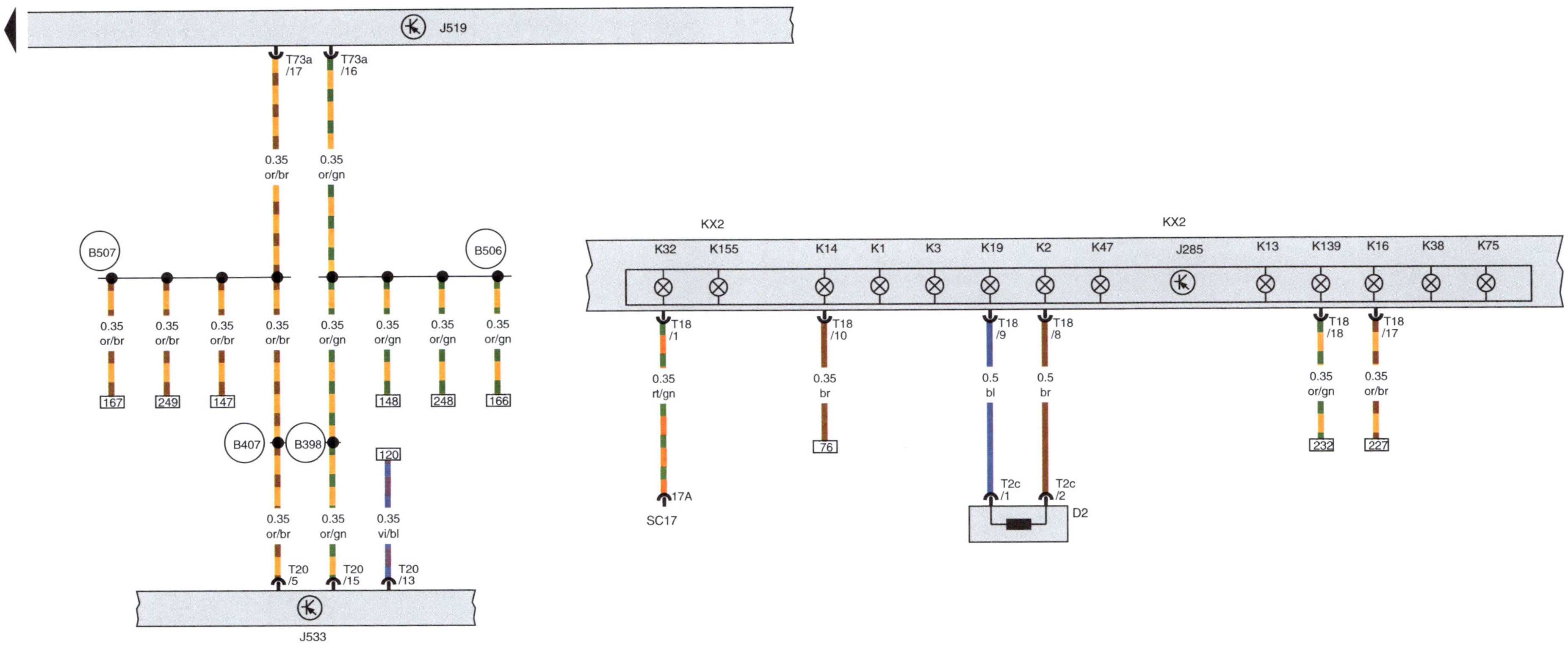

J519　车载电网控制单元
J533　数据总线诊断接口
KX2　仪表板
K32　制动摩擦片指示灯
K155　ASR 和 ESP 指示灯
SC17　熔丝架 C 上的熔丝 17
T18　18 芯插头连接
T20　20 芯插头连接
T73a　73 芯插头连接

B398　连接 2（舒适/便捷系统 CAN 总线，高配），在主导线束中
B407　连接 2（舒适/便捷系统 CAN 总线，低配），在主导线束中
B506　连接（舒适/便捷系统 CAN 总线，高配），在车内导线束中
B507　连接（舒适/便捷系统 CAN 总线，低配），在车内导线束中

D2　防盗锁止系统识读线圈
J285　仪表板中的控制单元
K1　远光灯指示灯
K2　发电机指示灯
K3　机油压力指示灯
K13　后雾灯指示灯
K14　手制动器指示灯

K16　燃油存量指示灯
K19　安全带警告指示灯
K38　油位指示灯
K47　ABS 指示灯
K75　安全气囊指示灯
K139　驻车制动器指示灯
T2c　2 芯插头连接

225 226 227 228 229 230 231 232 233 234 235 236 237 238 239 240 241 242 243 244 245 246 247 248 249 250 251 252

第二节　发动机控制系统

一、1.4L汽油发动机（CFBA）控制系统

蓄电池，启动电机，带电压调节器的交流发电机，蓄电池监控控制单元，起动机继电器1，起动机继电器2，熔丝座 B，主继电器

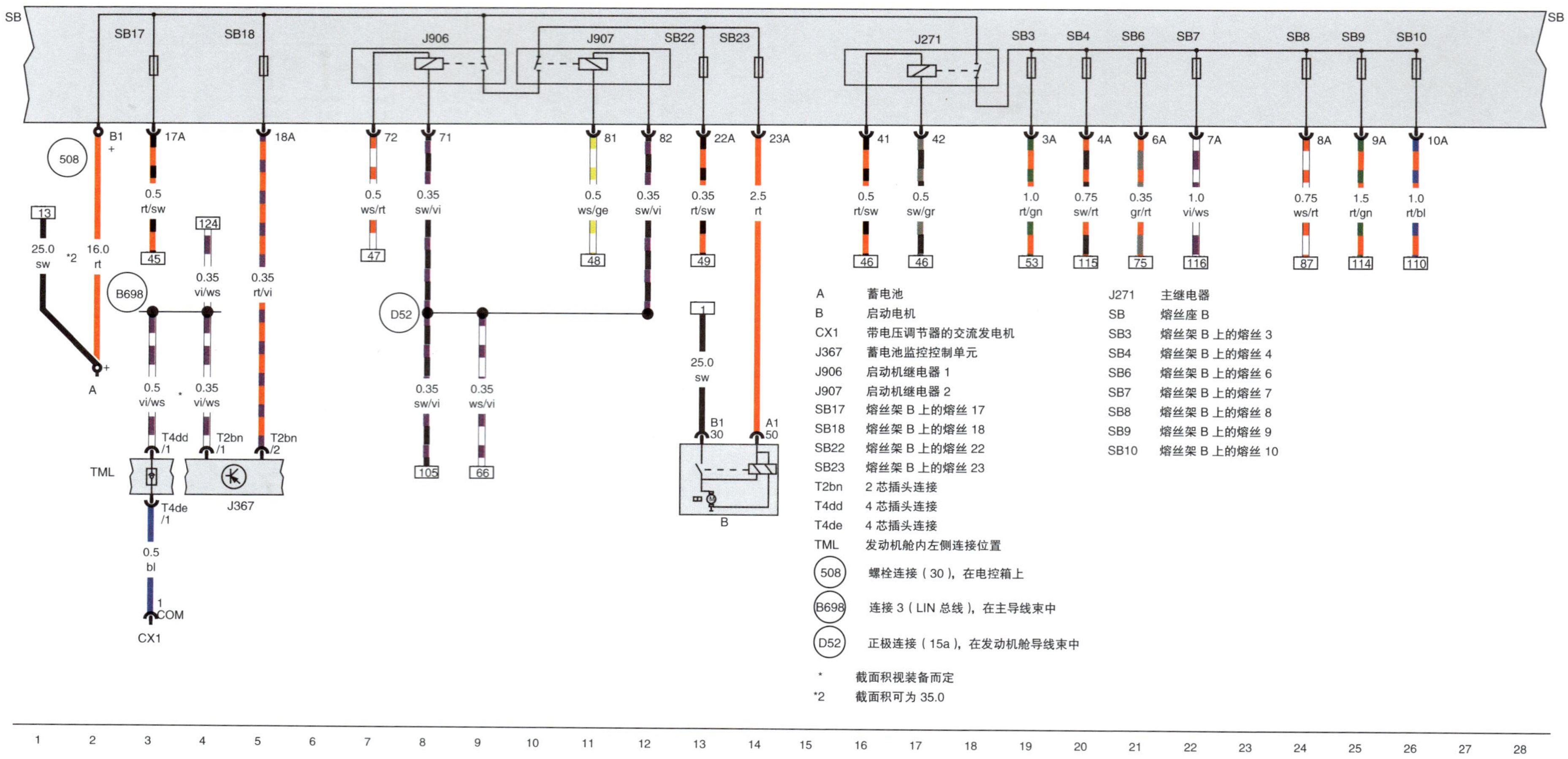

- A　蓄电池
- B　启动电机
- CX1　带电压调节器的交流发电机
- J367　蓄电池监控控制单元
- J906　启动机继电器 1
- J907　启动机继电器 2
- SB17　熔丝架 B 上的熔丝 17
- SB18　熔丝架 B 上的熔丝 18
- SB22　熔丝架 B 上的熔丝 22
- SB23　熔丝架 B 上的熔丝 23
- T2bn　2 芯插头连接
- T4dd　4 芯插头连接
- T4de　4 芯插头连接
- TML　发动机舱内左侧连接位置
- 508　螺栓连接（30），在电控箱上
- B698　连接 3（LIN 总线），在主导线束中
- D52　正极连接（15a），在发动机舱导线束中
- *　截面积视装备而定
- *2　截面积可为 35.0
- J271　主继电器
- SB　熔丝座 B
- SB3　熔丝架 B 上的熔丝 3
- SB4　熔丝架 B 上的熔丝 4
- SB6　熔丝架 B 上的熔丝 6
- SB7　熔丝架 B 上的熔丝 7
- SB8　熔丝架 B 上的熔丝 8
- SB9　熔丝架 B 上的熔丝 9
- SB10　熔丝架 B 上的熔丝 10

端子 15 供电继电器，车载电网控制单元，熔丝座C，发动机控制单元

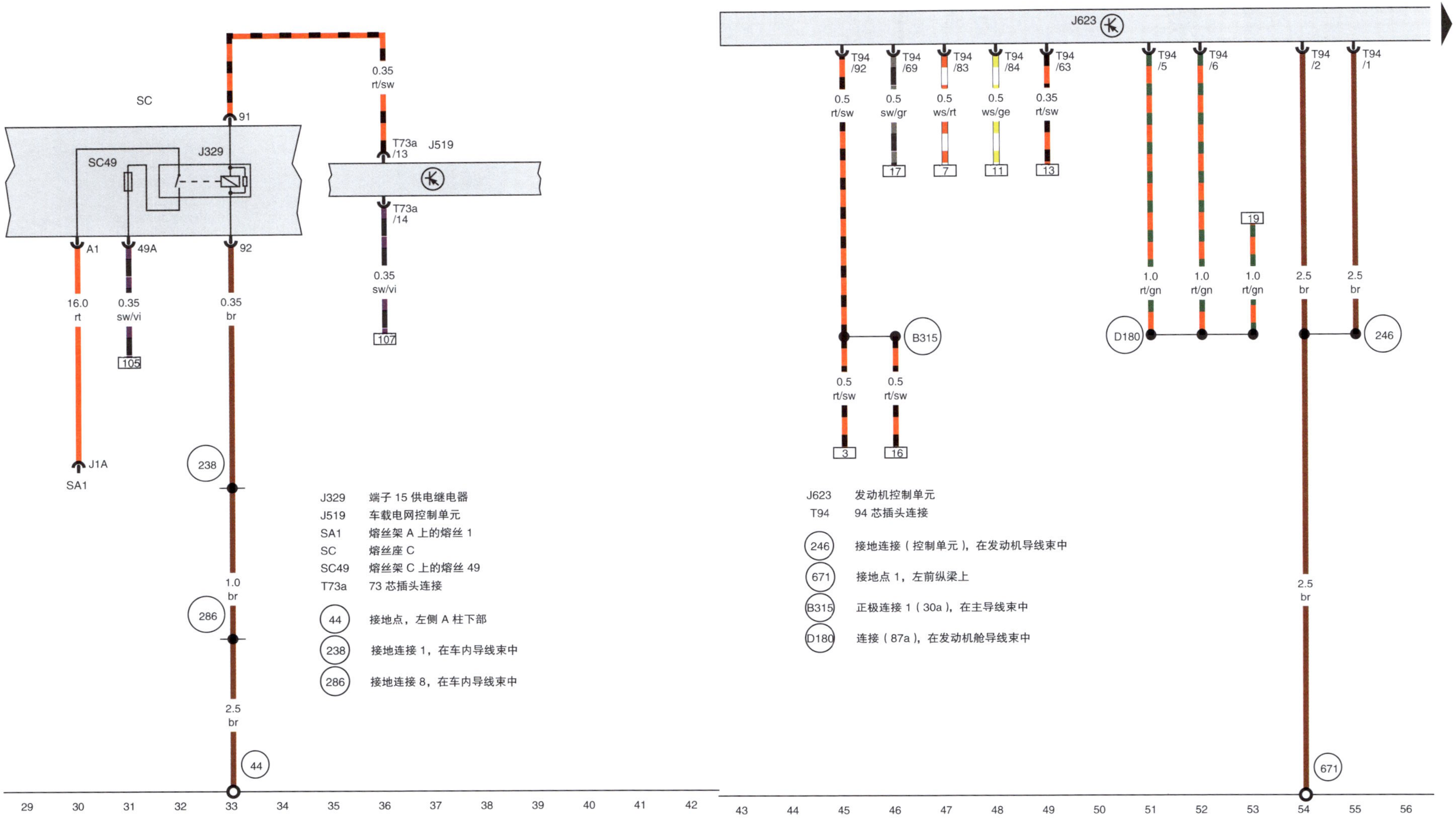

J329	端子 15 供电继电器
J519	车载电网控制单元
SA1	熔丝架 A 上的熔丝 1
SC	熔丝座 C
SC49	熔丝架 C 上的熔丝 49
T73a	73 芯插头连接
44	接地点，左侧 A 柱下部
238	接地连接 1，在车内导线束中
286	接地连接 8，在车内导线束中

J623	发动机控制单元
T94	94 芯插头连接
246	接地连接（控制单元），在发动机导线束中
671	接地点 1，左前纵梁上
B315	正极连接 1（30a），在主导线束中
D180	连接（87a），在发动机舱导线束中

油门踏板模块，离合器位置传感器，ABS 控制单元，发动机控制单元，制动信号灯开关，冷凝器出口上的冷却液温度传感器

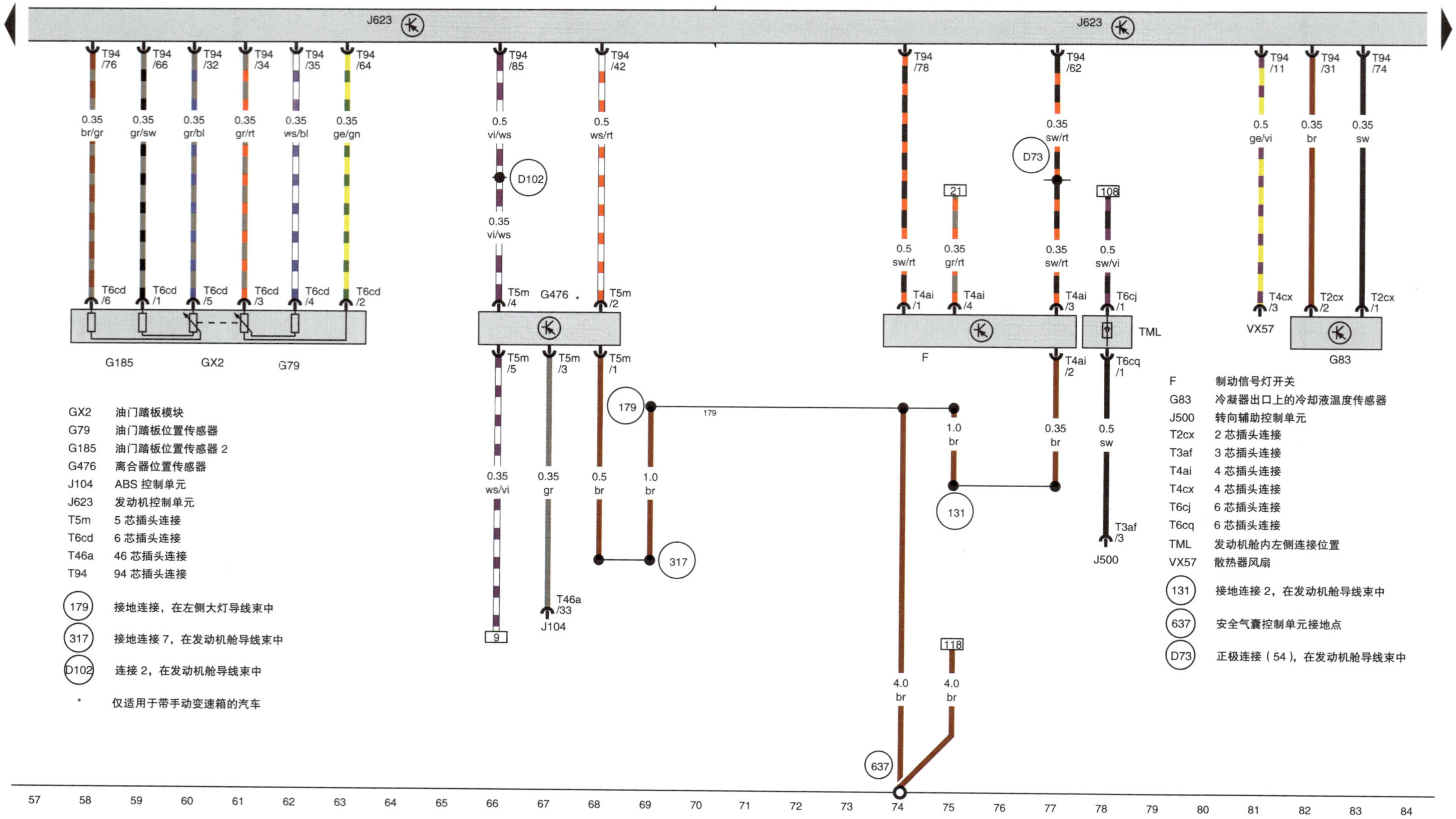

GX2　油门踏板模块
G79　油门踏板位置传感器
G185　油门踏板位置传感器 2
G476　离合器位置传感器
J104　ABS 控制单元
J623　发动机控制单元
T5m　5 芯插头连接
T6cd　6 芯插头连接
T46a　46 芯插头连接
T94　94 芯插头连接

(179)　接地连接，在左侧大灯导线束中
(317)　接地连接 7，在发动机舱导线束中
(D102)　连接 2，在发动机舱导线束中
*　仅适用于带手动变速箱的汽车

F　制动信号灯开关
G83　冷凝器出口上的冷却液温度传感器
J500　转向辅助控制单元
T2cx　2 芯插头连接
T3af　3 芯插头连接
T4ai　4 芯插头连接
T4cx　4 芯插头连接
T6cj　6 芯插头连接
T6cq　6 芯插头连接
TML　发动机舱内左侧连接位置
VX57　散热器风扇

(131)　接地连接 2，在发动机舱导线束中
(637)　安全气囊控制单元接地点
(D73)　正极连接（54），在发动机舱导线束中

尾气催化净化器后的氧传感器1，尾气催化净化器前的氧传感器1，发动机控制单元，转向柱电子装置控制单元

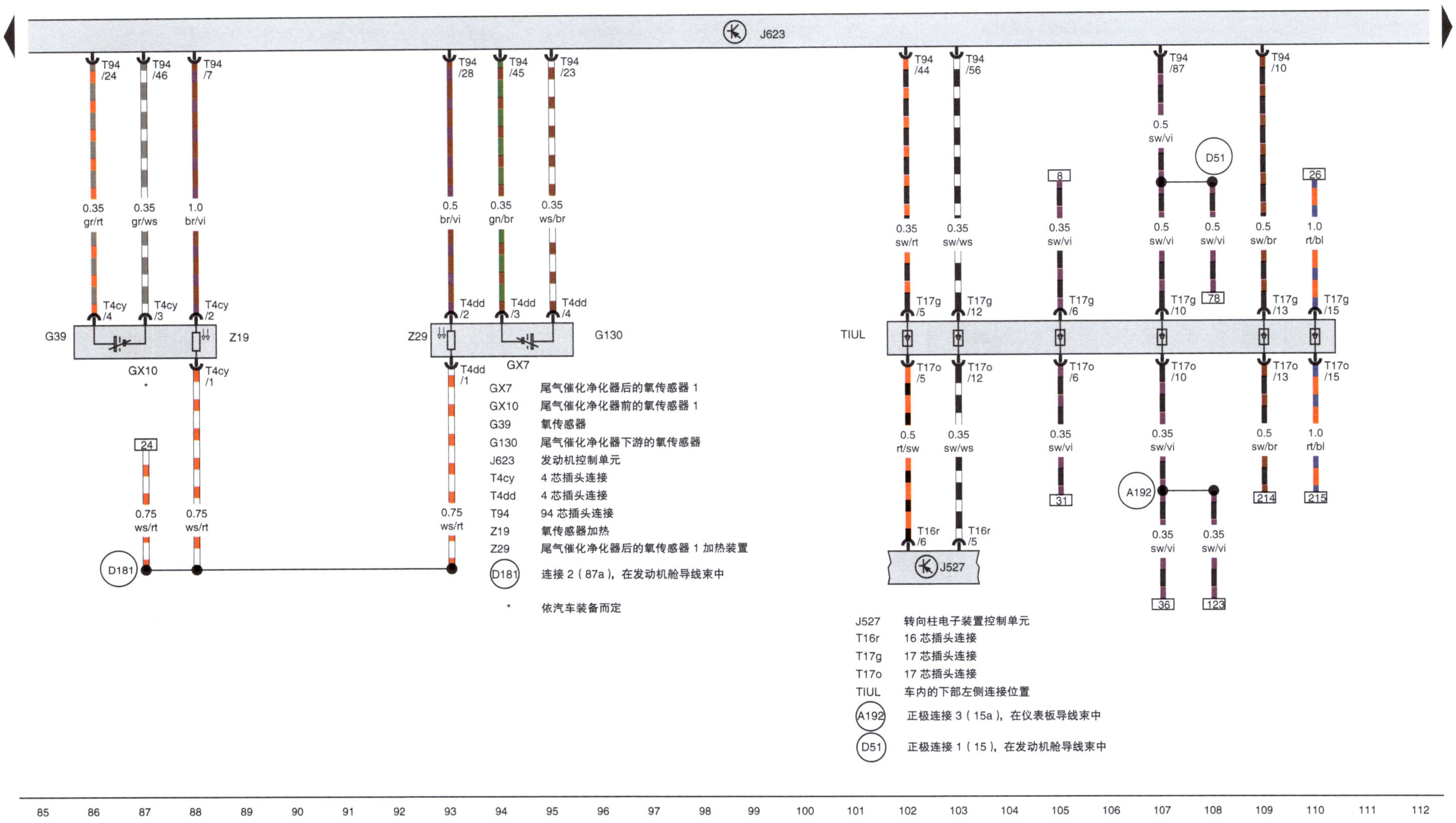

GX7　尾气催化净化器后的氧传感器 1
GX10　尾气催化净化器前的氧传感器 1
G39　氧传感器
G130　尾气催化净化器下游的氧传感器
J623　发动机控制单元
T4cy　4 芯插头连接
T4dd　4 芯插头连接
T94　94 芯插头连接
Z19　氧传感器加热
Z29　尾气催化净化器后的氧传感器 1 加热装置
D181　连接 2（87a），在发动机舱导线束中
*　依汽车装备而定

J527　转向柱电子装置控制单元
T16r　16 芯插头连接
T17g　17 芯插头连接
T17o　17 芯插头连接
TIUL　车内的下部左侧连接位置
A192　正极连接 3（15a），在仪表板导线束中
D51　正极连接 1（15），在发动机舱导线束中

数据总线诊断接口，双离合器变速箱机电装置，霍尔传感器，冷却液温度传感器，发动机控制单元，涡轮增压器循环空气阀

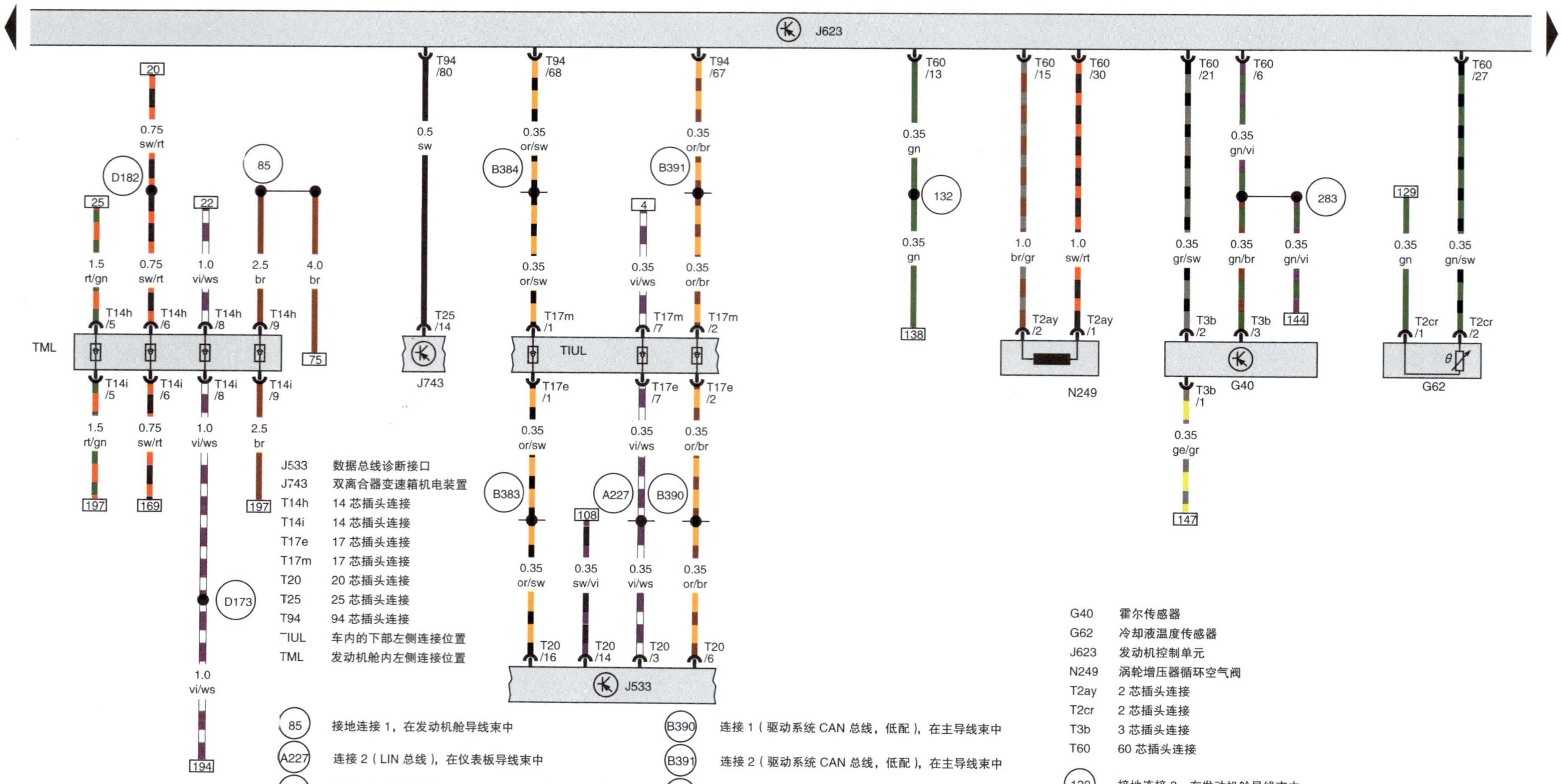

J533	数据总线诊断接口
J743	双离合器变速箱机电装置
T14h	14 芯插头连接
T14i	14 芯插头连接
T17e	17 芯插头连接
T17m	17 芯插头连接
T20	20 芯插头连接
T25	25 芯插头连接
T94	94 芯插头连接
TIUL	车内的下部左侧连接位置
TML	发动机舱内左侧连接位置

85	接地连接 1，在发动机舱导线束中
A227	连接 2（LIN 总线），在仪表板导线束中
B383	连接 1（驱动系统 CAN 总线，高配），在主导线束中
B384	连接 2（驱动系统 CAN 总线，高配），在主导线束中
B390	连接 1（驱动系统 CAN 总线，低配），在主导线束中
B391	连接 2（驱动系统 CAN 总线，低配），在主导线束中
D173	连接（87），在发动机前导线束中
D182	连接 3（87a），在发动机舱导线束中

G40	霍尔传感器
G62	冷却液温度传感器
J623	发动机控制单元
N249	涡轮增压器循环空气阀
T2ay	2 芯插头连接
T2cr	2 芯插头连接
T3b	3 芯插头连接
T60	60 芯插头连接
132	接地连接 3，在发动机舱导线束中
283	接地连接 2，在发动机预接线导线束中

113 114 115 116 117 118 119 120 121 122 123 124 125 126 127 128 129 130 131 132 133 134 135 136 137 138 139 140

进气管传感器，燃油压力传感器，发动机控制单元，节气门控制单元，增压压力传感器，发动机转速传感器

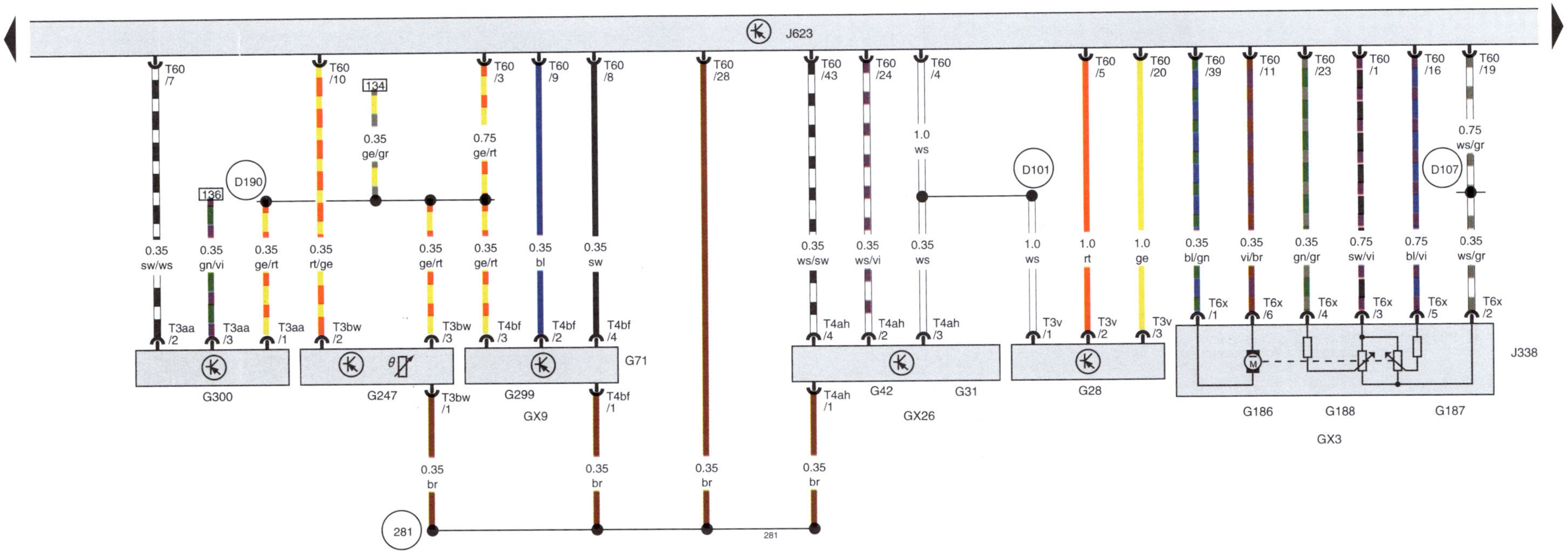

GX9 进气管传感器
G71 进气管压力传感器
G247 燃油压力传感器
G299 进气温度传感器 2
G300 霍尔传感器 3
J623 发动机控制单元
T3aa 3 芯插头连接
T3bw 3 芯插头连接
T4bf 4 芯插头连接
T60 60 芯插头连接
281 接地连接 1，在发动机预接线导线束中
D190 连接 3（5V），在发动机预接线导线束中

GX3 节气门控制单元
GX26 增压压力传感器
G28 发动机转速传感器
G31 增压压力传感器
G42 进气温度传感器
G186 电控油门操纵机构的节气门驱动装置
G187 电控油门操纵机构的节气门驱动装置角度传感器 1
G188 电控油门操纵机构的节气门驱动装置角度传感器 2
J338 节气门控制单元
T3v 3 芯插头连接
T4ah 4 芯插头连接
T6x 6 芯插头连接

D101 连接 1，在发动机舱导线束中
D107 连接 5，在发动机舱导线束中

141 142 143 144 145 146 147 148 149 150 151 152 153 154 155 156 157 158 159 160 161 162 163 164 165 166 167 168

爆震传感器1，发动机控制单元，活性炭罐电磁阀1，凸轮轴调节阀1，燃油压力调节阀，排气门凸轮轴调节阀1，机油压力调节阀，油压开关，机油压力降低开关，汽缸1喷油阀，汽缸2喷油阀，汽缸3喷油阀，汽缸4喷油阀，增压空气冷却泵

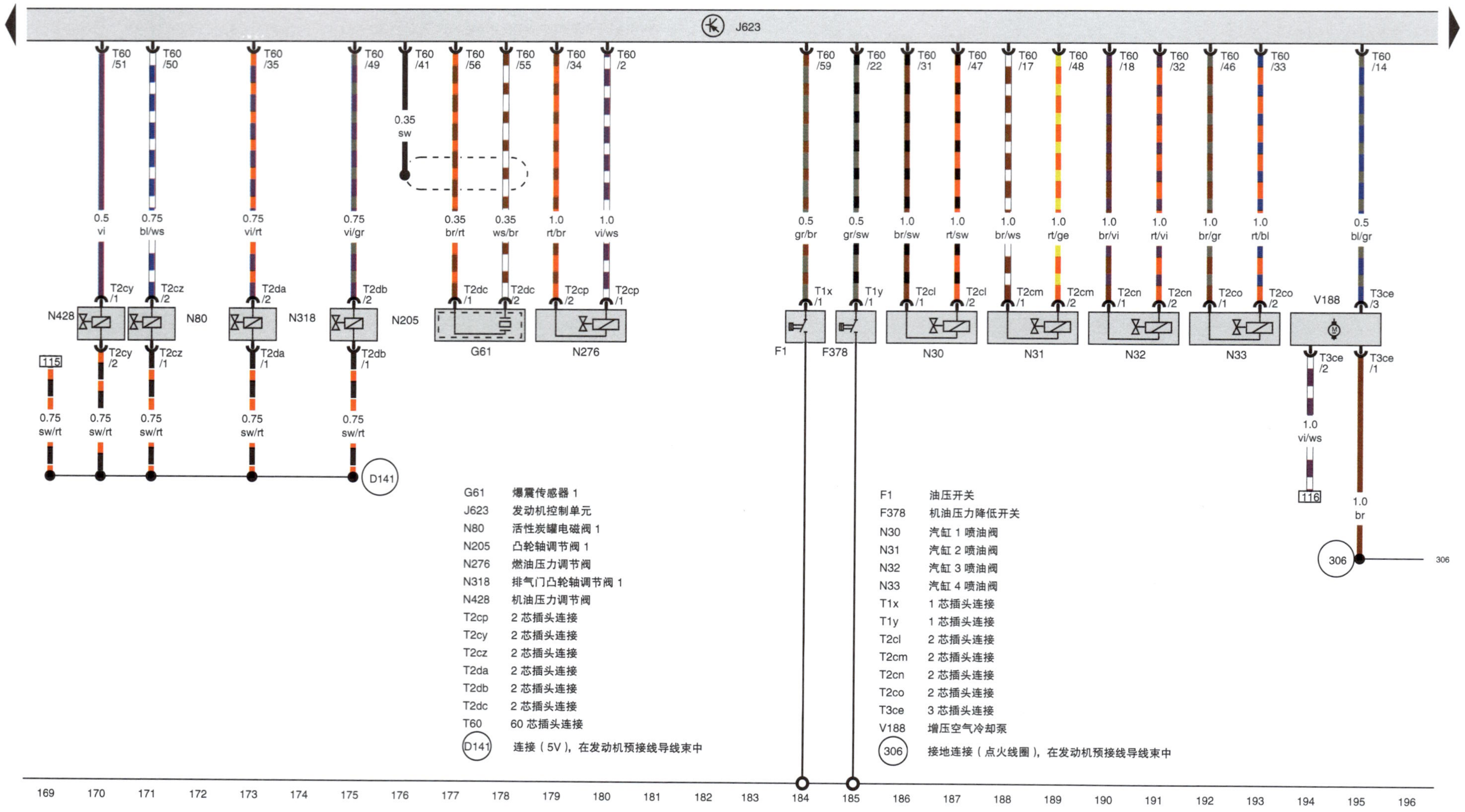

G61	爆震传感器 1
J623	发动机控制单元
N80	活性炭罐电磁阀 1
N205	凸轮轴调节阀 1
N276	燃油压力调节阀
N318	排气门凸轮轴调节阀 1
N428	机油压力调节阀
T2cp	2 芯插头连接
T2cy	2 芯插头连接
T2cz	2 芯插头连接
T2da	2 芯插头连接
T2db	2 芯插头连接
T2dc	2 芯插头连接
T60	60 芯插头连接
D141	连接（5V），在发动机预接线导线束中

F1	油压开关
F378	机油压力降低开关
N30	汽缸 1 喷油阀
N31	汽缸 2 喷油阀
N32	汽缸 3 喷油阀
N33	汽缸 4 喷油阀
T1x	1 芯插头连接
T1y	1 芯插头连接
T2cl	2 芯插头连接
T2cm	2 芯插头连接
T2cn	2 芯插头连接
T2co	2 芯插头连接
T3ce	3 芯插头连接
V188	增压空气冷却泵
306	接地连接（点火线圈），在发动机预接线导线束中

发动机控制单元，带功率输出级的点火线圈1，带功率输出级的点火线圈2，带功率输出级的点火线圈3，带功率输出级的点火线圈4，燃油供给单元，仪表板中的控制单元，燃油泵控制单元，仪表板

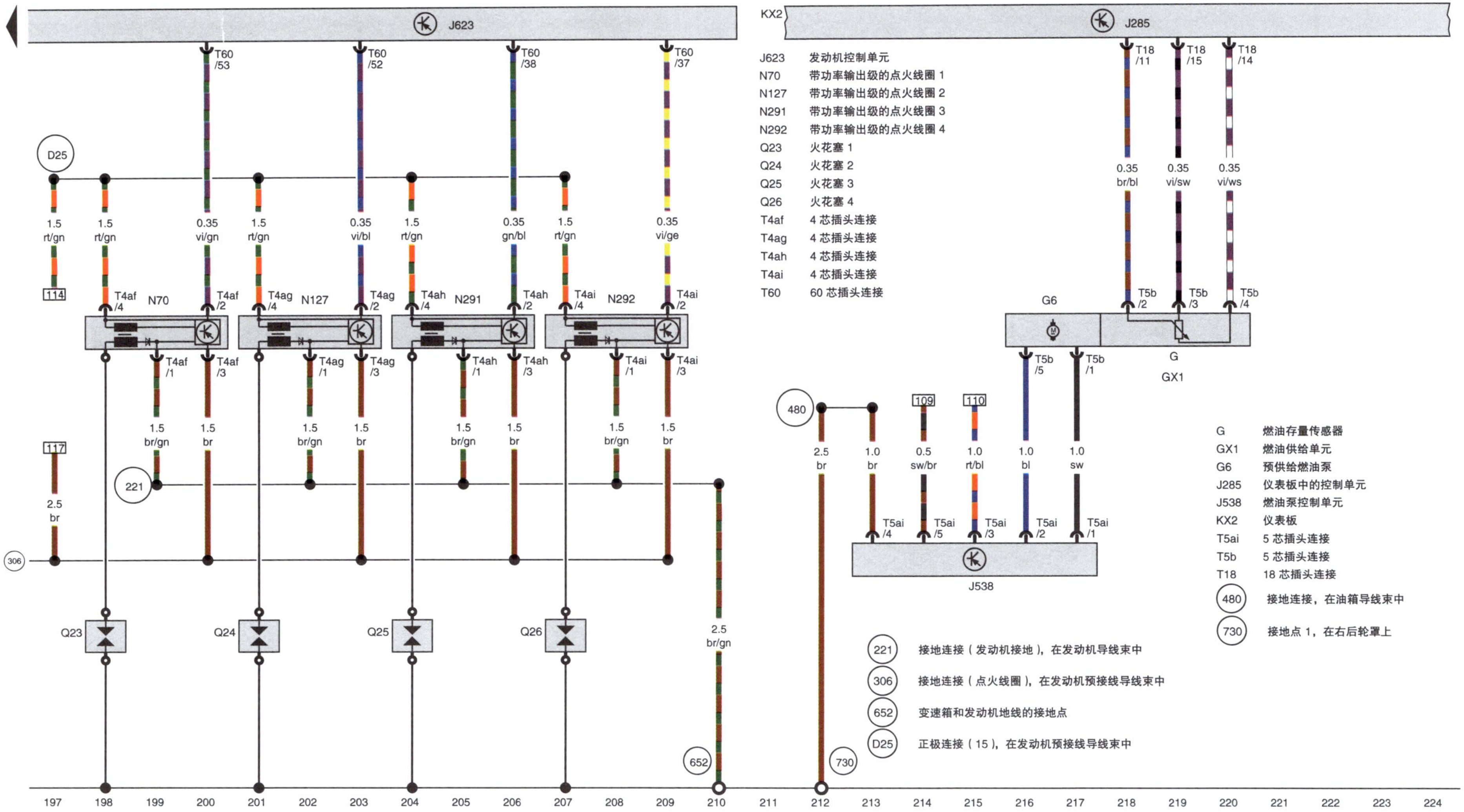

J623	发动机控制单元
N70	带功率输出级的点火线圈 1
N127	带功率输出级的点火线圈 2
N291	带功率输出级的点火线圈 3
N292	带功率输出级的点火线圈 4
Q23	火花塞 1
Q24	火花塞 2
Q25	火花塞 3
Q26	火花塞 4
T4af	4 芯插头连接
T4ag	4 芯插头连接
T4ah	4 芯插头连接
T4ai	4 芯插头连接
T60	60 芯插头连接

G	燃油存量传感器
GX1	燃油供给单元
G6	预供给燃油泵
J285	仪表板中的控制单元
J538	燃油泵控制单元
KX2	仪表板
T5ai	5 芯插头连接
T5b	5 芯插头连接
T18	18 芯插头连接
480	接地连接，在油箱导线束中
730	接地点 1，在右后轮罩上

221	接地连接（发动机接地），在发动机导线束中
306	接地连接（点火线圈），在发动机预接线导线束中
652	变速箱和发动机地线的接地点
D25	正极连接（15），在发动机预接线导线束中

二、1.6L汽油发动机（CSRA）控制系统

蓄电池，启动电机，带电压调节器的交流发电机，起动机继电器1，起动机继电器2，熔丝座B，燃油泵继电器，主继电器，熔丝座B

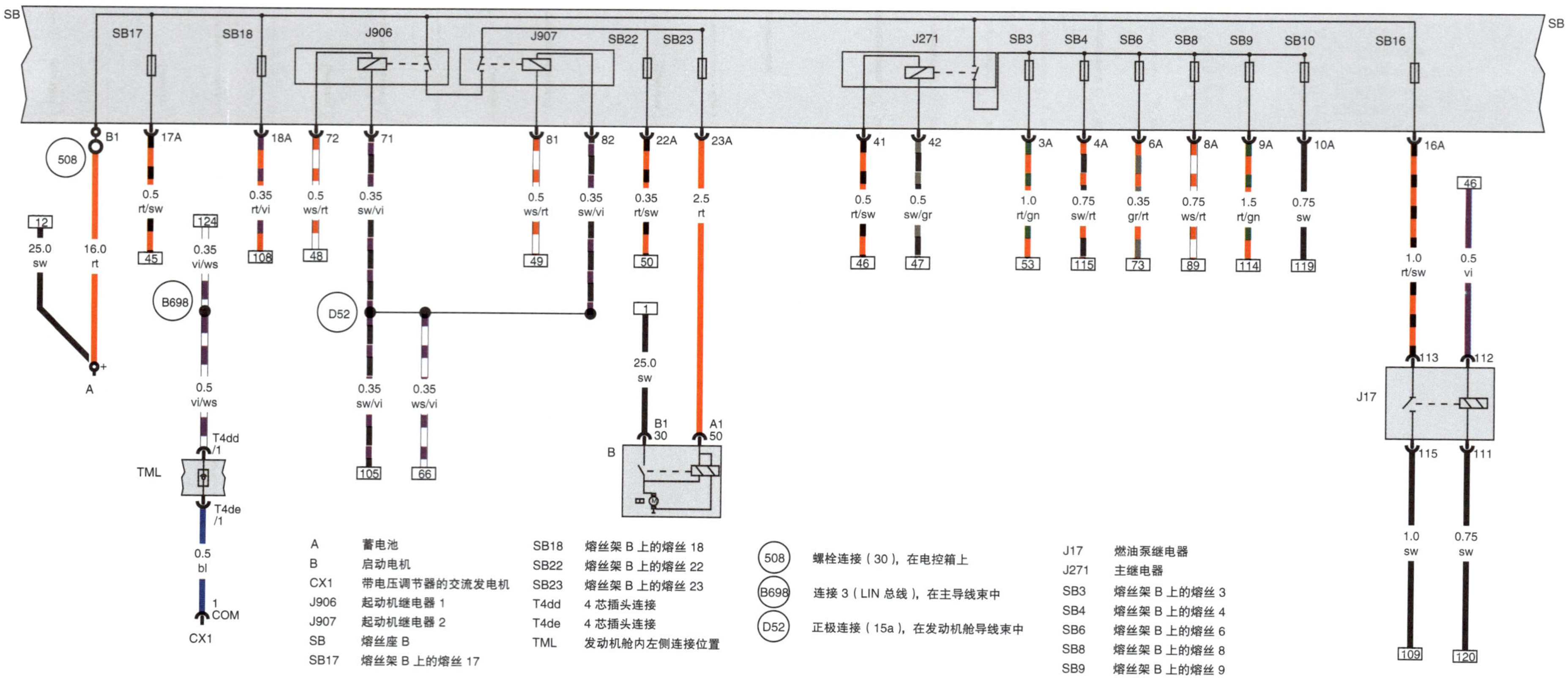

A	蓄电池
B	启动电机
CX1	带电压调节器的交流发电机
J906	起动机继电器 1
J907	起动机继电器 2
SB	熔丝座 B
SB17	熔丝架 B 上的熔丝 17
SB18	熔丝架 B 上的熔丝 18
SB22	熔丝架 B 上的熔丝 22
SB23	熔丝架 B 上的熔丝 23
T4dd	4 芯插头连接
T4de	4 芯插头连接
TML	发动机舱内左侧连接位置
508	螺栓连接（30），在电控箱上
B698	连接 3（LIN 总线），在主导线束中
D52	正极连接（15a），在发动机舱导线束中
J17	燃油泵继电器
J271	主继电器
SB3	熔丝架 B 上的熔丝 3
SB4	熔丝架 B 上的熔丝 4
SB6	熔丝架 B 上的熔丝 6
SB8	熔丝架 B 上的熔丝 8
SB9	熔丝架 B 上的熔丝 9
SB10	熔丝架 B 上的熔丝 10
SB16	熔丝架 B 上的熔丝 16

1 2 3 4 5 6 7 8 9 10 11 12 13 14 15 16 17 18 19 20 21 22 23 24 25 26 27 28

端子15供电继电器，车载电网控制单元，熔丝座C，发动机控制单元

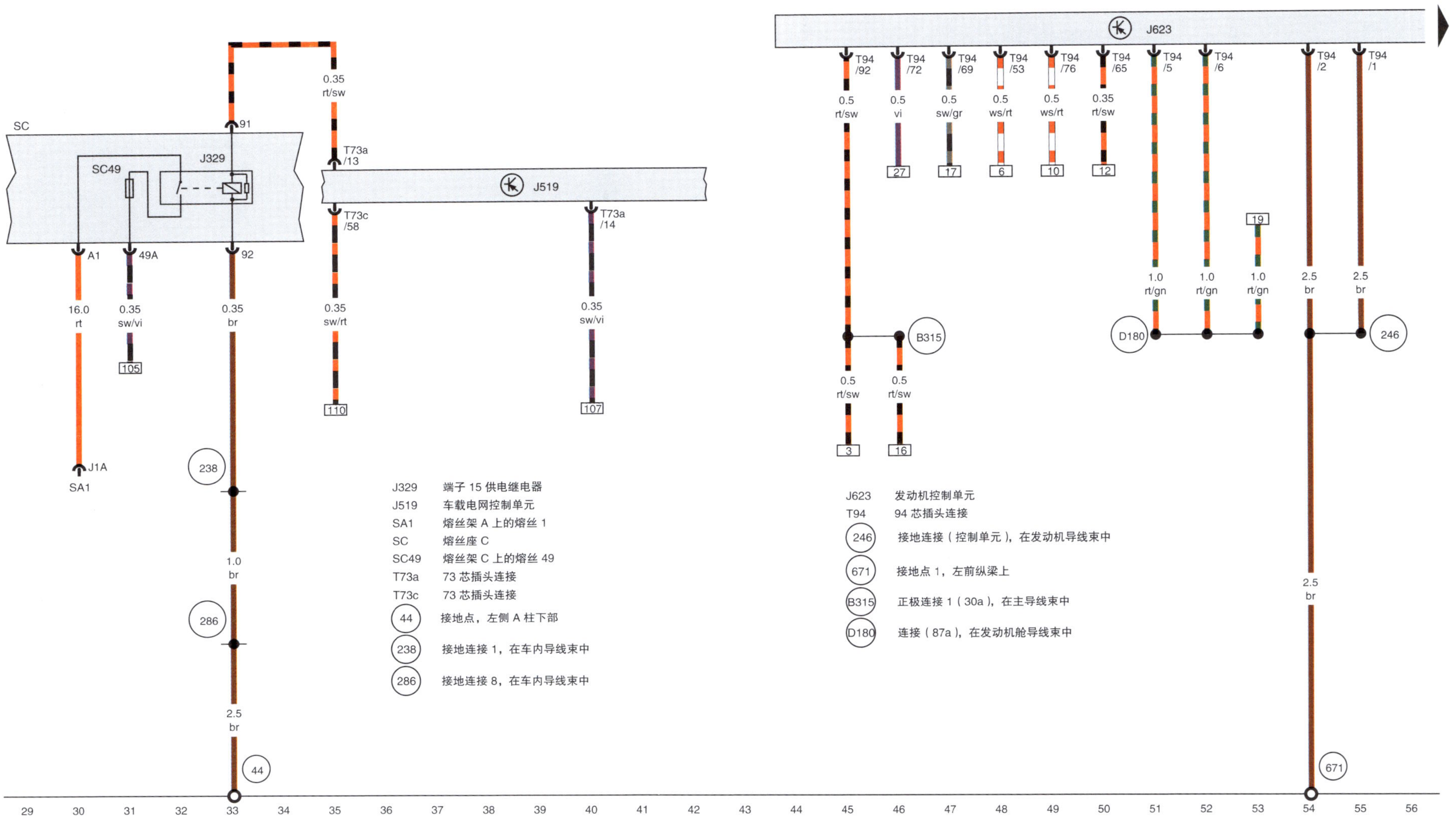

J329 端子 15 供电继电器
J519 车载电网控制单元
SA1 熔丝架 A 上的熔丝 1
SC 熔丝座 C
SC49 熔丝架 C 上的熔丝 49
T73a 73 芯插头连接
T73c 73 芯插头连接
(44) 接地点，左侧 A 柱下部
(238) 接地连接 1，在车内导线束中
(286) 接地连接 8，在车内导线束中

J623 发动机控制单元
T94 94 芯插头连接
(246) 接地连接（控制单元），在发动机导线束中
(671) 接地点 1，左前纵梁上
(B315) 正极连接 1（30a），在主导线束中
(D180) 连接（87a），在发动机舱导线束中

油门踏板模块，离合器位置传感器，ABS 控制单元，制动信号灯开关，冷凝器出口上的冷却液温度传感器，发动机控制单元

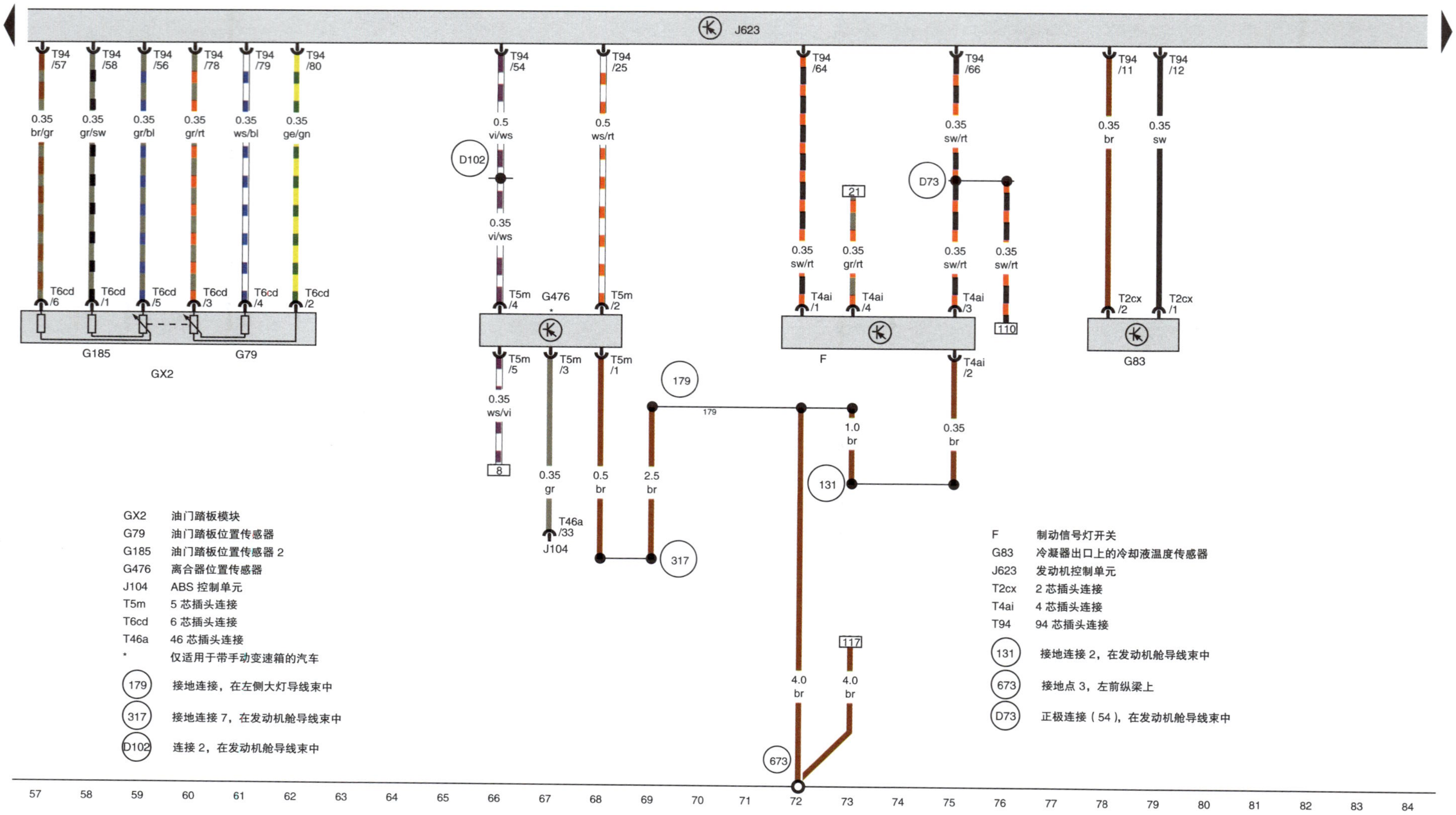

GX2　油门踏板模块
G79　油门踏板位置传感器
G185　油门踏板位置传感器 2
G476　离合器位置传感器
J104　ABS 控制单元
T5m　5 芯插头连接
T6cd　6 芯插头连接
T46a　46 芯插头连接
*　仅适用于带手动变速箱的汽车

(179)　接地连接，在左侧大灯导线束中
(317)　接地连接 7，在发动机舱导线束中
(D102)　连接 2，在发动机舱导线束中

F　制动信号灯开关
G83　冷凝器出口上的冷却液温度传感器
J623　发动机控制单元
T2cx　2 芯插头连接
T4ai　4 芯插头连接
T94　94 芯插头连接

(131)　接地连接 2，在发动机舱导线束中
(673)　接地点 3，左前纵梁上
(D73)　正极连接（54），在发动机舱导线束中

尾气催化净化器后的氧传感器1，尾气催化净化器前的氧传感器1，转向柱电子装置控制单元，发动机控制单元

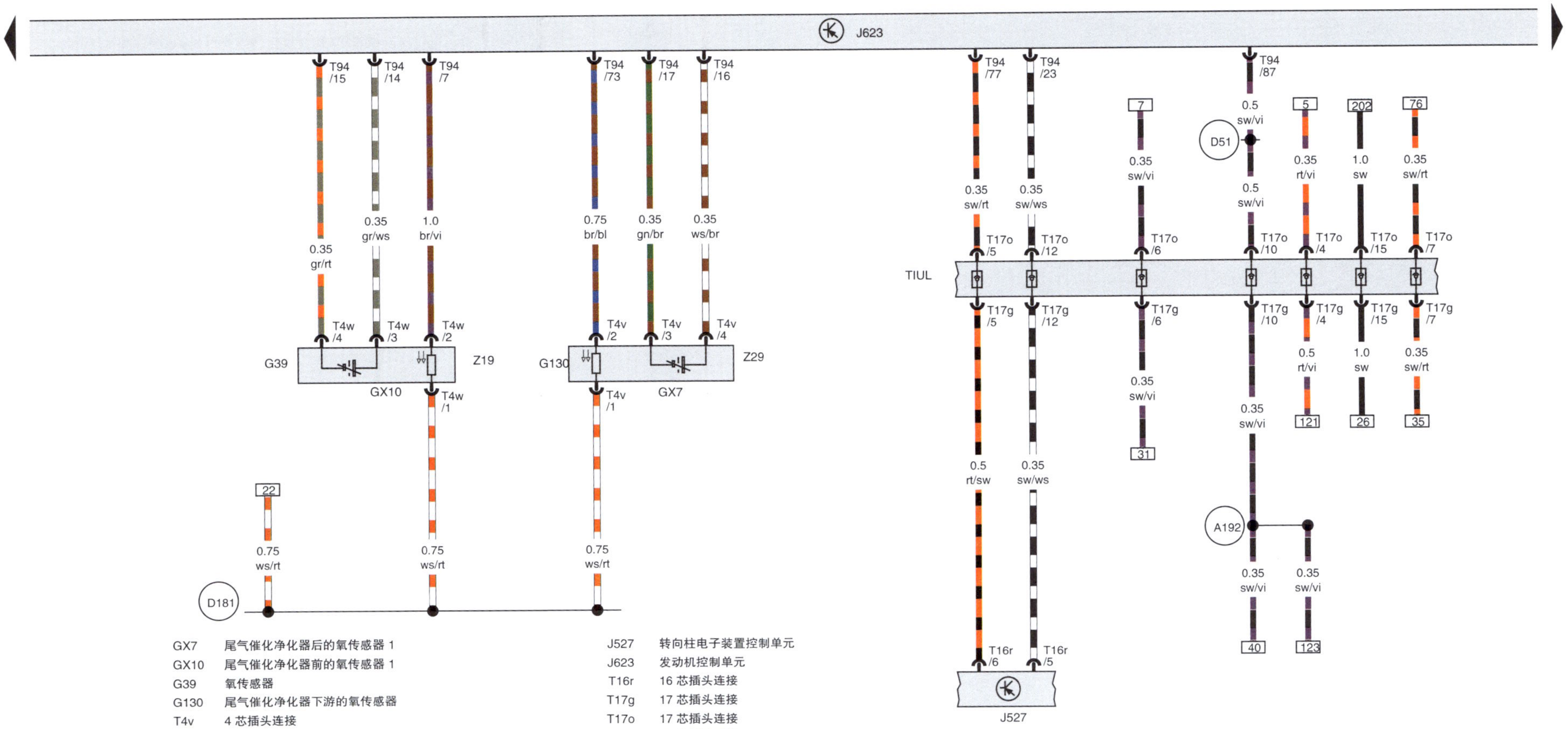

GX7	尾气催化净化器后的氧传感器 1	J527	转向柱电子装置控制单元
GX10	尾气催化净化器前的氧传感器 1	J623	发动机控制单元
G39	氧传感器	T16r	16 芯插头连接
G130	尾气催化净化器下游的氧传感器	T17g	17 芯插头连接
T4v	4 芯插头连接	T17o	17 芯插头连接
T4w	4 芯插头连接	T94	94 芯插头连接
Z19	氧传感器加热	TIUL	车内的下部左侧连接位置
Z29	尾气催化净化器后的氧传感器 1 加热装置	A192	正极连接 3（15a），在仪表板导线束中
D181	连接 2（87a），在发动机舱导线束中	D51	正极连接 1（15），在发动机舱导线束中

85 86 87 88 89 90 91 92 93 94 95 96 97 98 99 100 101 102 103 104 105 106 107 108 109 110 111 112

数据总线诊断接口，霍尔传感器，冷却液温度传感器，发动机控制单元

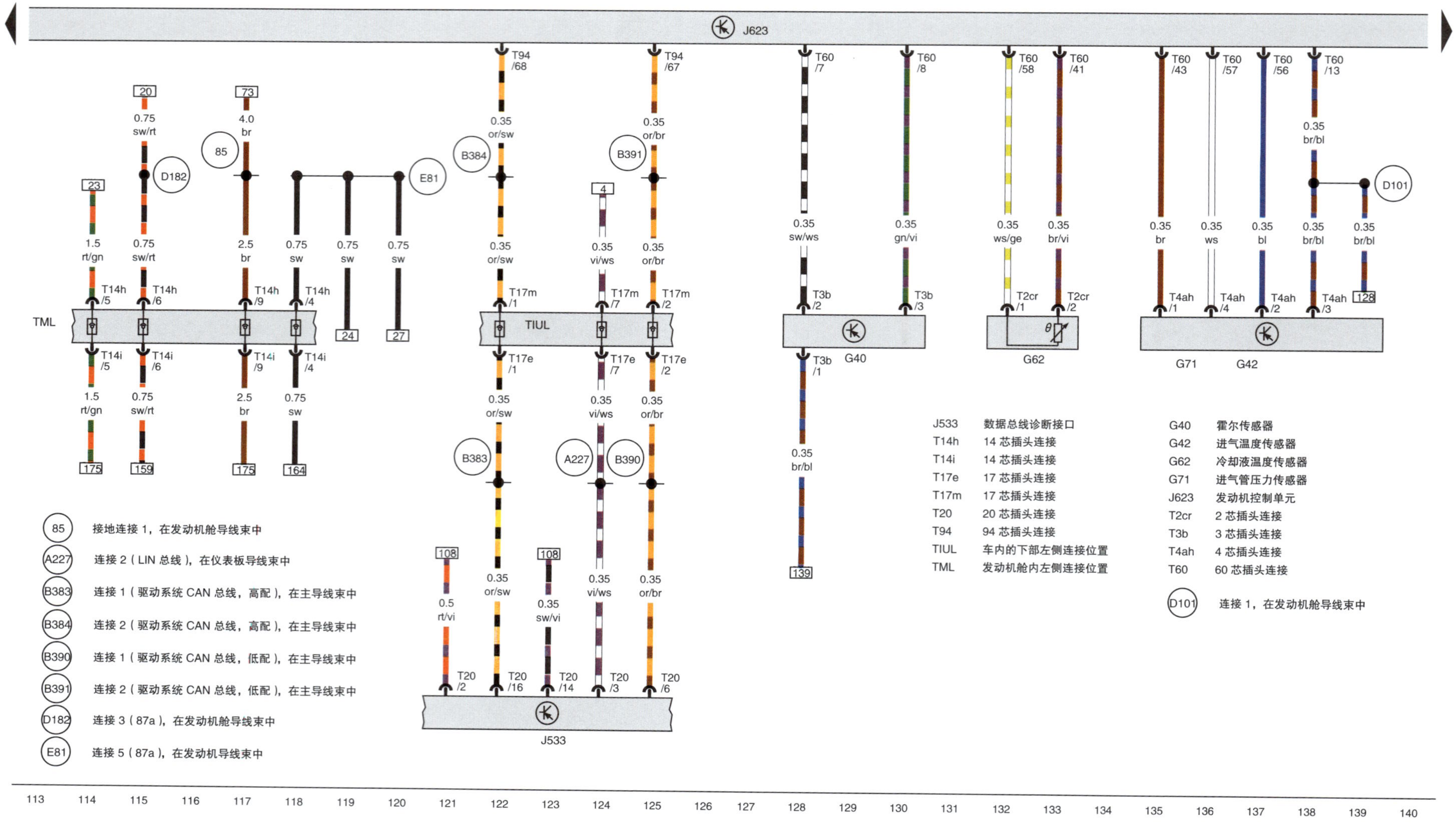

- (85) 接地连接 1，在发动机舱导线束中
- (A227) 连接 2（LIN 总线），在仪表板导线束中
- (B383) 连接 1（驱动系统 CAN 总线，高配），在主导线束中
- (B384) 连接 2（驱动系统 CAN 总线，高配），在主导线束中
- (B390) 连接 1（驱动系统 CAN 总线，低配），在主导线束中
- (B391) 连接 2（驱动系统 CAN 总线，低配），在主导线束中
- (D182) 连接 3（87a），在发动机舱导线束中
- (E81) 连接 5（87a），在发动机导线束中

J533	数据总线诊断接口
T14h	14 芯插头连接
T14i	14 芯插头连接
T17e	17 芯插头连接
T17m	17 芯插头连接
T20	20 芯插头连接
T94	94 芯插头连接
TIUL	车内的下部左侧连接位置
TML	发动机舱内左侧连接位置

G40	霍尔传感器
G42	进气温度传感器
G62	冷却液温度传感器
G71	进气管压力传感器
J623	发动机控制单元
T2cr	2 芯插头连接
T3b	3 芯插头连接
T4ah	4 芯插头连接
T60	60 芯插头连接

- (D101) 连接 1，在发动机舱导线束中

节气门控制单元，发动机转速传感器，油压开关，爆震传感器1，发动机控制单元，汽缸1喷油阀，汽缸2喷油阀，活性炭罐电磁阀1，凸轮轴调节阀1

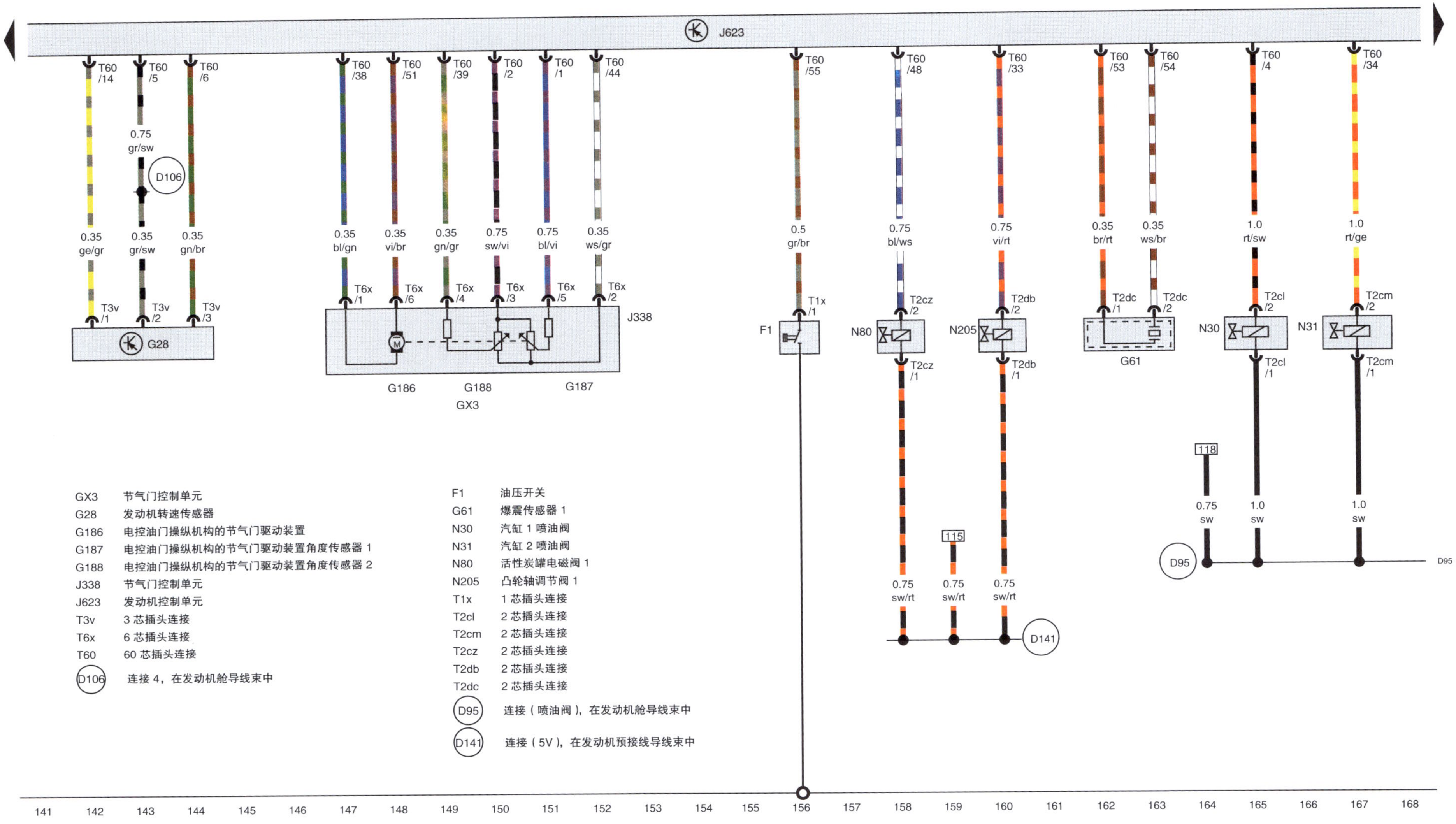

GX3	节气门控制单元
G28	发动机转速传感器
G186	电控油门操纵机构的节气门驱动装置
G187	电控油门操纵机构的节气门驱动装置角度传感器 1
G188	电控油门操纵机构的节气门驱动装置角度传感器 2
J338	节气门控制单元
J623	发动机控制单元
T3v	3 芯插头连接
T6x	6 芯插头连接
T60	60 芯插头连接
D106	连接 4，在发动机舱导线束中
F1	油压开关
G61	爆震传感器 1
N30	汽缸 1 喷油阀
N31	汽缸 2 喷油阀
N80	活性炭罐电磁阀 1
N205	凸轮轴调节阀 1
T1x	1 芯插头连接
T2cl	2 芯插头连接
T2cm	2 芯插头连接
T2cz	2 芯插头连接
T2db	2 芯插头连接
T2dc	2 芯插头连接
D95	连接（喷油阀），在发动机舱导线束中
D141	连接（5V），在发动机预接线导线束中

发动机控制单元，汽缸3喷油阀，汽缸4喷油阀，带功率输出级的点火线圈1，带功率输出级的点火线圈2，带功率输出级的点火线圈3，带功率输出级的点火线圈4

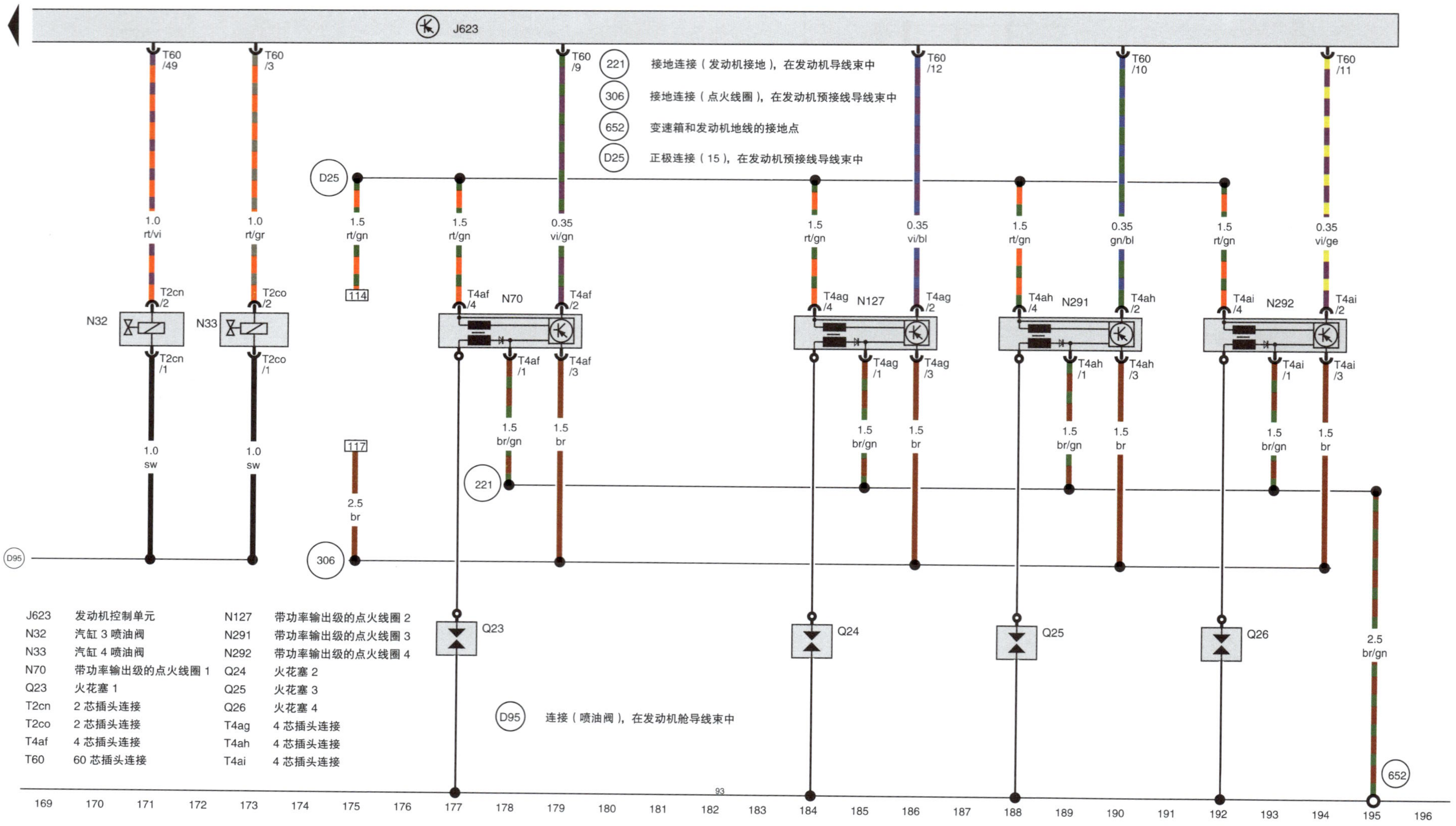

221 接地连接（发动机接地），在发动机导线束中

306 接地连接（点火线圈），在发动机预接线导线束中

652 变速箱和发动机地线的接地点

D25 正极连接（15），在发动机预接线导线束中

D95 连接（喷油阀），在发动机舱导线束中

J623	发动机控制单元	N127	带功率输出级的点火线圈 2
N32	汽缸 3 喷油阀	N291	带功率输出级的点火线圈 3
N33	汽缸 4 喷油阀	N292	带功率输出级的点火线圈 4
N70	带功率输出级的点火线圈 1	Q24	火花塞 2
Q23	火花塞 1	Q25	火花塞 3
T2cn	2 芯插头连接	Q26	火花塞 4
T2co	2 芯插头连接	T4ag	4 芯插头连接
T4af	4 芯插头连接	T4ah	4 芯插头连接
T60	60 芯插头连接	T4ai	4 芯插头连接

燃油供给单元，仪表板中的控制单元，仪表板

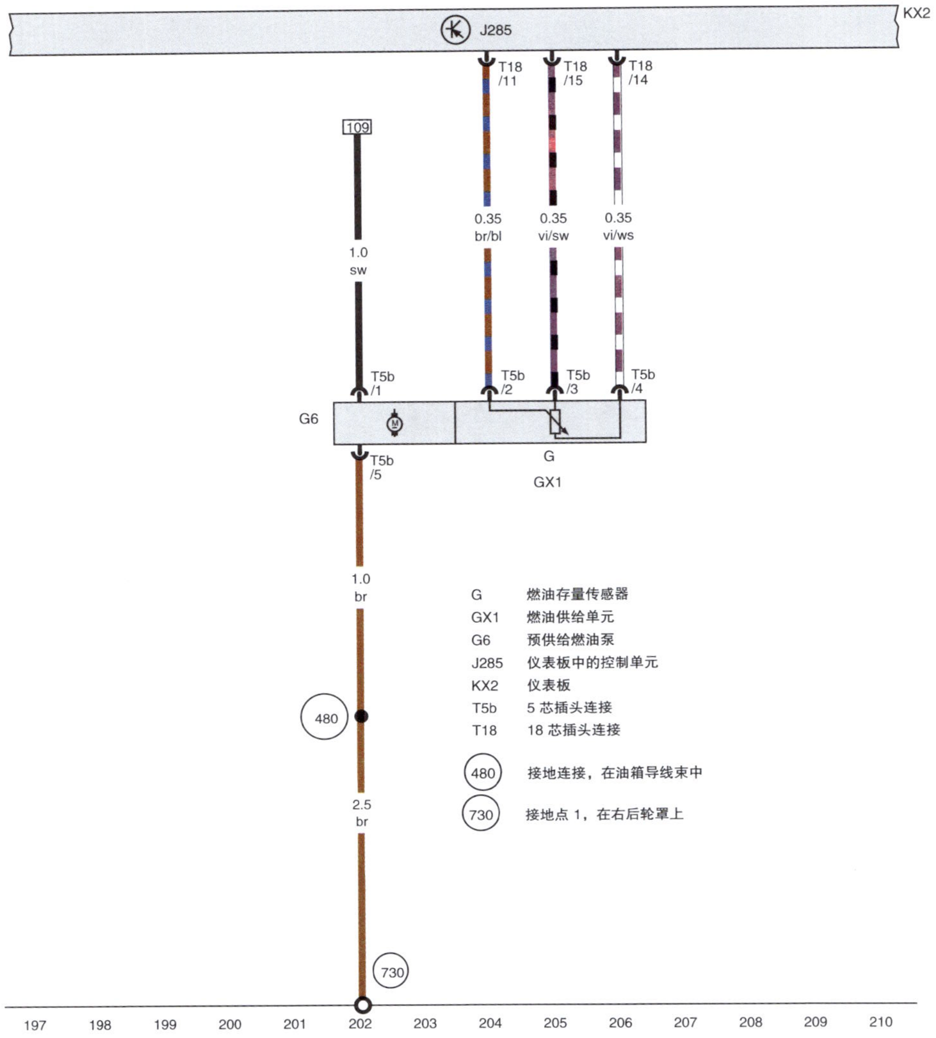

G	燃油存量传感器
GX1	燃油供给单元
G6	预供给燃油泵
J285	仪表板中的控制单元
KX2	仪表板
T5b	5 芯插头连接
T18	18 芯插头连接
480	接地连接，在油箱导线束中
730	接地点 1，在右后轮罩上

发动机控制单元 -J623-

发动机控制单元 -J623-安装位置在发动机舱内，在蓄电池与电控箱之间。

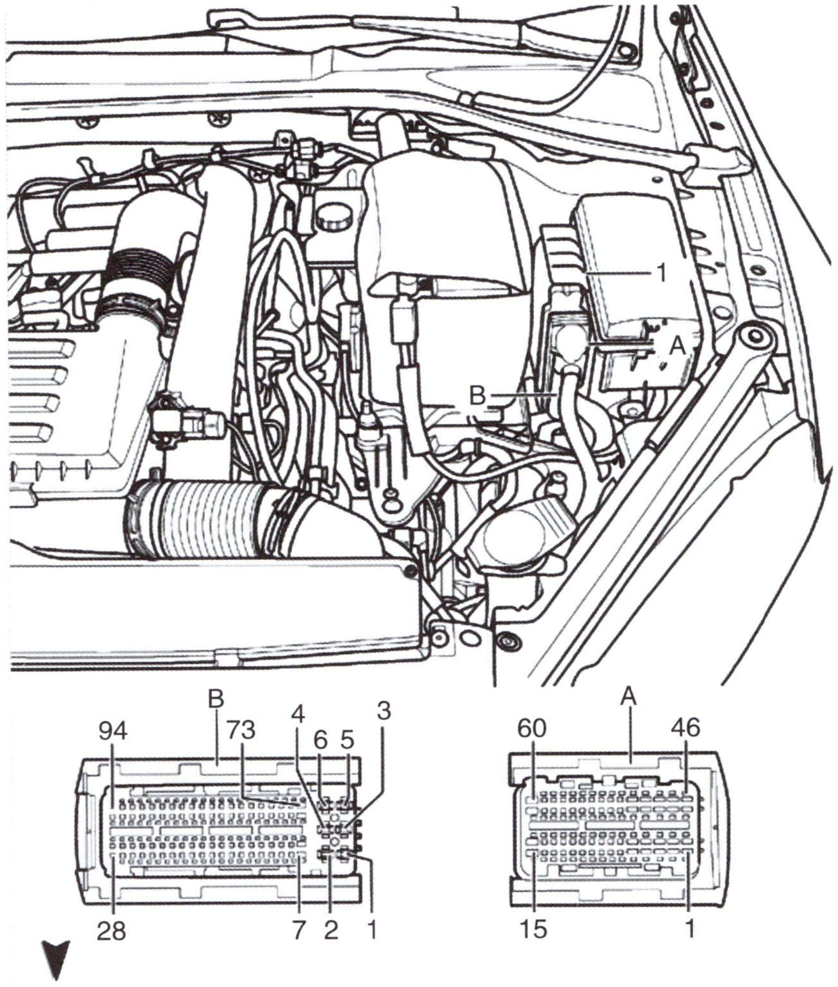

1 – 发动机控制单元 -J623-
A – 60 芯连接插头 -T60-
B – 94 芯连接插头 -T94-

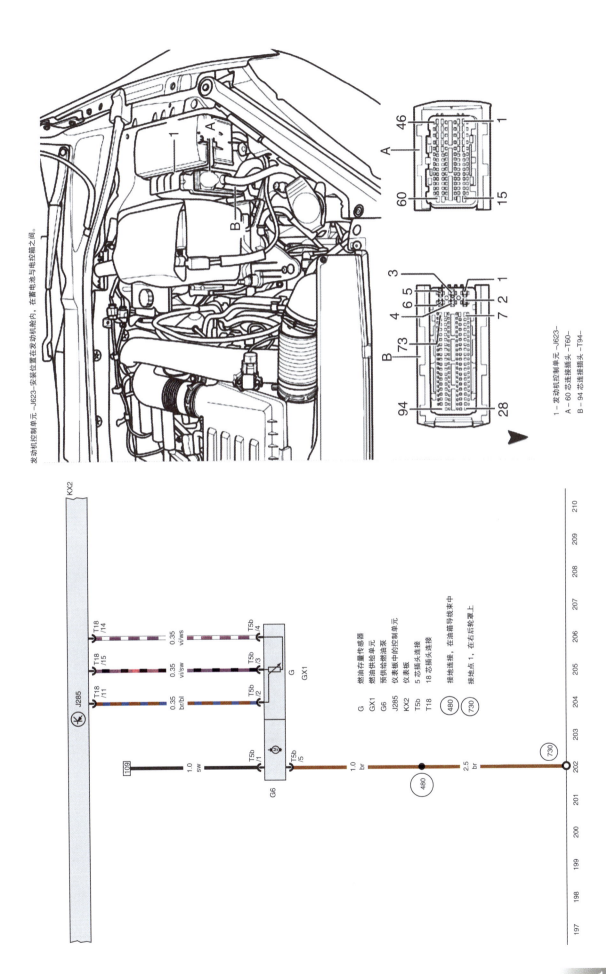

第三节　自动变速器

一、6挡双离合器变速箱，配置CSRA发动机

齿轮油温度传感器，变速箱输入转速传感器，变速箱输出转速传感器，自动变速箱控制单元，电磁阀1，电磁阀2，电磁阀3，电磁阀4，电磁阀6

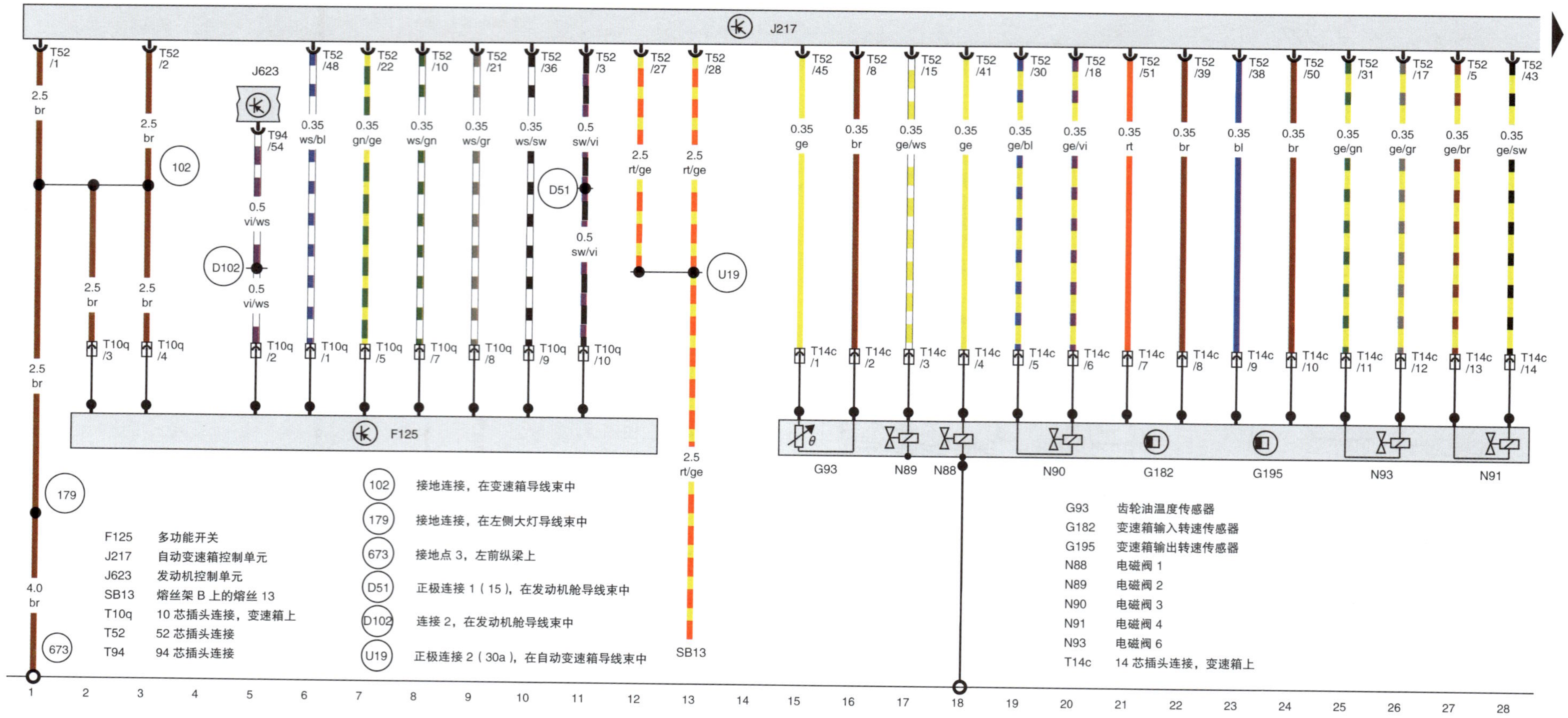

F125　多功能开关
J217　自动变速箱控制单元
J623　发动机控制单元
SB13　熔丝架 B 上的熔丝 13
T10q　10 芯插头连接，变速箱上
T52　52 芯插头连接
T94　94 芯插头连接

(102)　接地连接，在变速箱导线束中
(179)　接地连接，在左侧大灯导线束中
(673)　接地点 3，左前纵梁上
(D51)　正极连接 1（15），在发动机舱导线束中
(D102)　连接 2，在发动机舱导线束中
(U19)　正极连接 2（30a），在自动变速箱导线束中

G93　齿轮油温度传感器
G182　变速箱输入转速传感器
G195　变速箱输出转速传感器
N88　电磁阀 1
N89　电磁阀 2
N90　电磁阀 3
N91　电磁阀 4
N93　电磁阀 6
T14c　14 芯插头连接，变速箱上

自动变速器开关，选挡杆挡位P锁止开关，自动变速箱控制单元，换挡杆锁电磁铁，选挡杆位置显示

F319	选挡杆挡位 P 锁止开关
J527	转向柱电子装置控制单元
N110	换挡杆锁电磁铁
SC7	熔丝架 C 上的熔丝 7
T2p	2 芯插头连接，选挡杆下方
T16	16 芯插头连接
F189	自动变速器开关
J217	自动变速箱控制单元
T10s	10 芯插头连接，选挡杆下方
T10v	10 芯插头连接，选挡杆下方
Y6	选挡杆位置显示
278	接地连接 4，在车内导线束中
687	接地点 1，在中央通道上
A19	连接（58d），在仪表板导线束中
A164	正极连接 2（30a），在仪表板导线束中
A192	正极连接 3（15a），在仪表板导线束中

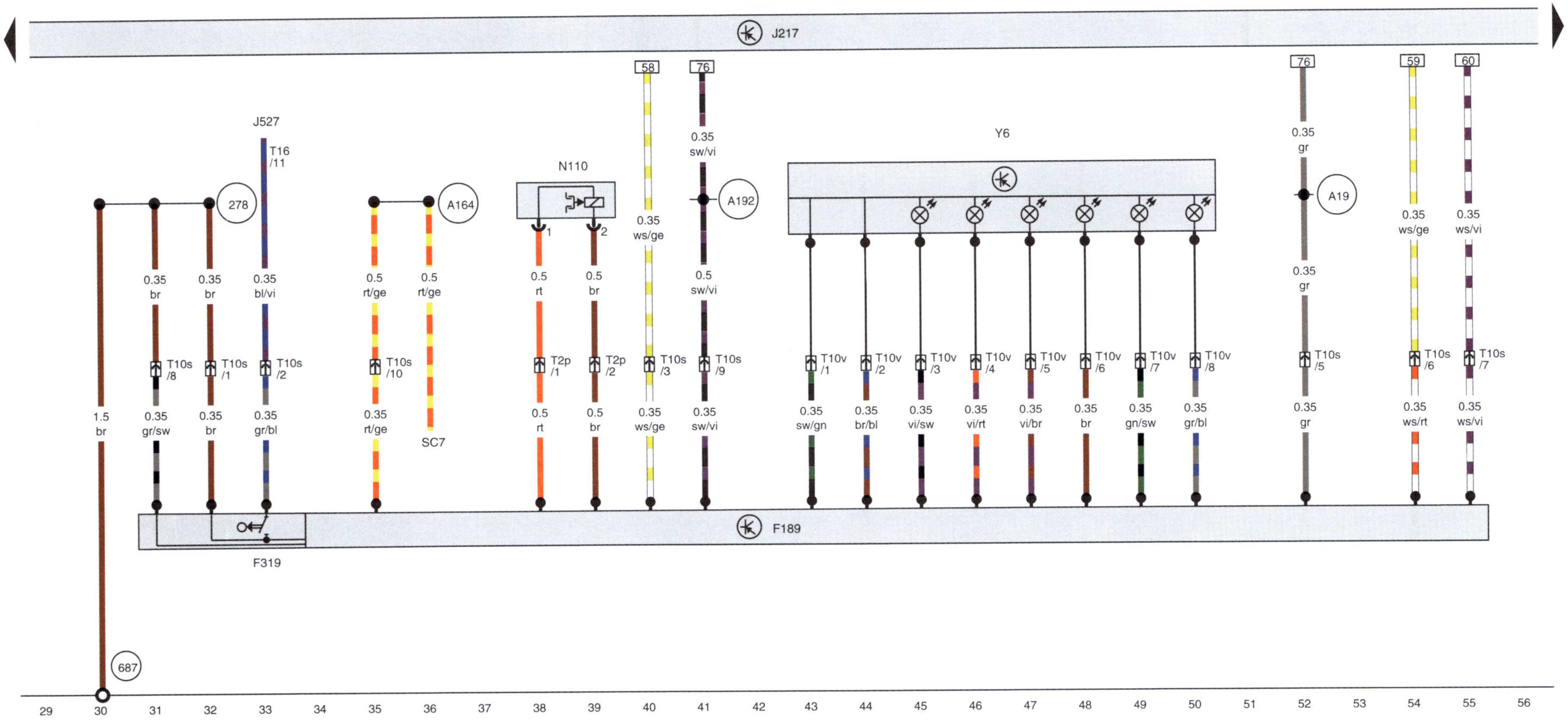

自动变速箱控制单元，电磁阀5，电磁阀9，电磁阀10，多功能显示器，仪表板中的控制单元，数据总线诊断接口

J217	自动变速箱控制单元
N92	电磁阀 5
N282	电磁阀 9
N283	电磁阀 10
T8h	8 芯插头连接，变速箱预布线
T17g	17 芯插头连接
T17o	17 芯插头连接
T52	52 芯插头连接
TIUL	车内的下部左侧连接位置
J119	多功能显示器
J285	仪表板中的控制单元
J519	车载电网控制单元
J533	数据总线诊断接口，左侧脚部空间内，中控台附近
SC17	熔丝架 C 上的熔丝 17
T16	16 芯插头连接
T18	18 芯插头连接
T20	20 芯插头连接
T32	32 芯插头连接
T73a	73 芯插头连接
T73c	73 芯插头连接

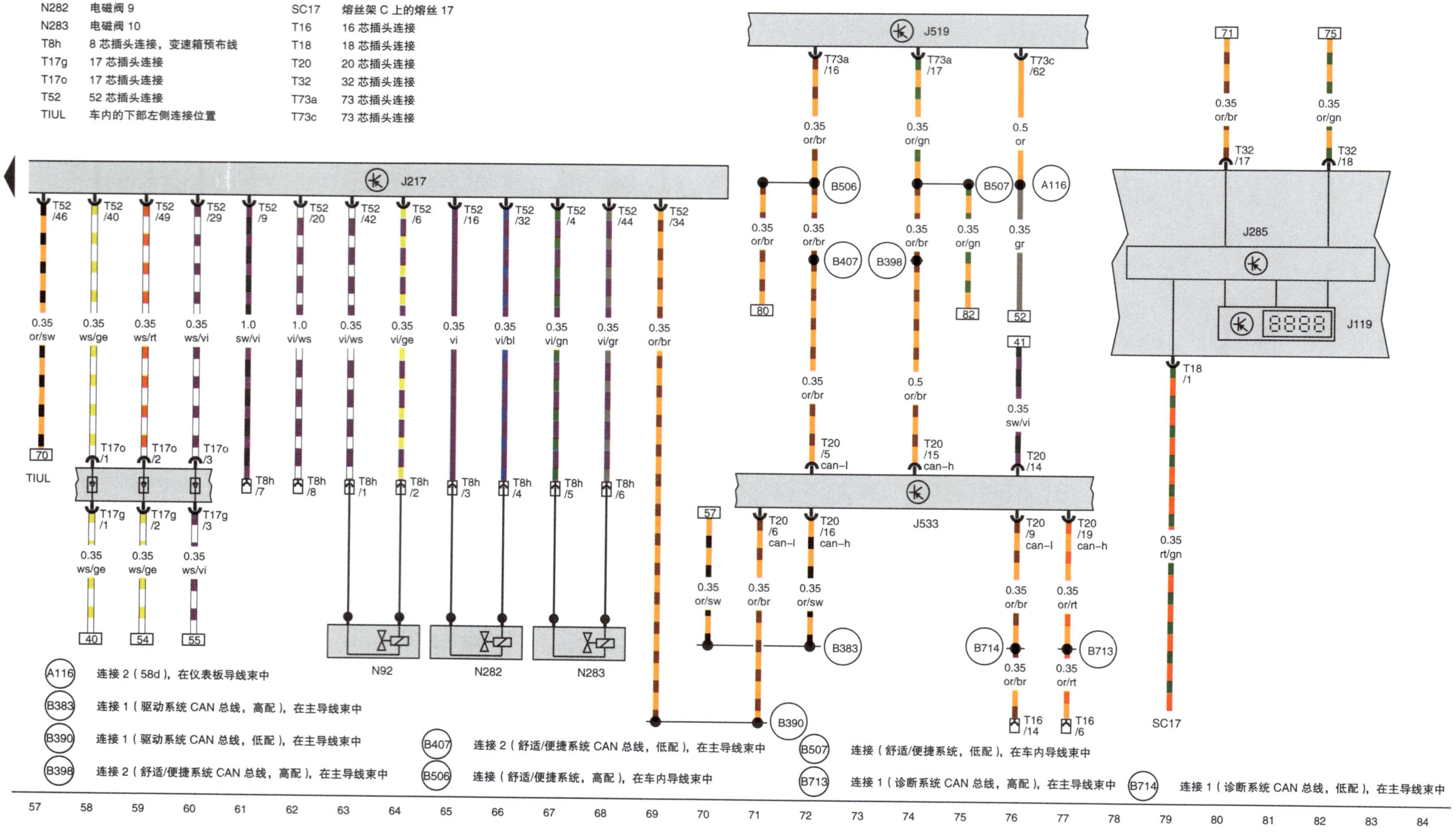

A116 连接 2（58d），在仪表板导线束中

B383 连接 1（驱动系统 CAN 总线，高配），在主导线束中

B390 连接 1（驱动系统 CAN 总线，低配），在主导线束中

B398 连接 2（舒适/便捷系统 CAN 总线，高配），在主导线束中

B407 连接 2（舒适/便捷系统 CAN 总线，低配），在主导线束中

B506 连接（舒适/便捷系统，高配），在车内导线束中

B507 连接（舒适/便捷系统，低配），在车内导线束中

B713 连接 1（诊断系统 CAN 总线，高配），在主导线束中

B714 连接 1（诊断系统 CAN 总线，低配），在主导线束中

二、7挡双离合器变速箱0CW（S tronic），配置CSSA、CSTA发动机

发动机控制单元，双离合器变速箱机电装置

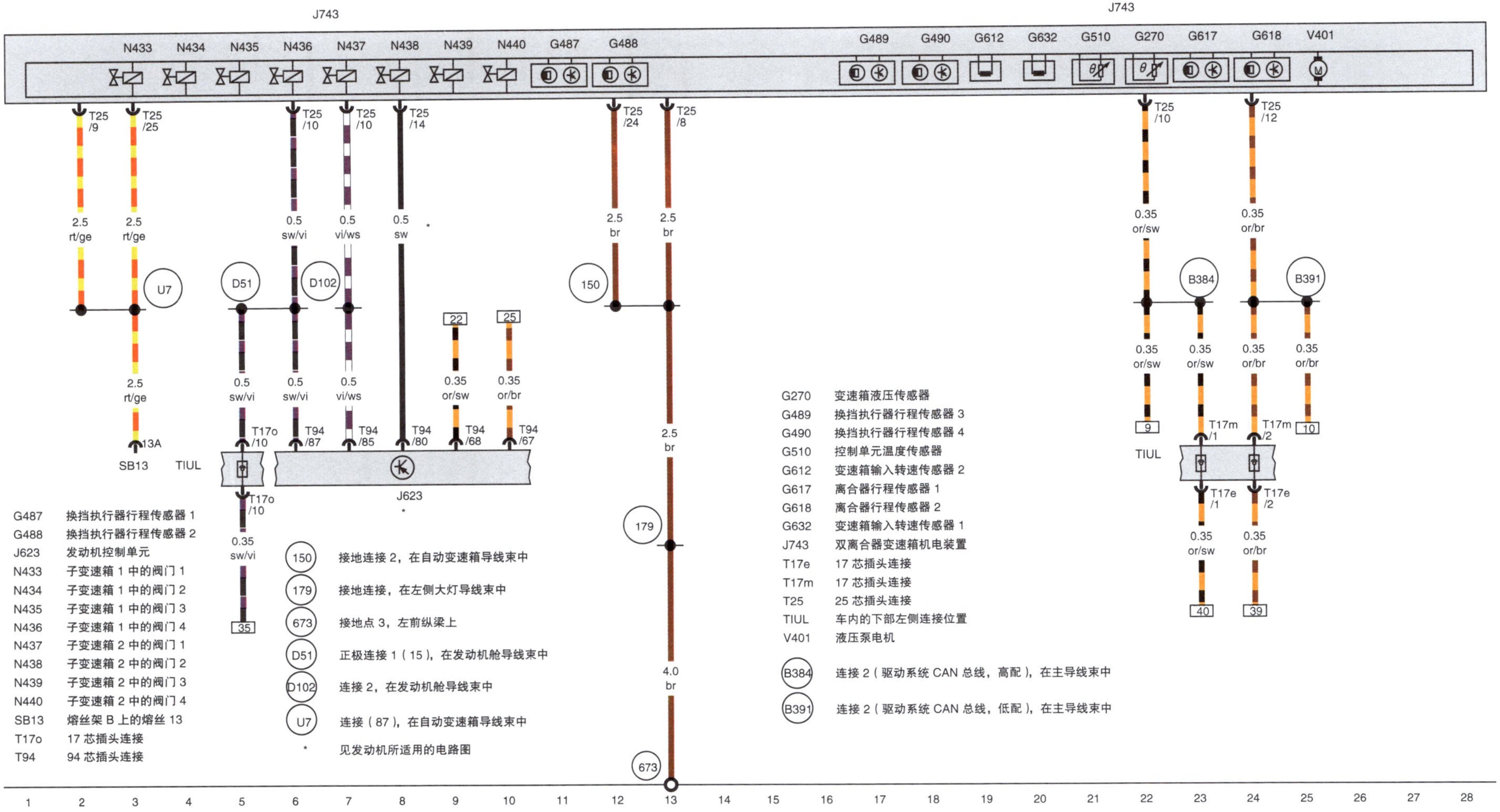

G487　换挡执行器行程传感器 1
G488　换挡执行器行程传感器 2
J623　发动机控制单元
N433　子变速箱 1 中的阀门 1
N434　子变速箱 1 中的阀门 2
N435　子变速箱 1 中的阀门 3
N436　子变速箱 1 中的阀门 4
N437　子变速箱 2 中的阀门 1
N438　子变速箱 2 中的阀门 2
N439　子变速箱 2 中的阀门 3
N440　子变速箱 2 中的阀门 4
SB13　熔丝架 B 上的熔丝 13
T17o　17 芯插头连接
T94　94 芯插头连接

150　接地连接 2，在自动变速箱导线束中
179　接地连接，在左侧大灯导线束中
673　接地点 3，左前纵梁上
D51　正极连接 1（15），在发动机舱导线束中
D102　连接 2，在发动机舱导线束中
U7　连接（87），在自动变速箱导线束中
*　见发动机所适用的电路图

G270　变速箱液压传感器
G489　换挡执行器行程传感器 3
G490　换挡执行器行程传感器 4
G510　控制单元温度传感器
G612　变速箱输入转速传感器 2
G617　离合器行程传感器 1
G618　离合器行程传感器 2
G632　变速箱输入转速传感器 1
J743　双离合器变速箱机电装置
T17e　17 芯插头连接
T17m　17 芯插头连接
T25　25 芯插头连接
TIUL　车内的下部左侧连接位置
V401　液压泵电机

B384　连接 2（驱动系统 CAN 总线，高配），在主导线束中
B391　连接 2（驱动系统 CAN 总线，低配），在主导线束中

选挡杆，车载电网控制单元，数据总线诊断接口，换挡杆传感器控制单元，选挡杆挡位P锁止开关，换挡杆锁电磁铁，选挡杆位置显示单元

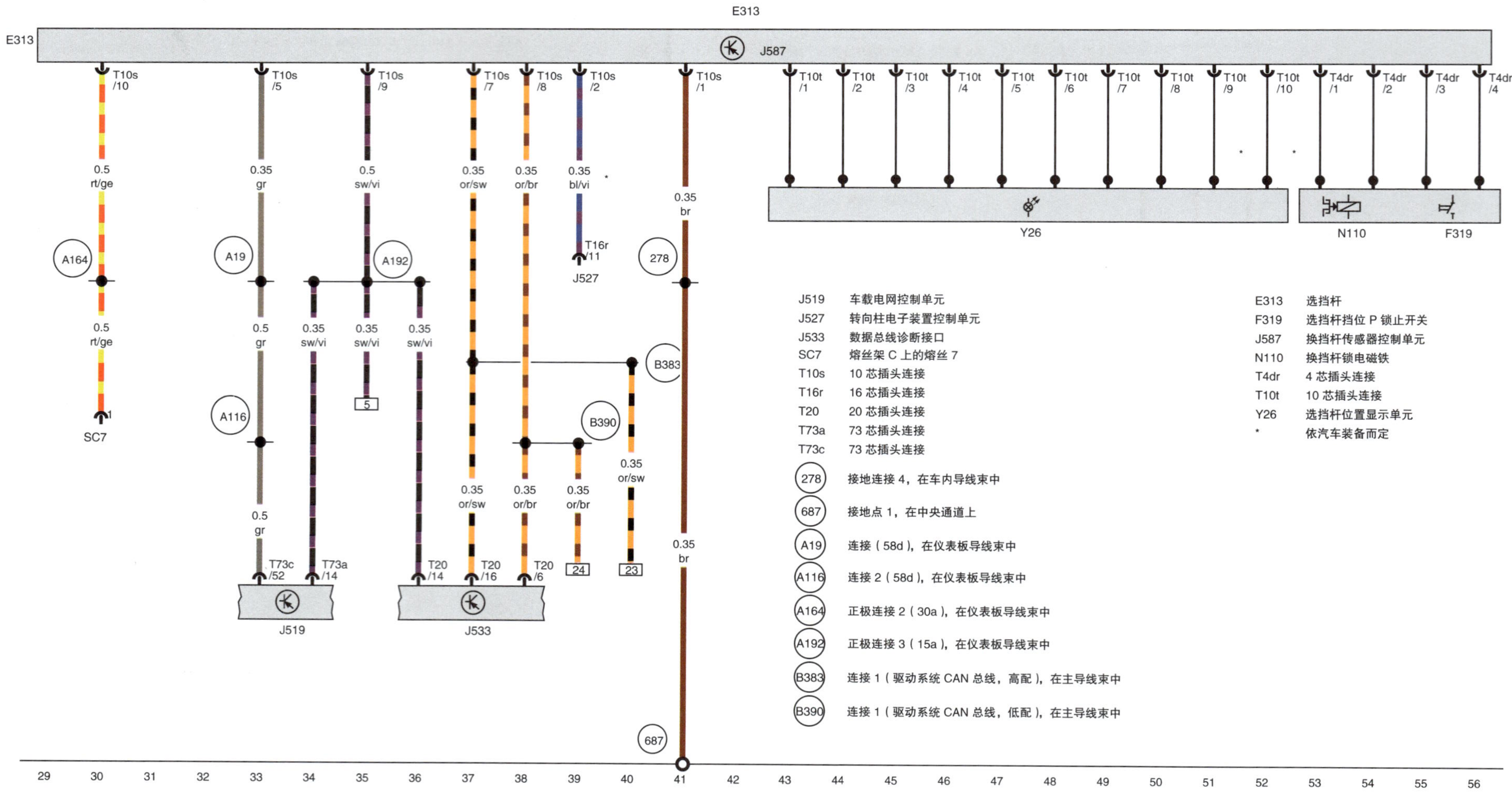

J519　车载电网控制单元
J527　转向柱电子装置控制单元
J533　数据总线诊断接口
SC7　熔丝架 C 上的熔丝 7
T10s　10 芯插头连接
T16r　16 芯插头连接
T20　20 芯插头连接
T73a　73 芯插头连接
T73c　73 芯插头连接
278　接地连接 4，在车内导线束中
687　接地点 1，在中央通道上
A19　连接（58d），在仪表板导线束中
A116　连接 2（58d），在仪表板导线束中
A164　正极连接 2（30a），在仪表板导线束中
A192　正极连接 3（15a），在仪表板导线束中
B383　连接 1（驱动系统 CAN 总线，高配），在主导线束中
B390　连接 1（驱动系统 CAN 总线，低配），在主导线束中

E313　选挡杆
F319　选挡杆挡位 P 锁止开关
J587　换挡杆传感器控制单元
N110　换挡杆锁电磁铁
T4dr　4 芯插头连接
T10t　10 芯插头连接
Y26　选挡杆位置显示单元
*　依汽车装备而定